suhrkamp taschenbuch
wissenschaft 1832

Die Maxime »Handle unternehmerisch!« ist der kategorische Imperativ der Gegenwart. Ein unternehmerisches Selbst ist man nicht, man soll es werden. Und man wird es, indem man sich in allen Lebenslagen kreativ, flexibel, eigenverantwortlich, risikobewusst und kundenorientiert verhält. Das Leitbild ist zugleich Schreckbild. Was alle werden sollen, ist auch das, was allen droht. Der Wettbewerb unterwirft das unternehmerische Selbst dem Diktat fortwährender Selbstoptimierung, aber keine Anstrengung vermag seine Angst vor dem Scheitern zu bannen. Ulrich Bröcklings grundlegende soziologische Studie nimmt diese Ambivalenz in den Blick und spitzt sie zu einer Diagnose der gegenwärtigen Gesellschaft zu.

Ulrich Bröckling ist Professor für allgemeine Soziologe an der Martin-Luther-Universität Halle-Wittenberg. Zuletzt sind im Suhrkamp Verlag erschienen: *Glossar der Gegenwart* (hg. mit Susanne Krasmann und Thomas Lemke, es 2381), *Gouvernementalität der Gegenwart* (hg. mit Susanne Krasmann und Thomas Lemke, stw 1490) und *Kritik des Regierens. Schriften zur Politik* (Hg., stw 1933).

Ulrich Bröckling
Das unternehmerische Selbst

Soziologie einer Subjektivierungsform

Suhrkamp

Für Micha

Bibliografische Information der Deutschen Nationalbibliothek
Die Deutsche Nationalbibliothek verzeichnet diese Publikation
in der Deutschen Nationalbibliografie; detaillierte bibliografische Daten
sind im Internet über http://dnb.d-nb.de abrufbar.

7. Auflage 2019
Erste Auflage 2007
suhrkamp taschenbuch wissenschaft 1832
© Suhrkamp Verlag Frankfurt am Main 2007
Alle Rechte vorbehalten, insbesondere das der Übersetzung,
des öffentlichen Vortrags sowie der Übertragung
durch Rundfunk und Fernsehen, auch einzelner Teile.
Kein Teil des Werkes darf in irgendeiner Form
(durch Fotografie, Mikrofilm oder andere Verfahren)
ohne schriftliche Genehmigung des Verlages reproduziert
oder unter Verwendung elektronischer Systeme
verarbeitet, vervielfältigt oder verbreitet werden.
Umschlag nach Entwürfen von
Willy Fleckhaus und Rolf Staudt
Druck: Druckhaus Nomos, Sinzheim
Printed in Germany
ISBN 978-3-518-29432-1

Inhalt

Einleitung 7

1. Genealogie der Subjektivierung –
   ein Forschungsprogramm 19
   Paradoxien des Selbst 19
   Die Anrufung des Subjekts und das Subjekt der Anrufung 27
   Die Regierung des Selbst 31
   Realfiktionen 35
   Programme, Aneignungsweisen, Widerstände 38
   Problematisierung der Gegenwart 42

2. Konturen des unternehmerischen Selbst –
   eine Spurensuche 46
   Unternehmerisches Selbst oder Arbeitskraftunternehmer? . 47
   Der Triumph des Unternehmers 50
   Sozialwissenschaftliche Analysen 54
   Intrapreneuring 62
   Bauanleitungen für die Ich-AG 65
   Nach der New Economy 73

3. Rationalität 76
3.1 Die Wahrheit des Marktes. Facetten des Neoliberalismus 76
   Eine Regierung der Freiheit 78
   Ökonomischer Imperialismus 86
   Der Wettbewerb als Entdeckungsverfahren 96
   Fluchtpunkte neoliberaler Gouvernementalität 104
3.2 Unternehmerfunktionen 108
   Der Unternehmer als Nutzer von Gewinnchancen 111
   Der Unternehmer als Innovator 115
   Der Unternehmer als Träger von Risiken 117
   Der Unternehmer als Koordinator 120
   Die Ratio unternehmerischen Handelns 122
3.3 Vertragswelten 127
   Ausweitung und Pluralisierung der Vertragswelten .. 129
   Transaktionskostenökonomik 133
   Eine ökonomische Theorie des Gesellschaftsvertrags 137

| | *Zur Anthropologie des Homo contractualis* | 143 |
| | *Jenseits der kontraktuellen Vernunft?* | 148 |

4.	Strategien und Programme	152
4.1	Kreativität	152
	Kreativität regieren	153
	Anthropologie	155
	Psychologie	159
	Ökonomie	168
	Technologien	174
4.2	Empowerment	180
	Genealogie	185
	Machttheorie	191
	Anthropologie	195
	Ebenen und Prozesse	198
	Psychologie	200
	Strategien	205
	Aporien der Bemächtigung	213
4.3	Qualität	215
	Total Quality Management	217
	360°-Feedback: Das demokratisierte Panopticon	236
4.4	Projekte	248
	Vom Projektemacher zum Alternativprojekt	252
	Die »projektbasierte Polis« und »der neue Geist des Kapitalismus«	260
	Projektmanagement	267
	Projekt Ich	278

| 5. | Schluss: Fluchtlinien oder die Kunst, anders anders zu sein | 283 |

| Literatur | 298 |

Einleitung

> Ursprünglich hatte der Pförtner vorgehabt, eine Genealogie des ökonomischen Subjekts zu verfassen. Aber er ziehe den Anachronismus vor. Deswegen sei er Pförtner geworden. Oder bestand der Anachronismus darin, eine Genealogie des ökonomischen Subjekts zu schreiben?[1]

Dass Unternehmen eine Seele haben, sei »wirklich die größte Schreckensmeldung der Welt«, wetterte der französische Philosoph Gilles Deleuze Anfang der 90er-Jahre.[2] Übertroffen wird sie allenfalls durch die Forderung, jeder solle sich bis in die letzten Winkel seiner Seele zum Unternehmer in eigener Sache mausern, wie sie heute zahllose Motivationsgurus und Selbstmanagementtrainer, aber auch Wirtschaftswissenschaftler, Bildungsexperten, Trendforscher und Politiker (fast) aller Couleur verkünden. Von dieser Forderung, von dem gesellschaftlichen Sog, den sie auslöst, von dem Kraftfeld, das sich um sie herum aufbaut, handelt das vorliegende Buch. Das unternehmerische Selbst, das ihm den Titel gibt, steht für ein Bündel aus Deutungsschemata, mit denen heute Menschen sich selbst und ihre Existenzweisen verstehen, aus normativen Anforderungen und Rollenangeboten, an denen sie ihr Tun und Lassen orientieren, sowie aus institutionellen Arrangements, Sozial- und Selbsttechnologien, die und mit denen sie ihr Verhalten regulieren sollen. Anders ausgedrückt, und um selbst eine Modevokabel aus der Unternehmenswelt aufzugreifen: Das unternehmerische Selbst ist ein Leitbild.

In diesem Sinne führt es auch der Abschlussbericht der »Kommission für Zukunftsfragen Bayern – Sachsen« aus dem Jahre 1997 an, ein Schlüsseldokument für die deutsche Diskussion, das diese Figur dezidiert in den Rang einer politischen Zielvorgabe erhebt und in seinem Grundtenor vieles von dem vorwegnimmt, was seither in Reformagenden gegossen wurde. »Das Leitbild der Zukunft ist das Individuum als Unternehmer seiner Arbeitskraft und Daseinsvorsorge«, heißt es da. »Diese Einsicht muß geweckt, Ei-

---

1 Ernst-Wilhelm Händler, *Wenn wir sterben*, Frankfurt/M. 2002, S. 470.
2 Gilles Deleuze, »Postskriptum über die Kontrollgesellschaften«, in: ders., *Unterhandlungen 1972-1990*, Frankfurt/M. 1993, S. 254-262, hier: S. 260.

geninitiative und Selbstverantwortung, also das Unternehmerische in der Gesellschaft, müssen stärker entfaltet werden.«[3] In der »unternehmerischen Wissensgesellschaft« des 21. Jahrhunderts seien nicht mehr »die perfekten Kopisten vorgegebener Blaupausen« gefragt, wie sie die »arbeitnehmerzentrierte Industriegesellschaft« des 20. Jahrhunderts benötigt und hervorgebracht habe. Wirtschaft und Gesellschaft seien vielmehr angewiesen auf »schöpferische, unternehmerisch handelnde Menschen, die in höherem Maße als bisher bereit und in der Lage sind, in allen Fragen für sich selbst und andere Verantwortung zu übernehmen«. Aufgabe des Staates sei es, bei diesem Übergang Hilfestellung zu leisten; die Politik müsse »wieder einen ordnenden Rahmen setzen und die Gesellschaft wertorientiert steuern«. Jene Maßnahmen, die ein »Mehr an unternehmerischer Betätigung und Verantwortung« stimulieren sollen, führten dabei »geradewegs zu einem Weniger an Sozialstaat«, was indes »keineswegs nur Verlust, sondern gleichzeitig auch Gewinn für den Einzelnen und die Gesellschaft« bedeute – eine Einsicht, der sich allerdings große Teile der Bevölkerung noch verschlössen. Neben der Politik müssten daher auch Wissenschaft und Medien den Willen der Bevölkerung stärken, mit dem Wandel Schritt zu halten. Der imperativische Ton, gekoppelt mit der Drohung, der in Deutschland »im internationalen Vergleich fast einzigartige materielle Wohlstand gepaart mit sozialem Frieden, einem hohen Maß an innerer wie äußerer Sicherheit, viel Freizeit u. a. m.« könnten »wie ein Kartenhaus zusammenfallen«, wenn »individuelle Sicht- und Verhaltensweisen sowie kollektive Leitbilder« nicht auf unternehmerisches Handeln hin ausgerichtet werden,[4] macht den Bericht selbst schon zu einem Bestandteil jenes Kraftfelds, das er erzeugen will.

Auf die Funktionsweise dieses Kraftfelds, auf die Energien, die darin gebunden oder freigesetzt werden, auf die Richtung beziehungsweise die widersprüchlichen Richtungen, in die es die Einzelnen zieht, und nicht zuletzt auf die Verfahren, mit denen sie ihre eigenen Bewegungen auf den Sog einstellen, richtet sich das Augen-

---

3   Kommission für Zukunftsfragen Bayern – Sachsen (Hg.), *Erwerbstätigkeit und Arbeitslosigkeit in Deutschland. Entwicklung, Ursachen und Maßnahmen, Teil III: Maßnahmen zur Verbesserung der Beschäftigungslage*, Bonn 1997, S. 36, ⟨www.bayern.de/wirtschaftsstandort/Zukunftsfragen/⟩ (13.10.2005).
4   Ebd., S. 44, 40, 37 f., 35.

merk der hier vorgelegten Studie. Wie der Kommissionsbericht begreift sie das unternehmerische Selbst als ein Regierungsprogramm. Während die in staatlichem Auftrag erstellte Expertise jedoch mit Nachdruck die Einlösung dieses Programms fordert, konzentriert sich die vorliegende Arbeit darauf, dessen strategische Elemente herauszupräparieren, aber auch die konstitutionelle Überforderung sowie die Logik der Exklusion und Schuldzuschreibung sichtbar zu machen, denen es die Einzelnen aussetzt. Zugleich erweitert sie, darin Michel Foucaults Vorlesungen zur *Geschichte der Gouvernementalität*[5] und den an diese anschließenden Studies of Governmentality[6] folgend, den Begriff des Regierens über die Sphäre staatlicher Interventionen hinaus und bezieht ihn auch auf andere Formen planvollen Einwirkens auf menschliches Handeln. Das Kraftfeld des unternehmerischen Selbst speist sich aus vielen Quellen, nicht

---

5 Michel Foucault, *Geschichte der Gouvernementalität I. Sicherheit, Territorium, Bevölkerung. Vorlesung am Collège de France 1977-1978*, Frankfurt/M. 2004; *Geschichte der Gouvernementalität II. Die Geburt der Biopolitik. Vorlesung am Collège de France 1978-1979*, Frankfurt/M. 2004.

6 Vgl. für einen Überblick Thomas Lemke/Susanne Krasmann/Ulrich Bröckling, »Gouvernementalität, Neoliberalismus, Selbsttechnologien. Eine Einleitung«, in: Ulrich Bröckling/Susanne Krasmann/Thomas Lemke (Hg.), *Gouvernementalität der Gegenwart. Studien zur Ökonomisierung des Sozialen*, Frankfurt/M. 2000, S. 7-40. Begrifflich schließe mich hier und im Folgenden Thomas Osborne an, der zwischen Studies of Governmentality und Governmentality Studies unterscheidet: »Erstere verfahren nominalistisch und sind im Grunde genommen eine Übung in der Geschichte des Denkens. Letztere ähneln eher einer realistischen politischen Soziologie auf der Suche nach genau jenen mehr oder weniger gesetzmäßigen Generalisierungen über unsere Gegenwart, von denen uns die erstgenannten gerade zu befreien versuchen!« Der Ansatz der Studies of Governmentality ist »zwar nicht gleichgültig gegenüber jenen Fragen, die die Sozialwissenschaften zuvorderst beschäftigen, aber er hat einen anderen Ausgangspunkt, der als solcher respektiert werden sollte. Andernfalls entsteht vermutlich eine Art symmetrischer Spaltung, wobei die Soziologen auf der einen Seite die unzureichende Berücksichtigung des Sozialen in den Studies of Governmentality beklagen und diejenigen, die sich mit Gouvernementalität beschäftigen, der Soziologie mangelndes Interesse an Fragen des Regierens vorwerfen. Und das, obwohl beide Forschungen – vom unbekümmerten Amalgam Governmentality Studies einmal abgesehen – gänzlich unterschiedliche Dinge tun. *Vive la différence*« (»Techniken und Subjekte: Von den ›Governmentality Studies‹ zu den ›Studies of Governmentality‹«, in: *Demokratie. Arbeit. Selbst. Analysen liberal-demokratischer Gesellschaften im Anschluss an Michel Foucault*, Mitteilungen des Instituts für Wissenschaft und Kunst Wien, 56 (2001), Nr. 2/3, S. 12-16, hier: S. 14). – Diese Differenz wird mit dem im deutschsprachigen Raum verbreiteten Label Gouvernementalitätsstudien verwischt.

nur aus den Entscheidungen der politischen Administration und den Empfehlungen ihrer wissenschaftlichen Berater.

Entsprechend heterogen sind die Materialien, die für die hier vorgelegte Arbeit herangezogen wurden: Analysiert werden – unter anderem – nationalökonomische, psychologische und soziologische Theorien, außerdem Managementprogramme, Kreativitäts-, Kommunikations- und Kooperationstechniken sowie populäre Ratgeber, deren gemeinsamer Nenner darin besteht, dass sie die Ratio unternehmerischen Handelns ausbuchstabieren und/oder Verfahren bereitstellen, mit denen die Menschen ihr Verhalten dem Leitbild annähern können. Das Kraftfeld des unternehmerischen Selbst ist ein Diskursfeld, doch es ist zugleich mehr als das. Die Arbeit stützt sich auf Bücher, Zeitschriftenaufsätze und andere veröffentlichte Schriften, aber es handelt sich zu einem guten Teil um Texte mit unmittelbar praktischem Anspruch: Trainingsmanuale, Lehrbücher, Erfolgsratgeber und ähnliche Handreichungen versuchen weniger zu überzeugen als das Handeln anzuleiten (und glänzen denn auch nur selten durch intellektuelle Brillanz, sondern schlagen entweder einen ausgesprochen technischen oder einen charismatisch-beschwörenden Ton an). Sie definieren einen Raum des Sag- und Wissbaren, aber vor allem zielen sie auf das Machbare. Sie geben nicht nur Antworten auf die Frage »Was soll ich tun?«, sondern vermitteln detaillierte Anweisungen, wie ich das, was ich tun *soll*, auch tun *kann*.

Selbstverständlich erlaubt die Vermessung des unternehmerischen Kraftfelds keine Aussagen darüber, wie die Menschen sich tatsächlich in ihm bewegen. Welchen Regeln und Regelmäßigkeiten (auch in Bezug auf das Abweichen von den Regeln) ihr Verhalten folgt, dafür interessiert sich die folgende Arbeit nur insofern, als die Strategien und Technologien des unternehmerischen Selbst darauf Einfluss nehmen – und zu diesem Zweck sich auch der Verfahren quantitativer wie qualitativer Sozialforschung bedienen. Untersucht wird also ein Regime der Subjektivierung, nicht was die diesem Regime unterworfenen und in dieser Unterwerfung sich selbst als Subjekte konstituierenden Menschen tatsächlich sagen oder tun. Die Frage lautet nicht, wie wirkmächtig das Postulat, unternehmerisch zu handeln, ist, sondern auf welche Weise es seine Wirkung entfaltet. Es geht um eine Grammatik des Regierens und Sich-selbst-Regierens, nicht um die Rekonstruktion subjektiver

Sinnwelten und Handlungsorientierungen oder Verschiebungen in der Sozialstruktur. Bildlich ausgedrückt: Untersucht wird die Strömung, welche die Menschen in eine Richtung zieht, und nicht, wie weit sie sich davon treiben lassen, sie nutzen, um schneller voranzukommen, oder aber versuchen, ihr auszuweichen oder gegen sie anzuschwimmen.

Der Gefahr, in der Konzentration auf die Rationalitäten und Programme ebenjene Unausweichlichkeit zu reproduzieren, welche diese suggerieren, versucht die Arbeit zu entgehen, indem sie die diesen inhärenten Antinomien – etwa zwischen Selbst- und Fremdbestimmung, rationalem Kalkül und Handeln unter Ungewissheit, Kooperation und Konkurrenz – herauspräpariert und damit die Kluft zwischen entgrenztem Anspruch und seiner stets nur begrenzten Einlösung offen hält. Es geht im Folgenden nicht nur um das, was die Einzelnen tun sollen und wie sie dazu in die Lage versetzt werden, sondern auch darum, dass ihre Anstrengungen immer wieder fehlgehen und sie den Anforderungen niemals vollends genügen können.

Ein solches Vorhaben liegt quer zu den gängigen Ressortaufteilungen soziologischer Forschung, genauer, es lässt sich mehreren Ressorts zuordnen: Die hier vorgelegte Studie versteht sich zunächst als Beitrag zu einer politischen Soziologie, die politisches Handeln nicht auf »Haupt- und Staatsaktionen« reduziert, sondern sich auch für die Mikropolitiken des Alltags, für Governancestrukturen und überhaupt für die Wege interessiert, auf denen Individuen, öffentliche und private Institutionen ihre gemeinsamen Angelegenheiten regeln.

Unternehmerisches Handeln stellt zweifellos eine spezifische Form ökonomischen Handelns dar, und das, was hier Kraftfeld genannt wird, umschreibt eine Dynamik der Ökonomisierung. Die im Weiteren verfolgte Fragestellung ist insofern wirtschaftssoziologisch, als sie untersucht, wie dieser Handlungstyp plausibel gemacht wird und gesellschaftlich diffundiert. Ein älteres Bonmot des amerikanischen Ökonomen James Duesenberry besagt, die Ökonomie habe es mit Wahlhandlungen zu tun, während die Soziologie zeige, dass die Akteure nichts zu wählen hätten.[7] Die vorliegende Studie

---

7 James Duesenberry, »Comment on ›An Economic Analysis of Fertility‹«, in: The Universities National Bureau Commitee for Economic Research (Hg.), *Demographic and Economic Change in Developed Countries*, Princeton 1960, zit. n. Jens Beckert, *Grenzen des Marktes. Die sozialen Grundlagen wirtschaftlicher Effizienz*,

arbeitet demgegenüber heraus – und das ist ihr wirtschaftssoziologischer Einsatz –, dass die gegenwärtige Ökonomisierung des Sozialen den Einzelnen keine andere Wahl lässt, als fortwährend zu wählen, zwischen Alternativen freilich, die sie sich nicht ausgesucht haben: Sie sind dazu gezwungen, frei zu sein.

Eine besondere Dynamik entfaltet das Leitbild des unternehmerischen Selbst natürlich in dem Bereich, dem es entstammt: der Welt der Unternehmen. In der Arbeits- und Industriesoziologie, aber auch der Organisationssoziologie wird seit längerem diskutiert, inwieweit veränderte Formen der Arbeits- und Betriebsorganisation den Arbeitnehmer der fordistischen Ära zurückdrängen, jenen Typus, den der Bericht der Zukunftskommission – wie zitiert – nicht ohne Zynismus als »perfekten Kopisten vorgegebener Blaupausen« karikiert, und an seine Stelle ein neuer Typus, der Arbeitskraftunternehmer, tritt.[8] Die vorliegende Arbeit schließt an diese Diskussion insofern an, als sie untersucht, wie zeitgenössische Managementkonzepte alle Mitarbeiter und Mitarbeiterinnen auf unternehmerisches Handeln verpflichten und welche Strategien der Autonomisierung, Responsibilisierung und Flexibilisierung sie dazu einsetzen.

Das unternehmerische Selbst ist ein Abkömmling des Homo oeconomicus, jenes anthropologischen Konstrukts, auf dem die Wirtschaftswissenschaften ihre Modellierungen des menschlichen Verhaltens aufbauen. Insofern fällt die Beschreibung dieser Gestalt auch in das Gebiet einer sozialwissenschaftlichen Anthropologie, die implizite wie explizite Menschenbilder und ihre verhaltensmodifizierenden Effekte analysiert. Weil es um zumindest informell sanktionierte Verhaltenserwartungen geht – die Fabrikation des unternehmerischen Selbst operiert mit Erfolgsversprechen und Absturzdrohungen –, lässt die hier vorgelegte Studie sich ebenso einer Soziologie der Normen zuordnen. Mit ihrem Interesse für die bei dieser Fabrikation eingesetzten Verfahren leistet sie ferner einen Beitrag zu einem in der Disziplin bislang wenig eingeführten, allenfalls im Rahmen der Studies of Governmentality systematisch bearbeiteten Forschungsgebiet, das man als Soziologie der Sozial-

---

Frankfurt/M./New York 1997, S. 11. Beckert weist mit Recht darauf hin, dass diese Gegenüberstellung weder den gegenwärtigen Zustand beider Disziplinen noch ihr aktuelles Verhältnis zueinander zutreffend beschreibt.
8 Vgl. dazu ausführlich unten, Kapitel 2.

und Selbsttechnologien bezeichnen könnte. Spätestens hier hat die Soziologie ihre Fähigkeit zur Selbstreflexion unter Beweis zu stellen, sind es doch nicht zuletzt sozialwissenschaftliche Erkenntnisse und Methoden, auf denen die Technologien unternehmerischer Menschenführung aufbauen.

Anzuführen ist schließlich die Kultursoziologie. Der Blick richtet sich auf das, was im englischen *enterprise culture* heißt und im deutschen mit Unternehmenskultur nur höchst unzureichend übersetzt ist. Gemeint ist weder jenes durch Bilder, Rituale, Narrative oder Verhaltenscodes evozierte und fortwährend stimulierte Wir-Gefühl, das die Identifikation von Mitarbeitern mit »ihrer« Firma fördern und dieser zugleich ein einheitliches Erscheinungsbild verleihen soll. Ebenso wenig bezieht sich der Begriff auf jene betrieblichen Innen- und Unterwelten, wie sie Ethnografien der Arbeitswelt zu Tage fördern. Unternehmenskultur bezeichnet hier vielmehr die symbolische Ordnung jenes Kraftfelds, das die Maxime »Handle unternehmerisch!« zur übergreifenden Richtschnur der Selbst- und Fremdführung erhebt.

Wie lässt sich ein dermaßen vielfältig situiertes Forschungsvorhaben operationalisieren? Das vorliegende Buch verzichtet darauf, das Kraftfeld des unternehmerischen Selbst aus einer Zentralperspektive zu (re-)konstruieren. Stattdessen versammelt es eine Reihe von Einzeluntersuchungen, die sich diesem Subjektivierungsregime von unterschiedlichen Seiten her nähern, und gibt exemplarischen Erkundungen den Vorzug vor einer systematischen Darstellung. Die Kohärenz des Ganzen beruht auf der Konvergenz der nachgezeichneten Linien, nicht auf einer Architektur, in der jedes Element einen festen Platz einnimmt.

Die Arbeit setzt ein mit einem methodologischen Abschnitt (*Kapitel 1*), der das Forschungsprogramm umreißt, das Impulse insbesondere von Michel Foucault, Louis Althusser, Nikolas Rose, aber auch von Gunther Teubner und Michael Hutter aufgreift, und das im Weiteren verfolgte Projekt einer »Genealogie der Subjektivierung« gegenüber anderen soziologischen Theorien konturiert. Dabei geht es zunächst noch nicht um das unternehmerische Selbst, sondern in einem allgemeineren Sinne darum, was unter Subjektivierungsregimen zu verstehen und wie ihre Untersuchung anzulegen ist.

Kapitel 2 unternimmt eine Spurensuche und zeichnet die Karrieren nach, die das unternehmerische Selbst und verwandte Gestalten wie der Intrapreneur oder die Ich-AG seit den 80er-Jahren in der politischen Publizistik, in sozialwissenschaftlichen Gegenwartsanalysen, im Managementdiskurs und schließlich in sozialpolitischen Maßnahmen wie den so genannten Hartz-Reformen machten. Vorgeschaltet ist dem eine Auseinandersetzung mit der von G. Günter Voß und Hans J. Pongratz eingeführten These eines Übergangs vom Arbeitnehmer zum Arbeitskraftunternehmer, welche die bei durchaus paralleler Grundaussage divergierenden Forschungsperspektiven verdeutlicht.

Das Subjektivierungsregime des unternehmerischen Selbst ist auch ein Wissensregime, dessen Macht nicht zuletzt darin besteht, den Menschen eine Wahrheit über sich, über die Logik ihres Handelns und ihrer sozialen Beziehungen zu vermitteln. Diesem Aspekt geht *Kapitel 3* nach und analysiert jene ökonomischen Theorien und Denkschulen, die dem Regime verallgemeinerter Entrepreneurship Plausibilität verleihen und die Ratio unternehmerischen Handelns begründen.

Ein erster Abschnitt (*Kapitel 3.1*) rekonstruiert, wie die Vordenker des deutschen Ordoliberalismus, US-amerikanische Humankapitaltheoretiker sowie Friedrich August von Hayek, ein führender Vertreter der österreichischen Schule der Nationalökonomie, den Markt als jene Instanz einsetzen, die eine optimale (Selbst-)Steuerung des gesellschaftlichen Verkehrs garantiert. Der Wettbewerb der Marktakteure, und nichts anderes sind die unternehmerischen Individuen, erscheint in dieser Perspektive als Generator nicht nur ökonomischer, sondern auch politischer Vernunft und soll deshalb von allen Restriktionen freigehalten und durch günstige Rahmenbedingungen gestärkt werden. Deutlich werden in der Gegenüberstellung allerdings auch die unterschiedlichen Stoßrichtungen dieser drei Varianten des Neoliberalismus: Während die ordoliberalen Debatten um die politische Hegung der Wettbewerbsordnung kreisen und die Humankapitaltheorie menschliches Verhalten generell als Handeln unter Wettbewerbsbedingungen und in diesem Zusammenhang den Homo oeconomicus als unternehmerisches Selbst modelliert, betont von Hayek die aleatorische Seite des Marktgeschehens und deutet den Wettbewerb als evolutionären Prozess, der sich unabhängig vom Willen der einzelnen Akteure Bahn bricht.

Der Frage, was unternehmerisches Handeln gegenüber anderen Formen menschlicher Aktivität auszeichnet, geht der folgende Abschnitt (*Kapitel 3.2*) nach. Gesucht werden dabei nicht Persönlichkeitsmerkmale von Entrepreneuren, wie sie die Wirtschaftspsychologie identifiziert, sondern ökonomische Bestimmungen der Unternehmerfunktionen, wie sie insbesondere Ludwig von Mises, Israel M. Kirzner, Joseph Schumpeter, Frank H. Knight und Mark Casson herausgearbeitet haben. Unternehmer nutzen demnach erstens spekulative Gewinnchancen, als schöpferische Zerstörer bestehender Produktions- und Distributionsweisen sind sie zweitens Neuerer, sie tragen drittens die Risiken wirtschaftlicher Unternehmungen und sorgen schließlich viertens als Koordinatoren des Produktionsprozesses für die Optimierung der Ressourcenallokation. Diese vier Grundfunktionen treffen sich in ihrer Entgrenzungs- und Überbietungsdynamik, die unternehmerisches Handeln einem Diktat des Komparativs unterstellt.

Kapitel 3.3 widmet sich dem Vertrag und damit jener sozialen Institution, die Tauschbeziehungen und damit auch unternehmerisches Handeln reguliert. Ausgehend von der Beobachtung, dass in der Gegenwart das Vertragsprinzip auch auf bislang nicht kontraktuell geregelte Beziehungen ausgreift und zugleich die spezifische Form des *ökonomischen* Vertrags andere Vertragtraditionen zurückdrängt, wird zunächst untersucht, wie die Transaktionskostenökonomik (Armen A. Alchian/Harold Demsetz, Oliver E. Williamson) Fragen sozialer Organisation generell als Vertragsprobleme definiert und unterschiedliche vertragliche Arrangements strikt im Hinblick auf die anfallenden Transaktionskosten bewertet. Die Entscheidung für diese oder jene Form kontraktueller Vereinbarungen folgt damit selbst einem unternehmerischen Kalkül – und unterliegt dem unternehmerischen Risiko. James M. Buchanans ökonomische Theorie des Gesellschaftsvertrags deutet auch den Staat als ein Ergebnis individueller Nutzenmaximierungskalküle: Um ihre Präferenzen bestmöglich verfolgen zu können, so sein Argument, vereinbaren die Menschen kollektive Spielregeln, insbesondere zum Schutz ihres Eigentums. Mit diesen Regeln schränken sie zwar ihre Verhaltensfreiheit ein, stellen sich aber immer noch relativ besser als ohne staatlich gesicherte Verfügungsrechte. Den institutionenökonomischen Vertragsmodellen liegt eine Anthropologie zugrunde, die den Menschen konsequent als Eigentümer seiner selbst begreift.

Um sein Humankapital zu akkumulieren, muss er sich aufspalten in ein Bündel von Vermögen und in eine Instanz, die diese Vermögen durch Tausch und Kooperation gewinnbringend verwaltet.

Dass das unternehmerische Selbst keineswegs nur ein aus ökonomischen Theorien abgeleitetes Konstrukt darstellt, sondern ebenso sehr ein Telos, das zeitgenössischen Strategien der Menschenführung eingeschrieben ist, zeigt das vierte Kapitel der vorliegenden Arbeit. Untersucht werden vier Schlüsselkonzepte – Kreativität, Empowerment, Qualität, Projekt –, die unterschiedliche Facetten unternehmerischen Handelns beleuchten und diese zugleich in Sozial- und Selbsttechnologien übersetzen.

Kreativität (*Kapitel 4.1*) steht für den Aspekt der Innovation, für das Erkennen und Ergreifen von Gewinnchancen und die schöpferische Zerstörung, die Platz macht für Neues. Diskutiert wird unter anderem, wie die Kreativitätspsychologie die Fähigkeit, Neues zu schaffen, gleichermaßen als anthropologisches Vermögen, als soziale Norm und Zielvorstellung und als erlernbare Kompetenz konzeptualisiert sowie geeignete Techniken bereitstellt, um diese Kompetenz aufzubauen und zu steigern.

Das unternehmerische Selbst soll ein aktives und selbständiges Selbst sein, dessen Vertrauen in die eigene Kraft folglich gestärkt werden und das sich seines Selbstvertrauens ständig vergewissern muss. Dazu dienen die Strategien des Empowerment (*Kapitel 4.2*), deren Wurzeln in den Emanzipationskämpfen sozialer Basisbewegungen das Kapitel ebenso nachzeichnet wie die disparaten Anwendungsfelder und Bemächtigungstechnologien. Deutlich wird dabei nicht zuletzt das Paradox der Empowermentprogramme, die ihren Adressaten zuallererst jene Machtlosigkeit unterstellen, zu deren Beseitigung sie sich dann andienen.

Das Stichwort Qualität (*Kapitel 4.3*) bezieht sich auf die Notwendigkeit des unternehmerischen Selbst, sein Humankapital so zu vermarkten, dass es Abnehmer für die feilgebotenen Fähigkeiten und Produkte findet. Mit anderen Worten: Qualität steht für Kundenorientierung, wie am Beispiel des Total Quality Management gezeigt wird, das kontinuierliche Qualitätssicherung und -verbesserung durch ausgefeilte Controllingverfahren garantieren soll und das Modell des Marktes konsequent auf die innerbetrieblichen Beziehungen überträgt. Mit dem 360°-Feedback wird außerdem ein Verfahren vorgestellt, das Mitarbeiter und Vorgesetzte in ein panoptisches System wechselseitiger Beobachtung und Beurteilung einbindet und so eine Dynamik permanenter Selbstoptimierung in Gang setzen soll.

Der folgende Abschnitt (*Kapitel 4.4*) widmet sich den Projekten. Dabei geht es zum einen um die Sequenzialisierung der Arbeit (und letztlich des gesamten Lebens) in zeitlich befristete Vorhaben, die dem unternehmerischen Selbst ein Höchstmaß an Flexibilität abverlangt, zum anderen um einen spezifischen Modus der Kooperation (»Projektteams«), der ein ebenso hohes Maß an Selbstorganisation ermöglicht wie erzwingt. Das Kapitel rekonstruiert zunächst die Genealogie des »Projektemachens« ausgehend von Daniel Defoes *Essay upon Projects* bis zu den Alternativprojekten der 70er-Jahre, um dann in Auseinandersetzung mit Luc Boltanskis und Ève Chiapellos Studie *Der neue Geist des Kapitalismus* das Anforderungsprofil eines Projektarbeiters zu skizzieren. Die folgenden Abschnitte untersuchen anhand einschlägiger Manuale die Technologien, die für ein möglichst reibungsloses Projektmanagement sorgen und die Selbstmodellierung als Projekt Ich gewährleisten sollen.

Mit dem Schluss (*Kapitel 5*) kehrt die Arbeit zu jenem Unbehagen zurück, das an ihrem Anfang stand. Je klarer sich im Fortgang die Konturen des unternehmerischen Selbst abzeichneten, desto deutlicher traten auch seine dunklen Seiten hervor: die Unabschließbarkeit der Optimierungszwänge, die unerbittliche Auslese des Wettbewerbs, die nicht zu bannende Angst vor dem Scheitern. Grund genug, aus dem Kraftfeld der unternehmerischen Anrufung heraustreten zu wollen. Das Unbehagen war im Fortgang der Arbeit noch in dem Maße gewachsen, in dem sich zeigte, wie die Marktmechanismen gegenstrebige Impulse entweder absorbieren oder marginalisieren und das unternehmerische Selbst mit der Norm konfrontieren, nicht konformistisch zu sein. Das Schlusskapitel präsentiert mit Erschöpfung, Ironisierung und passiver Resistenz drei Irritationen des unternehmerischen Kraftfelds und schließt mit Überlegungen zu der Frage, wie die Nötigung, anders zu sein, in die Kunst zu verwandeln wäre, anders anders zu sein.

Einige der in diesem Buch vorgestellten Überlegungen gehen auf Vorträge und Aufsätze zurück, die ich bereits an anderer Stelle veröffentlicht habe.[9] Für die vorliegende Arbeit wurden sie überarbeitet und ergänzt. Ich danke Werner Bartens, Wolfgang Essbach, Ulrich Jaekel, Stefan Kaufmann, Susanne Krasmann, Thomas Lemke, Axel T. Paul, Matthias Schöning und Manfred Weinberg für Ermutigung, kritische Lektüre und vielfältige Anregungen. Simone Warta und Eddy Decembrino haben das Manuskript vor der Drucklegung durchgesehen; auch ihnen danke ich herzlich.

---

9 »Totale Mobilmachung. Menschenführung im Qualitäts- und Selbstmanagement«, in: Bröckling/Krasmann/Lemke (Hg.), *Gouvernementalität der Gegenwart*, S. 131-167; »Das unternehmerische Selbst und seine Geschlechter. Gender-Konstruktionen in Erfolgsratgebern«, in: *Leviathan*, 30 (2002), S. 175-194; »Jeder könnte, aber nicht alle können. Konturen des unternehmerischen Selbst«, in: *Mittelweg 36*, 11 (2002), H. 4, Aug./Sep., S. 6-26; »Diktat des Komparativs. Zur Anthropologie des ›unternehmerischen Selbst‹«, in: Ulrich Bröckling/Eva Horn (Hg.), *Anthropologie der Arbeit*, Tübingen 2002, S. 157-173; »Das demokratisierte Panopticon. Subjektivierung und Kontrolle im 360°-Feedback«, in: Axel Honneth/Martin Saar (Hg.), *Michel Foucault. Zwischenbilanz einer Rezeption. Frankfurter Foucault-Konferenz 2001*, Frankfurt/M. 2003, S. 77-93; »You are not responsible for being down, but you are responsible for getting up. Über Empowerment«, in: Leviathan, 31 (2003), S. 323-344; »Menschenökonomie, Humankapital. Eine Kritik der biopolitischen Ökonomie«, in: Ulrich Bröckling u. a. (Hg.), *Disziplinen des Lebens. Zwischen Anthropologie, Literatur und Politik*, Tübingen 2004, S. 275-295; »Über Kreativität. Ein Brainstorming«, in: Ulrich Bröckling/Axel T. Paul/Stefan Kaufmann (Hg.), *Vernunft – Entwicklung – Leben. Schlüsselbegriffe der Moderne*, München 2004, S. 235-243; Artikel »Empowerment«, »Kontrakt«, »Kreativität«, »Unternehmer«, in: Ulrich Bröckling/Susanne Krasmann/Thomas Lemke (Hg.), *Glossar der Gegenwart*, Frankfurt/M. 2004, S. 55-62, 132-138, 139-144, 271-276; »Projektwelten. Anatomie einer Vergesellschaftungsform«, in: *Leviathan*, 33 (2005), S. 364-383; »Gendering the Enterprising Self. Subjectification Programs and Gender Differences in Guides to Success«, in: *Distinktion. Scandinavian Journal for Social Theory*, No. 11, Okt. 2005, S. 7-25; »Regime des Selbst. Ein Forschungsprogramm«, in: Thorsten Bonacker/Andreas Reckwitz (Hg.), *Kulturen der Moderne. Soziologische Perspektiven der Gegenwart*, Frankfurt/M./New York 2007 (Publikation in Vorbereitung).

1. Genealogie der Subjektivierung – ein Forschungsprogramm

Das Subjekt ist ein Schlachtfeld.[1]

Paradoxien des Selbst

Ein Subjekt zu werden ist ein paradoxer Vorgang, bei dem aktive und passive Momente, Fremd- und Eigensteuerung unauflösbar ineinander verwoben sind: Jenes Selbst, das sich, so die seit George Herbert Mead[2] gängige Auffassung, dadurch hervorbringt, dass es die Perspektive eines anderen einnimmt und so eine Vorstellung von sich ausbildet, muss zumindest in rudimentärer Form schon existieren, um diesen Akt der Subjektivierung durch Objektivierung vollziehen zu können. In anthropologischer Hinsicht ist der Widerspruch von Selbstkonstitution und vorgängiger Konstituiertheit eine Konsequenz »exzentrischer Positionalität«: Der Mensch wird zum Subjekt, weil er sich zu dem erst machen muss, was er schon ist, weil er das Leben führen muss, welches er lebt.[3] Dieses Subjekt zeichnet sich dadurch aus, dass es sich erkennt, sich formt und als eigenständiges Ich agiert; es bezieht seine Handlungsfähigkeit aber von ebenjenen Instanzen, gegen die es seine Autonomie behauptet. Seine Hervorbringung und seine Unterwerfung fallen zusammen.[4]

Das Paradox der Subjektivierung verschränkt sich so mit dem der Macht: Auf der einen Seite ist die Macht, verstanden als Ensemble der Kräfte, die auf das Subjekt einwirken, diesem vorgängig.

---

1 Paolo Virno, *Grammatik der Multitude. Untersuchungen zu gegenwärtigen Lebensformen*, Berlin 2005, S. 80.
2 Vgl. George H. Mead, *Geist, Identität und Gesellschaft aus der Sicht des Sozialbehaviorismus* (1934), Frankfurt/M. 1968, S. 216 ff.
3 Vgl. Helmuth Plessner, *Die Stufen des Organischen und der Mensch*, 3. Aufl., Berlin/New York 1985, S. 288 ff. hier: S. 310.
4 Vgl. Judith Butler, *Psyche der Macht. Das Subjekt der Unterwerfung*, Frankfurt/M. 2001, S. 22. Zur historischen Semantik vgl. den von Brigitte Kible u. a. verfassten Artikel »Subjekt«, in: *Historisches Wörterbuch der Philosophie*, Bd. 10, Basel 1998, Sp. 373-399.

Das Subjekt ist weder ausschließlich gefügiges Opfer, noch nur eigensinniger Opponent von Machtinterventionen, sondern immer schon deren Effekt. Auf der anderen Seite kann Macht nur gegenüber Subjekten ausgeübt werden, setzt diese also voraus. Sie beruht auf der Kontingenz des Handelns und damit auf einem unhintergehbaren Moment von Freiheit. Wäre das menschliche Verhalten vollständig determiniert, brauchte es keine Machtinterventionen; ließe es sich nicht beeinflussen, könnte es keine geben. Machtausübung operiert, so Michel Foucault, »auf dem Möglichkeitsfeld, in das sich das Verhalten der handelnden Subjekte eingeschrieben hat: sie stachelt an, gibt ein, lenkt ab, erleichtert oder erschwert, erweitert oder begrenzt, macht mehr oder weniger wahrscheinlich; im Grenzfall nötigt oder verhindert sie vollständig, aber stets handelt es sich um eine Weise des Einwirkens auf ein oder mehrere handelnde Subjekte, und dies, soweit sie handeln oder zum Handeln fähig sind.« Demjenigen, auf dessen Handeln eingewirkt wird, eröffnet sich »ein ganzes Feld von möglichen Antworten, Reaktionen, Wirkungen, Erfindungen«.[5]

Das Subjekt nimmt die Kräfte auf, denen es ausgesetzt ist, und modifiziert ihre Ansatzpunkte, Richtungen und Intensitäten. Dabei biegt es diese Kräfte nicht zuletzt um und richtet sie auf die eigene Person – »Subjektivierung vollzieht sich durch Faltung«.[6] Die Machtausübung wird reflexiv, das sich subjektivierende Subjekt zu einem Selbst, das sich, in Kierkegaards berühmter Formulierung, realisiert als »Verhältnis, das sich zu sich selbst verhält«.[7] In Selbstexploration, Selbstmodellierung und Selbstexpression konstituiert es sich als Objekt seiner selbst, entwirft ein Bild von sich und gibt sich seine eigene Gestalt. Dabei steht es in einem Verhältnis doppelter Bindung: Den Status eines Subjekts zu erlangen, bedeutet, wie Foucault schreibt, zum einen »vermittels Kontrolle und Abhängigkeit jemandem unterworfen«, zum anderen »durch Bewußtsein und Selbsterkenntnis seiner eigenen Identität verhaftet« zu sein.[8] Die Mehrdeutigkeit kehrt auf sprachlicher Ebene im Doppelsinn

---

5 Michel Foucault, »Das Subjekt und die Macht«, in: Hubert. L. Dreyfus/Paul Rabinow, *Michel Foucault. Jenseits von Strukturalismus und Hermeneutik*, Frankfurt/M. 1987, S. 241-261, hier: S. 254f.
6 Gilles Deleuze, *Foucault*, Frankfurt/M. 1987, S. 146.
7 Søren Kierkegaard, *Die Krankheit zum Tode* (1849), Frankfurt/M. 1984, S. 13.
8 Foucault, »Das Subjekt und die Macht«, S. 246.

der meisten »Selbst«-Komposita wieder: So bezeichnet das »Selbst« in Selbststeuerung sowohl die steuernde wie auch die gesteuerte Instanz, kann Selbstbestimmung sowohl Bestimmung durch das Selbst wie auch die Bestimmung des Selbst durch andere meinen.⁹ Das Subjekt ist somit zugleich Wirkung und Voraussetzung, Schauplatz, Adressat und Urheber von Machtinterventionen. Eine Entität, die sich performativ erzeugt, deren Performanzen jedoch eingebunden sind in Ordnungen des Wissens, in Kräftespiele und Herrschaftsverhältnisse. In dieser Verschränkung von Affizieren, Affiziertwerden und Sich-durch-sich-Affizieren liegt das Paradox der Selbstkonstitution: »Wenn das Subjekt *weder* durch die Macht vollständig determiniert ist *noch* seinerseits vollständig die Macht determiniert (sondern immer beides zum Teil), dann geht das Subjekt über die Logik der Widerspruchsfreiheit hinaus, es ist gleichsam ein Auswuchs, ein Überschuß der Logik.«¹⁰

Paradoxa lassen sich nicht auflösen, deshalb prozessieren sie als Probleme.¹¹ Was sich als logische Unmöglichkeit darstellt, bleibt eine praktische Aufgabe. So wenig es ein widerspruchsfreies Subjekt

---

9 Mariana Valverde macht darauf aufmerksam, dass viele, insbesondere psychologische Theorien die Paradoxie des Subjekts bzw. Selbst zu tilgen versuchen, indem sie die einander widersprechenden Seiten unterschiedlichen psychischen Kräften beziehungsweise Instanzen zuordnen: »Die im Begriff ›Selbstkontrolle‹ angelegte Unterscheidung zwischen einem Selbst, das kontrolliert, und einem (unreifen, niedriger stehenden) Selbst, das kontrolliert wird, entspricht in gewisser Hinsicht der vertrauten Unterscheidung zwischen Vernunft und Leidenschaft, man könnte sie aber auch als räumliche Aufteilung in zwei psychische Sphären auffassen« (»›Despotism‹ and ethical liberal governance«, in: *Economy and Society*, 25 [1996], S. 357-372, hier: S. 369, Übers. hier wie auch bei allen folgenden fremdsprachigen Zitaten, so keine deutschen Übersetzungen vorliegen, UB).

10 Butler, *Psyche der Macht*, S. 22. Zum Vergleich zwischen Butlers und Foucaults Konzept der Subjektivierung vgl. Christine Hauskeller, *Das paradoxe Subjekt. Unterwerfung und Widerstand bei Judith Butler und Michel Foucault*, Tübingen 2000.

11 Paradoxale Denkfiguren erfahren in zeitgenössischen Sozialtheorien nicht zuletzt deshalb eine Konjunktur, weil weder die gesellschaftlichen Widersprüche dialektisch aufzuheben sind, noch es länger plausibel erscheint, die Effekte kapitalistischer Modernisierung als Ambivalenzphänomene zu beschreiben, die anzuerkennen und auszuhalten wären. Vgl. dazu Martin Hartmann, »Widersprüche, Ambivalenzen, Paradoxien – Begriffliche Wandlungen in neueren Gesellschaftstheorien«, in: Axel Honneth (Hg.), *Befreiung aus der Mündigkeit. Paradoxien des gegenwärtigen Kapitalismus*, Frankfurt/M./New York 2002, S. 221-251, sowie weitere Beiträge im gleichen Band.

geben kann, so unvermeidlich wie unabschließbar ist die Arbeit der Subjektivierung. Diese Arbeit ist rekursiv; der Gegenstand, dem sie gilt, und der Arbeiter, der sie leisten soll, fallen zusammen. Das bedingt eine Vervielfältigung der Selbstbezüge – ablesbar nicht zuletzt an der Häufung des Reflexivpronomens –, in die zwar Haltepunkte eingebaut werden können, die aber nicht endgültig stillgestellt werden kann.[12] Das Subjekt der Subjektivierung existiert nur im Gerundivum: als wissenschaftlich zu erkundendes, pädagogisch zu förderndes, therapeutisch zu stützendes und aufzuklärendes, rechtlich zu sanktionierendes, ästhetisch zu inszenierendes, politisch zu verwaltendes, ökonomisch produktiv zu machendes usw.[13] Weder ist es letzter Zurechnungspunkt des Denkens, Wollens und Fühlens noch imaginäres Personzentrum, in dem sich aller »Entfremdung« zum Trotz ein authentisches Ich kristallisiert, noch gar potenzieller Souverän, der sich nur erst von allen möglichen »Kolonialisierungen« befreien muss. Weder Tabula rasa, in die sich die gesellschaftlichen Mächte einschreiben, noch autonomer Autor des eigenen Lebens. Das Subjekt ist der Fluchtpunkt der Definitions- und Steuerungsanstrengungen, die auf es einwirken und mit denen es auf sich selbst einwirkt. Ein soziales Problem und eine individuelle Aufgabe; kein Produkt, sondern Produktionsverhältnis.

Das macht es nötig, die Rede vom Subjekt radikal zu historisieren. Was ein Subjekt ist, das liegt nicht ein für alle Mal fest, sondern lässt sich nur erschließen über die historischen Semantiken

---

12 Vgl. Stefan Rieger, »Arbeit an sich. Dispositive der Selbstsorge in der Moderne«, in: Bröckling/Horn (Hg.), *Anthropologie der Arbeit*, S. 79-96, hier: S. 82; ders., »Die Suggestionen des Selbst. Zur Emergenz rekursiver Individualisierung«, in: Thomas Wägenbaur (Hg.), *Blinde Emergenz? Interdisziplinäre Beiträge zu Fragen kultureller Evolution*, Heidelberg 2000, S. 191-209.

13 Georg Simmel, *Grundfragen der Soziologie* (1917), 4. Aufl., Berlin/New York 1984, S. 83 f., hat diese Gerundivform des Subjekts historisch genauer verortet und darauf aufmerksam gemacht, dass sie erst mit der Aufklärung und ihrem Perfektibilisierungsideal dominant wird: »Im 18. Jahrhundert wird diese Empfindung höchst mächtig, daß das Ich, welches wir ja schon sind, doch ein erst zu erarbeitendes sei – weil wir es eben nicht rein und absolut sind, sondern in Verhüllungen und Entstellungen durch unsere geschichtlich-gesellschaftlichen Schicksale, und daß diese Normierung des Ich durch das Ich sittlich gerechtfertigt sei, weil jenes ideale, im höheren Sinne wirkliche Ich das allgemein menschliche sei und durch seine Erreichung die wahre Gleichheit unter allem, was Mensch ist, erreicht werde.«

und Wissenskomplexe, die Selbst- und Sozialtechnologien,[14] die zu seiner theoretischen Bestimmung und praktischen Formung aufgerufen wurden und werden. Ein solches Unterfangen zielt weder auf eine Ideengeschichte des Individuums noch auf eine historische Rekonstruktion der Humanwissenschaften. Ebenso wenig handelt es sich um eine Variante der Psychohistorie oder der historisch-genetischen Psychologie, die dem Wandel etwa der Körperlichkeiten, Emotionen, Vorstellungswelten, kognitiven Schemata oder Pathologien nachginge. Schließlich werden auch keine individuellen Lebensgeschichten und Selbstbilder nachgezeichnet, wie es eine biografisch orientierte Sozialforschung versucht. So aufschlussreich die Ergebnisse all dieser Disziplinen und Subdisziplinen sind, die »Genealogie der Subjektivierung«, wie Nikolas Rose im Anschluss an Michel Foucault das Forschungsprogramm nennt,[15] dem auch die vorliegende Arbeit folgt, richtet ihren Fokus auf anderes: Sie untersucht nicht die Transformationen der Subjektivität, sondern auf welche Weise das Subjekt in bestimmten historischen Momenten zum Problem wurde und welche Lösungen für dieses Problem gefunden wurden. Anders ausgedrückt: Sie fragt nicht, was das Subjekt *ist*, sondern welches Wissen zur Beantwortung dieser Frage mobilisiert und welche Verfahren in Anschlag gebracht wurden, um es entsprechend zu modellieren.

Subjektivierung, so verstanden, geht nicht auf in Individualisierung. Diese ist umgekehrt als ein – historisch kontingenter und in sich selbst wiederum historischen Transformationen unterliegender – Modus der Subjektivierung zu dechiffrieren, bei dem der Einzelne sich in Selbstbeobachtung und -beschreibung nicht durch Positionen oder Zugehörigkeiten, sondern durch das identifiziert, was ihn von allen anderen unterscheidet.[16] Die Soziologie hat seit ihren Anfängen darauf aufmerksam gemacht, dass moderne Gesellschaften Individuum und Gesellschaft in ein Verhältnis wechsel-

---

14 Zu Begriff und Sache der Selbsttechnologien vgl. die Beiträge in Luther H. Martin/Huck Gutman/Patrick H. Hutton (Hg.), *Technologien des Selbst*, Frankfurt/M. 1993; die historische Semantik von Sozialtechnologie resümiert Matthias Schöning, »Zwischen Technokratie und Biopolitik. Zur Rekonstruktion des Begriffs Sozialtechnologie«, in: *Ethica*, 14 (2006), S. 303-323.

15 Vgl. Nikolas Rose, *Inventing Our Selves. Psychology, Power, and Personhood*, Cambridge u. a. 1996, S. 23.

16 Vgl. Niklas Luhmann, »Individuum, Individualität, Individualismus«, in: ders., *Gesellschaftsstruktur und Semantik*, Bd. 3, Frankfurt/M. 1989, S. 215.

seitiger Steigerung setzen.[17] Je mehr der Einzelne vergesellschaftet wird, umso mehr individualisiert er sich auch – und umgekehrt. »Individuum-Sein wird zur Pflicht«, skizziert Niklas Luhmann die Konsequenz dieser Dynamik, in dem Maße, in dem für den Einzelnen die »Einzigartigkeit und Unvergleichbarkeit seiner Existenz [zur] Prämisse des sozialen Umgangs mit ihm« wird. Er »wird in fast allen Kontexten zwar typisiert [...]; aber immer doch so, daß in der Typisierung ein Individuum gemeint ist und der Typus nur regelt, wie weit dessen Individualität konkret erforscht und als Prämisse weiteren Verhaltens aktualisiert werden muß«.[18] Das Paradox der Subjektivierung kehrt hier wieder in der aporetischen Form eines Selbstbezugs, der Individualisierung entweder als Kopierverfahren fasst und damit an gesellschaftliche Vorlagen bindet oder sie als inneren Dialog beziehungsweise Kampf einer Vielheit von Selbsten konzipiert. Folgt aus dem einen das Oxymoron einer seriellen Einzigartigkeit, so aus dem anderen das eines aufgespaltenen Individuums. Muss der »Homme-copie«[19] sich stets von Neuem seiner Besonderheit vergewissern, so wird das plurale Selbst niemals damit fertig, seine Elemente zu einer kohärenten Einheit zu versammeln.[20]

Ohne die differenzierungstheoretische Perspektive zu übernehmen, knüpft die vorliegende Untersuchung an Luhmanns Rekonstruktion historischer Semantik insofern an, als sie den Blick auf die Begrifflichkeiten und Wissenskomplexe richtet, mit denen Individuen als Individuen typisiert und durch die sie angehalten werden, ihrer Individualisierungspflicht nachzukommen. Allerdings interessiert sie sich weniger für die »gepflegte Semantik« sozialwissenschaftlicher Selbstbeschreibung der Gesellschaft, sondern konzentriert sich auf die gleichermaßen unspektakulären wie aufdringlichen »Gebrauchssemantiken« technischer Manuale, psychologischer Ratgeber und (Selbst-)Managementprogramme, die konkrete Anweisungen oder Empfehlungen formulieren, wie

---

17 Für einen Überblick über soziologische Theorien der Individualisierung vgl. Markus Schroer, *Das Individuum der Gesellschaft*, Frankfurt/M. 2001.
18 Luhmann, »Individuum, Individualität, Individualismus«, S. 252.
19 Der Begriff geht, so Luhmann (ebd., S. 221, Anm.), auf Stendhal zurück.
20 Zu den wiederum pluralen Möglichkeiten, ein plurales Selbst theoretisch zu fassen, vgl. Jon Elster, »Introduction«, in: ders. (Hg.), *The Multiple Self*, Cambridge u. a. 1986, S. 1-34, sowie die übrigen Beiträge dieses Bandes.

Menschen zu behandeln sind und wie sie sich zu verhalten haben, um als Individuen gelten zu können.[21] Zugleich geht es der Genealogie der Subjektivierung nicht allein um den in einer Gesellschaft beziehungsweise ihren Funktionssystemen bereitgehaltenen Vorrat an Sinnverarbeitungsregeln; sie erweitert den Fokus vielmehr auf die institutionellen Arrangements und Expertensysteme, Ordnungskategorien und Sortierverfahren, Lernprogramme und Sanktionsmechanismen, (Selbst-)Beobachtungs- und (Selbst-)Modellierungsprozeduren, mit deren Hilfe individualisierte Subjekte hervorgebracht werden und sich selbst hervorbringen. Während die Systemtheorie Semantik als idealisierte und/oder nachlaufende Beschreibung der Gesellschaftsstruktur fasst, analysiert die Genealogie der Subjektivierung die komplexen Kopplungs- und Übersetzungsprozesse zwischen Diskursformationen, Sozial- und Selbsttechnologien. Mit Luhmann teilt sie wiederum den methodischen Nominalismus und den Blick für die gleichermaßen differenzierenden wie homogenisierenden Effekte der Regime des Selbst: Statt vorauszusetzen, dass es so etwas wie Individualisierung gibt, und ausgehend von diesem soziologischen Konstrukt dann Gegenwartsphänomene oder historische Prozesse zu beschreiben, zeichnet sie Wissensdispositive und Praktiken nach, die es Menschen ermöglicht und die sie genötigt haben, sich als autonome Persönlichkeiten zu begreifen, die eine unverwechselbare Identität besitzen und dieser in ihren Lebensäußerungen einen authentischen Ausdruck zu verleihen suchen, kurzum: die sie dazu gebracht haben, sich als Individuen zu sehen und zu verhalten. Während die Systemtheorie allerdings eine Koevolution von Individualisierung und funktional-differenzierter Gesellschaftsstruktur beobachtet, konzentriert sich die Genealogie der Subjektivierung auf die Diskontinuitäten, auf das, was verschwindet oder neu auftaucht – und zwar unterhalb der großen Schwelle zwischen stratifizierten und funktional-differenzierten Vergesellschaftungsformen. Statt eine Entwicklungs- oder gar eine Fortschritts- oder Verfallsgeschichte des Subjekts zu schreiben, identifiziert sie disparate historische Konfigurationen, in denen bestimmte Modelle, das Subjekt zu denken, sich mit spezifischen Verfahren verbinden, es praktisch zu formen.

In ähnlicher Weise lässt sich die Genealogie der Subjektivierung

21 Vgl. Urs Stäheli, »Semantik und/oder Diskurs: ›Updating‹ Luhmann mit Foucault?«, in: *kultuRRevolution*, Nr. 47, Juni 2004, S. 14-19.

absetzen von den gegenwartsdiagnostischen Überlegungen Anthony Giddens' über die »Flugbahn des Selbst« in der Spätmoderne[22] wie auch von den parallelen Ausführungen Ulrich Becks zur Individualisierung in der Risikogesellschaft: Beide betonen, dass zeitgenössische Vergesellschaftungsformen den Menschen in bislang unbekanntem Maße Wahlmöglichkeiten eröffnen, sie aber in gleichem Maße auch Wahlzwängen unterwerfen. »Um es mit Jean-Paul Sartre zu sagen«, schreibt Beck: »Die Menschen sind zur Individualisierung *verdammt*. Individualisierung ist ein Zwang, ein paradoxer Zwang allerdings zur Herstellung, Selbstgestaltung, Selbstinszenierung nicht nur der eigenen Biographie, auch ihrer Einbindungen und Netzwerke, und dies im Wechsel der Präferenzen der Entscheidungen und Lebensphasen, allerdings: unter sozialstaatlichen Rahmenbedingungen und Vorgaben, wie dem Ausbildungssystem (dem Erwerb von Zertifikaten), dem Arbeitsmarkt, dem Arbeits- und Sozialrecht, dem Wohnungsmarkt usw.«[23] Zwang zur Individualisierung bedeutet schließlich auch, die Verantwortung für das eigene Scheitern sich selbst zurechnen zu müssen. Wer gehalten ist, »sich selbst als Handlungszentrum, als Planungsbüro in Bezug auf seinen eigenen Lebenslauf, seine Fähigkeiten, Orientierungen, Partnerschaften usw. zu begreifen«,[24] der kommt nicht umhin, Niederlagen als individuelle Planungsdefizite zu verbuchen. Subjektivierung wird damit zu einem eminent politischen Projekt, die individuelle Lebensführung zu einer Abfolge strategischer Entscheidungen und taktischer Kalküle – zu »Lebenspolitik«. Das Selbst erscheint als reflexives Projekt, das sich allein oder mithilfe professioneller Berater, Therapeuten, Coaches oder anderer Autoritäten einem permanenten Selbstmonitoring unterzieht, um die »Flugbahn« seines Lebens immer neu zu adjustieren, wobei mit den Chancen der Selbstverwirklichung stets die Risiken des Absturzes einhergehen.

In der These, dass die Regierung des Selbst heute unter dem Diktat der Selbstregierung steht, treffen sich die Genealogie der Subjektivierung und die Theorie reflexiver Moderne ebenso wie in ihrem

---

22 Anthony Giddens, *Modernity and Self-Identity. Self and Society in the Late Modern Age*, Stanford 1991, S. 70 ff.
23 Ulrich Beck, *Die Erfindung des Politischen. Zu einer Theorie reflexiver Modernisierung*, Frankfurt/M. 1993, S. 152.
24 Ders., *Risikogesellschaft. Auf dem Weg in eine andere Moderne*, Frankfurt/M. 1986, S. 217.

Blick für die Paradoxien der Verpflichtung zur Freiheit. Während Beck und Giddens allerdings ihr Augenmerk darauf richten, wie die Individuen in den vorgegebenen Möglichkeitsfeldern ihren Alltag zu meistern und ihre Biografien zu »basteln« versuchen, geht es bei der Analyse von Subjektivierungsregimes um die Konstitution dieser Möglichkeitsfelder, um die Kraftlinien, die sie durchkreuzen, und um die Art und Weise, wie sie die Handlungsoptionen der Individuen mobilisieren, einschränken oder kanalisieren, kurz: wie sie die Selbststeuerungspotenziale steuern. Skeptisch ist die Genealogie der Subjektivierung darüber hinaus gegenüber verallgemeinernden Epochenlabels wie Spätmoderne, reflexive Moderne oder Risikogesellschaft, welche die Gegenwart unter *ein* dominantes Prinzip zu rubrizieren versuchen. Im Gegensatz dazu richtet das hier verfolgte Forschungsprogramm den Blick nicht auf »die Gesellschaft« oder »das Selbst«, sondern untersucht jene Rationalitäten und Technologien, die Gesellschaft als Einheit und individualisierte Subjekte als Akteure überhaupt erst denkbar machen und praktisch herstellen. Statt die Regime des Selbst aus einer Zentralperspektive zu (re-)konstruieren, zeichnet sie Konstellationen nach, aus denen sich jene Regime zusammensetzen. Die Konturen zeitgenössischer Subjektivierung, die sich so erschließen, lassen sich nicht zurückführen auf ein kohärentes Integrationsprinzip, auf eine herrschende Ideologie oder ein organisierendes Zentrum, sondern sind ein Effekt vielfältiger Mikrotechniken und Denkweisen, die sich zu Makrostrukturen und Diskursen verdichten und verstetigen. »Die Gesellschaft« oder »das Selbst« bilden dabei das Resultat, nicht den Ausgangspunkt.

Die Anrufung des Subjekts und das Subjekt der Anrufung

Weil die Rede vom Subjekt stets auf die Arbeit der Subjektivierung verweist, ist seine Deskription immer auch Präskription. Dem entspricht seine »unmögliche« Zeitstruktur, die das »immer schon« mit dem »erst noch« zusammenzieht. Louis Althusser hat diese paradoxe Aufforderung, zu werden, was man schon ist, und damit zugleich die Parallelität von gesellschaftlicher Erzeugung und Selbstkonstitution des Subjekts im Begriff der Anrufung gefasst. In seiner berühmten Urszene ruft ein Polizist einem Passanten auf der Straße nach: »He, Sie da!« Das so angerufene Individuum dreht sich um »in dem Glauben, der Ahnung, dem Wissen, es sei gemeint«, und wird durch diese physische Wendung zum Subjekt, weil es damit anerkennt, dass der Anruf nur ihm gegolten haben kann.[25] Der Ruf des Polizisten evoziert ein spontanes Gefühl der Schuld, und er kann es nur evozieren, weil es immer schon da ist. Diese Schuld anzuerkennen und zum Subjekt zu werden ist ein und derselbe Vorgang. Löst man das Beispiel vom Repräsentanten staatlicher Souveränität und ersetzt die autoritative Stimme des Polizisten durch andere Instanzen, lassen sich auch die Programme der Formung und Selbstformung nach diesem Modell begreifen. Subjektivierungsregime konfrontieren den Einzelnen mit spezifischen Erwartungen, die er zurückzuweisen, zu unterlaufen oder einzulösen versucht, denen er aber niemals voll und ganz genügen kann. Und sie können ihn damit nur insoweit konfrontieren, als er selbst immer schon ein fundamentales Ungenügen spürt. »Das Sich-Erkennen im Ruf setzt eine Einwilligung zur Subjektivation voraus und deutet zugleich darauf hin, dass die Szene immer schon vor der Szene stattgefunden hat.«[26]

Man mag die Wurzeln dieses Gefühls von Schuld und Ungenügen aus einem Bedürfnis nach Anerkennung und dieses wiederum von einer anthropologischen Angewiesenheit auf Sozialität herleiten. Weil der »Kampf um Anerkennung« niemals abgeschlossen ist und stets mit traumatischen Erfahrungen der Verkennung und Verwerfung des Subjekts einhergeht, kann der Einzelne gar nicht anders, als sich in seinen Selbstverhältnissen auf die Erwartungen zu beziehen, die andere an ihn stellen. »Sich beziehen auf« ist jedoch nicht dasselbe wie »sich fügen« – eine Differenz, in der sich einmal mehr das Paradox der Subjektivierung als das der Freiheit zeigt: »Die Unterwerfung, die Tatsache, daß die menschliche Leidenschaft der Selbsterhaltung uns anfällig und verletzlich gegenüber denen macht, die uns unser Brot versprechen, bringt auch die Möglichkeit der Revolte mit sich.«[27]

---

25 Louis Althusser, »Ideologie und ideologische Staatsapparate«, in: ders., *Ideologie und ideologische Staatsapparate. Aufsätze zur marxistischen Theorie*, Hamburg/Berlin 1977, S. 108-153, hier: S. 143.
26 Sven Opitz, *Gouvernementalität im Postfordismus. Macht, Wissen und Techniken des Selbst im Feld unternehmerischer Rationalität*, Hamburg 2004, S. 82.
27 Judith Butler, »Noch einmal: Körper und Macht«, in: Honneth/Saar (Hg.), *Michel Foucault. Zwischenbilanz einer Rezeption*, S. 52-67, hier: S. 67.

Althussers Geschichte unterschlägt bei aller Subtilität, mit der sie die vorgängige gesellschaftliche Vermitteltheit des Subjekts gleichnishaft verdichtet, sowohl, dass der Einzelne nicht nur angerufen wird, sondern gleichzeitig selbst anruft, als auch, dass sein Wunsch nach Orientierung bei der Selbstfindung konstitutiv enttäuscht wird. Genau dies hat Franz Kafka in einer kurzen und ebenso gleichnishaften Geschichte gefasst, die sich als Gegenstück zu Althussers Szene lesen lässt. Kafka hat sie passenderweise mit »Ein Kommentar« überschrieben. Geht es Althusser um den Appell und die Bereitschaft, die gesellschaftliche Bestimmtheit des Selbst als Selbstbestimmung zu begreifen, so beschreibt Kafka die Unabweisbarkeit wie Vergeblichkeit aller Anstrengungen, man selbst zu sein:

»Es war sehr früh am morgen, die Straßen rein und leer, ich ging zum Bahnhof. Als ich eine Turmuhr mit meiner Uhr verglich, sah ich, daß es schon viel später war, als ich geglaubt hatte, ich mußte mich sehr beeilen, der Schrecken über diese Entdeckung ließ mich im Weg unsicher werden, ich kannte mich in dieser Stadt noch nicht sehr gut aus, glücklicherweise war ein Schutzmann in der Nähe, ich lief zu ihm und fragte ihn atemlos nach dem Weg. Er lächelte und sagte: ›Von mir willst du den Weg erfahren?‹ ›Ja‹, sagte ich, ›da ich ihn selbst nicht finden kann‹. ›Gibs auf, gibs auf‹, sagte er und wandte sich mit einem großen Schwunge ab, so wie Leute, die mit ihrem Lachen allein sein wollen.«[28]

Es läge nahe, Kafkas Miniatur als Lehrstück verweigerter Anerkennung zu deuten. In der Gegenüberstellung zu Althussers Anrufungsszene drängt sich jedoch eine andere Lesart auf. Danach handelt die Geschichte von der Subjektivierung als Aufgabe – als Aufgabe im Doppelsinn von etwas, das man zu tun hat, und etwas, das man aufhört zu tun beziehungsweise preisgibt: Das gerade erwachte Ich sucht in fragloser Selbstverständlichkeit seinen Weg – Subjektivierung als Aufgabe im ersten Sinn. Die Entdeckung, dass Eigenzeit und Systemzeit nicht synchronisiert, dass Individuelles und Gesellschaftliches nicht aufeinander abgestimmt sind und sich das Ich mit sich selbst nicht auskennt, löst Erschrecken und Verun-

---

28 Franz Kafka, *Das Ehepaar und andere Schriften aus dem Nachlaß – in der Fassung der Handschrift*, Frankfurt/M. 1994, S. 130. Für eine psychoanalytische (und psychoanalysekritische), von der hier vorgelegten abweichende Deutung von Kafkas Geschichte vgl. Willem van Reijen, »Das authentische Selbst – eine Aufgabe«, in: *Jahrbuch der Psychoanalyse*, 43 (2001), S. 187-206.

sicherung aus. So wendet sich das Ich an eine Autoritätsinstanz, die ihm sagen soll und wohl auch sagen könnte, wo es langgeht, die es stattdessen aber mit der Aussichtslosigkeit seines Bemühens konfrontiert und mit ihrem hämischen »Gibs auf, gibs auf« die Aufgabe im zweiten Sinn ins Spiel bringt.

Während Althussers Subjekt immer schon sozialisiert und darauf angewiesen ist, sich an den gesellschaftlich vorgegebenen Rollenmodellen zu orientieren, und gerade darin sein Selbstsein erfährt, muss Kafkas Ich sich zeitlebens selbst erkunden und gestalten, wohl wissend, dass es an dieser Aufgabe scheitern wird, weil der gesellschaftliche Subjektivierungsimperativ uneinlösbar ist. Weder bei Althusser noch bei Kafka gibt es einen externen Standpunkt, von dem aus sich Kriterien für den rechten Gebrauch der Freiheit herleiten ließen, weder der eine noch der andere entwerfen allerdings auch ein deterministisches Szenario. Bezogen auf die »Arbeit an sich« heißt das: Selbst wenn kein Jenseits gesellschaftlicher Ansprüche existiert, gibt es für den Einzelnen Spielräume; auch wenn kein Weg zum wahren Selbst führt, gibt es unendlich viele, die man auf der Suche danach beschreiten kann. Erst in der zweifachen Doppelbewegung von Polizistenruf und Hinwendung des Angerufenen einerseits, Rat suchendem Ich und sich abwendendem Polizisten andererseits, erschließt sich das Drama der Subjektivierung. Ein Subjekt zu werden ist etwas, dem niemand entgeht und das zugleich niemandem gelingt.

Der kleine literarische Exkurs diente nicht zuletzt dazu, die Differenzen zwischen Genealogie der Subjektivierung und Anerkennungstheorie[29] deutlich zu machen. Anders als diese sucht die Genealogie der Subjektivierung nicht nach normativen Grundlagen, von denen aus missachtende, unterdrückende und ausbeutende Verhältnisse zu kritisieren wären, und sie verfügt entsprechend auch über kein Ideal gelingender Anerkennung. Sie kehrt vielmehr die Problemstellung um und fragt, welche Mechanismen

29 Vgl. vor allem Axel Honneth, *Kampf um Anerkennung*, Frankfurt/M. 1994, und, in Auseinandersetzung mit Althussers Anrufungs-Aufsatz, ders., »Anerkennung als Ideologie«, in: *WestEnd. Neue Zeitschrift für Sozialforschung*, 1 (2004), S. 51-70. Für eine soziologische Analyse zeitgenössischer Arbeitsverhältnisse in anerkennungstheoretischer Perspektive vgl. Stephan Voswinkel, *Anerkennung und Reputation. Die Dramaturgie industrieller Beziehungen. Mit einer Fallstudie zum »Bündnis für Arbeit«*, Konstanz 2001; Ursula Holtgrewe/Stephan Voswinkel/Gabriele Wagner (Hg.), *Anerkennung und Arbeit*, Konstanz 2000.

Menschen veranlassen, ihre Subjektivierungsanstrengungen auf der Folie eines Kampfs um Anerkennung zu begreifen, welche Arenen sie für diesen Kampf auswählen und welche Strategien sie dabei einsetzen. Anders ausgedrückt: Sie fragt nicht, welche Normen Anerkennung gewährleisten, sondern wie Anerkennung selbst zu einer Norm werden kann und welche Praktiken und Diskurse die Akzeptabilität dieser Norm sichern.

Die Regierung des Selbst

Wie Althusser so begreift auch Michel Foucault Subjektivierung als einen Formungsprozess, bei dem gesellschaftliche Zurichtung und Selbstmodellierung in eins gehen. Während Althusser diesen Vorgang allerdings eher nach dem Vorbild sprachlicher Signifikation beschreibt, interessiert sich Foucault vor allem für die Mechanismen der Fremd- und Selbstführung, auf jene Ensembles aus Verstehensformen, Zurichtungsstrategien und Selbsttechnologien, die aus Menschen Subjekte und mit denen sie sich selbst zu Subjekten machen. Foucaults Interesse gilt der »Formbarkeit der menschlichen Vermögen«.[30] Zu ihrer Untersuchung bedient er sich eines »spekulativen Empirismus«, einer hypothetischen Haltung des Alsob, die unterstellt, Menschen seien potenziell unendlich formbar. Ausgehend von dieser heuristischen Annahme rekonstruiert er jene Machtmechanismen und Wahrheitsregime, durch die sie in der Vergangenheit geformt wurden und sich selbst geformt haben. Für diese Dispositive des Formens, Geformtwerdens und Sich-selbst-Formens, die er in seinen früheren Arbeiten im Hinblick auf ihre diskursiven Ordnungen und Disziplinarapparaturen analysiert hatte, wählte er Ende der 70er-Jahre den Begriff des »Regierens«.

Subjektivierung ist für Foucault eine Regierungsaufgabe in dem unzeitgemäßen Sinn, in dem er den Begriff des Regierens verstand: »Man muß diesem Wort die sehr weite Bedeutung lassen, die es im 16. Jahrhundert hatte. Es bezog sich nicht nur auf politische Strukturen und auf die Verwaltung der Staaten, sondern bezeichnete die Weise, in der die Führung von Individuen oder Gruppen gelenkt wurde: Regiment der Kinder, der Seelen, der Gemeinden, der Familien, der Kranken. Es deckte nicht bloß eingesetzte Formen der

---

30 Osborne, »Techniken und Subjekte«, S. 12.

politischen oder wirtschaftlichen Unterwerfung ab, sondern auch mehr oder weniger bedachte und berechnete Handlungsweisen, die dazu bestimmt waren, auf die Handlungsmöglichkeiten anderer Individuen einzuwirken. Regieren heißt in diesem Sinne, das Feld eventuellen Handelns der anderen zu strukturieren.«[31] Zu ergänzen ist: und des eigenen Handelns, muss doch »derjenige, der den Staat will regieren können, zunächst sich selbst [...] regieren können«.[32]

Zugleich richtet sich das Augenmerk weniger auf die tatsächlichen Praktiken der Fremd- und Selbstführung als vielmehr auf die Regierungs*kunst*, »d.h. die reflektierte Weise, wie man am besten regiert, und zugleich auch das Nachdenken über die bestmögliche Regierungsweise«, in anderen Worten: auf »das Selbstbewußtsein des Regierens«.[33] Es geht um das den Praktiken, hier konkreter: den Praktiken der Subjektivierung, immanente Wissen, die Systematisierung und »Rationalisierung« einer Pragmatik der Führung. Die disparaten Problematisierungsweisen des Subjekts wie die vielfältigen Modi seiner Fremd- und Selbststeuerung sind somit eingebunden in jene Rationalitäten und Technologien der Menschenführung, für die Foucault den Begriff »Gouvernementalität« geprägt hat. Er sprach in diesem Zusammenhang auch von der »Führung der Führungen«, wobei »führen« im Doppelsinn des französischen *(se) conduire* gleichermaßen »die Tätigkeit des ›Anführens‹ anderer (vermöge mehr oder weniger strikter Zwangsmechanismen) und die Weise des Sich-Verhaltens in einem mehr oder weniger offenen Feld von Möglichkeiten« einschließt.[34]

Weil Subjektivierung sich in einem strategischen Feld vollzieht, in dem der Einzelne sich gezielten und planvollen Zurichtungsanstrengungen ausgesetzt sieht und sich zugleich gezielt und planvoll selbst zurichtet, hat sich das Augenmerk zunächst auf die Programme, epistemischen Konfigurationen sowie Praktiken zu richten, die dem Selbstverhältnis Form und Richtung aufprägen. Als

31 Foucault, »Das Subjekt und die Macht«, S. 255.
32 Ders., »Die ›Gouvernementalität‹«, in: Bröckling/Krasmann/Lemke (Hg.), *Gouvernementalität der Gegenwart*, S. 41-67, hier: S. 48.
33 Ders., *Die Geburt der Biopolitik*, S. 14. Foucault distanziert sich schon im nächsten Satz wieder vom Begriff des Selbstbewusstseins und spricht stattdessen von der »Art und Weise, wie man innerhalb und außerhalb der Regierung und jedenfalls in unmittelbarer Nähe der Regierungspraxis versucht hat, diese Praxis, die im Regieren besteht, begrifflich zu fassen«.
34 Ders., »Das Subjekt und die Macht«, S. 255.

Bezugsfeld dienen dabei »weder die Vorstellungen, die Menschen von sich selbst haben, noch die Bedingungen, von denen sie ohne ihr Wissen bestimmt sind, sondern eher, was sie tun und wie sie es tun. Das heißt die Rationalitätsformen, die ihre Weise zu handeln organisieren (dies könnte der technologische Aspekt genannt werden) und die Freiheit, mit der sie innerhalb dieser praktischen Systeme handeln, darauf reagieren, was andere tun, und bis zu einem gewissen Punkt die Spielregeln modifizieren (dies könnte die strategische Seite dieser Praktiken genannt werden).«[35]

Das bedeutet nicht, das Subjekt auf ein rational gesteuertes und sich selbst steuerndes Wesen zu reduzieren und damit zu unterschlagen, dass seine Antriebe und Handlungen ihm selbst nur partiell bewusst und folglich nur begrenzt verfügbar sind. Wie die Psychoanalyse weiß die Genealogie der Subjektivierung, dass das Ich nicht Herr im eigenen Haus ist, doch anders als jener geht es ihr weder freudianisch um die Trockenlegung der inneren Zuydersee[36] noch lacanianisch darum, dem Anderen einen Raum jenseits der Spiegelkabinette des Imaginären zu geben. Sie rekonstruiert vielmehr jene Wissensformen und Verfahren, mit denen Individuen sich selbst – und nicht zuletzt ihr Unbewusstes – erkennen, erforschen und regieren können sollen. Von seinem Unbewussten »weiß« man nur, sofern dieses Wissen kommuniziert wird, d. h. sofern es einem in bestimmten sozialen Settings, von spezifischen Experten, im Rückgriff auf spezifische Theorien gesagt und mithilfe spezifischer Techniken der Selbstexploration plausibel gemacht wird. Die psychoanalytische Hermeneutik ist damit nicht stillschweigende Prämisse, sondern selbst prominenter Gegenstand genealogischer Untersuchung.

Das gilt nicht minder für andere Varianten der Suche nach einer verborgenen Wahrheit des Subjekts. Schon die Vorstellung, das

---

35 Ders., »Was ist Aufklärung?«, in: Eva Erdmann/Rainer Forst/Axel Honneth (Hg.), *Ethos der Moderne. Foucaults Kritik der Aufklärung*, Frankfurt/M./New York 1990, S. 35-53, hier: S. 51.

36 Vgl. Sigmund Freud, »Neue Folge der Vorlesungen zur Einführung in die Psychoanalyse« (1933), in: *Gesammelte Werke*, Bd. XV, Frankfurt/M. 1999, S. 86: »Ihre [der Psychoanalyse, U.B.] Absicht ist es ja, das Ich zu stärken, es vom Über-Ich unabhängiger zu machen, sein Wahrnehmungsfeld zu erweitern und seine Organisation auszubauen, so daß es sich neue Stücke des Es aneignen kann. Wo Es war, soll Ich werden. Es ist Kulturarbeit etwa wie die Trockenlegung der Zuydersee.«

Selbst sei ein innerer Raum, den es zu erkunden, auszugestalten und zu pflegen gelte, ist keineswegs selbstverständlich, sondern ein Effekt spezifischer Regime der Selbst- und Fremdführung. Die Genealogie der Subjektivierung lässt die Unterscheidung von Innen und Außen nicht fallen, doch statt Höhlenforschung oder Innenarchitektur der Seele zu betreiben, fragt sie danach, welche Wissensdispositive und Verfahren Menschen veranlassen konnten und können, ihr Selbstverhältnis in dieser Weise topografisch zu bestimmen. Sie untersucht, wie ein Innen sich konstituiert, ohne es immer schon vorauszusetzen. Genau darauf zielt das Bild vom Selbst als Faltung, d. h. als mehr oder weniger flüchtige oder stabile Form des Sich-zu-sich-in-Beziehung-Setzens. Eine Falte bezeichnet ein Verhältnis von Innen und Außen, bei der beide Seiten nur von der Beziehung zur jeweils anderen her zu denken sind. Das Innere ist nichts anderes als ein auf sich selbst zurückgewendetes Äußeres – und umgekehrt.

Begreift man Subjektivität in diesem Sinne strikt relational, dann ist es nötig, die binäre Ordnung von Innen und Außen um eine dritte Dimension zu ergänzen. Die Regime des Selbst – ich folge hier einer Überlegung von Norbert Ricken – operieren erstens auf der Grundlage des *Gegebenen* (z. B. der Leiblichkeit des Menschen, seiner Lebensgeschichte und seiner historischen wie kulturellen Situiertheit), sie konfrontieren den Einzelnen zweitens mit *Aufgegebenem* (z. B. den vielfältigen Individualisierungs- und Selbstoptimierungsimperativen), und sie stoßen drittens immer wieder auf Momente des *Entzogenen*, die von den Anstrengungen der Selbst- und Fremdformung nicht erreicht werden, sie unterlaufen oder umbiegen. »Subjektivität hieße dann nicht nur, sich zu sich selbst und zu anderen wie anderem gar nicht ›vollständig‹ und transparent verhalten zu können (weil es nicht gelingen kann, sich gänzlich vor sich selbst zu bringen), sondern sich zu dieser Selbst- und Anderenentzogenheit selbst wiederum verhalten zu müssen, so dass Subjektivität als ›Differenz‹ deutlich werden könnte, die sich gerade nicht in ›Identität‹ auflösen lässt, sondern durch Brüche, Verwerfungen und ›blinde Flecken‹ gekennzeichnet ist.«[37] Die Genealogie

---

37 Norbert Ricken, »Die Macht der Macht – Rückfragen an Michel Foucault«, in: ders./Markus Rieger-Ladich (Hg.), *Michel Foucault: Pädagogische Lektüren*, Wiesbaden 2004, S. 119-143, hier: S. 139; vgl. dazu auch ders., »Identitätsspiele und die Intransparenz der Macht. Anmerkungen zu Struktur menschlicher Selbstver-

der Subjektivierung erschöpft sich folglich nicht darin, eine historische Ontologie und Deontologie des Selbst zu rekonstruieren, sondern präpariert auch heraus, wo deren Grenzen, Unschärfen, nichtintendierten Effekte und Widersprüche liegen.

Damit nimmt sie auch Abschied von der Vorstellung eines mit sich identischen Selbst. Das Subjekt »erfindet« sich vielmehr ausgehend von und in Auseinandersetzung mit den an es herangetragenen Selbstdeutungs- wie Selbstmodellierungsvorgaben je nach Kontext in ganz unterschiedlicher Weise. So disparat die Wahrheitsspiele und Machtpraktiken, in die der Einzelne sich eingebunden sieht, so heterogen auch die Formen, in denen es sich selbst begreift und auf sich einwirkt. Subjektivierung ist nicht *eine*, sondern eine Vielzahl von Selbsterfindungen: »Man hat zu sich nicht dasselbe Verhältnis, wenn man sich als politisches Subjekt konstituiert, das wählen geht oder in einer Versammlung das Wort ergreift, als wenn man sein Begehren in einer sexuellen Beziehung zu befriedigen sucht. Zweifellos gibt es Beziehungen und Interferenzen zwischen diesen verschiedenen Formen des Subjekts, aber man steht nicht demselben Subjekttyp gegenüber. In jedem dieser Fälle spielt man mit, errichtet man verschiedene Formen der Beziehung zu sich selbst.«[38]

Realfiktionen

Weil es der Genealogie der Subjektivierung »nicht um eine Geschichte der Subjektivität als solche, sondern um eine Analyse der Ereignisse in der Geschichte der *Technologien* der Subjektivität« zu tun ist,[39] muss sie die Frage offen lassen, wie viele Menschen tatsächlich in den Einflussbereich bestimmter Programme des Regierens

---

hältnisse«, in: Jürgen Straub/Joachim Renn (Hg.), *Transitorische Identität. Der Prozesscharakter des modernen Selbst*, Frankfurt/M./New York 2002, S. 318-358; ders., »›Menschen‹. Zur Struktur anthropologischer Reflexionen als einer unverzichtbaren kulturwissenschaftlichen Dimension«, in: Friedrich Jäger u. a. (Hg.), *Sinn – Kultur – Wissenschaft,. Eine interdisziplinäre Bestandsaufnahme, Bd. 1: Die Kultur in der Lebenspraxis. Zur Idee kulturwissenschaftlicher Grundbegriffe*, Stuttgart 2004, S. 152-172.

38 Michel Foucault, »Freiheit und Selbstsorge. Gespräch mit Helmut Becker und Alfred Gomez-Müller«, in: Helmut Becker u. a. (Hg.), *Freiheit und Selbstsorge*, Frankfurt/M. 1985, S. 7-28, hier: S. 18.

39 Osborne, »Techniken und Subjekte«, S. 13.

und Sich-selbst-Regierens geraten und in welchem Maße diese ihr Verhalten bestimmen. Sie untersucht nicht, ob Programme wirken, sondern welche Wirklichkeit sie schaffen. Statt Ursachenanalyse oder Wirkungsforschung zu betreiben, konzentriert sie sich darauf, Funktionsweise wie Ratio von Subjektivierungsregimen zu beschreiben. Nicht *warum* oder *wozu*, sondern *wie* ist ihre Leitfrage.

Auf welche Weise aber gehen die Subjektivierungsprogramme in das Selbstverständnis und Verhalten der einzelnen Menschen ein? Die Rechtssoziologen Michael Hutter und Gunther Teubner haben dazu aus systemtheoretischer Perspektive einen Erklärungsversuch vorgelegt, der sich auch für das Forschungsprogramm einer Genealogie der Subjektivierung fruchtbar machen lässt. Ausgangspunkt ihrer Überlegungen ist der zwischen Ökonomen und Juristen einerseits, Soziologen und Psychologen andererseits ausgetragene Streit über den ontologischen Status der Rede vom Homo oeconomicus und Homo juridicus. Hutter und Teubner verwerfen sowohl die Auffassung, diese Figuren seien ein bloßes Konstrukt der Wirtschafts- beziehungsweise Rechtswissenschaften, das sich zwar prognostisch bewähren müsse, selbst aber keinen Realitätsgehalt beanspruchen könne, wie auch die Gegenposition, die in ihnen eine Verdichtung empirisch überprüfbarer Motive oder Verhaltensmuster handelnder Menschen sehen will. Dagegen setzen die beiden die These, beim Homo oeconomicus beziehungsweise juridicus handle es sich um »Realfiktionen«, mit denen das Wirtschafts- und das Rechtssystem sich die für ihre Operationen erforderlichen Akteure konstruieren. Die autonomen Subsysteme adressieren die sie umgebenden psychischen Systeme als Personen und transformieren mithilfe dieses semantischen Artefakts ihre Kommunikationen in Handlungen, die auf Akteure zurechenbar sind. Die psychischen Systeme wiederum lassen sich in dieser Weise adressieren, weil sie selbst die Personkonstruktion für die Kontinuierung von Sinn einsetzen. Die Akteursfiktion des Homo oeconomicus beziehungsweise juridicus sorgt so »für die strukturelle Kopplung von kommunikativen Operationen in Wirtschaft und Recht mit den dazu simultan ablaufenden psychischen Operationen«.[40] Mittels des semantischen

---

40 Michael Hutter/Gunther Teubner, »Der Gesellschaft fette Beute. *Homo juridicus* und *homo oeconomicus* als kommunikationserhaltende Fiktionen«, in: Peter Fuchs/Andreas Göbel (Hg.), *Der Mensch – das Medium der Gesellschaft*, Frankfurt/M. 1994, S. 110-145, hier: S. 116.

Artefakts der Person parasitieren die sozialen Systeme an der Eigendynamik psychischer Systeme; sie nutzen »deren Selbstkonstituierung zur eigenen Selbstkonstituierung«.[41] Hutter und Teubner beschreiben diesen Vorgang als Wechselspiel von Konditionierung und Selbstkonditionierung: »Dadurch, dass die Sozialsysteme eine idiosynkratische Personkonstruktion wählen und in sich entsprechende Perturbationen erzeugen, machen sie sich nur punktuell und äußerst selektiv von den ständig ablaufenden, sehr viel reicheren psychischen Prozessen abhängig. Diese nur selektive soziale Wahrnehmung der Psyche wird wiederum psychisch wahrgenommen. Die Denkprozesse der Psyche werden somit vom sozialen Subsystem konditioniert, aber nur indirekt, weil sich die Psyche selbst sozialisiert. Die Selbstbeobachtung psychischer Systeme orientiert sich am im Sozialsystem geformten Personbegriff. Verkürzt gesagt: Die Wirtschaft beutet den ›Besitztrieb‹ des Menschen aus, um Möglichkeiten für zukünftige Zahlungen zu schaffen; das Recht beutet die ›Streitlust‹ der Menschen aus, um Möglichkeiten für künftige Normproduktion zu schaffen. Gleichzeitig findet eine Selbstsozialisation der beteiligten Psychen statt. Dabei werden ›Besitztrieb‹ und ›Streitlust‹ unter der Faszination geld- und normorientierter Kommunikation jeweils neu konstituiert. Das Medium ›Geld‹ und das Medium ›Rechtsnormen‹ schaffen sich jeweils ihre je angemessene Vernunft.«[42] Jedes soziale Subsystem »sieht« und personifiziert mithilfe seines spezifischen Rationalmodells spezifische menschliche Eigenschaften, und es »sieht« und personifiziert ausschließlich diese. Es »erfindet sich sozusagen seine eigene Sozialpsychologie« und verfertigt jene Akteure, die es als kommunikative Adressen benötigt, indem es sie als bereits gegeben unterstellt.[43]

Hutter und Teubner gehen von der Beobachtung funktionaldifferenzierter (und sich weiter differenzierender), autopoietisch geschlossener Subsysteme aus, während die hier vorgelegte Untersuchung des unternehmerischen Selbst in der Gegenwart ein Übergreifen marktökonomischer Mechanismen auf andere Bereiche des Sozialen, systemtheoretisch gesprochen: eine »asymmetrische Inter-

---

41 Ebd., S. 118.
42 Ebd., S. 119.
43 Ebd., S. 121. Vgl. dazu auch Peter Fuchs, »Adressabilität als Grundbegriff der soziologischen Systemtheorie«, in: *Soziale Systeme*, 3 (1997), S. 57-79.

penetration«[44] zwischen dem Wirtschaftssystem und den übrigen Funktionssystemen, beobachtet. Ungeachtet dieser Differenz besitzt das Theorem der Person als institutioneller Fiktion sowie einer parasitären strukturellen Kopplung von sozialem und psychischem System den Vorteil, einerseits die diskursive Verfasstheit von Subjektkonstruktionen hervorzuheben – Fiktionen müssen erzählt werden – und diese andererseits an grundlegende soziale Institutionen rückzubinden – der rationale Akteur oder das unternehmerische Selbst sind eben nicht »bloß« Diskurseffekte, sondern Chiffren für ein höchst praktisches Anforderungsprofil, das angibt, wie sich Menschen als Personen zu begreifen und wie sie zu agieren haben, um am Marktgeschehen partizipieren zu können. Man muss schon eine Menge gelernt haben, um kaufen und (sich) verkaufen zu können, und jeder Kaufakt lehrt es von Neuem. Aufschlussreich für das Projekt einer Genealogie der Subjektivierung ist schließlich auch die systemtheoretische Beobachtung, dass die jeweiligen Realfiktionen – oder, übersetzt in das Vokabular einer an Foucault geschulten Machtanalytik: die spezifischen Rationalitäten von Subjektivierungsregimes – immer nur Ausschnitte menschlicher Handlungsmöglichkeiten aktualisieren, aber diese Ausschnitte zu Universalien aufspreizen und so aus der gesellschaftlichen Ontologie des Subjekts eine anthropologische Wesensbestimmung machen. Indem die Regime des Selbst selektive institutionelle Personkonstruktionen als Conditio humana substantialisieren, sabotieren sie die darin uneingelösten menschlichen Möglichkeiten und proklamieren zugleich ein Idealbild, auf das hin die Individuen zugerichtet werden.

Programme, Aneignungsweisen, Widerstände

Dass gleichwohl zwischen dem, was Programme des Regierens und Sich-selbst-Regierens zu leisten versprechen, und dem, was sie faktisch bewirken, stets eine Lücke klafft, ist ein konstitutives Element ihres Funktionierens. Sie installieren keine Reiz-Reaktions-Automatismen, sondern erzeugen einen Sog, der bestimmte Verhaltensweisen wahrscheinlicher machen soll als andere. Was hier als Sub-

---

44 Stephan Voswinkel/Hermann Kocyba, »Entgrenzung der Arbeit. Von der Entpersönlichung zum permanenten Selbstmanagement«, in: *WestEnd*, 2 (2005), S. 73-83, hier: S. 80.

jektivierungsregime angesprochen ist, lässt sich deshalb auch nicht auf einen moralischen Code reduzieren. Es bündelt nicht nur einen Kanon von »Du sollst dieses«-/»Du darfst nicht jenes«-Regeln, sondern definiert auch die Wissensformen, in denen Individuen die Wahrheit über sich erkennen, die Kontroll- und Regulationsmechanismen, mit denen sie konfrontiert sind, die Spezialisten, deren Ratschlägen und Anweisungen sie Autorität zusprechen, sowie die Sozial- und Selbsttechnologien, »die es dem Einzelnen ermöglichen, aus eigener Kraft oder mithilfe anderer eine Reihe von Operationen an seinem Körper oder seiner Seele, seinem Denken, seinem Verhalten und seiner Existenzweise vorzunehmen, mit dem Ziel, sich so zu verändern, daß er einen gewissen Zustand des Glücks, der Reinheit, der Weisheit, der Vollkommenheit oder der Unsterblichkeit erlangt«.[45]

Subjektivierungsregime bilden Kraftfelder, deren Linien – unter anderem – in institutionellen Arrangements und administrativen Verordnungen, in Arbeits- und Versicherungsverträgen, in Trainingsprogrammen und Therapiekonzepten, in technischen Apparaturen und architektonischen Anordnungen, in medialen Inszenierungen und Alltagsroutinen wirksam sind. Diese Linien stehen in komplexen Wechselbeziehungen zueinander wie auch zu anderen

---

45 Michel Foucault, »Technologien des Selbst«, in: Luther H. Martin/Huck Gutman/Patrick H. Hutton (Hg.), *Technologien des Selbst*, Frankfurt/M. 1993, S. 24-62, hier: S. 26. Der von Andrea D. Bührmann (»Das Auftauchen des unternehmerischen Selbst und seine gegenwärtige Hegemonialität. Einige grundlegende Anmerkungen zur Analyse des (Trans-)Formationsgeschehens moderner Subjektivierungsweisen«, in: *Forum Qualitative Sozialforschung*, 6, Nr. 1, Art. 16, Jan. 2005) erhobene Vorwurf, ein solches Forschungsprogramm verfange sich in einem »linguistischen Idealismus«, weil es auf einer »bloß diskursiven Ebene« verbleibe, und könne so den Anspruch nicht einlösen, »die konkrete lokale Praxis von Regierungstechniken zu berücksichtigen, hinter denen spezifische Subjektivierungsweisen sich historisch konkret formieren und/oder transformieren«, geht ins Leere: »Diskursformationen« und »Machtformationen« lassen sich eben nicht zunächst fein säuberlich voneinander trennen, um dann im Rahmen einer »Dispositivanalyse« ihre Beziehungen zu untersuchen. Die Regierungs*praktiken*, um deren Analyse es bei der Anrufungsfigur des »unternehmerischen Selbst« geht, sind selbst *diskursiv* verfasst: Ein Arbeitsvertrag z. B. ist ein Text, der die Machtbeziehungen zwischen den Vertragspartnern in höchst praktischer Weise strukturiert; Erfolgsratgeber sind Bücher, die – unter anderem – Introspektions-, Imaginations- und Zeitmanagementtechniken bereitstellen und auf diese Weise konkrete Anweisungen zur Verhaltensmodifikation liefern.

Linien, und jeder Versuch, das, was gemeinhin Subjekt heißt, dingfest zu machen, muss schon deshalb scheitern, weil diese einander kreuzenden, verstärkenden, hemmenden oder umbiegenden Kräfte sich zu immer neuen Konstellationen formieren. Das ist nicht zuletzt der Grund dafür, dass die Genealogie der Subjektivierung lokalen Analysen den Vorzug gegenüber großformatigen Systematisierungsversuchen gibt.

Die methodische Konzentration auf Rationalitäten und Strategien von Subjektivierungsprogrammen impliziert nicht, die kontingenten Prozesse der Aneignung beziehungsweise Verwerfung dieser Regime, ihre Brüche und die Widerstände, die sich ihnen entgegenstellen, auszublenden und lediglich eine normativ verkürzte und geglättete Wirklichkeit in den Blick zu nehmen. Programme übersetzen sich niemals bruchlos in individuelles Verhalten; sich ihre Regeln anzuzeigen, heißt immer auch, sie zu modifizieren. Der Eigensinn menschlichen Handelns insistiert in Gestalt von Gegenbewegungen, Trägheitsmomenten und Neutralisierungstechniken. Die Regime der Selbst- und Fremdformung liefern keine Blaupause, die lediglich umzusetzen wäre, sondern verlangen ein beständiges Experimentieren, Erfinden, Korrigieren, Kritisieren und Anpassen.[46] Die »Normierung des Ich durch das Ich«[47] birgt stets die Möglichkeit eines Nein zu den gesellschaftlichen Subjektivitätsnormen. Allerdings bleibt auch die radikale Zurückweisung einer Ordnung des Selbstseins, als ihre Negation, auf diese bezogen, und ob und inwieweit Programme scheitern, lässt sich nur nach Maßgabe ihrer Zielvorgaben bestimmen. Um widerspenstige Momente im Subjekt beschreiben zu können, muss man wissen, wogegen sie sich richten. Umgekehrt gehen die Gegenkräfte, welche die Programme des Regierens und Sich-selbst-Regierens herausfordern, unterlaufen, bremsen und sie im Extremfall blockieren, selbst in deren Konstruktion und Modifikation ein: »Widerstand ist nicht einfach nur die Gegenkraft der Macht, er ist ebenso dasjenige, das der Macht ihre Richtung und Gestalt gibt.«[48] In dem Maße, in dem die Wi-

---

46 Vgl. Peter Miller/Nikolas Rose, »Governing economic life«, in: *Economy and Society*, 19 (1990), S. 1-31, hier: S. 14.
47 Simmel, *Grundfragen der Soziologie*, S. 84.
48 Jeff Malpass/Gary Wickham, »Governance and failure: on the limits of sociology«, in: *Australian and New Zealand Journal of Sociology*, 31 (1995), No. 3, S. 37-50, hier: S. 43.

derstände gegen die Zurichtung des Selbst sich selbst rationalisieren und ein Subjektivierungsregime durch subversive Strategien und Taktiken zu konterkarieren versuchen, etablieren sie selbst eine andere Form des Regierens und Sich-selbst-Regierens – ein Gegenregime, dessen Funktionsweise und Ratio wiederum in der gleichen Weise zu untersuchen wäre wie das bekämpfte. Methodisch folgt daraus die Aufgabe der perspektivischen Vielfalt: Statt ausschließlich die Formen des Zugriffs auf den Einzelnen zu analysieren oder sich darauf zu beschränken, subjektive Widerstandspotenziale zu identifizieren, sind die Konstellationen nachzuzeichnen, die sich aus dem Zusammentreffen beider ergeben.

So disparat wie die Funktionsmechanismen und materialen Stützen der Subjektivierungsregime, so vielfältig wie die Widerstände, die sie provozieren, so heterogen sind auch die Ziele, auf die sie geeicht sind. *Welches* Telos die Arbeit am Selbst verfolgt, ist kontingent; dass sie eines (oder mehrere) hat, ist unverzichtbar. Ohne solche Vorgaben bliebe offen, in welche Richtung der Einzelne sich bewegen und sich führen lassen soll. Subjektivierungsregime bilden freilich auch in dieser Hinsicht kein kompaktes, widerspruchsfreies Gefüge; vielmehr konfligieren gegensätzliche Fluchtpunkte der Zurichtungs- und Selbstzurichtungsanstrengungen und/oder bündeln sich in wechselnden Konstellationen.

Der Vielfalt der Ziele korrespondieren nicht minder heterogene Expertengruppen mit je spezifischen Wissensressourcen, Legitimationen und Kulturen. Subjektivierungsregime brauchen Subjektivierungsregisseure. Sie verleihen den Programmen Autorität, sie definieren die Aufgaben, vermitteln die Technologien zu ihrer Lösung, sie motivieren und sanktionieren, sie geben Feedbacks und evaluieren schließlich die Ergebnisse. Zu den klassischen Spezialisten wie Seelsorgern, Lehrern oder Ärzten ist inzwischen eine unübersehbare Zahl von Beratern, Gutachtern, Therapeuten und Trainern hinzugetreten. Diese »Experten der Subjektivität« und ihre präventiven, kurativen oder korrektiven, in jedem Fall aber normalisierenden Interventionen »transformieren die existentielle Frage nach dem Sinn des Lebens oder der Bedeutung von Leiden in das technische Problem, wie Dysfunktionen möglichst effizient zu managen sind und die ›Qualität des Lebens‹ gesteigert werden kann«.[49] Eng damit verbunden sind Prozesse der Professionalisierung sowie eine Ausdif-

49 Rose, *Inventing Our Selves*, S. 151.

ferenzierung und gesteigerte Reflexivität der Methoden. Auch die Subjektivierungsregime unterliegen jener »Verwissenschaftlichung des Sozialen«, die Lutz Raphael als ein Signum des 20. Jahrhunderts ausgemacht hat und die sich im 21. noch verstärkt.[50] Die Genealogie der Humanwissenschaften und die der Subjektivierung gehen wenigstens partiell ineinander über. In der Gestalt des Experten radikalisiert sich das Paradox der Subjektkonstitution zum performativen Widerspruch: Einerseits tritt der Experte im appellativen Gestus einer Autorität auf, die weiß, was gut ist für die, zu denen er spricht. Andererseits nährt er das Misstrauen gegenüber jedweder Fremdbestimmung und predigt nichts als »Werde du selbst!«. Um herauszufinden, wer man ist, braucht man offensichtlich jemanden, der es einem sagt; um dazu zu werden, jemanden, der einem dabei hilft. Zugleich steckt in jedem noch so guten Rat das demütigende Urteil, man habe ihn nötig, konstruiert jedwede professionelle Hilfe zuallererst Hilfebedürftige. Kafkas Polizist würde sein »Gibs auf, gibs auf« heute wohl positiv als Coachingangebot formulieren.

Problematisierung der Gegenwart

Methodisch folgt die Genealogie der Subjektivierung dem foucaultschen Prinzip der »aufsteigenden Analyse«. Das bedeutet, »von den unendlich kleinen Mechanismen aus[zu]gehen, die ihre eigene Geschichte, ihren eigenen Weg, ihre eigene Technik und Taktik haben, um dann [zu] erforschen, wie diese Machtmechanismen, die ihre Stabilität und in gewisser Weise ihre eigene Technologie haben, von immer allgemeineren Mechanismen und globaleren Herrschaftsformen besetzt, kolonisiert, verwendet, umgebogen, transformiert, verlagert und ausgedehnt wurden und immer noch werden«.[51] Den Ausgangspunkt bilden lokale Untersuchungen. Auf das tatsächliche Handeln und die Sinnwelten konkreter Individuen beziehen sie sich allerdings nur insofern, als diese Auslöser, Effekt oder Störpotenzial von Steuerungsanstrengungen sind. Analysiert

---

50 Lutz Raphael, »Die Verwissenschaftlichung des Sozialen als methodische und konzeptionelle Herausforderung für eine Sozialgeschichte des 20. Jahrhunderts«, in: *Geschichte und Gesellschaft*, 22 (1996), S. 165-193.

51 Vgl. Michel Foucault, *In Verteidigung der Gesellschaft. Vorlesungen am Collège de France (1975-76)*, Frankfurt/M. 1999, S. 39 f.

werden Programme des Regierens, die das Handeln zwar anleiten oder zumindest anleiten sollen, die aber keineswegs mit ihm zusammenfallen. Lehrpläne, Schulbücher oder die Architektur von Klassenzimmern zu untersuchen ist etwas anderes als individuelle Lernprozesse zu rekonstruieren. Die Genealogie der Subjektivierung verzichtet keineswegs auf empirische Forschungen, aber die Empirie, auf die sie sich bezieht, sind weder die Regelmäßigkeiten und Wahrscheinlichkeiten noch die unkalkulierbaren Momente individuellen Verhaltens, sondern die Versuche, auf diese einzuwirken. Um im Bild zu bleiben: Sie fragt nicht, was ein Schüler tut oder lässt, sondern welche Institutionen und Personen (die des Schülers eingeschlossen) ihn auf welche Weise und mit welcher Intention dazu zu bringen versuchen, etwas Bestimmtes zu tun und anderes zu unterlassen.

Mit dieser Ausrichtung verhält sie sich komplementär zum Forschungsprogramm einer sozialwissenschaftlichen Hermeneutik. Während diese die gesellschaftliche Konstruktion des Selbst beschreibt, indem sie soziale Akteure beobachtet, befragt oder ihre Selbstdeutungen und Handlungsmuster in anderer Weise erhebt und aus den so gewonnenen Daten interpretierend Sinnwelten und lebensweltliche Hintergrundorientierungen erschließt,[52] analysiert die Genealogie der Subjektivierung die vielfältigen (Selbst-)Steuerungsmechanismen, die das Selbstverständnis und Handeln der sozialen Akteure regulieren. Dabei verfährt sie ebenfalls interpretierend, verschiebt aber die Perspektive weg von den Akteuren hin zu den Anstrengungen, deren Verhalten zu lenken. Was sie auslegt, sind in Praktiken, Texten, Bildern und anderen Artefakten niedergelegte Regierungsprogramme – Sinndeutungen, die Sinndeutungen, Handlungen, die Handlungen zu beeinflussen suchen.

Ähnlich liegt die Differenz zur soziologischen Analyse alltäglicher Interaktionsrituale und Rollenspiele, wie sie exemplarisch Erving Goffman vorgeführt hat.[53] Wie dieser geht die Genealogie der

---

52 Vgl. exemplarisch Hans-Georg Soeffner, *Auslegung des Alltags – Der Alltag der Auslegung. Zur wissenssoziologischen Konzeption einer sozialwissenschaftlichen Hermeneutik*, Frankfurt/M. 1989.

53 Vgl. insbesondere Erving Goffman, *Wir alle spielen Theater. Die Selbstdarstellung im Alltag*, München 1969; ders., *Das Individuum im öffentlichen Austausch. Mikrostudien zur öffentlichen Ordnung*, Frankfurt/M. 1974; ders., *Interaktionsrituale. Über Verhalten in direkter Kommunikation*, Frankfurt/M. 1971; ders., *Rahmen-*

Subjektivierung davon aus, dass sich das Selbst performativ erzeugt, wie dieser analysiert sie die das individuelle Verhalten prägenden Effekte institutioneller Settings und gesellschaftlicher Konventionen. Beide beschreiben Strategien der Zurichtung und Selbstzurichtung, des »making up people«,[54] allerdings mit anderem Fokus: Während Goffman sich vor allem für die impliziten Rahmungen des Alltagsverhaltens interessiert, fragt die Genealogie der Subjektivierung eher nach den expliziten Regeln, welche den individuellen Performanzen eine bestimmte Richtung zu geben versuchen. Nicht Rollenskripte, sondern Anleitungen zur Schauspielkunst sind ihr Gegenstand.

Genealogisch zu arbeiten, bedeutet schließlich, die Rekonstruktion der Vergangenheit als Problematisierung der Gegenwart zu betreiben. Die Untersuchung historischer Dispositive der Selbst- und Fremdführung ist ein kritisches Projekt, versteht man die »Kulturform« der Kritik mit Foucault als »die Kunst nicht dermaßen regiert zu werden«.[55] Freilich handelt es sich um eine Kritik ohne festen Standort, die sich nicht damit zufriedengibt, lediglich das passive Regiertwerden durch ein aktives Sich-selbst-Regieren ersetzen zu wollen. Die Genealogie der Subjektivierung weiß nicht, ob es ein Jenseits der Regierungen des Selbst gibt, aber sie insistiert darauf, die Zumutungen sichtbar zu machen, welche die Subjektivierungsregime den Einzelnen abverlangen. Ihr Einsatz ist, um noch einmal Foucault, hier den pathetischen Foucault zu zitieren, »der unbestimmten Arbeit der Freiheit einen neuen Impuls zu geben« und »in der Kontingenz, die uns zu dem gemacht hat, was wir sind, die Möglichkeit auf[zu]finden, nicht länger das zu sein, zu tun oder zu denken, was wir sind, tun oder denken«.[56]

Formal gesehen lässt sich das hier skizzierte Forschungsprogramm in zwei Richtungen operationalisieren; Kombinationen

---

Analyse. Ein Versuch über die Organisation von Alltagserfahrungen, Frankfurt/M. 1977. Zum Verhältnis zwischen Goffmans und Foucaults Forschungsperspektive vgl. Ian Hacking, »Between Michel Foucault and Erving Goffman: between discourse in the abstract and face-to-face interaction«, in: *Economy and Society*, 33 (2004), S. 277-302.

54 Vgl. Ian Hacking, »Making up people«, in: Thomas C. Heller/Morton Sosna/David E. Wellbery (Hg.), *Reconstructing Individualism. Autonomy, Individuality, and the Self in Western Thought*, Stanford, Cal. 1986, S. 222-236.

55 Michel Foucault, *Was ist Kritik?*, Berlin 1992, S. 12.

56 Ders., »Was ist Aufklärung?«, S. 49.

zwischen ihnen sind nicht nur möglich, sondern die Regel: Entweder vergleicht man verschiedene Subjektivierungsregimes und arbeitet ihre Diskontinuitäten und Gegensätze heraus, ein Zugang, dem etwa die Arbeiten Foucaults zur Disziplinargesellschaft, zur Geschichte des Wahnsinns sowie seine Analysen antiker und frühchristlicher Selbstführungskonzepte folgen.[57] Oder man untersucht eine bestimmte Konfiguration und seziert die Kräfteverhältnisse, aus deren Konfrontation sie entsteht, die Wissensbestände und Technologien, auf die sie zurückgreift, die Ratio, der sie ihre Akzeptabilität verdankt, schließlich die Widerstände, die sie provoziert und von denen sie provoziert wird. Die vorliegende Studie folgt diesem zweiten Weg und untersucht ein Subjektivierungsmodell, in dem sich, so die im Weiteren zu explizierende These, eine Vielzahl gegenwärtiger Regierungs- und Selbstregierungspraktiken verdichten: das unternehmerische Selbst.

---

[57] In ähnlicher Weise entwirft Andreas Reckwitz (*Das hybride Subjekt. Eine Theorie der Subjektkulturen von der bürgerlichen Moderne zur Postmoderne*, Weilerswist 2006) eine historische Soziologie der Moderne als Analyse ihrer Subjektordnungen, indem er drei aufeinander folgende Konstellationen moderner Lebenspraxis und die Arrangements vergleichend gegenüberstellt, »in denen sich der Einzelne als Subjekt, das heißt als rationale, reflexive, sozial orientierte, moralische, expressive, grenzüberschreitende, begehrende etc. Instanz zu modellieren hat und modellieren will« (S. 10): erstens das bürgerliche Subjekt des 18. und 19. Jahrhunderts, zweitens das Angestelltensubjekt der Zwischenkriegszeit, drittens das post-bürgerliche Subjekt der Hoch- oder Postmoderne ab etwa 1980. Für jede dieser Formationen untersucht er humanwissenschaftliche Diskurse, die materiale und mediale Kultur sowie ästhetische Gegenbewegungen.

2. Konturen des unternehmerischen Selbst – eine Spurensuche

> *Ich-AG* [zu gleichbedeutend engl. Me-Incorporated] Das Verständnis der eigenen Person als Aktiengesellschaft. Der Begriff bezeichnet den entscheidenden sozialen Wandel zur Jahrtausendwende. Menschen sehen sich verstärkt als Lebensunternehmer, die Eigenverantwortung statt Fremdverantwortung wählen. Diese Entwicklung geht mit dem ökonomisch erzwungenen Rückzug des Staates aus einem flächendeckenden Sicherheitsnetz einher. Weiterhin befördert die Transformation der Arbeitskultur, in der mehr Eigenständigkeit und Unternehmertum gefragt ist, das Selbstverständnis als Ich-AG. Dazu gehört vor allem, wie bei einer realen Aktiengesellschaft permanent am Kurswert der eigenen Person zu arbeiten: »Ich muss meine Ich-Aktie unbedingt wieder nach oben treiben.«[1]

Das unternehmerische Selbst hat weder Namen noch Anschrift. Ein Exemplar dieser Spezies wird man weder in den Büros von Start-up-Firmen noch sonst irgendwo finden. Ebenso wenig handelt es sich bei ihm um das, was in der empirischen Sozialforschung Modalpersönlichkeit genannt wird, das statistische Konstrukt eines Otto-Normal-Subjekts, das die in einer Gesellschaft am häufigsten vorkommenden Persönlichkeitsmerkmale in sich vereint. Es ist auch nicht der allerneueste Sozialisationstyp, der sich etwa aus Interviewstudien oder psychoanalytischen Fallgeschichten destillieren ließe; weder eine Charaktermaske im Sinne marxistischer Ideologiekritik, noch ein Rollenskript im Sinne der interaktionistischen Soziologie. Das unternehmerische Selbst bezeichnet überhaupt keine empirisch beobachtbare Entität, sondern die Weise, in der Individuen als Personen adressiert werden, und zugleich die Richtung, in der sie verändert werden und sich verändern sollen. Es handelt sich um eine Realfiktion im Sinne von Hutter und Teubner: ein höchst wirkmächtiges Als-ob, das einen Prozess kontinuierlicher Modifikation und Selbstmodifikation in Gang setzt und in Gang hält, bewegt von dem Wunsch, kommunikativ anschlussfähig zu bleiben, und getrieben von der Angst, ohne diese Anpassungsleis-

1 Trendbüro (Hg.), *Duden Wörterbuch der New Economy*, Mannheim 2001, S. 79.

tung aus der sich über Marktmechanismen assoziierenden gesellschaftlichen Ordnung herauszufallen. Ein Subjekt im Gerundivum – nicht vorfindbar, sondern hervorzubringend.

In der Figur des unternehmerischen Selbst verdichten sich sowohl normatives Menschenbild wie eine Vielzahl gegenwärtiger Selbst- und Sozialtechnologien, deren gemeinsamen Fluchtpunkt die Ausrichtung der gesamten Lebensführung am Verhaltensmodell der Entrepreneurship bildet. Der Topos bündelt nicht nur einen Kanon von Handlungsmaximen, sondern definiert auch die Wissensformen, in denen Individuen die Wahrheit über sich erkennen, die Kontroll- und Regulationsmechanismen, denen sie ausgesetzt sind, sowie die Praktiken, mit denen sie auf sich selbst einwirken. Anders ausgedrückt: Ein unternehmerisches Selbst ist man nicht, man soll es werden. Und man kann es nur werden, weil man immer schon als solches angesprochen ist.

Unternehmerisches Selbst oder Arbeitskraftunternehmer?

Dieser appellative, ja präskriptive und in Appell und Präskription das Subjekt erst konstituierende Grundzug unterscheidet es auch von einem Idealtypus im Sinne Max Webers. Um diesen zu bilden, sind nach Webers Wissenschaftslehre im Hinblick auf eine bestimmte Frageintention besonders charakteristische Elemente aus dem Material einer historisch-sozialen Konstellation zu entnehmen und zu einem »in sich einheitlichen *Gedanken*gebilde« zu steigern.[2] Einen aktuellen Idealtypus verkörpert etwa die Figur des »Arbeitskraftunternehmers«, in dem G. Günter Voß und Hans J. Pongratz »eine neue Grundform der Ware Arbeitskraft« ausmachen, die den bisher vorherrschenden »verberuflichten Massenarbeitnehmer des Fordismus« wenn nicht ablöst, so ihm doch zur Seite tritt und »als Leittyp für die künftige Arbeitswelt« die »fortgeschrittenste Form subjektiver Produktivkraft« verkörpert.[3] Das unternehmerische

---

[2] Max Weber, »Die ›Objektivität‹ sozialwissenschaftlicher und sozialpolitischer Erkenntnis«, in: ders., *Gesammelte Aufsätze zur Wissenschaftslehre*, 7. Aufl., Tübingen 1988, S. 191.

[3] G. Günter Voß/Hans J. Pongratz, »Der Arbeitskraftunternehmer. Eine neue Grundform der Ware Arbeitskraft?«, in: *Kölner Zeitschrift für Soziologie und Sozialpsychologie*, 50 (1998), S. 131-158.

Selbst stellt im Unterschied dazu keine heuristische Kategorie dar, die einer Sozialstrukturanalyse den Weg weisen könnte, sondern benennt die mikropolitische Ratio, auf welche die zeitgenössischen Technologien der Selbst- und Fremdführung zulaufen. Kein Werkzeug zur Beschreibung der Wirklichkeit, sondern ein Instrument, sie zu verändern.

Wenn Voß und Pongratz erstens eine erweiterte Selbstorganisation und -kontrolle der Arbeitstätigkeit durch die Arbeitenden, zweitens einen Zwang zur verstärkten Ökonomisierung der eigenen Arbeitsfähigkeiten und -leistungen und drittens eine zunehmende Verbetrieblichung der alltäglichen Lebensführung diagnostizieren,[4] so deckt sich das in vieler Hinsicht mit dem Anforderungsprofil des unternehmerischen Selbst. Während die beiden Arbeitssoziologen sich auf die Untersuchung sich wandelnder Erwerbsorientierungen konzentrieren und in diesem Zusammenhang den Paradoxien »fremdorganisierter Selbstorganisation«[5] nachgehen, richtet die Analyse der unternehmerischen Anrufung ihr Augenmerk weniger auf die »Subjektivierung von Arbeit«[6] als auf die Arbeit der Subjektivierung.

Für den Arbeitskraftunternehmer verschwimmen die Grenzen zwischen Erwerbstätigkeit und Freizeit, Berufs- und Privatleben, und der Ökonomisierungsdruck erfasst alle Bereiche des Alltags. Entsprechend erweitern Voß, Pongratz und andere Vertreter dieses Forschungsansatzes die arbeitssoziologische Perspektive hin zu einer Soziologie der Lebensführung.[7] Auch hier ist die parallele Fragestellung, aber der unterschiedliche Fokus offenkundig: Einmal geht es darum zu untersuchen, mit welchen Strategien und Arrangements

4   Ebd., insbesondere S. 140 ff.
5   Hans J. Pongratz/G. Günter Voß, »Fremdorganisierte Selbstorganisation«, in: *Zeitschrift für Personalforschung*, 7 (1997), S. 30-53.
6   Vgl. dazu Manfred Moldaschl/G. Günter Voß (Hg.), *Subjektivierung von Arbeit*, München/Mering 2002.
7   Vgl. Karin Jurczyk/Günter Voß, »Entgrenzte Arbeitszeit – reflexive Alltagszeit. Die Zeiten des Arbeitskraftunternehmers«, in: Eckart Hildebrandt/Gudrun Linne (Hg.), *Reflexive Lebensführung. Zu den sozialökologischen Folgen flexibler Arbeit*, Berlin 2000 (Forschung aus der Hans-Böckler-Stiftung, Bd. 24), S. 151-205, sowie weitere Beiträge in diesem Band. Weiterführend zur Soziologie alltäglicher Lebensführung: G. Günter Voß, *Lebensführung als Arbeit. Über die Autonomie der Person im Alltag der Gesellschaft*, Stuttgart 1991; Karin Jurczyk/Maria S. Rerrich (Hg.), *Die Arbeit des Alltags. Beiträge zu einer Soziologie der alltäglichen Lebensführung*, Freiburg 1993.

Menschen ihren Alltag zu bewältigen versuchen und welchen Belastungen sie dabei ausgesetzt sind; das andere Mal richtet sich das Augenmerk auf die Rationalitäts- und Rationalisierungsmuster, auf die Programme und Technologien, die ihnen praktische Handreichungen geben, wie sie ihr Leben führen sollen.

Voß und Pongratz haben inzwischen ihre These eines Wandels der gesellschaftlich dominanten Arbeitskrafttypen im Rahmen einer empirischen Studie überprüft. In dieser Untersuchung gehen sie nicht mehr von einer Ablösung des älteren durch den neueren, sondern von einer Koexistenz der beiden Arbeitskrafttypen aus: »Die Entgrenzung der Normalarbeitsstandards des verberuflichten Arbeitnehmers wirkt«, resümieren sie die Befunde ihrer Erhebung, »in zwei entgegengesetzte Richtungen: zum einen als dialektische Weiterentwicklung zum Typus des Arbeitskraftunternehmers und zum anderen als strategischer Rückgriff auf Elemente des für ›einfache‹ Tätigkeiten besonders kostengünstigen Nutzungsmodells proletarisierter Arbeitskraft«.[8] Die Tendenz zu gesteigerter Selbstkontrolle, Selbstökonomisierung und Selbstrationalisierung, die den Arbeitskraftunternehmer kennzeichnet, lässt sich demnach insbesondere in zukunftsträchtigen Erwerbsfeldern wie der Informations- und Kommunikationstechnologiebranche, im Weiterbildungs- und Beratungssektor und den Unternehmen der New Economy nachweisen, während in anderen Segmenten des Arbeitsmarktes weiterhin der Typus des verberuflichten Arbeitnehmers vorherrscht. Die prekäre Variante des Arbeitskraftunternehmers schließlich bildet das wachsende Heer der Kleinstselbständigen, die sich arbeitsagenturgefördert oder ohne staatliche Anschubfinanzierung durchschlagen – ohne große Aussicht, damit irgendwann zu jenem Wohlstand zu gelangen, den man einmal mit der Gestalt des Unternehmers assoziierte.

Die folgenden Ausführungen verzichten darauf, in vergleichbarer Weise zu überprüfen, welche Reichweite die Anrufung des unternehmerischen Selbst besitzt und mit welchen anderen Anrufungen sie konkurriert. Stattdessen liegt der Fokus darauf, die Ratio dieser Subjektivierungsfigur sowie einige Schlüsseltechnologien herauszupräparieren, in denen sie sich konkretisiert. Mit der

---

8 Hans J. Pongratz/G. Günter Voß, *Arbeitskraftunternehmer. Erwerbsorientierungen in entgrenzten Arbeitsformen*, Berlin 2003 (Forschung aus der Hans-Böckler-Stiftung, Bd. 47), S. 242.

Arbeitskraftunternehmer-These teilen sie die Diagnose, dass in der Gegenwart Maximen unternehmerischen Handelns das Verhältnis der Individuen zu sich selbst wie auch zu anderen prägen. Stärker als Voß und Pongratz richten sie allerdings ihren Blick darauf, wie die Theorien und Programme unternehmerischer (Selbst-)Mobilisierung in die unterschiedlichsten Bereiche des Sozialen diffundieren und über politische Fraktionierungen und soziale Milieus, über Disziplingrenzen und fachliche Zuständigkeiten hinweg fraglose Plausibilität beanspruchen.

Der Triumph des Unternehmers

Fraglose Plausibilitäten sind so etwas wie das historische Apriori des Denkens und Handelns. Dass man auch anders denken und handeln könnte, gerät erst in den Blick, wenn man dieses Apriori selbst historisiert und zu jenen Krisenmomenten zurückgeht, an denen vormals Fragloses fragwürdig geworden ist und neue Plausibilitäten sich herausgebildet haben. Wenn die Regime der Subjektivierung in der Gegenwart auf das Leitbild des unternehmerischen Selbst zulaufen, was ist die Geschichte dieser Gegenwart? Wo liegt der historische Einsatzpunkt für den »Triumph des Entrepreneurs«?

Unter diesem Titel veröffentlichte der französische Publizist und Herausgeber der Zeitschrift *Esprit*, Paul Thibaud, im Dezember 1984 einen Aufsatz, in dem er einen »politischen Wertewandel« diagnostizierte: »Die ideologischen Grundlagen sind in Bewegung geraten«, schrieb er, »die Verhältnisse selbst unterweisen uns, und zwar nicht nur handfeste Gegebenheiten (unkontrollierbare Arbeitslosigkeit und ihre Folgen), sondern auch geistige Verschiebungen, unvorhergesehene Schlussfolgerungen, die sich aufdrängen, vormals selbstverständliche Forderungen, die man plötzlich nicht mehr verfechten kann«.[9] Thibaud stellte diesen Wertewandel in den Zusammenhang einer Krise des sozialdemokratischen Zeitalters. Dieses hatte, so seine These, im Bann der Vorstellung gestanden, die Ökonomie ihrer gewaltsamen Momente entkleiden und als Garant eines universellen Rechts auf Arbeit in den Dienst nehmen

---

9 Paul Thibaud, »Le triomphe de l'entrepreneur«, in: *Esprit*, Dez. 1984, S. 101-110; deutsche Übersetzung nach der englischen Fassung: »The Triumph of the Entrepreneur«, in: *Telos*, Nr. 64, Summer 1985, S. 134-140, hier: S. 134.

zu können. Der Vorsorgestaat versprach soziale Sicherheit um den Preis sozialer Disziplinierung und Normalisierung. Die Gesellschaft erschien als ein Arrangement von Rechten, die Bildungswege, Freizeit, Lohn usw. der Individuen definierten. Welche Ziele die Einzelnen verfolgten, an welchen Werten sie sich orientierten, das blieb in dem so definierten Rahmen ihnen selbst überlassen. Nachdem die gesellschaftssanitären Verheißungen, die Utopie einer gesunden Gesellschaft, spätestens 1968 in die Kritik geraten waren, blieb vom sozialdemokratischen Projekt wenig mehr als ein Individualismus, der sich darin erschöpfte, dass die Menschen im Rahmen der wohlfahrtsstaatlich angebotenen Möglichkeiten ihren bescheidenen privaten Hedonismus pflegten.

Das Comeback des Unternehmergeists deutete Thibaud als eine mittelbare Folge dieses Erosionsprozesses: Der hedonistische Individualismus verlor, nachdem er den Kampf gegen die puritanische Sozialmoral gewonnen hatte, seine revolutionären, romantischen und exaltierten Züge und verlegte sich auf die Kunst des Möglichen, für Thibaud zugleich eine Umlenkung von Energien, welche die Bewegung von 1968 noch in messianischen politischen Ideologien gebunden hatte. Das individuelle Streben nach Glück verlagerte sich auf die Sphäre des Konsums, und dieser versprach nicht länger die serielle Befriedigung normierter Bedürfnisse im Rahmen fordistischer Massenkultur, sondern lockte mit Abenteuer und Selbstverwirklichung und ließ materielle Ungleichheiten im Lobpreis der Differenz verschwinden. Konsumistischer und unternehmerischer Imperativ fielen zusammen: Als Konsument sollte der Einzelne sein Genusskapital akkumulieren und hatte sich zu diesem Zwecke so innovativ, risikobereit und entscheidungsfreudig zu erweisen, als müsse er ein Unternehmen zum Markterfolg führen. Dabei konnte er jene Verhaltensdispositionen einüben, die ihm auch in anderen Lebensbereichen zugute kamen: »Von einem Unternehmer im Dienste des eigenen Genusses kann man zu einem Unternehmer im Allgemeinen werden. Das widerlegt, wenigstens teilweise, Daniel Bells Thesen über den Widerspruch in der kapitalistischen Kultur, die auf Seiten der Produktion puritanisch und disziplinierend sei, auf Seiten des Konsums aber hedonistisch und verführerisch. Zwischen hedonistischem Individualismus und unternehmerischem Individualismus besteht von nun an weniger ein Widerspruch als vielmehr Übereinstimmung, und der Übergang von einer Einstellung zur anderen ist fließend. Der als unrealisierbar gescholtene Individualismus findet schließlich sein Heil in sich selbst und erzieht zu bürgerlicher Voraussicht und Initiative.«[10] Zwischen dem Streben nach Selbstverwirklichung und dem nach wirtschaftlichem Erfolg klaffte nicht länger ein unversöhnlicher Gegensatz, beide verstärkten sich vielmehr wechselseitig.

Diesen Transformationen korrespondierten, so Thibaud weiter, veränderte Formen der Produktion, die ebenfalls eine Renaissance des Unternehmergeistes beförderten. Der Mythos des vom Tellerwäscher zum Millionär aufgestiegenen Selfmademan feierte fröhliche Urständ: »Jeden Tag hören wir die Geschichte von irgendjemandem, der ohne einen Cent angefangen hat, dann aber den richtigen ›Riecher‹ hatte und erkannte, dass seine Zeitgenossen das ›latente Bedürfnis‹ nach diesem Produkt oder jener Dienstleistung haben – Produkte und Dienstleistungen, auf die wir, befangen in unseren Gewohnheiten, nicht einmal im Traum gekommen wären.«[11]

Thibaud betonte, dass die Kultur der Entrepreneurship keineswegs das Ende staatlicher Interventionen bedeutete, und skizzierte – avant la lettre – den Übergang vom Wohlfahrts- zum aktivierenden Staat: »Die neuen Beziehungen zwischen Ökonomie und Gesellschaft sind nicht, wie einige Demagogen behaupten, durch eine Rückkehr zu einem ›wilden‹ Kapitalismus gekennzeichnet, sondern eher durch die Entwicklung politischer Strategien, welche die Gesellschaft in die Ökonomie integrieren, Politiken der Mobilisierung, Integration und Verhandlung, die in steigendem Maße Gruppen außerhalb des Managements in wirtschaftliche Abläufe einbinden.«[12] Darin liegt eine Umkehrung von Mitteln und Zwecken: Nicht länger erschien die Ökonomie als ein Instrument im Dienste der Gesellschaft und ihrer politischen Institutionen, fortan sollten vielmehr die Gesellschaft und ihre politischen Institutionen den Imperativen der Ökonomie gehorchen. Thibaud beschloss seinen Aufriss mit einem Blick auf die prekären Effekte dieser Umbrüche: Mit dem Primat der Ökonomie kehrte, so sein Fazit, als moralisches Problem zurück, was das sozialdemokratische Zeitalter juridisch beziehungsweise versicherungstechnisch zu lösen versucht hatte: das Heer der Überflüssigen, »die der unter enormem Druck

---

10 Ebd.
11 Ebd., S. 138.
12 Ebd., S. 140.

stehende Wohlfahrtsstaat im Elend zurücklässt und für die andere Politiken gefunden werden müssen«.[13]

Bemerkenswert ist Thibauds Essay vor allem, weil er den Siegeszug des Unternehmers zu einem Zeitpunkt erkannte und gegenwartsdiagnostisch einzuordnen verstand, als sich die Konturen dieser Figur gerade erst abzuzeichnen begannen. Die Übernahme der Regierungsgeschäfte durch Margaret Thatcher in Großbritannien (1979) und Ronald Reagan in den Vereinigten Staaten (1981) hatten auf politischer Ebene den Bruch mit den keynesianischen Programmen der Nachkriegszeit markiert, jenem Grundkonsens, den Thibaud unter dem Rubrum der sozialdemokratischen Ära fasste. Dass jede und jeder zum Unternehmer des eigenen Lebens werden solle, lag in der Logik von Thatcherism und Reagonomics, welche die individuelle Selbstverantwortung an die oberste Stelle der politischen Agenda setzten und mit diesem Postulat den Abbau wohlfahrtsstaatlicher Sicherungssysteme flankierten.[14] Konservative Think Tanks in Großbritannien und den USA hatten die marktradikale Wende bereits seit den 70er-Jahren eingefordert. Sie postulierten nicht den Rückzug des Staates, sondern die durchgängige Ausrichtung seiner Interventionen auf die Etablierung einer »enterprise culture« – ein aktivistisches Programm, das keinen Lebensbereich aussparen sollte: »Enterprise culture bezeichnet«, heißt es in einem Dokument des britischen Centre for Policy Studies, »die Gesamtheit der Voraussetzungen, die ein hohes und weiter steigendes Leistungsniveau der ökonomischen Aktivitäten eines

---

13 Ebd.
14 »So etwas wie Gesellschaft gibt es nicht«, brachte die britische Premierministerin dieses Programm auf eine bündige Formel: »Ich denke, hinter uns liegt eine Periode, in der man zu vielen Menschen gesagt hat, wenn sie ein Problem hätten, sei es Sache der Regierung, dieses zu lösen. ›Ich habe ein Problem, ich werde Unterstützung bekommen.‹ ›Ich bin obdachlos, die Regierung wird mir eine Wohnung besorgen.‹ Sie schieben ihre Probleme auf die Gesellschaft. Aber, Sie wissen, so etwas wie Gesellschaft gibt es nicht. Es gibt einzelne Männer und Frauen, und es gibt Familien. Und keine Regierung kann irgendetwas bewerkstelligen außer mithilfe der Menschen, und die Menschen müssen zuallererst für sich selbst sorgen. Es ist unsere Pflicht, für uns selbst zu sorgen und danach auch für unseren Nachbarn zu sorgen. Die Menschen denken zu viel an ihre Ansprüche, ohne auch an ihre Pflichten zu denken. Aber es gibt keine Ansprüche, wenn man zuvor nicht Pflichten erfüllt hat.« (Margaret Thatcher, Interview mit *Women's Own Magazine*, 31.10.1987).

Landes, seiner Politik und Regierung, der Künste und Wissenschaften und auch der individuellen Lebensführung seiner Bewohner befördern.«[15]

Ins gleiche Horn stieß US-Präsident Reagan, der in einem Artikel aus dem Jahre 1985 emphatisch eine neue »Ära des Unternehmertums« ausrief und seine Landsleute dazu aufforderte, in ähnlicher Weise die Zukunft zu erfinden wie ihre Vorfahren zwischen Bürgerkrieg und Großer Depression. Den Appell an vermeintliche Nationaltugenden – »Unternehmerisch zu handeln, ist nichts ausschließlich Amerikanisches, aber Unternehmergeist scheint stärker in unserer Natur zu liegen als sonst irgendwo auf der Welt« – verband er mit dem Hinweis darauf, dass seine Regierung alles daran setze, dem Unternehmergeist durch Steuersenkungen und Verschlankung der staatlichen Bürokratie auf die Sprünge zu helfen.[16] Man mag die plakative Selbstgefälligkeit solcher Formeln belächeln, entscheidend ist jedoch, dass die gouvernementale Anrufung des Entrepreneurs nach dem gleichen Muster funktionierte wie die wirtschaftspolitischen Maßnahmen, die sie legitimieren sollte: als Stimulation. Der freie Markt und seine Akteure, die Unternehmer ihrer selbst, existieren nicht aus eigener Kraft; sie sind ein Effekt permanenter Mobilisierung.

Sozialwissenschaftliche Analysen

In Deutschland, wo der Abschied vom sozialdemokratischen Projekt erst später und weniger abrupt erfolgte, tauchte der Topos des »Unternehmers der eigenen Arbeitskraft«, soweit ich überblicke,

15 Zit. n. Paul Morris, »Freeing the spirit of enterprise. The genesis and development of the concept of enterprise culture«, in: Russell Keat/Nicholas Abercrombie (Hg.), *Enterprise Culture*, London/New York 1991, S. 21-37, hier: S. 23. Vgl. zur sozialwissenschaftlichen Auseinandersetzung mit der *enterprise culture* ferner Roger Burrows (Hg.), *Deciphering the Enterprise Culture*, London 1991; Malcolm Cross/Geoff Payne, *Work and the Enterprise Culture*, London 1991; Paul Heelas/Paul Morris (Hg.), *The Values of the Enterprise Culture. The Moral Debate*, London/New York 1992; Colin Gray, *Enterprise and Culture*, London/New York 1998.
16 Ronald Reagan, »Why this is an Entrepreneurial Age«, in: *Journal of Business Venturing*, 1 (1985), S. 1-4, hier: S. 1, 3.

erstmals 1984 auf,[17] und zwar im Kontext einer Analyse über die subjektiven Bewältigungsstrategien von Massenarbeitslosigkeit: Neben einer »mimetisch-defensiven Angstreaktion« und einem »taktischen Realismus am Arbeitsmarkt«, dessen Grunderfahrung »in der unerwarteten Enttäuschung [besteht], daß auch berufliche Tüchtigkeit, praktischer Verstand, Lebensklugheit und die Mobilisierung der durchschnittlichen (klein)bürgerlichen, ökonomischen und sozialen Ressourcen zusammengenommen nicht unbedingt und in jedem Fall einen Arbeitsplatz erhalten oder erreichbar machen«, identifizierten Wolfgang Bonß, Heiner Keupp und Elmar Koenen eine weitere Reaktionsweise: »Die Mobilisierung von Aktivitätsreserven, die gerade in der chaotischen Arbeitsmarktsituation ein spezifische Chance sieht, den Anbieter zum ›Unternehmer seiner eigenen Arbeitskraft‹ zu machen. Diese praktisch folgenreiche Fiktion besteht darin, sich selbst als Bezugspunkt der Logik des Arbeitsmarktes vorzustellen, d. h. sich virtuell zum Subjekt einer eigenen Rationalität zu machen, die den Arbeitsmarkt als Feld der Mittel für eigene Zwecke nutzt. Dieser ›Unternehmer‹ besitzt zwar prinzipiell auch nichts anderes als seine Arbeitskraft, er bietet aber, teils künstlich differenzierte Kompetenzen an, und zwar vor allem unter Rückgriff auf Grund-, Neben- und Generalisten-

---

17 In einem allgemeineren Sinne gehört freilich die Erkenntnis, dass in einer kapitalistischen Wirtschaft der Arbeiter als freier Verkäufer seiner Arbeitskraft unternehmerisch handelt, zu den Gemeinplätzen der politischen Ökonomie. So erklärte 1907 der deutsche Nationalökonom Lujo von Brentano, »jeder Arbeiter, der seine Arbeitsleistungen an einen Arbeitgeber verkauft, [ist] gleichfalls Unternehmer«: »Durch Umwandlung von Nahrungsmitteln in Arbeitskraft, durch Ausbildung besonderer Fähigkeiten und, indem sein Wille die so aufgesammelte Spannkraft auslöst, damit sie im Produktionsprozeß tätig werde, formt er seine Arbeitskraft um. Er ist also Produzent, indem er vorhandenem Stoff und Kraft eine andere Form gibt, welche ihr größere Brauchbarkeit verleiht. Diese bietet er dem Käufer von Arbeitsleistungen als selbständiges Gut an und tut dies für eigene Rechnung und Gefahr. Er ist ein Unternehmer von Arbeitsleistungen. Die Freierklärung, indem sie ihn für sich selbst verantwortlich machte, hat ihn dazu gemacht, und gerade in dieser Unternehmereigenschaft zeigt sich wirtschaftlich seine Freiheit« (Lujo von Brentano, *Der Unternehmer. Vortrag gehalten am 3. Januar 1907 in der Volkswirtschaftlichen Gesellschaft in Berlin*, Berlin 1907, S. 19, 26 f.). – Neu ist demgegenüber, dass der Arbeiter nicht nur im Akt des Verkaufs seiner Arbeitskraft als Unternehmer agiert, sondern deren Käufer von ihm verlangen, in der veräußerten Arbeitszeit selbst unternehmerische Initiative und Verantwortung zu zeigen.

qualifikationen (z. B. Führerschein, berufliche Erfahrung, soziale Kompetenzen wie ›sicheres Auftreten‹, ›Führungsqualitäten‹ und juristische Vorkenntnisse, kaufmännische Lehre, Verwaltungserfahrung, Beherrschung von Fremdsprachen sowie nicht zuletzt Steno und Schreibmaschine, Text- und Datenverarbeitung).«[18] Die Imagination als Unternehmer wendet die Ohnmachtserfahrung tatsächlicher oder drohender Arbeitslosigkeit in den Aktivismus desjenigen, der sich auf eigene Rechnung auf dem Arbeitsmarkt zu behaupten sucht.

Hellsichtig erscheint im Rückblick insbesondere Bonß', Keupps und Koenens Bemerkung über den gleichermaßen fiktionalen wie folgenreichen Charakter dieser Selbstmobilisierung, in der Simulation und Stimulation bis zur Ununterscheidbarkeit verschmelzen. Sich als handlungsmächtiges Subjekt zu imaginieren, statt sich den Kräften des Marktes wehrlos ausgeliefert zu fühlen, wird gleichbedeutend damit, sich konsequent als Marktsubjekt zu verhalten. Dass diese Fiktion inzwischen Wirkungen gezeitigt hat und weiter zeitigt, steht außer Frage; ob und wie weit sie den Einzelnen trägt, wie schwer es für ihn sein mag, sie aufrechtzuerhalten, und welche gegenläufigen Erfahrungen er dafür ausblenden muss, das steht auf einem anderen Blatt.

In den deutschen Sozialwissenschaften wurde die Diskussion um die Verallgemeinerung entrepreneurialer Verhaltensmodelle im Weiteren vor allem aus arbeits- und industriesoziologischer Perspektive geführt.[19] Eine kritische (und kontrovers diskutier-

18 Wolfgang Bonß/Heiner Keupp/Elmar Koenen, »Das Ende des Belastungsdiskurses? Zur subjektiven und gesellschaftlichen Bedeutung von Arbeitslosigkeit«, in: Wolfgang Bonß/Rolf G. Heinze (Hg.), *Arbeitslosigkeit in der Arbeitsgesellschaft*, Frankfurt/M. 1984, S. 143-188, hier: S. 182 f.
19 Vgl. etwa Martin Baethge, »Arbeit, Vergesellschaftung, Identität – Zur zunehmenden normativen Subjektivierung der Arbeit«, in: *Soziale Welt*, 42 (1991), S. 6-19; Andreas Zielcke, »Der neue Doppelgänger. Die Wandlung des Arbeitnehmers zum Unternehmer – Eine zeitgemäße Physiognomie«, in: *Frankfurter Allgemeine Zeitung*, Beilage »Bilder und Zeiten«, 20.07.1996; Hermann Kocyba, »Das aktivierte Subjekt. Mit post-tayloristischen Formen der Arbeit ändert sich auch die moderne Berufsidee«, in: *Frankfurter Rundschau*, 28.09.1999; Harald Wolf, *Arbeit und Autonomie. Ein Versuch über Widersprüche und Metamorphosen kapitalistischer Produktion*, Münster 1999; Manfred F. Moldaschl, »Ökonomien des Selbst. Subjektivität in der Unternehmergesellschaft«, in: Johanna Klages/Siegfried Timpf (Hg.), *New Economy als diskursive Konstruktion*, Hamburg 2002, S. 29-62; sowie – in gesellschaftstheoretischer Erweiterung – Heinz Bude, »Der Unternehmer

te[20]) Zuspitzung erfuhr sie mit der bereits vorgestellten Arbeitskraftunternehmer-These von Voß und Pongratz, während der in der Einleitung zitierte Bericht der Zukunftskommission Bayern und Sachsen, an dem mit Ulrich Beck auch ein prominenter Soziologe beteiligt war, den politischen Entscheidungsträgern das unternehmerische Selbst als Leitbild der Zukunft empfahl.

Ähnlich wie Voß und Pongratz konturiert auch der Mailänder Soziologe Sergio Bologna, in den 70er-Jahren Aktivist der linksradikalen operaistischen Bewegung, die von ihm unter dem Rubrum »neue Selbständige« gefassten unternehmerischen Arbeits- und Existenzformen gegen den Typus des fordistischen Massenarbeiters. War dieser in ein hierarchisches Fabrikregime eingebunden, das auch seine internen wie externen Kooperationen regelte, so müssen die selbständig Tätigen ihre Geschäftsbeziehungen selbst organisieren. Kommunikationsarbeit wird damit zu einem wesentlichen Bestandteil ihrer Tätigkeit. Arbeits- und Privatsphäre, für den Lohnarbeiter strikt getrennt, verschwimmen beim Selbständigen. Wohnraum und Arbeitsplatz, Freizeit und Arbeitszeit gehen ineinander über, wobei die durchschnittliche Arbeitsbelastung die Vierzig-Stunden-Woche der fordistischen Ära deutlich überschreitet. Während die angestellten Arbeiter den Markt verlassen, sobald sie die Fabrik betreten, befinden sich die Selbständigen fortwährend auf dem Markt. Das Mehr an Selbstbestimmung erkaufen sie mit einem Weniger an sozialer Absicherung: »Sie können lange Zeit ohne Einkünfte bleiben und leben von ständig zu schaffenden Rücklagen, um den ›Leerzeiten‹ in der Arbeit zu begegnen. Der Begriff

---

als Revolutionär der Wirtschaft«, in: *Merkur*, 51 (1997), Nr. 582/583, Sonderheft »Kapitalismus als Schicksal? Zur Politik der Entgrenzung«, S. 866-876; ders., »Was kommt nach der Arbeitnehmergesellschaft?«, in: Ulrich Beck (Hg.), *Die Zukunft von Arbeit und Demokratie*, Frankfurt/M. 2000, S. 121-134.

20 Michael Schumann, »Das Lohnarbeiterbewußtsein des ›Arbeitskraftunternehmers‹«, in: Wolfgang Lenk/Mechthild Rumpf/Lutz Hieber (Hg.), *Kritische Theorie und politischer Eingriff. Oskar Negt zum 65. Geburtstag*, Hannover 1999, S. 406-413; Stefan Kühl, »Grenzen der Vermarktlichung. Die Mythen um unternehmerisch handelnde Mitarbeiter«, in: *WSI-Mitteilungen*, 53 (2000), S. 818-828; Hans-Jürgen Urban, *Der Arbeitskraftunternehmer – ein neues Produkt der Spektakelsoziologie*, in: Hans-Jürgen Bieling u. a. (Hg.), *Flexibler Kapitalismus. Analysen – Kritik – Politische Praxis. Frank Deppe zum 60. Geburtstag*, Hamburg 2001, S. 99-119; Christoph Deutschmann, »Die Gesellschaftskritik der Industriesoziologie – ein Anachronismus«, in: *Leviathan*, 29 (2001), S. 58-69.

›Risiko‹ ist der Mentalität der unabhängigen Arbeit eingeschrieben, weshalb die Leistung immer auch einen Werbeaspekt enthält, über den die unabhängig Arbeitenden entweder die Fortsetzung des geschäftlichen Verhältnisses zum Auftraggeber oder die Erschließung neuer Geschäftsbeziehungen zu gewährleisten versuchen. […] Die Angst vor der ›Leere‹ hindert die selbständig Arbeitenden daran, die Früchte ihrer Arbeit zu genießen.«[21]

Bologna betont, dass in den 70er- und 80er-Jahren der Weg in die Selbständigkeit vielfach nicht aus ökonomischer Notwendigkeit, sondern aus freien Stücken gewählt wurde, um dem Disziplinarzwang der Fabrikordnung zu entkommen. Im Rückblick betrachtet erweisen sich die verschiedenen Ausfaltungen der Gegenkultur nach 1968 trotz ihrer antikapitalistischen Stoßrichtung als Labors unternehmerischer Verhaltensorientierung. Die Versöhnung von Leben und Arbeiten, welche die Alternativbewegung proklamierte, realisiert sich für die neuen Selbständigen als Ausgreifen der Arbeit in alle Lebensbereiche. Wichtig für die Genealogie des unternehmerischen Selbst ist der Hinweis auf die gegenkulturellen Wurzeln der neuen Selbständigkeit insbesondere, weil er repressionstheoretische Erklärungen der unternehmerischen Anrufung unterläuft. Als besonders perfide Zurichtung der Individuen im Dienste eines neuen Akkumulationsregimes wäre diese Subjektivierungsform gründlich missverstanden. Zu einer hegemonialen Gestalt konnte das unternehmerische Selbst (von dem bei Bologna selbst freilich nicht die Rede ist) vielmehr nur werden, weil sie an ein kollektives Begehren nach Autonomie, Selbstverwirklichung und nichtentfremdeter Arbeit anschloss. Ohne die utopischen Energien und die praktischen Kämpfe der Neuen sozialen Bewegungen, ohne ihre Experimente mit nichthierarchischen Organisationsformen, ohne massenhafte Weigerung, das eigene Leben in den vorgezeichneten Bahnen einer fordistischen Normalbiografie zu führen, hätte dieses Rollenmodell niemals eine solche Anziehungskraft entwickeln können.[22]

Einige britische Soziologen, welche die Umbrüche der Thatcher-

---

21 Sergio Bologna, *Die Zerstörung der Mittelschichten. Thesen zur neuen Selbständigkeit* (1997), Graz/Wien 2006, S. 38.
22 Vgl. dazu auch mit Beispielen aus der Bundesrepublik Gerd Vonderach, »Die ›neuen Selbständigen‹. 10 Thesen zur Soziologie eines unvermuteten Phänomens«, in: *Mitteilungen aus der Arbeitsmarkt- und Berufsforschung*, 13 (1980), S. 153-169.

Ära unter dem Stichwort »enterprise culture« diskutierten, stießen in diesem Zusammenhang auf Michel Foucaults Konzept der Gouvernementalität und skizzierten die Konturen des unternehmerischen Selbst im Rückgriff auf seine Analysen des Neoliberalismus. Den Anfang machte Colin Gordon in seiner Einleitung zum Reader *The Foucault Effect* von 1991,[23] in der er Foucaults fragmentarische Bemerkungen zum Subjektmodell der Humankapitaltheorie[24] aktualisierend die gesellschaftliche Akzeptanz der Massenarbeitslosigkeit wie die Ratio staatlicher Förderprogramme zu erklären versuchte: »Die Vorstellung, sein Leben als Unternehmer seiner selbst zu führen, impliziert, dass man immer zumindest in diesem einen Unternehmen beschäftigt bleibt und dass das fortlaufende Geschäft des Lebens zu einem wesentlichen Teil darin besteht, angemessene Vorkehrungen für den Erhalt, die Reproduktion und die Sanierung des eigenen Humankapitals zu treffen. Das ist die ›Sorge um sich‹, welche die Regierung als Korrektiv der kollektiven Habgier anpreist. […] Was einige Kulturkritiker als Triumph eines sich selbst verzehrenden Narzissmus diagnostizieren, lässt sich angemessener vielleicht als Teil jener Managerialisierung persönlicher Identität und zwischenmenschlicher Beziehungen beschreiben, welche die Kapitalisierung des Lebens begleitet.«[25] Gordon arbeitete auch heraus, dass die Subjektivierungsform des unternehmerischen Selbst gleichermaßen eine Wiederkehr wie eine radikale Inversion des Homo oeconomicus darstellt: Die Reaktivierung dieser Gestalt besteht darin, menschliches Handeln grundsätzlich als Wahlhandeln zu bestimmen und das Prinzip der Nutzenmaximierung als anthropologische Gegebenheit zu unterstellen. Während jedoch klassische Liberale wie Smith, Hume oder Ferguson überzeugt waren, dass die Individuen ihrer Natur folgen und als rationale Wirtschaftssubjekte agieren würden, wenn nur die politischen Instanzen sie nicht

---

23 Colin Gordon, »Governmental rationality: an introduction«, in: Graham Burchell/Colin Gordon/Peter Miller (Hg.), *The Foucault-Effect. Studies in Governmentality*, Chicago 1991, S. 1-51. Der Sammelband, der Foucaults Vorlesung »Die Gouvernementalität« dem englischsprachigen Publikum präsentierte und darüber hinaus Aufsätze vor allem ehemaliger Mitarbeiter Foucaults versammelte, kann im Rückblick als Initialpublikation der Studies of Governmentality gelten.
24 Zu Foucaults Vorlesung *Geschichte der Gouvernementalität II. Die Geburt der Biopolitik*, die seine Analysen des deutschen Ordoliberalismus wie der Humankapitaltheorie insbesondere Gary S. Beckers enthält, s. u. Kapitel 3.1.
25 Gordon, »Governmental rationality«, S. 44.

daran hindern würden, muss das unternehmerische Selbst durch permanentes Regierungshandeln geschaffen und aktiviert werden. Nicht Freisetzung immer schon vorhandener Kräfte, sondern deren permanente Förderung und Formung, nicht Laissez-faire, sondern behavioristische Verhaltensmodifikation in allen Lebensbereichen kennzeichnen diese Subjektivierungsfigur.[26]

Das Augenmerk der Studies of Governmentality richtete sich folglich weniger auf die Veränderungen in der Arbeitswelt als vielmehr auf die Dispersion entrepreneurialer Anforderungen und Selbstdeutungen in andere Sphären und insbesondere auf die politischen Strategien und Psychotechnologien, mit denen Individuen regiert beziehungsweise angehalten werden, sich selbst zu regieren. Unternehmertum meint hier nicht eine spezifische Organisationsform, sondern einen bestimmten Aktivitätsmodus, der sich gleichermaßen auf Firmen, öffentliche Einrichtungen und private Vereinigungen wie auf die Menschen in diesen und letztlich auf jede und jeden und alle Lebenslagen beziehen kann. »Individuen sollten im Licht der Tatsache regiert werden«, resümierten Peter Miller und Nikolas Rose die Ratio der einschlägigen Programme und populärkulturellen Angebote, »dass jeder sein Leben als eine Art Unternehmen in eigener Sache zu führen sucht und danach strebt, seine ›Lebensqualität‹ und die seiner Familie durch die Entscheidungen zu verbessern, die er auf dem Marktplatz des Lebens trifft«.[27]

Den Einwand, dass die »enterprise culture« sich keineswegs in allen Köpfen festgesetzt habe und viele Menschen trotz aller Appelle an Werten wie Gleichheit und Solidarität festhielten, statt das Hohe Lied von Exzellenz und Wettbewerb anzustimmen, konterten Paul du Gay und Graeme Salaman mit dem Hinweis auf die Verankerung des Unternehmensdiskurses im Alltag: »Selbst wenn Menschen den Unternehmensdiskurs nicht ernst nehmen und eine gewisse zynische Distanz zu seinen Ansprüchen bewahren, so reproduzieren sie ihn doch durch ihr Alltagshandeln, in das er

---

26 Ebd., S. 43. Vgl. auch Graham Burchell, »Liberal Government and techniques of the self«, in: Andrew Barry/Thomas Osborne/Nikolas Rose (Hg.), *Foucault and Political Reason. Liberalism, Neo-liberalism and Rationalities of Government*, London 1996, S. 19-36.

27 Peter Miller/Nikolas Rose, »Production, identity, and democracy«, in: *Theory and Society*, 25 (1995), S. 427-467, hier: S. 455. Vgl. dazu auch Susanne Krasmann, *Die Kriminalität der Gesellschaft. Zur Gouvernementalität der Gegenwart*, Konstanz 2003, S. 187 ff.

eingeschrieben ist. Deshalb sollte ›das Unternehmen‹ nicht, wie es oft missverstanden wird, als ein ›reiner‹ Diskurs, d. h. als eine Verbindung von Gesagtem und Geschriebenem, verstanden werden, sondern stets und ausschließlich als eine Dimension materieller Praktiken, mit materiellen Voraussetzungen der Entstehung und Wirksamkeit.«[28]

Nikolas Rose wiederum arbeitete heraus, dass in der Anrufung des unternehmerischen Selbst ökonomischer Erfolg und Selbstverwirklichung keinen Widerspruch bilden, sondern einander bedingen und verstärken. Beide folgen dem Imperativ eines unabschließbaren Wachstums: Die Individuen sollen ihre Macht über sich selbst, ihr Selbstwertgefühl und Selbstbewusstsein und ihre Gesundheit ebenso maximieren wie ihre Arbeitsleistung und ihren Wohlstand; sie sollen das umso besser können, je aktiver und selbstverantwortlicher sie ihr Leben in die Hand nehmen; und sie sollen professionelle Hilfe suchen, wenn sie mit all dem überfordert sind. So gegensätzlich das Ethos unternehmerischen Handelns und die Werte der Therapiekultur, wie sie sich insbesondere in den Konzepten der humanistischen Psychologie finden, auf den ersten Blick zu sein scheinen, sie treffen sich in einem Regime des Selbst, das den Einzelnen antreibt, »an sich zu ›arbeiten‹ und Verantwortung für sein Leben zu übernehmen. Es versucht, das Selbst mit einer Reihe von Werkzeugen für die Bewältigung seiner Angelegenheiten auszustatten, so daß es Kontrolle über seine Unternehmungen gewinnen, seine Ziele definieren und die Erreichung seiner Bedürfnisse durch seine eigenen Kräfte planen kann.«[29] Kurzum: Unternehmerische Selbste fabriziert man nicht mit den Strategien des Überwachens und Strafens, sondern indem man die Selbststeuerungspotenziale aktiviert.

---

28 Paul du Gay/Graeme Salaman, »The Cult(ure) of the Customer«, in: *Journal of Management Studies*, 29 (1992), S. 615-633, hier: S. 630. Vgl. auch Paul du Gay, *Consumption and Identity at Work*, London 1996, insbes. S. 178 ff.; kritisch dazu Valérie Fournier/Christopher Grey, »Too Much, Too Little and Too Often: A Critique of du Gay's Analysis of Enterprise«, in: *Organization*, 6 (1999), S. 107-128, sowie du Gays Replik, »Enterprise and its Futures: A Response to Fournier and Grey«, in: *Organization*, 7 (2000), S. 165-183.

29 Nikolas Rose, »Das Regieren unternehmerischer Individuen«, in: *Kurswechsel*, H. 2/2000 (Leitbild Unternehmer), S. 8-27, hier: S. 16 f. Vgl. dazu auch das Kapitel »Enterprising Selves«, in: Pat O'Malley, *Risk, Uncertainty and Government*, London u. a. 2004, S. 68 ff.

Intrapreneuring

Bonß, Keupp und Koenen hatten in ihrer knappen These das Moment der Autofiktion betont, während die Vertreter der Studies of Governmentality die politische Ratio und (Selbst-)Technologien ins Zentrum rückten und die Bedeutung psychologischer Beratung und Expertise hervorhoben. Der performativ wirksamen Selbstmodellierung entsprechen, so ihr Argument, eine Vielzahl normativer Deutungsangebote und institutioneller Praktiken, welche die Individuen als Unternehmer ihrer selbst adressieren und ihnen nahe legen, sich an diesem Modell auszurichten. Maßgeblich für die Ausbreitung des Entrepreneurdiskurses waren denn auch weniger publizistische Interventionen oder sozialwissenschaftliche Analysen, und erst recht nicht Regierungserklärungen oder andere politische Verlautbarungen, als vielmehr ein Genre, das in der ersten Hälfte der 80er-Jahre die Bestsellerlisten eroberte: die Managementliteratur. Bücher wie Tom Peters' und Robert H. Watermans 1982 erschienenes *In Search of Excellence*, das mit inzwischen weltweit mehr als fünf Millionen verkauften Exemplaren zum meistverkauften Managementbuch überhaupt avancierte, Gifford Pinchots *Intrapreneuring* aus dem Jahr 1985 sowie zahllose vergleichbare Titel[30] stimmten das Hohe Lied der Unternehmertugenden an und lieferten detaillierte Hinweise, wie der Unternehmergeist auch auf die Mitarbeiter herabkommen und unter ihnen seine segensreiche Wirkung entfalten sollte.

Peters und Waterman etwa identifizieren als ein Kennzeichen der von ihnen untersuchten amerikanischen Spitzenfirmen die »si-

---

30 Thomas J. Peters/Robert H. Waterman, *In Search of Excellence – Lessons from America's Best-Run Companies*, New York 1982, dt.: *Auf der Suche nach Spitzenleistungen. Was man von den bestgeführten US-Unternehmen lernen kann*, 15. Aufl., Landsberg/Lech 1993; Gifford Pinchot III, *Intrapreneuring. Why you Don't Have to Leave the Corporation to Become an Entrepreneur*, New York 1985, dt.: *Intrapreneuring. Mitarbeiter als Unternehmer*, Wiesbaden 1988. Einen Überblick über den Kult des Entrepreneurs in der Managementliteratur der 80er-Jahre gibt die Sammelbesprechung von Patrick Wright, »Excellence«, in: *London Review of Books*, 21.05.1987, S. 8-11. Eine Analyse sowohl des managerialen wie des sozialwissenschaftlichen *enterprise discourse* unternimmt aus Perspektive einer poststrukturalistisch informierten Organisationstheorie Daniel Hjorth, *Rewriting Entrepreneurship – for a new perspective on organisational creativity*, Kopenhagen 2003.

mulierte Unternehmerfunktion«. Um die Innovationspotenziale zu steigern, raten sie dazu, »quasi-autonome Positionen« zu schaffen, »deren Inhaber ein hohes Maß an Unternehmergeist entfalten können, die aber in Wirklichkeit doch beträchtlichen Beschränkungen unterworfen und in einem weit größerem Maße eingebunden sind, als auf den ersten Blick erkennbar ist«.[31] Die Lockerung betrieblicher Hierarchien, Freiräume und Anreize für selbständiges Handeln und vor allem die Etablierung interner Wettbewerbsstrukturen sollen ein Umfeld schaffen, in dem »kreative Fanatiker«, jene gleichermaßen enthusiastischen wie pragmatischen »Champions« gedeihen, welche die für die Marktbehauptung notwendigen Innovationsprozesse vorantreiben. Sie müssen »erkannt und gefördert werden, wachsen und gedeihen können und sogar etwas ›spinnen‹ dürfen«.[32] – Aber eben auch nur *etwas* spinnen: »Da in der Wirtschaft zählt, ›was herauskommt‹, ist Kreativität ohne aktionsorientierte Durchführung eine brotlose Kunst. In gewisser Weise ist sie verantwortungslos.«[33] Peters und Waterman machen keinen Hehl daraus, dass die unternehmerischen Tugenden, die ihre »Champions« an den Tag legen sollen, ganz im Dienste des Unternehmenserfolgs stehen. Wenn die beiden die »Unternehmer im Unternehmen« beschwören, haben sie zudem nicht die einfachen Mitarbeiter im Blick, sondern die Manager der mittleren Ebenen, und auch für diese sollen Selbständigkeit und Eigenverantwortung keineswegs unbeschränkt gelten. Die Leine wird länger, durchschnitten wird sie nicht: »Die Manager müssen konditioniert werden, sich als potentielle Champions zu sehen, gleichzeitig muß aber an den entscheidenden Stellen eine sehr weitreichende Kontrolle erhalten bleiben.«[34] In der »simulierten Unternehmerfunktion« steckt das paradoxe Programm einer kontrollierten Autonomie.

Simulationen haben einen besonderen Realitätsstatus: Sie täuschen etwas vor, das so nicht existiert, aber indem sie es vortäuschen, verleihen sie ihm Wirklichkeit. Mitarbeiter sind keine Unternehmer, aber in dem Maße, in dem man sie dazu anhält, wie Unternehmer zu agieren, wird dieses Verhaltensmodell zur sozialen Norm und beeinflusst das Handeln. Auf die Fakten schaffende

---

31 Peters/Waterman, *Auf der Suche nach Spitzenleistungen*, S. 248.
32 Ebd., S. 237.
33 Ebd., S. 242 f.
34 Ebd., S. 249.

Kraft des Normativen zielt auch Gifford Pinchots Erfindung des »Intrapreneurs« – der Neologismus steht für »Intracorporate Entrepreneur«. Dieser innerbetriebliche Unternehmer zeichnet sich insbesondere aus durch Risikobereitschaft und Innovationsdrang, Eigenschaften, die Unternehmen nicht durch bürokratische »Analyse- und Kontrollsysteme« lähmen, sondern im Gegenteil mit aller Kraft fördern sollten. Zunutze machen können sie sich dabei die Tatsache, so Pinchot weiter, dass unternehmerischer Ehrgeiz nicht in erster Linie von materiellem Gewinnstreben angetrieben wird. Intrapreneure sind vielmehr »primär motiviert, ihr persönliches Leistungsbedürfnis zu befriedigen«.[35] Zur Erklärung dieser Motivlage scheut Pinchot sich nicht, tief in die Schublade völkerpsychologischer Mythen zu greifen. Sein Buch richtet sich zunächst an das Publikum in den USA; der Unternehmergeist erscheint folglich auch ihm als eine spezifisch amerikanische Tugend: »Unsere Kindheitsphantasien beschäftigen sich noch immer mehr damit, bis an die Grenzen des Möglichen vorzustoßen und uns von der Herrschaft zu befreien, als stetig auf der Karriereleiter großer Unternehmen aufzusteigen. Im Gegensatz zu den Japanern und den meisten europäischen Ländern fehlt uns eine homogene Kultur und die Bereitschaft, sich einer Autorität zu unterwerfen. Das erschwert es für die meisten von uns, die Rolle des respektierten Zahnrads in einer umfangreichen industriellen Maschinerie zu akzeptieren. Vielmehr haben wir den Wunsch nach Selbständigkeit und Abenteuergeist und sind stets bereit, Neues zu erproben. Folglich lassen wir uns nur ungern Vorschriften machen, sind aber von einem lebendigen Unternehmergeist erfüllt.«[36]

Pinchot geht es darum, anhand einer Fülle von Beispielen – die Anekdote ist wie schon bei Peters und Waterman sein bevorzugtes Darstellungsmittel – aufzuzeigen, dass der Persönlichkeitstyp des Unternehmers trotz seines Eigensinns nicht nur als Mitarbeiter taugt, sondern Firmen geradezu darauf angewiesen sind, Schlüsselpositionen mit Unternehmertypen zu besetzen. Um Intrapreneure in der Firma zu halten und ihren unternehmerischen Elan zu schüren, bedarf es allerdings förderlicher organisatorischer Rahmenbedingungen. Pinchot nennt insbesondere die freie Wahl der Aufgabe, keinen Wechsel des Verantwortlichen bei laufenden Projekten,

---

35 Pinchot, *Intrapreneuring*, S. 14.
36 Ebd., S. 25 f.

Entscheidungsautonomie im Rahmen der gesteckten Ziele, ausreichende Ressourcen, genügend Zeit, Abschied von der »Volltreffer«-Philosophie und kleinlichem Revierdenken, Risikobereitschaft und Misserfolgstoleranz, interdisziplinäre Teams und Eigenständigkeit bei der Auswahl interner wie externer Kooperationspartner. Diese »Freiheitsfaktoren sind eine Art des Management, die darauf basiert, daß man das Problem von unten nach oben betrachtet und nicht umgekehrt. Sie sind abgeleitet von der Betrachtung dessen, was die Mitarbeiter, die tatsächlich die Arbeit tun, brauchen, um mit ihrer Aufgabe weiterzukommen. [...] Vom Vorhandensein oder Fehlen dieser Freiheitsfaktoren hängt es ab, wie effektiv Intrapreneure in Ihrer Unternehmenskultur sein können.«[37] Den Intrapreneuren selbst wiederum gibt der Erfinder dieses Begriffs einen Werkzeugkasten an die Hand, um den Aufbau ihrer »Intraprise« von der Idee über den Geschäftsplan und das betriebsinterne Networking bis zur Teambildung und -führung voranzutreiben.

Die Bestseller von Peters und Waterman sowie von Pinchot markieren den Übergang vom Leitbild des »organization man«[38] zum unternehmerischen Selbst. Dieses fungiert indes noch nicht als Jedermannkategorie, sondern als Anforderungsprofil für Mitarbeiter in leitenden Funktionen. Bezugspunkt der Empfehlungen bleiben Großunternehmen, deren bürokratische Verkrustungen sie durch simulierte Unternehmerfunktionen (Peters/Waterman) beziehungsweise Einbindung von Entrepreneurtypen ins Unternehmen (Pinchot) aufbrechen wollen.

Bauanleitungen für die Ich-AG

Es blieb der Ratgeberliteratur der 90er-Jahre vorbehalten, dieses Programm zu radikalisieren und nicht nur den Unternehmer im Unternehmen, sondern das Unternehmen *Ich & Co.*[39] oder den *Lebensunternehmer*[40] zu propagieren. Die in diesem Jahrzehnt boo-

---

37 Ebd., S. 236f.
38 Vgl. William H. Whyte, *The Organization Man*, New York 1956, dt.: *Herr und Opfer der Organisation*, Düsseldorf 1958.
39 Vgl. William Bridges, *Ich & Co. Wie man sich auf dem neuen Arbeitsmarkt behauptet*, Hamburg 1996.
40 Vgl. Christian Lutz, *Leben und arbeiten in der Zukunft*, München 1995, insbesondere S. 57-70; Peter Baumgartner, *Lebensunternehmer*, Zürich 1997.

menden Erfolgs- und Selbstmanagementtraktate[41] vermitteln nicht allein Techniken effizienter Zeitplanung, Arbeitsorganisation oder Stressbewältigung; als zeitgenössische Klugheitslehren und Manuale methodischer Lebensführung entwerfen sie ein umfassendes Subjektivierungsmodell und liefern praktische Übungen, um sich selbst entsprechend zu optimieren.

Konsequent führen sie Persönlichkeitsentwicklung und Unternehmensorganisation parallel: Um dem Imperativ eines *Werden Sie zum Unternehmer Ihres Lebens*[42] betitelten Ratgebers nachzukommen, soll das gleiche Vorgehen nötig sein wie bei jeder Existenzgründung: »Definieren Sie sich eindeutig als ein Produkt, und stellen Sie dann eine umfassende Marktforschung an. [...] Dazu müssen Sie sich als wirtschaftlich unabhängige Einheit betrachten, nicht als Teilstück, das ein Ganzes sucht, um darin zu funktionieren. Deshalb ist es enorm wichtig, daß Sie sich von einem Markt umgeben sehen, selbst wenn Sie Angestellter eines Unternehmens sind.«[43] Mit der Identifikation seiner selbst als Ware ist es freilich nicht getan; die Parallelisierung von Individuum und Unternehmen reicht weiter. Das unternehmerische Selbst ist nicht nur Produkt und Produzent, Chef und Untergebener, sondern auch Lieferant und Kunde in einer Person. Seine unternehmerischen Tugenden soll der Einzelne nur dann voll entfalten können, wenn er das Prinzip der Intrapreneurship auf sich selbst anwendet und sich entsprechend aufspaltet: Als »Kunde seiner selbst« ist er sein eigener König, ein Wesen mit Bedürfnissen, die vom »Lieferanten seiner selbst« erkannt und befriedigt werden wollen. Ignoriert dieser die Ansprüche seines internen Geschäftspartners, wird ihn jener mit Antriebslosigkeit, Erschöpfung oder anderen Formen des Energieentzugs strafen. Funktioniert dagegen der Austausch, profitieren beide. Die Exploration der eigenen Wünsche ist deshalb ebenso wichtig wie die der Stärken und Schwächen. Vier Fragen hat, so William Bridges, Autor des *Ich & Co.*- Ratgebers, der Unternehmer

---

41 Vgl. zu dieser Literatur Heidi Marie Rimke, »Governing Citizens through Self-help Literature«, in: *Cultural Studies*, 14 (2000), S. 61-78; Joachim Güntner, »Die verkannten Bestseller. Ratgeberliteratur – als Phänomen betrachtet«, in: *Neue Zürcher Zeitung*, 02.05.2001; zur Rezeption Paul Lichterman, »Self-help reading as a thin culture«, in: *Media, Culture and Society*, 14 (1992), S. 421-447.

42 Vgl. Rolf Wabner, *Selbstmanagement. Werden Sie zum Unternehmer Ihres Lebens*, Niedernhausen/Ts. 1997.

43 Bridges, *Ich & Co.*, S. 138.

in eigener Sache sich zu stellen: »1. Was will ich wirklich an diesem Punkt meines Lebens? Die Antworten darauf sind Ihre *Wünsche* (Desires). 2. Was kann ich wirklich gut? Das sind Ihre *Fähigkeiten* (Abilities). 3. Was für ein Mensch bin ich, und in welchen Situationen bin ich besonders produktiv und zufrieden? Das ist Ihr *Temperament*. 4. Welche Stärken habe ich ... oder welche Aspekte meiner Lebensgeschichte kann ich zu meinem Vorteil nutzen? Das ist Ihr persönliches *Kapital* (Assets).«[44] Die Analyse der »D.A.T.A.« (**D**esires, **A**bilities, **T**emperament, **A**ssets) »dient einerseits der Ergründung, was zu Ihnen ›paßt‹. Andererseits hilft die Zerlegung Ihrer Neigungen und Fähigkeiten in einzelne Elemente, aus ihnen etwas Neues aufzubauen: Ihr Produkt«.[45]

Unternehmer seiner selbst bleibt das Individuum nach dieser Ratio auch, wenn es seine Anstellung verlieren sollte. Das Ich kann sich nicht entlassen; die Geschäftsführung des eigenen Lebens erlischt erst mit dem Tod. Aus dem gleichen Grund greift die Selbstverwaltung des individuellen Humankapitals auch weit über das Berufsleben hinaus und kennt weder Feierabend noch Privatsphäre. Selbstmanagement soll die Potenziale der ganzen Person (und nicht nur der Arbeitskraft) aktivieren. Unternehmer zu werden, hängt nicht am Erwerbsstatus, sondern ist eine »Lebenseinstellung«.[46] »Lebensunternehmer nennen wir Menschen«, definiert der »Zukunftsforscher« Christian Lutz, »die sich für ihr eigenes Leben wie für ein Unternehmen verantwortlich fühlen. In der Auseinandersetzung mit einem dynamischen Umfeld – d. h. verantwortlich – entwickeln sie die eigenen Fähigkeiten und Möglichkeiten und nutzen sie zur weiteren Entwicklung sowie zur Mitgestaltung des Umfeldes. Im Lauf dieses Prozesses entstehen aus der Selbstbeschreibung geeignete Filter und Sinnkriterien. Anders ausgedrückt, das Leben wird wahrgenommen als Potential, für dessen Weiterentwicklung man sich eigenständig verantwortlich fühlt; man entwickelt es im Bewußtsein weiter, daß Entwicklung nur in der Synergie mit einem dynamischen Umfeld möglich ist, und daß diese wiederum Verantwortung im Sinn der Offenheit gegenüber den Erwartungen des Umfeldes und des Antwortens auf sie bedingt.«[47]

44 Ebd., S. 105 f.
45 Ebd., S. 132.
46 Wabner, *Selbstmanagement*, S. 44.
47 Lutz, *Leben und arbeiten in der Zukunft*, S. 57.

Disziplin sei »die Kunst der Zusammensetzung von Kräften zur Herstellung eines leistungsfähigen Apparates«, schrieb Michel Foucault bezogen auf die Abrichtung der Körper.[48] Die Selbstbefragung und -zurichtung des angehenden Unternehmers seiner selbst dient dem gleichen Zweck. Allerdings sind die Selbstmanagementprogramme nicht auf ein genormtes Inventar von Persönlichkeitsmerkmalen, sondern auf die Norm der Individualität geeicht. Distinktion, so die Botschaft, verschafft Marktvorteile. Unangepasstheit ist zu kultivieren, weil sie ökonomisch gesehen ein Alleinstellungsmerkmal bildet: *Commodify Your Dissent!*[49] In dem Maße, in dem der Einzelne sich als unverwechselbare *Marke Ich*[50] kreiert, hebt er sich von der Masse ab und vermag die Konkurrenten auszustechen – freilich nur, wenn das persönliche Label zugleich Qualität verbürgt und den Anforderungen der externen Kunden genügt, gleichgültig ob es sich dabei um potenzielle Arbeitgeber oder um Beziehungspartner handelt. Das totgesagte Subjekt der abendländischen Philosophie, es lebt fort – als Trademark. Gleich sind die Menschen nur im Zwang, sich voneinander zu unterscheiden.

Die Individualitätsnorm zeigt sich jedoch nicht nur im Kult des Besonderen und der *Norm der Abweichung*,[51] sondern vor allem im Glauben an die nahezu unbegrenzte Fähigkeit des Einzelnen, sein Leben nach eigenem Entwurf zu gestalten. Selbstmanagement beruht in wesentlichen Teilen auf der Überzeugung, das erreichen zu können, was man erreichen will. Dem entspricht der mehr oder weniger radikale Konstruktivismus der darin implizit enthaltenen Psychologien: »Unser Leben ist das, wozu unser Denken es macht. Diesen Ausspruch von Mark Aurel sollten wir uns zu Herzen nehmen – und zwar täglich. Wir alle wissen, daß es keine objektive Wirklichkeit gibt. Vielmehr sieht jeder die Dinge und Ereignisse durch seine subjektive Brille und interpretiert sie seinen Denkmus-

---

48 Michel Foucault, *Überwachen und Strafen. Die Geburt des Gefängnisses*, Frankfurt/M. 1976, S. 212.
49 Vgl. Thomas Frank/Matt Weiland (Hg.), *Commodify Your Dissent: Salvos from the Baffler*, New York 1997.
50 Conrad Seidl/Werner Beutelmeyer, *Die Marke Ich®. So entwickeln Sie Ihre persönliche Erfolgsstrategie*, Wien/München 1999.
51 Vgl. Marion von Osten (Hg.), *Norm der Abweichung*, Zürich 2003 (Theorie: Gestaltung\03), und darin meinen Beitrag, »Bakunin Consulting, Inc. Anarchismus, Management und die Kunst, nicht regiert zu werden«, S. 19-38.

tern entsprechend.«[52] Der logische Kurzschluss – die Perspektivität allen Denkens soll die Allmacht der Gedanken begründen – erweist sich in praktischer Hinsicht als wirksame (Auto-)Suggestion. Man muss nur die richtige »Brille« aufsetzen, und schon wachsen die Kräfte. Im Jargon der Motivationsingenieure: »Eine leicht ins Positive hinein verzerrte Wirklichkeitswahrnehmung ist förderlich für eine leistungsorientierte und sozial förderliche Handlungsregulation.«[53]

Psychotechniken wie das Neurolinguistische Programmieren (NLP), methodische Grundlage einer Vielzahl von Selbstmanagementprogrammen, versuchen die Macht solcher Suggestionen durch ihre systematische Kopplung mit geeigneten inneren Eindrücken und Vorstellungen zu steigern, denen wiederum spezifische körperliche Befindlichkeiten zugeordnet sind. Durch entsprechendes »mentales Training« soll es möglich sein, negative Denk- und Verhaltensmuster umzuprogrammieren und »sein Gehirn bedarfsgerechter zu benutzen«.[54] Erfolg wird so zur »Einstellungssache« im wörtlichen Sinne, der NLP-geschulte Selbstunternehmer zum Regisseur seines »gehirngerechten Erfolgsfilms«.[55]

Der an die »heroische« Frühphase des Behaviorismus erinnernde Technizismus entlastet von Wahrheits- und Sinnfragen. Weil alle Modelle »Als ob«-Annahmen darstellen, soll es allein darauf ankommen, diejenigen auszuwählen, die »bei der zielorientierten Arbeit nützen und helfen, einen möglichst direkten Weg zu gehen«.[56] Um zum Unternehmer seiner selbst zu werden, liegt es daher nahe, sich selbst als Unternehmen zu imaginieren und den gesamten Betrieb wie seine Abteilungen einem Qualitäts-Check zu unterziehen: »Sind alle Ihre Persönlichkeitsteile voll im Einsatz? Arbeitet jeder Teil an der Stelle, wo er seinen Fähigkeiten entsprechend optimale Ergebnisse erzielen kann? Arbeiten die Teile alle gut zusammen, oder gibt es Konkurrenz und Kompetenzgerangel? Müssen Sie be-

---

52 Marie-Louise Neubeiser, *Management-Coaching*, Düsseldorf/Wien 1992, S. 161.
53 Michael Kastner, *Syn-Egoismus. Nachhaltiger Erfolg durch soziale Kompetenz*, Freiburg i. Br./Basel/Wien 1999, S. 285.
54 Richard Bandler, *Veränderung des subjektiven Erlebens. Fortgeschrittene Methoden des NLP*, Paderborn 1987, S. 21.
55 Cora Besser-Siegmund/Harry Siegmund, *Coach Yourself. Persönlichkeitskultur für Führungskräfte*, Düsseldorf u. a. 1991, S. 73 ff.
56 Ebd., S. 95.

fürchten, daß einige Teile am Ende gar die ›innere Kündigung‹ vollzogen haben? Kennen sich überhaupt alle Teile untereinander, oder fühlen Sie sich eher als das Opfer zusammenhangloser Einzelteile? Sind alle mit *Freude* bei der Arbeit, sind alle *gesund*? Fühlen sich alle ausreichend respektiert und gewürdigt?«[57] Die Fragen enthalten schon die Antwort: »Ziele werden nicht aufgrund innerer Kraftproben oder durch Selbstüberwindung erreicht, sondern durch die Dynamik eines in sich stimmigen, reibungslos aufeinander abgestimmten Persönlichkeitssystems«.[58] Um »Erfolgsblockaden«, etwa aufgrund eines Streits zwischen »Karriere-« und »Lebensfreudeteil«, zu beseitigen, empfiehlt es sich daher, eine interne Konferenz einzuberufen, den »Kreativen Teil« als Moderator hinzuzuziehen und am Runden Tisch nach Möglichkeiten zur Verbesserung der Zusammenarbeit zu suchen. Identität ist in diesem Persönlichkeitsmodell Corporate Identity: die »Gewißheit, eine starke Mannschaft von vielen ›wahren Ichs‹ in sich zu haben«.[59]

Ob die widerstreitenden Seelen in der eigenen Brust sich auf diese Weise versöhnen lassen, darf indes bezweifelt werden. Wer sich zwischen Karriere und Lebensfreude hin- und hergerissen fühlt, bleibt aber zumindest in Bewegung. Den Einzelnen mit antagonistischen Anforderungen zu konfrontieren, ist ein durchgängiges Kennzeichen der Anrufung des unternehmerischen Selbst. Der Katalog von Schlüsselqualifikationen, wie ihn die Ratgeberliteratur

---

57 Ebd., S. 130.
58 Ebd., S. 16.
59 Ebd., S. 132. Es drängt sich geradezu auf, solche Vorstellungen eines pluralen Ich in Beziehung zur psychiatrischen Diskussion über »multiple Persönlichkeiten« zu setzen. Während das unternehmerische Selbst eine Assoziation konkurrierender und kooperierender Elemente darstellen soll, leiden multiple Persönlichkeiten gerade unter der durch schwerste Traumatisierungen verursachten Dissoziation ihrer als eigenständige Personen agierenden Anteile. Vielleicht erklärt sich der Aufstieg dieses Krankheitsbildes (bzw. die Konjunktur des Redens darüber) auch aus der Parallelität der zugrunde liegenden Subjektkonzepte. In den Therapien für multiple Persönlichkeiten versucht man jedenfalls, wenn schon keine Integration, so doch ein lebbares Nebeneinander der Teilpersonen zu erreichen, indem man die Betroffenen darin unterstützt, ihre disparaten Stimmen zu moderieren und auf die Einhaltung gewisser Kommunikationsregeln zu verpflichten. Vgl. dazu Ursula Link-Heer, »›Multiple Persönlichkeit‹ als psychotherapeutischer Biographiegenerator«, in: Herbert Willems/Alois Hahn (Hg.), *Identität und Moderne*, Frankfurt/M. 1999, S. 180-210; Ian Hacking, *Multiple Persönlichkeit. Zur Geschichte der Seele in der Moderne*, Frankfurt/M. 2001.

gleichermaßen postuliert und zu vermitteln verspricht, muss selbst den ehrgeizigsten Selbstoptimierer vor unlösbare Aufgaben stellen. Die strukturelle Überforderung ist gewollt, erzeugt sie doch jene fortwährende Anspannung, die den Einzelnen niemals zur Ruhe kommen lässt, weil er jeden Fortschritt in der einen Richtung durch entsprechende Anstrengungen in der Gegenrichtung ausgleichen muss. Gefordert sind zugleich rückhaltloser Einsatz für die Firma, wie auch ein achtsamer Umgang mit den eigenen Kräften. Übergangslos switchen die Programme zwischen einer »Grammatik der Härte« und einer »Grammatik der Sorge«[60] hin und her. Welches Register der Unternehmer seiner selbst jeweils zieht, bleibt seinem taktischen Kalkül oder seiner Intuition überlassen, entscheidend ist, dass er auf beiden zu spielen vermag.

Der Mobilisierung der Gegensätze korrespondieren gegensätzliche Strategien der Mobilisierung: Die Erfolgsratgeber postulieren sowohl eine rationale wie eine charismatische Form der Selbstbeherrschung. Auf der einen Seite soll das unternehmerische Selbst ein rechenhafter Betriebswirt des eigenen Lebens sein, auf der anderen Seite ein Motivationsgenie, das rastlos nach neuen Höchstleistungen strebt und unablässig ein Feuerwerk an Ideen abbrennt. Selbstdisziplinierung und Selbstenthusiasmierung laufen parallel, was auch die offensichtliche Inkohärenz der Programme erklärt, die stets beide Optimierungsmodi zugleich fördern. Der disziplinierenden Kontrolle und Übung dienen Checklisten, Vertragsformulare und Feedbacksysteme, der Entfesselung von Leidenschaft Affirmations-, (Auto-)Suggestions- und Grenzüberschreitungstechniken. Gibt das eine den subjektiven Anstrengungen die Richtung, so liefert das andere die Energie.

Nicht das Prinzip der Unabschließbarkeit selbst, sondern deren spezifischer Modus unterscheidet dieses Regime der Arbeit an sich von herkömmlichen Programmen der Selbstzurichtung: Anders als das traditionelle Disziplinarsubjekt, das niemals aufhört anzufangen, wird der Unternehmer in eigener Sache nie mit irgendetwas fertig.[61] Permanente Weiterbildung, lebenslanges Lernen, persönliches Wachstum – die Selbstoptimierungsimperative implizieren

---

60 Vgl. Wolfgang Fach, »Staatskörperkultur. Ein Traktat über den ›schlanken Staat‹«, in: Bröckling/Krasmann/Lemke (Hg.), *Gouvernementalität der Gegenwart*, S. 110-130.
61 Deleuze, »Postskriptum über die Kontrollgesellschaften«, S. 257.

die Nötigung zur kontinuierlichen Verbesserung. Angetrieben wird dieser Zwang zur Selbstüberbietung vom Mechanismus der Konkurrenz. Weil jeder seine Position stets nur für den Moment und in Relation zu seinen Mitbewerbern behaupten kann, darf niemand sich auf dem einmal Erreichten ausruhen. Das Erfolgsrezept von heute ist morgen schon der sichere Weg in die Pleite.

Dem inneren Wir-Gefühl entspricht eine kohärente Präsentation nach außen. Für den Unternehmer seiner selbst hat es nichts Anrüchiges, »sich gut zu verkaufen«, im Gegenteil: Genau daraus bezieht er sein Selbstwertgefühl. Er führt sein Leben als permanentes Assessment Center und weiß, dass es nicht reicht, Kompetenzen vorzuweisen, sondern vor allem darauf ankommt, diese zugleich als authentischen Ausdruck der eigenen Persönlichkeit erscheinen zu lassen. Als bloßes Rollenspiel würde das Selbstmarketing seine Wirkung verfehlen; der Einzelne muss *sein*, was er darstellen will. Es macht deshalb wenig Sinn, hier Charaktermasken entlarven zu wollen und das Selbstmanagement als Selbstentfremdung zu perhorreszieren. Es gibt nichts, was hinter den vermeintlichen Masken verborgen wäre, und fremd wäre sich nur ein »unglückliches Bewusstsein«, das äußeren Schein und inneres Sein, objektives Sollen und subjektives Wollen überhaupt zu unterscheiden vermag.

Die Allgegenwart des Marktes, so die Botschaft der Ratgeber, lässt nur die Alternative, sich entweder rückhaltlos dem Wettbewerb zu stellen oder als Ladenhüter zu verstauben. Als autonome Wirtschaftseinheiten sollen die Individuen in voller Selbstverantwortung, aber auch bei vollem Geschäftsrisiko ihr Glück machen, und sie sollen es umso eher machen können, je konsequenter sie auch ihr Verhältnis zu sich selbst marktförmig gestalten. »Des Marktes Wille geschehe«, verkündet Tom Peters blasphemisch sein oberstes Credo.[62] Der Markt ist ein Kontingenzraum par excellence, ein höchst fluides Gewirr von Lücken und Nischen, die sich ebenso schnell auftun wie sie wieder verschwinden oder von der Konkurrenz geschlossen werden. Jeder Versuch, die Dynamik still zu stellen, muss scheitern. Erfolg hat nur, wer sich ihr mimetisch angleicht oder sie gar zu überbieten sucht, mit anderen Worten: wer beweglich genug ist, seine Chance zu ergreifen, bevor ein anderer es tut.

Die Gleichsetzung von Individuum und Unternehmen, wie sie

---

62 Tom Peters, *Jenseits der Hierarchien. Liberation Management*, Düsseldorf 1993, S. 681.

die Selbstmanagementliteratur durchzieht, zielt auf einen Synergieeffekt: Wenn Unternehmen ihre Wettbewerbsfähigkeit dadurch zu verbessern versuchen, dass sie jeden Mitarbeiter zum Subunternehmer befördern, wenn staatliche Behörden, Bildungseinrichtungen oder Nichtregierungsorganisationen ihre Effizienz dadurch steigern, dass sie sich unternehmensförmig organisieren, dann steigert der Einzelne seine Verwertungschancen am besten dadurch, dass er sich die Verhaltensdispositionen aneignet, die es zur Führung des individuellen Arbeitskraft-, Beziehungs-, Freizeitunternehmens usw. braucht. Umgekehrt fördern gerade die »humanistischen« Postulate autonomer Lebensgestaltung und innerer Balance, wie sie im Idealbild der »aktiven Persönlichkeit mit ihren harmonisch zusammenwirkenden Teilen«[63] zusammenlaufen, die Herausbildung jener Eigenschaften, die Unternehmen heute von ihren Mitarbeitern, Arbeitsagenturen von ihren »Kunden«, Universitäten von ihren Studierenden und Vereine von ihren Ehrenamtlichen erwarten. Persönliches Wachstum und Akkumulation von Humankapital bedingen einander; die Arbeit an sich selbst und das *training for the job* fallen zusammen.

In der (Selbst-)Managementliteratur artikulieren sich die Ratio des unternehmerischen Selbst und die Mechanismen seiner Erzeugung unverbrämt. Das, und nicht die Konsistenz oder – weit häufiger – die Inkonsistenz ihrer Rezepte oder ihre ohnehin schwer zu ermittelnde Wirkung auf die Leserinnen und Leser, ist der Grund, warum diese Literatur auch in den weiteren Kapiteln wiederholt herangezogen wird. Weil das unternehmerische Selbst nur im Gerundivum existiert, lässt es sich kaum irgendwo besser studieren als anhand der Bauanleitungen für seine Fabrikation. Hier bahnt sich der Sog, die Strömung, die das unternehmerische Selbst *ist*, ihr diskursives Bett.

Nach der New Economy

Der Boom des Entrepreneurshipdiskurses lag in den 90er-Jahren und fiel zusammen mit dem Aufstieg der New Economy. Nach dem Börsencrash vom Frühjahr 2001 und den Terrorangriffen des 11. September ist er indes keineswegs verstummt. Verändert hat sich al-

---

63 Besser-Siegmund/Siegmund, *Coach Yourself*, S. 144.

lerdings die Tonlage. Die Zeiten sind rauer geworden, die Träume bescheidener. Kaum etwas zeigt das deutlicher als die Mutationen des Begriffs Ich-AG: Aus einer schillernden Modevokabel ist ein (inzwischen schon wieder eingestelltes) beschäftigungspolitisches Programm geworden – und das Unwort des Jahres 2002. Längst lockt nicht mehr der Traum einer Karriere vom Tellerwäscher zum Millionär, und auch die hippieske Coolness der Dotcom-Generation ist verflogen. Erfolgreich ist schon, wer nicht länger »Kunde« einer Arbeitsagentur ist, sondern sich mit staatlichem Zuschuss selbst seine Kunden suchen darf.[64] Sichtbar geworden ist schließlich auch die dunkle Seite der unternehmerischen Selbstoptimierung: Die dauernde Angst, nicht genug oder nicht das Richtige getan zu haben, und das unabstellbare Gefühl des Ungenügens gehören zum Unternehmer in eigener Sache ebenso wie das merkantile Geschick und der Mut zum Risiko. Selbständige heißen so, weil sie erstens selbst und zweitens ständig arbeiten, sagt ein unter Ich-AGs populäres Bonmot. Keine noch so große Anstrengung gewährt Sicherheit, doch wer es an Härte gegenüber sich selbst mangeln lässt, dem ist das Scheitern gewiss.

Die Anrufung des unternehmerischen Selbst macht auch vor jenen nicht Halt, in deren Ohren selbst bescheidene Verheißungen wie blanker Hohn klingen müssen, weil ihnen ihre Überflüssigkeit tagtäglich vor Augen geführt wird. Das Set von Werten, Handlungsregeln und Selbstpraktiken, wie es etwa in Trainingskursen für Langzeitarbeitslose oder sozialpädagogischen Maßnahmen der Jugendhilfe vermittelt,[65] in den Lehrplänen von Sonderschulen fest-

---

64 Selbst Werbekampagnen für die Hartz-Gesetze haben auf die Grammatik der Härte umgestellt. Sie winken weder mit Aktienoptionen noch mit einem festen Job, sondern verheißen unter der Überschrift »Wir glauben an Ich« Dauerstress auf eigene Rechnung. Vgl. dazu die u. a. vom Bundesministerium für Wirtschaft und Arbeit ins Leben gerufene Initiative »TeamArbeit für Deutschland« und meine Analyse eines auf deren Website (www.teamarbeit-fuer-deutschland.de) publizierten Gründertagebuchs »Aus dem Leben einer Ich-AG«, in: *Badische Zeitung*, Magazin, 24.01.2004. Für eine Analyse der Hartz-Gesetze aus Perspektive der Studies of Governmentality vgl. ferner Katharina Pühl, »Der Bericht der Hartz-Kommission und die ›Unternehmerin ihrer selbst‹: Geschlechterverhältnisse, Gouvernementalität und Neoliberalismus«, in: Marianne Pieper/Encarnación Gutiérrez Rodríguez (Hg.), *Gouvernementalität. Ein sozialwissenschaftliches Konzept im Anschluss an Foucault*, Frankfurt/M. 2003, S. 111-135.

65 Vgl. dazu Fabian Kessl, *Der Gebrauch der eigenen Kräfte. Eine Gouvernementalität Sozialer Arbeit*, Weinheim/München 2005.

geschrieben und auch von Selbsthilfegruppen oder einer politisch engagierten Gemeinwesenarbeit propagiert wird, unterscheidet sich in seiner grundsätzlichen Ausrichtung kaum von dem, was so genannten Führungskräften auf exklusiven Coachingworkshops, Persönlichkeitsseminaren oder Motivationswochenenden beigebracht wird und was die Lebenshilfetraktate in den Regalen der Buchhandlungen ihren Leserinnen und Lesern ans Herz legen: Hier wie dort findet man die gleiche Beschwörung von Selbstverantwortung, Kreativität, Eigeninitiative, Durchsetzungsvermögen und Teamfähigkeit, die gleiche Aktivierungsrhetorik, das gleiche Gebot kontinuierlicher Verbesserung und den gleichen nahezu unbeschränkten Glauben an die Macht des Glaubens an sich selbst. Hier wie dort schließlich fungiert der Markt als oberster Richter.

3. Rationalität

3.1 Die Wahrheit des Marktes. Facetten des Neoliberalismus

> [Es] sind aber die Gedanken der Ökonomen und Staatsphilosophen, sowohl wenn sie im Recht sind, als wenn sie im Unrecht sind, einflußreicher, als gemeinhin angenommen wird. Die Welt wird in der Tat durch nicht viel anderes beherrscht. Praktiker, die sich ganz frei von intellektuellen Einflüssen glauben, sind gewöhnlich die Sklaven irgendeines verblichenen Ökonomen. Wahnsinnige in hoher Stellung, die Stimmen in der Luft hören, zapfen ihren wilden Irrsinn aus dem, was irgendein akademischer Schreiber ein paar Jahre vorher verfaßte.[1]

Unternehmer gibt es nur, wo es Märkte gibt; unternehmerisches Handeln ist Handeln im Hinblick auf Markterfolg. Die Diagnose, dass Individuen heute in einer Vielzahl von Lebensbezügen als Unternehmer ihrer selbst adressiert werden und sich verhalten, impliziert deshalb zugleich, dass ebendiese Lebensbezüge durch Marktmechanismen reguliert werden beziehungsweise reguliert werden sollen. Anders ausgedrückt: Nur wenn und insoweit der Markt als privilegierter Ort gesellschaftlicher Integration fungiert beziehungsweise nur wenn und insoweit dies postuliert wird, kann das unternehmerische Selbst zur hegemonialen Subjektivierungsfigur aufsteigen.

Es ist dieses Ausgreifen der Marktmechanismen auf tendenziell alle sozialen Beziehungen, einschließlich der des Einzelnen zu sich selbst, das Michel Foucault ins Zentrum seiner Analyse neoliberaler Gouvernementalität stellt. Allerdings fragt er nicht, welche Ordnungen des Sozialen tatsächlich mittels welcher institutionellen Arrangements und administrativen Praktiken marktförmig gelenkt werden. In Auseinandersetzung insbesondere mit den Schriften der deutschen Ordoliberalen wie der Chicagoer ökonomischen Schule

---

1 John Maynard Keynes, *Allgemeine Theorie der Beschäftigung, des Zinses und des Geldes* (1936), Berlin 1994, S. 323.

entziffert er vielmehr eine Ratio des Regierens, die den Markt als »eine Art von ständigem ökonomischen Tribunal« einsetzt, vor dem sich alles Handeln zu verantworten hat.[2] Foucault zeigt, wie in den Reflexionen dieser Ökonomen eine neue Form gouvernementaler Vernunft auftaucht, die sich gleichermaßen von der Regierungsrationalität des klassischen Liberalismus, des Keynesianismus wie auch von jener der nationalsozialistischen und sowjetischen Totalitarismen absetzt. Dass die neoliberalen Theorien eine enorme Wirkmächtigkeit besaßen und besitzen, heute noch stärker als Ende der 70er-Jahre, als Foucault seine Vorlesungen am Collège de France hielt, liegt auf der Hand – und gab nicht zuletzt Anstoß zum vorliegenden Buch. Doch weder die Umsetzung der Programme (oder deren Unmöglichkeit oder die Brüche zwischen den Programmen und ihrer Umsetzung), noch die Kräftekonstellationen, in denen sie diskursive Hegemonie erlangten,[3] noch die intellektuellen Netzwerke und wissenschaftlichen wie politischen Karrieren ihrer Protagonisten[4] stehen in Foucaults Analyse wie in den folgenden Ausführungen zur Debatte, sondern die in den Programmen ausbuchstabierten Prinzipien und Begründungen neoliberalen Regierens.

Die nachstehende Darstellung folgt zunächst Foucaults Rekonstruktion des deutschen Ordoliberalismus und der US-amerikanischen Humankapitaltheorie. Insbesondere in Bezug auf die letztere greift sie vertiefend auch auf die von Foucault herangezogenen Schriften selbst zurück. Ein dritter Abschnitt bezieht mit Friedrich August von Hayek einen Autor und eine Variante neoliberalen Denkens ein, denen Foucault in seinen Vorlesungen nur marginale Aufmerksamkeit widmet. Gleichwohl wird im Folgenden über weite Strecken die Lektüre einer Lektüre vorgelegt. Der partielle Verzicht auf eine Primäranalyse hat zwei Gründe: Zum einen liegen

---

2 Foucault, *Die Geburt der Biopolitik*, S. 342.
3 Vgl. dazu Martin Nonhoff, *Politischer Diskurs und Hegemonie. Das Projekt »Soziale Martkwirtschaft«*, Bielefeld 2006.
4 Vgl. dazu insbesondere Bernhard Walpen, *Die offenen Feinde und ihre Gesellschaft. Eine hegemonietheoretische Studie zur Mont Pèlerin Society*, Hamburg 2004; Dieter Plehwe/Bernhard Walpen, »Wissenschaftliche und wissenschaftspolitische Produktionsweisen im Neoliberalismus. Beiträge der Mont Pèlerin Society und marktradikaler Think Tanks zur Hegemoniegewinnung und -erhaltung«, in: *Prokla*, 29 (1999), S. 203-235; dies., »Gedanken zu einer Soziologie der Intellektuellen des Neoliberalismus«, in: Bieling u. a. (Hg.), *Flexibler Kapitalismus*, S. 225-239.

Foucaults Vorlesungen zur Geschichte der Gouvernementalität erst seit 2004 gedruckt vor und wurden in dieser Fassung bislang kaum wissenschaftlich ausgewertet.[5] Zum anderen, und dieser Aspekt ist wichtiger, geht es im Rahmen der hier verfolgten Fragestellung nicht um eine umfassende Darstellung neoliberaler Positionen. Vielmehr konzentrieren sich die folgenden Ausführungen auf einen Aspekt, den Foucault als Fluchtpunkt neoliberaler Regierungsrationalität herausarbeitet, und können deshalb von seiner Analyse ausgehen und sie erweitern: Sie zeichnen nach, wie der Diskurs der neoliberalen Ökonomie das Unternehmen als durchgängiges Modell gesellschaftlicher Organisation und den Unternehmer seiner selbst als verallgemeinerte Subjektivierungsfigur postuliert.

Eine Regierung der Freiheit

Der Liberalismus, und das gilt gleichermaßen für seine klassischen Ausprägungen im 18. und 19. wie für den Neoliberalismus des 20. Jahrhunderts, hat weder ein kohärentes Ideengebäude errichtet, noch verfügt er über eine einheitliche politische (oder antipolitische) Praxis. Was seine vielfältigen Strömungen verbindet, ist deren negative Stoßrichtung. Die liberale Regierungskunst ist in Foucaults Perspektive zuallererst ein kritisches Projekt. Ihr Grundverdacht: Es wird zu viel regiert. Ihr Einsatz: Die Frage, »wie man es anstellt, nicht zu viel zu regieren«.[6] Die Richtschnur für diese Selbstbeschränkung der gouvernementalen Vernunft liefert die politische Ökonomie, die »eine Art von allgemeiner Reflexion auf die Organisation, die Verteilung und die Begrenzung der Macht in einer Gesellschaft«[7] darstellt. Auf welche Koordinaten diese Reflexion in der Ära des Neoliberalismus geeicht ist, zeigt Foucault in Absetzung zu den Theorien des klassischen Liberalismus.

---

5 Die vorliegenden zusammenfassenden Kommentierungen stützen sich auf die Tonbandaufnahmen und Hörprotokolle der Vorlesung. Vgl. Gordon, »Governmental rationality«; Burchell, »Liberal Government and techniques of the self«; Thomas Lemke, *Eine Kritik der politischen Vernunft. Foucaults Analyse der modernen Gouvernementalität*, Berlin/Hamburg 1997, S. 239-256; Mitchell Dean, *Governmentality. Power and Rule in Modern Society*, London u. a. 1999, S. 40-59; Ute Tellmann, »The Truth of the Market«, in: *Distinktion*, Nr. 7, 2003, S. 49-63.
6 Foucault, *Die Geburt der Biopolitik*, S. 29.
7 Ebd., S. 30.

Die politischen Ökonomen des 18. Jahrhunderts beurteilen die Regierungspraxis, anders als ihre Vorgänger, die Theoretiker der Souveränität und Staatsräson, nicht im Hinblick auf ihre (natur-)rechtliche Legitimität, sondern auf ihre Wirkungen. Dabei stoßen sie auf »eine bestimmte Natürlichkeit, die der Regierungspraxis selbst eigentümlich ist«[8] und der diese tunlichst zu folgen habe, um keinen Schaden zu nehmen oder anzurichten. Der Ort, an welchem sich diese Wahrheit über die Natur des Regierens zeigt, ist der Markt, der sich, so Foucault, von einem Ort der Rechtsprechung zu einem »Ort des Wahrspruchs oder der Veridiktion«[9] über die Regierungspraxis wandelt. Er erscheint jetzt »einerseits als etwas, das ›natürlichen‹ Mechanismen gehorcht und gehorchen sollte«, andererseits als jene Instanz, die den »natürlichen« Preis und damit den wahren Wert der Produkte ermittelt.[10] Beide Momente hängen eng zusammen: Die Wahrheit des Marktes zu finden heißt, seine Natur freizulegen; um seine Natur zum Vorschein zu bringen, muss man sie praktisch wahr machen. Denn seine Wahrheit kann der Markt nur aussprechen, wenn seine natürlichen Mechanismen nicht durch Reglementierungen von außen verfälscht werden.

Die neue Regierungskunst vollzieht sich deshalb als eine *Regierung der Freiheit*,[11] einer Freiheit, die sie nicht postuliert, sondern unterstellt und managt: »Es ist nicht das ›Sei frei‹, was der Liberalismus formuliert, sondern einfach Folgendes: ›Ich werde dir die Möglichkeiten zur Freiheit bereitstellen. Ich werde es so einrichten, daß du frei bist, frei zu sein.‹«[12] Regieren unter dieser Maxime erfordert konsequenten Verzicht auf jede Maßnahme, die der unsichtbaren Hand des Marktes Fesseln anlegen könnte. Deshalb stehen alle politischen Interventionen zunächst unter Generalverdacht. Foucaults Deutung der liberalen Gouvernementalität erschöpft sich freilich nicht in dieser kritischen Linie, sondern nimmt auch die im Namen der Freiheit errichteten Regime der Disziplinierung und Kontrolle in den Blick. Die liberale Regierungsrationalität und -praxis ist sowohl eine permanente Infragestellung wie eine spezifische Form der

---

8 Ebd., S. 33.
9 Ebd., S. 56.
10 Ebd., S. 54.
11 Vgl. die unter diesem Titel erschienene Genealogie des Liberalismus von Wolfgang Fach, Frankfurt/M. 2003.
12 Foucault, *Die Geburt der Biopolitik*, S. 97.

Machtausübung. Mit den Möglichkeitsräumen für das individuelle Handeln nehmen auch die Zurichtungsanstrengungen zu, die für den rechten Gebrauch der Freiheit sorgen sollen. Um dem freien Spiel der natürlichen Marktmechanismen Geltung zu verschaffen, sind die einander widerstreitenden individuellen wie auch die Konflikte zwischen individuellen und kollektiven Interessen auszutarieren und die Freiheitsräume durch geeignete Vorkehrungen – vom Bürgerlichen Gesetzbuch bis zur Sozialversicherung, von Schutzzöllen bis zum Kartellrecht, von der allgemeinen Schul- und Wehrpflicht bis zur Internierung der »Irren« und »Kriminellen« – abzusichern. Die Sicherheitsdispositive laufen wiederum stets Gefahr, das auszuhöhlen, was sie garantieren sollen: »Wenn dieser Liberalismus nicht sosehr der Imperativ der Freiheit, sondern die Einrichtung und Organisation der Bedingungen ist, unter denen man frei sein kann, dann wird im selben Zug im Zentrum dieser liberalen Praxis ein problematisches, ständig wechselndes Verhältnis zwischen der Produktion der Freiheit und dem hergestellt, was, indem es sie herstellt, sie auch zu begrenzen und zu zerstören droht.«[13] Freiheit ist in dieser Perspektive keine universale Kategorie, kein idealer Maßstab, an dem die Wirklichkeit zu messen wäre; sie ist »niemals etwas anderes – aber das ist schon viel – als ein aktuelles Verhältnis zwischen den Regierenden und den Regierten, ein Verhältnis, bei dem das Maß des ›zu wenig‹ an bestehender Freiheit durch das ›noch mehr‹ an geforderter Freiheit bestimmt wird«.[14]

Als Einspruch gegen das Zuvielregieren stellt der Liberalismus die jeweils bestehenden Regierungsmechanismen auf den Prüfstand und erweist sich damit gleichermaßen als Indikator wie als Lösungsversuch für die Krisen der Gouvernementalität – nicht zuletzt der liberalen Gouvernementalität selbst. Seine Geschichte ist die Geschichte der Kämpfe gegen das »zu wenig« und für ein »noch mehr« an Freiheit. So reagieren die neoliberalen Theorien, deren Anfänge in den 30er-Jahren liegen, auf die Krise von 1929 und formulieren Gegenentwürfe sowohl zu den planwirtschaftlichen Modellen sowjetischer und nationalsozialistischer Prägung wie zum keynesianischen Programm einer staatlichen Nachfrageförderung. Für die Neoliberalen sowohl in der Variante des deutschen Ordoliberalismus als auch in jener der Chicago School of Economics ist

13 Ebd., S. 97 f.
14 Ebd., S. 97.

nicht ein Versagen des Marktes – das es nach ihrer Auffassung gar nicht geben kann –, sondern sind die Eingriffe in den Markt verantwortlich für die ökonomische Depression wie die darauf folgenden Exzesse hypertropher Staatlichkeit. Daraus ziehen sie die Konsequenz, dass es nicht ausreicht, den Markt als Korrektiv und äußere Grenze staatlicher Interventionen zu begreifen, wie es der klassische Liberalismus in seiner Frontstellung gegen den absolutistischen Polizeistaat getan hatte. Man müsse vielmehr von der Marktwirtschaft fordern, resümiert Foucault die Auffassung der Ordoliberalen, dass sie »nicht das Prinzip der Begrenzung des Staats sein soll, sondern das Prinzip der inneren Regelung seiner ganzen Existenz und seines ganzen Handelns. Mit anderen Worten, anstatt eine Freiheit des Marktes zu akzeptieren, die durch den Staat definiert und in gewisser Weise unter staatlicher Aufsicht aufrechterhalten wird […], muß man die Formel umdrehen und die Freiheit des Marktes als Organisations- und Regulationsprinzip einrichten, und zwar vom Beginn seiner Existenz an bis zur letzten Form seiner Interventionen.«[15]

Das bedeutet, sich von einem Grundprinzip der klassisch liberalen Gouvernementalität zu verabschieden, dem des Laissez-faire. Der reine Wettbewerb, der nun anstelle des Tausches die Vorstellung des Marktes bestimmt und seine ökonomische Rationalität ausmachen soll, stellt sich, so die Überzeugung der Ordoliberalen, keineswegs spontan ein, wenn der Staat den Marktmechanismen nur freien Lauf lässt. Eine institutionalistische Konzeption von Ökonomie tritt an die Stelle einer naturalistischen.[16] Aus etwas, das immer schon da ist und nur durch Verzicht auf politische Restriktionen freigelegt zu werden braucht, wird jetzt ein niemals vollständig zu erreichendes Telos, das nicht ein passives Gewährenlassen, sondern ein Höchstmaß an Anstrengung erfordert: »Der reine Wettbewerb soll und kann nur ein Ziel sein, ein Ziel, das folglich eine äußerst

---

15 Ebd., S. 168. Foucault vernachlässigt in seiner Darstellung weitgehend die Differenzen zwischen den verschiedenen ordoliberalen Autoren; vgl. dazu aus wirtschaftshistorischer Perspektive: Jan-Otmar Hesse, »›Der Mensch des Unternehmens und der Produktion‹. Foucaults Sicht auf den Ordoliberalismus und die ›Soziale Marktwirtschaft‹«, in: *Zeithistorische Forschungen/Studies in Contemporary History*, Online-Ausgabe, 3 (2006), H. 2, ⟨http://www.zeithistorische-forschungen.de/16126041-Hesse-2-2006⟩ (21.12.2006).

16 Lemke, *Eine Kritik der politischen Vernunft*, S. 244.

aktive Politik verlangt.«[17] Der Markt schafft aus sich heraus gerade keine prästabilierte Harmonie, sondern bedarf selbst fortwährender Stabilisierung; er fungiert nicht aus sich heraus als jene »moralische Korrektionsanstalt«, als die ihn die Vertreter des klassischen Liberalismus gefeiert hatten, sondern muss, um nicht zu »entarten«, laufend selbst korrigiert werden. Es geht nicht mehr darum, wie zu Zeiten Adam Smiths, ihm einen von administrativer Einflussnahme freien Raum in einer gegebenen politischen Ordnung einzurichten, sondern die Gesellschaft durchgängig so auszugestalten, dass das Prinzip vollständiger Konkurrenz möglichst umfassend zur Geltung gelangt. Markt und Staat erscheinen nicht länger als zwei voneinander getrennte Sphären, deren Eigenständigkeit eine Regierungskunst zu garantieren hat, die sich vor allem als Grenzhüterin definiert. Der Ordoliberalismus postuliert vielmehr »eine Art vollständiger Überschneidung der Marktmechanismen, die auf den Wettbewerb und die Regierungspolitik abgestimmt sind. Die Regierung muß die Marktwirtschaft von vorne bis hinten begleiten. […] Man soll für den Markt regieren, anstatt auf Veranlassung des Marktes regieren.«[18] Kontinuierlich gestaltender Eingriff statt bloßer Enthaltsamkeit – der Staat des Neoliberalismus ist zugleich ein aktivistischer und ein aktivierender Staat.

Dieser dem keynesianischen entgegengesetzte Interventionismus

---

17 Foucault, *Die Geburt der Biopolitik*, S. 173.
18 Ebd., S. 174. Walter Eucken, einer der Vordenker des Ordoliberalismus, macht deutlich, dass die von ihm propagierte »positive Wirtschaftsverfassungspolitik« weniger den Markt vor dem Staat, als vielmehr den Markt mithilfe des Staates gegen marktfeindliche Interessengruppen schützen soll: »Der Staat darf sich nicht darauf beschränken, den Betrieb der Gewerbe jedermann zu gestatten, Investitionsverbote, Zulassungssperren, Privilegien, Zwangs- und Bann-Recht aufzuheben, Gewerbefreiheit und Freizügigkeit herzustellen, staatliche Einfuhrverbote zu vermeiden, im ganzen also staatliche Schließungsmaßnahmen zu vermeiden, um den Ausleseprozeß im Preissystem der vollständigen Konkurrenz zu überlassen. Vielmehr ist es nötig, dass auch die Schließung der Märkte durch private Machtgruppen unterbleibt. Was nützt staatlich gesetzte Gewerbefreiheit, wenn sie durch die Politik der Machtgruppen faktisch aufgehoben wird? Was heißt Gewerbefreiheit, wenn ein Walzwerk nicht gegründet werden kann, weil es das vorhandene Syndikat mit seinen Kampfmaßnahmen verhindert? Jede Art des ›Behinderungswettbewerbs‹, also Sperren jeglicher Form, Treurabatte, Exklusivverträge und Kampfpreise gegen Außenseiter mit dem Ziel der Vernichtung oder Abschreckung sind zu verbieten« (*Grundsätze der Wirtschaftspolitik*, Reinbek 1959, S. 165).

dient nicht dazu, antisoziale Effekte des Wettbewerbs zu kompensieren, sondern die diesen störenden Mechanismen zu beseitigen; er richtet sich nicht gegen die Marktwirtschaft, sondern soll die historische und gesellschaftliche Bedingung ihrer Möglichkeit darstellen. Sein kategorischer Imperativ lautet, in Foucaults Formulierung: »[H]andeln wir so, daß die Institutionen eine solche Form annehmen, daß die Gesetze des Marktes, und sie allein, das Prinzip der allgemeinen wirtschaftlichen Regulation darstellen und folglich das Prinzip der gesellschaftlichen Regulation.«[19] Wenn die staatliche Gesetzgebung die Gesetze des Marktes zur Geltung bringen soll, darf die öffentliche Gewalt keinesfalls die ökonomisch-soziale Kontrolle über den Wirtschaftsprozess anstreben. Sie hat vielmehr ausschließlich einen formalen Rahmen bereitzustellen, in dem die ökonomischen Akteure ihre individuellen Ziele möglichst umfassend verfolgen können. Die ordoliberale Wirtschaftspolitik definiert sich als das Gegenteil von Planwirtschaft: Nicht Steuerung der gesellschaftlichen Ressourcen im Hinblick auf welches Ziel auch immer, sondern Festlegung von Spielregeln, unter denen sich die Wettbewerbsordnung optimal entfalten kann.[20] Gesichert werden soll diese nicht zuletzt gegen die Ausnutzung von Monopolpositionen: »Die erste und wesentlichste jener soziologisch-institutionellen Bedingungen, denen in Wahrheit das wohltätige Wirken des Marktmechanismus unterliegt«, heißt es bei Alexander von Rüstow, »ist die Ausschaltung jeder Behinderungskonkurrenz und die strenge Beschränkung der Marktfreiheit auf reine Leistungskonkurrenz«.[21]

19 Foucault, *Die Geburt der Biopolitik*, S. 235.
20 Ebd., S. 241 ff. Foucault referiert hier die Position Friedrich August von Hayeks, die dieser zuerst in seinem Buch *The Road to Serfdom* (1944/1971) entwickelt hat. Nahezu wörtlich tauchte sie wieder auf in der wirtschaftspolitischen Grundsatzrede, die Bundespräsident Horst Köhler am 15. März 2005 vor dem Arbeitgeberforum »Wirtschaft und Gesellschaft« hielt: »Die Ordnung der Freiheit«, erklärte Köhler dort, »bedeutet: Die Bürger beauftragen den Staat, die Spielregeln zu setzen. Aber das Spiel machen die Bürger. Die Regeln lauten: Privateigentum und Vertragsfreiheit, Wettbewerb und offene Märkte, freie Preisbildung und ein stabiles Geldwesen, eine Sicherung vor den großen Lebensrisiken für jeden und Haftung aller für ihr Tun und Lassen. Der moderne Sozialstaat schützt vor Not; aber er gaukelt nicht vor, dem Einzelnen den einmal erreichten Lebensstandard garantieren zu können« (⟨http://www.bundespraesident.de/-,2.622835/Rede-von-Bundespraesident-Hors.htm⟩, 01.08.2006).
21 Alexander von Rüstow, *Das Versagen des Wirtschaftsliberalismus* (1945), Marburg

Entschieden wehren sich die Ordoliberalen gegen eine Politik der Umverteilung, welche sich die Egalisierung sozialer Unterschiede auf ihre Fahnen schreibt. Wohlfahrtsstaatliche Maßnahmen, die auf einen Ausgleich im Zugang zu den Konsumgütern zielen, sind nach ihrer Auffassung mit marktwirtschaftlichen Prinzipien unvereinbar, gerechtfertigt sind allenfalls geringfügige Umschichtungen von den höchsten Einkommen auf jene, die vorübergehend oder langfristig ihre Existenz nicht selbst sichern können und durch entsprechende Unterstützung überhaupt erst in die Lage versetzt werden sollen, dauerhaft als Marktsubjekte zu agieren.[22] Bei der Sozialen Marktwirtschaft geht es, so Foucaults Resümee, »um die Grenzübertragung eines Maximums auf ein Minimum und keineswegs um die Erzielung eines Mittelwerts«.[23] Sozialpolitik bedeutet hier Exklusionsvermeidung zum Zwecke einer aktiven Inklusion in die Wettbewerbsordnung.

Wichtig ist noch eine andere Umstellung gegenüber dem klassischen Liberalismus: Wenn der Neoliberalismus in seiner deutschen Variante den Markt als regulatives Prinzip etablieren will, dann steht ihm nicht so sehr eine Gesellschaft des verallgemeinerten Warentauschs vor Augen als vielmehr eine der generalisierten Konkurrenz: »Keine Gesellschaft von Supermärkten, sondern eine Unternehmensgesellschaft.«[24] Das impliziert ein Umorientieren liberaler Regierungskunst weg vom Äquivalenzprinzip, das alle qualitativen Differenzen nivelliert: Es soll nicht ein Regime des Tauschwerts durchgesetzt (das ist längst etabliert), sondern Platz ge-

---

2001, S. 113. Vgl. Matthias Bohlender, »Die historische Wette des Liberalismus. Die Geburt der Sozialen Marktwirtschaft«, in: *Ästhetik & Kommunikation*, 36 (2005), Nr. 129/130 (»Mythos Bundesrepublik«), S. 121-129, hier: S. 126.

22 »Entmassung und Entproletarisierung«, »Verwurzelung des heutigen Großstadt- und Industrienomaden« lauten die entsprechenden Schlagworte. Anzustreben sei, schreibt etwa Wilhelm Röpke, »das Proletariat im Sinne einer freien Klasse von Beziehern kurzfristigen Lohneinkommens zu beseitigen und eine neue Klasse von Arbeitern zu schaffen, die durch Eigentum, Reserven, Einbettung in Natur und Gemeinschaft, Mitverantwortung und ihren Sinn in sich selbst tragende Arbeit zu vollwertigen Bürgern einer Gesellschaft freier Menschen werden« (Wilhelm Röpke, *Ist die deutsche Wirtschaftspolitik richtig? Analyse und Kritik*, Stuttgart 1950, wiederabgedruckt in: Wolfgang Stützel u. a. [Hg.], *Grundtexte zur Sozialen Marktwirtschaft. Zeugnisse aus zweihundert Jahren ordnungspolitischer Diskussion*, Stuttgart/New York 1981, S. 49-62, hier: S. 59).

23 Foucault, *Die Geburt der Biopolitik*, S. 204.

24 Ebd., S. 208.

macht werden für die Vielfalt unternehmerischer Initiativen. Nicht Kommodifizierung aller Lebensbereiche, sondern Ausweitung des Wettbewerbs lautet die Agenda. Statt als Handelspartner sollen sich die Wirtschaftssubjekte als konkurrierende Entrepreneure gegenübertreten. Die ordoliberalen Regulationsanstrengungen zielen darauf, »die Unternehmensformen, die gerade nicht in Form entweder von Großunternehmen im nationalen oder internationalen Maßstab oder von Großunternehmen vom Typ des Staates konzentriert sein sollen, zu verallgemeinern, indem man sie so weit wie möglich verbreitet und vervielfacht«.[25] Die Individuen sollen sich eingebettet finden in eine »Vielheit verschiedener verschachtelter und miteinander verschränkter Unternehmungen […], von Unternehmungen, die für das Individuum gewissermaßen in Reichweite sind und die in ihrer Größe hinreichend beschränkt sind, damit die Handlungen des Individuums, seine Entscheidungen, seine Wahlmöglichkeiten bedeutsame und wahrnehmbare Wirkungen haben können, die auch hinreichend zahlreich sein können, damit das Individuum nicht von einer Entscheidung allein abhängt«.[26] Es handelt sich, so könnte man sagen, um die Anwendung des Subsidiaritätsprinzips auf die Ökonomie, oder wie Foucault – Wilhelm Röpke paraphrasierend – schreibt, darum, »den Schwerpunkt des Regierungshandelns nach unten zu verlegen«.[27]

Trotz aller Marktapologie stehen die Ordoliberalen einer uneingeschränkten Ausweitung marktwirtschaftlicher Mechanismen skeptisch gegenüber. Im Wettbewerb sehen sie zwar das bestmögliche Ordnungsprinzip für die Sphäre der Ökonomie, aber eben auch nur für diese. Damit die Gesellschaft nicht in einen »hungrigen Interessentenhaufen« zerfällt, braucht es ihrer Auffassung nach kompensatorische Ordnungen in den anderen Bereichen des Sozialen: »Schließlich ist mit allem Nachdruck zu betonen«, so wiederum Röpke, »daß wir nicht daran denken, von der Konkurrenz mehr zu verlangen, als sie leisten kann. Sie ist ein Ordnungs- und Steuerungsprinzip im engeren Bereich der arbeitsteiligen Marktwirtschaft, aber kein Prinzip, auf dem man eine Gesellschaft als Ganzes aufbauen könnte. […] Wenn die Konkurrenz nicht als soziales Sprengmittel wirken und zugleich nicht selbst entarten soll,

---

25 Ebd., S. 210.
26 Ebd., S. 333 f.
27 Ebd., S. 210. Vgl. Röpke, *Ist die deutsche Wirtschaftspolitik richtig?*, S. 59.

setzt sie eine um so stärkere Integration außerhalb der Wirtschaft, einen um so kräftigeren politisch-moralischen Rahmen voraus.«[28]

Ökonomischer Imperialismus

Mit solchen Ressortaufteilungen hat der amerikanische Neoliberalismus, zumindest in der von Foucault untersuchten Ausprägung der Humankapitaltheorie insbesondere Gary S. Beckers und Theodore W. Schultz', nichts im Sinn. Während die Ordoliberalen eine gestufte, aus unternehmerischen Basiseinheiten zusammengesetzte Wirtschaftsordnung anstreben und ihre politischen Programme die dazu erforderlichen institutionellen Voraussetzungen schaffen sollen, dehnen die Ökonomen der Chicago School die Wettbewerbslogik noch weiter aus und radikalisieren sie zu einem allgemeinen Beschreibungsmodell menschlichen Handelns. Ihr Blick richtet sich weniger auf die gesellschaftlichen Institutionen als auf das individuelle Verhalten.[29] Hauptmerkmal der Humankapitaltheorie ist ihr »ökonomischer Imperialismus«,[30] die Ausweitung öko-

---

28 Ders., *Die Gesellschaftskrisis der Gegenwart*, Erlenbach-Zürich 1945, 4. Aufl., S. 292, zit. n. Foucault, *Die Geburt der Biopolitik*, S. 362.

29 Das gilt nicht für den Monetarismus Milton Friedmans, neben Becker und Schultz der prominenteste Vertreter der Chicago School, den Foucault in seinen Vorlesungen über den US-amerikanischen Neoliberalismus ausklammert.

30 Ein Attribut, das Gary S. Becker als Kennzeichnung seines Forschungsprogramms akzeptiert: »Ökonomen können nicht nur über den Bedarf an Autos sprechen, sondern auch über Themen wie Familie, Diskriminierung und Religion, über Vorurteile, Schuld und Liebe. Allerdings hat die Ökonomie diesen Bereichen traditionell wenig Aufmerksamkeit gewidmet. In diesem Sinne trifft es zu: Ich bin ein ökonomischer Imperialist. Ich glaube, gute Analysetechniken haben breite Anwendungsbereiche. Adam Smith und viele andere haben das genauso gesehen. Mein ökonomischer Imperialismus hat allerdings nicht das Geringste mit einem kruden Materialismus oder mit der Auffassung zu tun, die materielle Lage sei gleichbedeutend mit der Gesamtsumme des Werts einer Person. Diese Auffassung findet sich eher in marxistischen Analysen.« (»Economic Imperialism« [Interview], in: *Religion & Liberty*, 3 [1993], Nr. 2, [⟨http://www.acton.org/publicat/randl/interview.php?id=76⟩, 18.03.2005]). Vgl. dazu auch Gerard Radnitzky/Peter Bernholz (Hg.), *Economic Imperialism. The Economic Approach Applied Outside the Field of Economics,* New York 1987; Ingo Pies/Martin Leschke (Hg.), *Gary Beckers ökonomischer Imperialismus*, Tübingen 1998; Edward P. Lazear, »Economic Imperialism«, in: *Quarterly Journal of Economics*, 115 (2000), Nr. 1, S. 99-146.

nomischer Erklärungen auch auf Lebensbereiche, die traditionell nicht der Sphäre der Ökonomie zugerechnet werden.

Mit der Ausweitung des Gegenstandsbereichs kommt ein anderer Diskurstyp ins Spiel: Im Gegensatz zu den ausgesprochen normativ argumentierenden Vordenkern der sozialen Marktwirtschaft insistieren die Humankapitaltheoretiker auf dem deskriptiven Charakter ihrer Untersuchungen. Sie fragen nicht danach, wie Menschen ihr individuelles Handeln und gesellschaftliches Zusammenleben ökonomisch gestalten *sollen*, sondern unterstellen, dass sie es immer schon tun. Verbunden damit ist eine im Vergleich zum westdeutschen Nachkriegsliberalismus größere Distanz zum politischen Tagesgeschäft. Der amerikanische Neoliberalismus stellt sich, so Foucault, »nicht nur allein und so sehr als eine politische Alternative dar [...], sondern sozusagen als eine Art von globaler, vielgestaltiger, mehrdeutiger Forderung mit einer Verankerung in der Linken und in der Rechten. Er ist auch eine Art von utopischem Mittelpunkt, der immer wieder neu aktiviert wird. Er ist außerdem eine Denkmethode, ein ökonomisches und soziologisches Analyseraster.«[31] Anders als die ordoliberalen Programme für die sich konstituierende Bundesrepublik präsentiert sich die Humankapitaltheorie nicht als Antwort auf eine spezifische historische Situation, sondern tritt auf mit dem Anspruch universeller Gültigkeit. Ihre Erklärungen sollen nicht nur das Handeln aller Menschen, sondern auch deren gesamtes Handeln beschreiben können.

Es ist nicht zuletzt dieser Entgrenzungsgestus sowie die über einen bloß »methodologischen Individualismus«[32] weit hinausreichende verhaltenswissenschaftliche Ausrichtung, die Foucaults Interesse am *Economic Approach to Human Behavior*[33] motivieren. Aus

---

31 Foucault, *Die Geburt der Biopolitik*, S. 304.

32 Zum von Joseph Schumpeter eingeführten, für viele neoliberale Ökonomen, aber auch für Max Weber und Karl R. Popper grundlegenden Konzept des methodologischen Individualismus vgl. Bernhard Walpen, »›Armee ist bloß ein Plural von Soldat‹ oder: Methodologische Robinsonaden«, in: *Peripherie*, 23 (2003), Nr. 90/91, S. 263-292.

33 So der programmatische Titel einer Aufsatzsammlung Gary S. Beckers (Chicago/London 1976, dt.: *Der ökonomische Ansatz zur Erklärung menschlichen Verhaltens*, Tübingen 1982). Populärwissenschaftliche Einführungen in den *Economic Approach* geben Richard B. McKenzie/Gordon Tullock, *Homo Oeconomicus. Ökonomische Dimensionen des Alltags*, Frankfurt/M. 1984, und David Friedman, *Der ökonomische Code. Wie wirtschaftliches Denken unser Handeln bestimmt*, München 2001.

den Schriften insbesondere Gary S. Beckers entziffert er die Ratio neoliberaler Gouvernementalität in ihrer klarsten, weil radikalsten Form und präpariert als deren Nukleus die Subjektivierungsfigur des unternehmerischen Selbst heraus. Wie schon in seiner Auseinandersetzung mit dem Ordoliberalismus diagnostiziert Foucault dabei eine Verschiebung weg vom Paradigma des Tausches hin zu dem des Wettbewerbs: Wenn die Humankapitaltheorie den Menschen als Homo oeconomicus modelliert, beschreibt sie ihn im Unterschied zur ökonomischen Klassik nicht als Tauschpartner, sondern als »Unternehmer seiner selbst«, »der für sich selbst sein eigenes Kapital ist, sein eigener Produzent, seine eigene Eigentumsquelle«.[34]

Dass auch der Lohnarbeiter ein Unternehmer sei, stellt keine neue Einsicht dar. Die entscheidende theoretische Innovation liegt darin, dass die Humankapitaltheorie auch den Konsum als unternehmerische Aktivität auffasst. Sie sieht im Konsumenten nicht nur einen passiven Verbraucher, sondern auch einen aktiven Produzenten.[35] Der Erwerb eines Gutes oder der Kauf einer Dienstleistung sind demnach keine abschließenden ökonomischen Akte, sondern ein Input, bei dem der Einzelne seine Ressourcen, insbesondere den ausgesprochen knappen Faktor Zeit, so einsetzt, dass als Output ein Höchstmaß an Befriedigung herausspringt. Diese Ökonomisierung nicht nur der Arbeits-, sondern auch der Konsumzeit ist der entscheidende Hebel, mit dem es der Humankapitaltheorie gelingt, das gesamte Spektrum menschlicher Aktivitäten in ihre Analysen einzubeziehen. Das Individuum erscheint hier als ökonomische Institution, deren Bestand wie bei einem Unternehmen von einer Vielzahl von Wahlhandlungen abhängt. Was auch immer jemand tut, er könnte es auch unterlassen oder in derselben Zeit etwas anderes tun. Deshalb ist es sinnvoll davon auszugehen, dass er jene Option ergreifen wird, von der er annimmt, dass sie seinen Präferenzen am ehesten entspricht. Der Mensch der Humankapitaltheorie ist vor allem ein Mensch, der sich unentwegt entscheidet.

---

34 Foucault, *Die Geburt der Biopolitik*, S. 314.
35 Ebd., S. 315. Foucault lehnt sich hier an die Zusammenfassung der Überlegungen Beckers durch den französischen Wirtschaftsjournalisten Henri Lepage (*Der Kapitalismus von morgen*, Frankfurt/M./New York 1979, S. 183 ff.) an; Beckers Theorie der Allokation von Zeit und des Konsumentenverhaltens finden sich in Teil 4 von *Der ökonomische Ansatz*, S. 97-166.

Beckers »ökonomischer Ansatz«, den er »strikt und ohne Einschränkung« auf alles menschliche Verhalten angewandt wissen will, geht erstens davon aus, »daß der einzelne seine Wohlfahrt, *so wie er sie sieht*, maximiert – ob er nun egoistisch, altruistisch, loyal, boshaft oder masochistisch ist«.[36] Analytisch erscheint der Mensch hier als Rational-choice-Akteur, der in sämtlichen Lebensäußerungen mit der Allokation knapper Mittel zur Verfolgung konkurrierender Ziele beschäftigt ist. Alles Handeln stellt demnach eine Wahl zwischen als mehr oder weniger attraktiv empfundenen Alternativen dar und ist deshalb in einem umfassenden Sinn eigennützig. Jede Handlung hat zugleich ihren (nicht unbedingt in Geld ausdrückbaren) Preis: Die eine Sache zu tun oder zu haben bedeutet, auf eine andere zu verzichten; die Kosten einer Handlung bestehen folglich in der besten Alternative, auf die man verzichtet, indem man sich für die andere entscheidet.[37] Welche Vorlieben der Einzelne hat und wie er zu ihnen gelangt, das interessiert den Ökonomen nicht. Grundlegend ist für Becker jedoch zweitens die Annahme, dass elementare Präferenzen »wie Gesundheit, Prestige, Sinnenfreude, Wohlwollen oder Neid« sich im Zeitablauf nicht ändern. Seine dritte Grundannahme bezieht sich auf die Existenz von Märkten, »die mit wechselnder Effizienz die Handlungen der verschiedenen Beteiligten – Individuen, Unternehmen, ja Nationen – so koordinieren, daß sie miteinander in Einklang gebracht werden«. Gemeint sind damit keineswegs ausschließlich monetäre Märkte. Auch jenseits von diesen »kann für jedes Gut, direkt oder indirekt, sinnvoll ein marginaler ›Schatten‹-Preis bestimmt werden, nämlich die Zeit, die benötigt wird, um eine zusätzliche Einheit dieses Gutes zu produzieren«.[38] Angebot und Nachfrage, so die axiomatische Setzung, regulieren, auf welche Weise die Akteure ihren Nutzen maximieren und ihre Präferenzen gewichten.

Diese Grundannahmen besitzen für Becker keineswegs den Status empirischer Aussagen über die menschliche Natur. Es handelt sich vielmehr um das heuristische Konstrukt einer »Als ob«-Anthropologie, einen methodologischen »Kunstgriff zur Komplexi-

---

36 Becker, *Der ökonomische Ansatz*, S. 4, 7; ders., »Die ökonomische Sicht menschlichen Verhaltens«, in: ders., *Familie, Gesellschaft und Politik – die ökonomische Perspektive*, Tübingen 1996, S. 21-49, hier: S. 22.
37 Vgl. McKenzie/Tullock, *Homo Oeconomicus*, S. 30 f.
38 Becker, *Der ökonomische Ansatz*, S. 3-5.

tätsreduktion«. Die Annahme, Menschen verhielten sich so, als ob sie rational seien, »enthält keine Aussage über die Realität, sondern formuliert ein Analyse-*Schema*, das die Generierung von Aussagen über die Realität anleitet«.[39] Die Humankapitaltheorie fasst den Menschen als Homo oeconomicus und fasst ihn nur insofern, als er sich entsprechend verhält. Dieses Rationalitätsschema erschließt ihn zugleich dem gouvernementalen Zugriff: Wenn der Einzelne stets seinen Nutzen zu maximieren sucht, kann man seine Handlungen steuern, indem man deren Kosten senkt oder steigert und so das Kalkül verändert. Als Mensch, der sich unentwegt entscheidet, ist der Homo oeconomicus deshalb auch ein Mensch, »der in eminenter Weise regierbar ist«.[40] In der disziplinären Perspektivierung steckt eine praktische Disziplinierung: Wenn es kein Verhalten gibt, das sich nicht in Kosten-Nutzen-Kalkülen beschreiben lässt, dann haben die Menschen gar keine andere Wahl, als in all ihren Handlungen Wahlentscheidungen zu treffen. Der ökonomische Ansatz identifiziert sie immer schon als jene nutzenmaximierenden Marktsubjekte, zu denen sie erst gemacht werden und sich selbst machen sollen.

Humankapital bedeutet in dieser Perspektive zunächst nichts anderes, als dass Wissen und Fertigkeiten, der Gesundheitszustand, aber auch äußeres Erscheinungsbild, Sozialprestige, Arbeitsethos und persönliche Gewohnheiten als knappe Ressourcen anzusehen sind, die aufzubauen, zu erhalten und zu steigern Investitionen erfordert. »Der handelnde Mensch wird«, so Beckers Kollege Theodore W. Schultz, »kraft seines persönlichen Humankapitals immer mehr zum Kapitalisten, und er sucht politische Unterstützung, um den Wert seines Kapitals zu schützen.«[41] Selbst wenn er keinerlei materielle Güter besitzt, verfügt er zumindest über seine Lebenszeit und wird sie entsprechend seiner Präferenzen nutzenmaximierend einsetzen – etwa zur Erhaltung seiner Gesundheit: »Bruttoinvestitionen in die Gesundheit«, erläutert Schultz den Grundgedanken der Humankapitaltheorie, »bringen Anschaffungs- und Unterhalts-

---

39 Ingo Pies, »Theoretische Grundlagen demokratischer Wirtschafts- und Gesellschaftspolitik – Der Beitrag Gary Beckers«, in: ders./Leschke (Hg.), *Gary Beckers ökonomischer Imperialismus*, S. 1-29, hier: S. 9, 19.
40 Foucault, *Die Geburt der Biopolitik*, S. 372.
41 Theodore W. Schultz, *In Menschen investieren. Die Ökonomik der Bevölkerungsqualität*, Tübingen 1986, S. 86.

kosten mit sich, einschließlich der Kosten für Kinderbetreuung, Ernährung, Kleidung, Wohnen, ärztliche Dienste und Körperpflege. Die Leistungen, die das Gesundheitskapital abgibt, bestehen aus der ›gesunden‹ oder ›krankheitsfreien‹ Zeit, und sie schlagen sich in der Arbeit, im Konsum und in den Freizeitaktivitäten nieder. Je länger jemand gesund ist, desto länger kann er arbeiten, konsumieren oder Freizeitbeschäftigungen nachgehen.«[42]

Nach dem gleichen Muster deutet Becker die Entscheidung für oder gegen eine Ehe, für oder gegen Kinder oder für eine bestimmte Zahl von Kindern: Männer oder Frauen heiraten demnach, »wenn sie erwarten, daß sie dadurch besser gestellt sind, als wenn sie ledig bleiben; sie lassen sich scheiden, wenn sie sich davon eine Steigerung ihrer Wohlfahrt versprechen.«[43] Kinder wiederum werden entweder »als eine Quelle psychischen Einkommens oder psychischer Befriedigung«, d. h. ökonomisch gesprochen als ein langlebiges Konsumgut betrachtet, oder sie fungieren als Produktionsgut, das selbst monetäres Einkommen erwirtschaften und beispielsweise die Versorgung im Alter sichern wird. Ob sich potenzielle Eltern entschließen, ein beziehungsweise ein weiteres Kind zu zeugen, hängt dann davon ab, ob dieser erwartete Nutzen den anderer Güter und die aufzuwendenden Kosten überwiegt. Als Kostenfaktor zu berücksichtigen ist dabei auch die »Qualität« der Kinder: »Eine Familie muß nicht nur die Anzahl ihrer Kinder bestimmen, sondern auch, wieviel sie für sie aufwenden will – ob sie ihnen separate Schlafzimmer anbieten soll, ob sie sie in einen Kindergarten gehen und ein privates College besuchen lassen soll, ob sie ihnen Tanzstunden oder Musikunterricht erteilen läßt usw. Ich werde teurere Kinder als Kinder ›höherer Qualität‹ bezeichnen, in der gleichen Weise wie Cadillacs Wagen von höherer Qualität sind als Chevrolets. Um jedes Mißverständnis zu vermeiden, will ich gleich hinzufügen, daß ›höhere Qualität‹ nicht moralisch besser bedeutet. Wenn für ein Kind freiwillig mehr ausgegeben wird als für ein anderes, so deshalb, weil die Eltern aus der zusätzlichen Ausgabe einen zusätzlichen Nutzen ziehen, und es ist dieser zusätzliche Nutzen, den wir ›höhere Qualität‹ nennen.«[44]

Als Unternehmer ihrer selbst sind die Individuen »Kompetenz-

---

42 Ebd., S. 15 f.
43 Becker, »Die ökonomische Sicht menschlichen Verhaltens«, S. 33.
44 Ders., *Der ökonomische Ansatz*, S. 189 f.

maschinen«, resümiert Foucault Beckers und Schultz' Vorstellungen von Bildung als Humankapitalinvestition, und diese Maschinen wollen umsichtig entwickelt, sorgsam gewartet und kontinuierlich auf die Marktanforderungen hin adjustiert werden. Damit kann gar nicht früh genug begonnen werden, und es erfordert, noch bevor der Einzelne den Auf- und permanenten Ausbau seiner Kompetenzen in die eigene Hand nehmen kann, das Engagement seiner Eltern sowie anderer gesellschaftlicher Institutionen: »Man weiß genau, daß die Zahl von Stunden, die eine Mutter mit ihrem Kind verbringt, wenn es noch in der Wiege liegt, sehr wichtig für die Bildung einer Kompetenzmaschine sein wird […] und daß das Kind viel besser angepaßt sein wird, wenn seine Eltern oder seine Mutter ihm so viele Stunden gewidmet haben, als wenn sie ihm viel weniger gewidmet hätten. Das bedeutet, daß die bloße Zeit der Fütterung, die bloße Zeit der Zuwendung der Eltern zu ihren Kindern als Investition betrachtet werden muß, die in der Lage ist, ein Humankapital zu bilden.«[45] Natürlich kommt es, folgt man der humankapitalistischen Akkumulationslogik, nicht nur darauf an, sich dem Säugling zuzuwenden, sondern auch darauf, die Zuwendungszeit sowie jene Phasen, in denen man sich ihm nicht aktiv zuwendet, möglichst sinnvoll zu nutzen. Vom Versprechen, die Investition in das Humankapital eines Säuglings lasse sich noch optimieren, indem man ihm »aktivierendes« Spielmaterial zur Verfügung stellt, lebt mit neurowissenschaftlicher Rückendeckung eine ganze Industrie.[46]

Moralische Empörung über die Amoralität seines ökonomischen Ansatzes kontert Becker stets mit dem Verweis auf dessen heuristische Kraft. In der Tat mangelt es seiner »Als ob«-Anthropologie nicht an empirischer Evidenz. Die Kälte, die man ihm vorwirft, ist die der Menschen, deren Verhalten er ökonomisch modelliert. So finden seine Analysen der Fertilität praktische Bestätigung in der längst alltäglich gewordenen Privateugenik. Je geringer die Zahl der Kinder pro Eltern und je höher die Kosten, die sie in deren Qualifizierung investieren, desto wichtiger wird die Qualität des Rohprodukts und desto wahrscheinlicher wird es, dass Kinder mit pränatal

---

45 Foucault, *Die Geburt der Biopolitik*, S. 319.
46 Vgl. dazu Majia Holmer Nadesan, »Engineering the entrepreneurial infant: brain science, infant development toys, and governmentality«, in: *Cultural Studies*, 16 (2003), S. 401-432.

diagnostizierbaren Anomalien oder Behinderungen nicht mehr zur Welt kommen. – Qualitätsmanagement kann tödlich sein.

Spätestens hier wird die biopolitische Dimension der neoliberalen Gouvernementalität sichtbar, auf die der Titel von Foucaults Vorlesungen abhebt. Noch bevor die entsprechenden Verfahren sich massenhaft durchsetzten, benennt er die Selektionslogik, die aus der Kopplung von Gendiagnostik und Ökonomisierung des Individuums zwangsläufig folgt: »Sobald eine Gesellschaft sich selbst die Frage nach der Verbesserung ihres Humankapitals im allgemeinen stellt, ist es unmöglich, daß das Problem der Kontrolle, der Auswahl, der Verbesserung des Humankapitals der Individuen in Abhängigkeit natürlich von den Vereinigungen und der anschließenden Fortpflanzung nicht aufgeworfen oder zumindest nicht gefordert wird. Das politische Problem der Verwendung der Genetik stellt sich also in Begriffen der Konstitution, des Wachstums, der Akkumulation und der Verbesserung des Humankapitals.«[47]

Dass die Humankapitaltheorie mit ihrem verallgemeinerten Prinzip der Nutzenmaximierung die politische zu einer biopolitischen Ökonomie radikalisiert, zeigt sich indes nicht nur an Fragen der Familienplanung. Auch den Umgang des Einzelnen mit seiner eigenen Physis und Psyche beschreibt sie als Folge von Investitions- beziehungsweise Desinvestitionsentscheidungen und zeichnet das Individuum damit gleichermaßen als Kapitalisten wie als Souverän seiner selbst. Mit jeder seiner Handlungen maximiert er den individuellen Nutzen, übt aber auch, um eine Formulierung Foucaults aufzunehmen, die Macht aus, sich selbst »leben zu machen und sterben zu lassen«.[48] »Entsprechend dem ökonomischen Ansatz«, heißt es bei Becker unverblümt, »sind [...] die *meisten* (wenn nicht alle!) Todesfälle bis zu einem gewissen Grade ›Selbstmorde‹, in dem Sinne, daß man sie hätte hinausschieben können, wenn man mehr Ressourcen in die Lebensverlängerung investiert hätte«.[49] Es herrscht das Universalprinzip »Selbst schuld!«: Wer krank wird, hat sich nicht genug um seine Gesundheit gesorgt; wer Opfer eines Unfalls oder Verbrechens wird, hätte sich mehr um seine Sicherheit

---

47 Foucault, *Die Geburt der Biopolitik*, S. 318. Ich habe diese Dimension an anderer Stelle ausführlicher untersucht, vgl. Bröckling, »Menschenökonomie, Humankapital«.

48 Foucault, *In Verteidigung der Gesellschaft*, S. 278.

49 Becker, *Der ökonomische Ansatz*, S. 9.

kümmern sollen. Was auch immer jemand tut oder lässt, immer trifft er eine Wahl zwischen konkurrierenden Präferenzen. »Eine gute Gesundheit und ein langes Leben sind für die meisten Menschen wichtige Ziele, aber sicher braucht man nur einen kurzen Augenblick nachzudenken, um sich klar zu machen, daß sie nicht die einzigen Ziele sind: Es kann sein, daß man etwas von der besseren Gesundheit oder einem längeren Leben opfert, weil es andere konfligierende Ziele gibt. [...] Wenn daher jemand ein starker Raucher ist, oder sich derart seiner Arbeit widmet, daß er darüber jede Bewegung vernachlässigt, so nicht notwendigerweise deshalb, weil er sich über die Konsequenzen nicht im klaren ist, oder weil er ›unfähig‹ ist, die ihm zur Verfügung stehenden Ressourcen zu nutzen, sondern möglicherweise deshalb, weil die zu gewinnende Lebensspanne für ihn die Kosten des Verzichts auf das Rauchen oder der intensiven Arbeit nicht aufwiegt.«[50] Die souveräne Entscheidung über Leben und Tod spaltet sich auf in eine Vielzahl von Mikroentscheidungen, mit denen der Einzelne sein Leben verkürzt oder verlängert. Jede Zigarette – ein kleines Todesurteil; jede Joggingrunde – ein kleiner Aufschub von dessen Vollstreckung.

Folgt man dieser Argumentation, wird die Grammatik der Härte sichtbar, die in der Theorie des Humankapitals ebenso steckt wie die Sorge um Gesundheit und Bildung: Wenn das Leben zur ökonomischen Funktion wird, bedeutet Desinvestment Tod. Das gilt für den Umgang einer Gesellschaft mit ihrer Bevölkerung oder bestimmten Bevölkerungsgruppen, für den Umgang von (werdenden) Eltern mit ihren (ungeborenen) Kindern, das gilt aber auch für den Umgang des Einzelnen mit sich selbst. Der Humankapitalist des eigenen Lebens konstituiert sich gleichermaßen als Subjekt und als Objekt individueller Wahlentscheidungen. Als Akteur verfügt er souverän über das eigene Leben, wobei die Folgen seines Tuns und Lassens als Opportunitätskosten in sein Kalkül eingehen. Als Adressat seines Handelns ist er auf den Status »nackten Lebens« zurückgeworfen, dessen Existenz davon abhängt, dass die andere Seite seines Egos in es investiert.[51] Als Souverän seiner selbst darf

50 Ebd.
51 Vgl. zur Gegenüberstellung von Souverän, der über der politischen Ordnung steht, und jenen, die auf ihr »nacktes Leben« zurückgeworfen und aus der sozialen Ordnung ausgeschlossen sind, Giorgio Agamben, *Homo sacer. Die souveräne Macht und das nackte Leben*, Frankfurt/M. 2002, sowie, kritisch zur Ökonomie-

er keine Residuen dulden, die dem nutzenmaximierenden Zugriff auf die eigene Person entzogen bleiben. Als der eigenen Souveränität Unterworfener weiß er nicht, was er mehr fürchten soll – den grenzenlosen Selbstoptimierungsimperativ oder die Entscheidung, diesen und damit sich selbst aufzugeben.

Weil so viel auf dem Spiel steht, wird das Individuum versuchen, sich umfassend zu informieren, um seine Entscheidungen auf möglichst abgesicherter Grundlage zu treffen. (Auch hier gibt es freilich ein Grenznutzenkalkül zwischen Informationsgewinn und aufgewendeter Zeit.) Welche Ressourcenallokation den maximalen Return on Investment erbringt, erweist sich erst im Nachhinein, doch gerade weil vollständige Information nicht erreichbar und der Markterfolg letztlich kontingent ist, kann der relative Informationsvorsprung den Ausschlag geben. Auch der Wille zum Wissen ist in dieser Perspektive eine ökonomische Funktion, und die neoliberale Gouvernementalität eine Regierungskunst, die sich auf wissenschaftliche Expertise, systematisches Informationsmanagement und professionelle Beratung stützt. Wie jede andere Tätigkeit, die nicht auf unmittelbare Befriedigung zielt, stellt der Erwerb von Wissen eine Investition ins eigene Humankapital dar – eine Allokation von Ressourcen, die dazu dient, die Fähigkeit zu nutzenmaximierender Ressourcenallokation zu verbessern. Ein Homo oeconomicus zu werden, ist auch ein Bildungsprogramm.

Lernen müssen die Individuen dabei vor allem, ihre Investitionen immer wieder zu überprüfen und, falls nötig, zu revidieren. Unternehmerisch zu handeln, bedeutet nicht nur, die eigenen Ressourcen nutzenmaximierend einzusetzen, sondern sie »als Reaktion auf Neuerungen neu einzusetzen«.[52] Auch die Entwicklung der unternehmerischen Kompetenzen unterliegt dem Gesetz von Angebot und Nachfrage: Diese Kompetenzen werden sich in dem Maße ausbreiten, wie Innovationen sich auszahlen und damit der zu erwartende Ertrag entsprechender Lernanstrengungen zunimmt. Je rascher der gesellschaftliche Wandel, je dynamischer die Märkte, desto mehr sind die Menschen genötigt, neue Wege zu gehen und ihre unternehmerischen Fähigkeiten auszubauen. Die Nachfrage nach Entrepreneurship wächst ebenfalls mit der

---

blindheit Agambens: Bröckling, »Menschenökonomie, Humankapital«, S. 275 f., 294 f.
52 Schultz, *In Menschen investieren*, S. 32.

Dynamik des Wirtschaftsgeschehens; Schultz definiert sie als eine Funktion ökonomischen Ungleichgewichts: »Unternehmer sind diejenigen Akteure«, schreibt er, »die solche Marktungleichgewichte erkennen und im Hinblick darauf beurteilen, ob es sich für sie lohnt oder nicht lohnt, ihre Ressourcen, einschließlich ihrer Zeit, neu einzusetzen.«[53] Im besten Fall ergibt sich so ein sich selbst verstärkender Zirkel von expandierenden Märkten, die zu mehr Unternehmergeist, und unternehmerischen Aktivitäten, die zur Expansion von Marktmechanismen führen. Der Markt als Lehrmeister lehrt vor allem, dass die besten Bedingungen zu lernen dort gegeben sind, wo die Regeln des Marktes herrschen – eine Tautologie, die in praktischer Hinsicht jedoch dem Handeln die Richtung anzeigt.

Der Wettbewerb als Entdeckungsverfahren

Von der Überlegenheit der Marktmechanismen ist auch Friedrich August von Hayek überzeugt, doch während die ordoliberalen Debatten um die institutionelle Absicherung der Wettbewerbsordnung kreisen und die ökonomischen Imperialisten der Humankapitaltheorie das menschliche Verhalten generell als Handeln unter Wettbewerbsbedingungen modellieren, deutet er den Wettbewerb als evolutionären Prozess, der sich unabhängig vom und häufig gegen den Willen der Akteure seinen Weg bahnt. Darin steckt ein gleichermaßen antirationalistischer wie antiutilitaristischer Impuls, der diese Variante des Neoliberalismus in Opposition sowohl zum wirtschaftspolitischen Gestaltungswillen der Ordoliberalen wie zu den Rational-choice-Theorien der Humankapitaltheoretiker bringt. Mit beiden verbindet ihn die Abkehr von den naturalistischen Vorstellungen des klassischen Liberalismus. Freiheit ist auch für ihn keine in der menschlichen Natur angelegte Bestimmung, ebenso wenig aber ist sie, und das unterscheidet Hayek von den Ordoliberalen, ein Ergebnis planender Vernunft. Er beschreibt sie vielmehr als ein im Verlauf der kulturellen Evolution der Natur abgerungenes

---

53 Ders., »Investment in Entrepreneurial Ability«, in: *Scandinavian Journal of Economics*, 82 (1980), S. 437-448, hier: S. 443. Vgl. auch ders., »The Value of the Ability to Deal with Disequilibria«, in: *The Journal of Economic Literature*, XIII (1975), S. 827-846.

»Artefakt der Zivilisation«,[54] das sich, und darin liegt die Differenz zu den Humankapitaltheoretikern, auch keinesfalls utilitaristisch aus dem individuellen Streben nach Lustgewinn herleiten lässt: Die Lust, nach welcher der Mensch strebt, ist eben nicht, so Hayek, gleichzeitig das Ziel der Evolution, »sondern nur das Signal, das im primitiven Zustand den einzelnen das tun ließ, was gewöhnlich für die Erhaltung der Gruppe erforderlich war, was es aber heute nicht mehr sein mag«.[55] Der Theoretiker sieht sich deshalb vor die Aufgabe gestellt, »die Bedeutung von Regeln herauszufinden, die wir nie bewußt geschaffen haben und durch deren Befolgung sich komplexere Ordnungen errichten lassen, als wir sie verstehen können«.[56]

Der Markt und der Wettbewerb der Marktteilnehmer bilden sich Hayek zufolge als Resultat einer Selektionsmechanik, die sich hinter dem Rücken der Beteiligten durchsetzt. Während die Ordoliberalen der Vernunft des Marktes durch gezielte Eingriffe Vorschub zu leisten versuchen und die Humankapitaltheoretiker die individuelle Fähigkeit zur nutzenmaximierenden Ressourcenallokation als immer schon gegeben unterstellen, deutet er die marktwirtschaftliche Ordnung und die in dieser geforderten Verhaltensdispositionen als Resultat eines evolutionären Anpassungsdrucks: »[D]er Wettbewerb [nötigt] die Leute [...], rational zu handeln, um sich erhalten zu können. Er beruht nicht auf der Annahme, daß die meisten oder alle Marktteilnehmer rational sind, sondern im Gegenteil auf der Annahme, daß im allgemeinen durch den Wettbewerb einige vergleichsweise rationalere Personen die übrigen nötigen, es ihnen nachzutun, um zu überleben.«[57] Kurz gesagt: Die Ratio des Marktes ist nicht Ergebnis, sondern Antriebskraft der menschlichen Vernunft. Die neoliberalen Apologien des Wettbewerbs sind durchweg darwinistisch grundiert, aber mehr als Becker und Schultz und erst recht als Röpke, Eucken und die übrigen Ordoliberalen ist Hayek der Darwin des Neoliberalismus. Seine Theorie kultureller Evolution bezieht sich allerdings nicht auf die biologische Auslese individueller Eigenschaften, sondern auf die

---

54 Friedrich August von Hayek, *Recht, Gesetz und Freiheit. Eine Neufassung der liberalen Grundsätze der Gerechtigkeit und der politischen Ökonomie* (Gesammelte Schriften in deutscher Sprache, Abt. B: Bücher, Bd. 4), Tübingen 2003, S. 470.
55 Ebd.
56 Ebd.
57 Ebd., S. 381.

Herausbildung und Modifikation kollektiver Verhaltensregeln »durch Lernen und Nachahmung«.[58]

Die Überlegenheit der spontanen Marktordnung begründet Hayek kommunikationstheoretisch: Keine Instanz außer der Markt, so sein Argument, verfügt über ausreichende Informationen beziehungsweise kann sie verarbeiten, um eine optimale Ressourcenallokation im Sinne eines (permanent neu auszutarierenden, wenn auch niemals zu erreichenden) Gleichgewichts von Angebot und Nachfrage zu bewerkstelligen. Dabei handelt es sich nicht nur um ein Problem der Informationskomplexität (das eine Planungsbehörde möglicherweise mithilfe elektronischer Datenverarbeitung lösen könnte); nicht substituierbar ist die »Rechenmaschine« des Marktes vor allem deshalb, weil die von ihr verarbeiteten Informationen subjektiver Natur sind. Der ökonomische Prozess setzt sich aus einer Fülle individueller Entscheidungen zusammen, die erst durch die Preisbildung auf dem Markt objektiviert werden. Die Kommunikationsfunktion der Marktpreise besteht darin, »in einem einzigen Signal alle auf eine Vielzahl von Menschen verteilten Informationen« über subjektive Sachverhalte zu vermitteln.[59] In ihnen manifestiert sich ein »systemisches oder holistisches Wissen«,[60] das alle nutzen können, über das aber ohne den Marktprozess niemand verfügte. Die Marktpreise steuern die individuellen Suchbewegungen, indem sie »den einzelnen sagen, wonach zu suchen es sich lohnt«.[61] Durch Veränderungen von Knappheitsverhältnissen,

---

58 Ders., *Die Verfassung der Freiheit*, Tübingen 1984, 2. Aufl., S. 74. Hayek selbst widerspricht an anderer Stelle allerdings der Kennzeichnung seiner Theorie als darwinistisch: »Selbst wenn man die Analogien zur biologischen Evolution betonen wollte, müßte die Theorie der kulturellen Evolution lamarckistisch und nicht darwinistisch genannt werden, denn sie beruht völlig auf der Übertragung von erworbenen Eigenschaften, die zumindest in der modernen Version der darwinistischen Theorie völlig abgelehnt wird.« Er räumt aber ein, dass, obwohl genetische und kulturelle Übertragung unterschiedlich vor sich gehen, das Kriterium der Auswahl – der reproduktive Vorteil – dasselbe ist (»Die überschätzte Vernunft«, in: *Die Anmaßung von Wissen. Neue Freiburger Studien*, Tübingen 1996, S. 76-101, hier: S. 85 f.).

59 Ders., »Sozialismus und Wissenschaft«, in: *Die Anmaßung von Wissen*, S. 151-165, hier: S. 159; vgl. dazu Karl-Heinz Brodbeck, »Die fragwürdigen Grundlagen des Neoliberalismus«, in: *Zeitschrift für Politik*, 48 (2001), S. 49-71, hier: S. 54.

60 John N. Gray, *Freiheit im Denken Hayeks*, Tübingen 1995, S. 39.

61 Friedrich August von Hayek, »Der Wettbewerb als Entdeckungsverfahren«, in: *Freiburger Studien*, Tübingen 1969, S. 249-265, hier: S. 253.

angezeigt durch fallende oder steigende Preise, lenkt der Wettbewerb die Aktivitäten der Wirtschaftssubjekte immer dorthin, wo steigende Preise eine hohe Knappheit und damit Gewinnchancen signalisieren. Kurzum, der Markt ist klüger als seine Teilnehmer, weshalb diese gut daran tun, seinen Signalen zu folgen. Das über den Wettbewerb generierte Wissen bildet dabei keinen festen Bestand, den man sich aneignen und auf den man dann zurückgreifen kann. Es ist einem fortwährenden Wechsel unterworfen und kommt streng genommen immer zu spät: Ob eine Entscheidung richtig ist, lässt sich erst sagen, wenn sie auf dem Markt einen Ertrag gebracht hat.

Hayek bestimmt den Markt weniger als Veridiktionsinstanz denn als Informationsprozessor. Der Wettbewerb gilt ihm als »ein Verfahren zur Entdeckung von Tatsachen, die ohne sein Bestehen entweder unbekannt bleiben oder doch zumindest nicht genutzt werden würden«.[62] Das bezieht sich auf die Frage, »welche Güter knapp, oder welche Dinge Güter sind, oder wie knapp oder wertvoll sie sind«,[63] auf die »Mengen oder Qualitäten der zu erzeugenden und abzusetzenden Güter«,[64] aber auch darauf, welche Organisationsformen und Technologien bei ihrer Herstellung und Distribution zum Einsatz kommen. In der Sprache der Kybernetik ausgedrückt, bildet der Markt ein sich über permanente Rückkopplungsprozesse selbst erhaltendes und regulierendes System. Indem der Wettbewerb die Summe individueller Kalküle in Preise übersetzt und über diese wiederum das Handeln der Individuen anleitet, stiftet »er jene Einheit und jenen Zusammenhang des Wirtschaftssystems, den wir voraussetzen, wenn wir es uns als *einen* Markt denken. Er schafft die Ansichten, die die Leute darüber haben, was am besten und billigsten ist; was die Menschen über Möglichkeiten und Gelegenheiten wissen, das erfahren sie durch ihn. Er ist so ein Prozeß, der einen ständigen Wechsel der Daten in sich schließt und dessen Bedeutung daher von keiner Theorie richtig erfaßt werden kann, die diese Daten als konstant behandelt.«[65]

---

62 Ebd., S. 249.
63 Ebd., S. 253.
64 Ders., *Recht, Gesetz und Freiheit*, S. 384.
65 Ders., »Der Sinn des Wettbewerbs«, in: ders., *Rechtsordnung und Handelnsordnung. Aufsätze zur Ordnungsökonomik* (Gesammelte Schriften in deutscher Sprache, Abt. A: Aufsätze, Bd. 4), Tübingen 2003, S. 107-120, hier: S. 120.

Dieses Entdeckungsverfahren wäre überflüssig, ließen sich seine Ergebnisse voraussagen, und es kann auch keinesfalls sicherstellen, dass »das Wichtige vor dem weniger Wichtigen erreicht«[66] und mit seiner Hilfe der Nutzen tatsächlich maximiert wird. »[A]lles, was wir von der Benützung eines zweckmäßigen Entdeckungsverfahrens erwarten dürfen, ist, daß es die Chancen für unbekannte Personen vergrößern wird, aber nicht irgendwelche bestimmte Ergebnisse für bestimmte Personen.«[67]

Eine spontane Ordnung lässt sich durch planende Eingriffe zwar modifizieren, aber, davon ist Hayek überzeugt, keinesfalls zum Guten: »Fortschritt kann seiner Natur nach nicht geplant werden.«[68] Dass sie genau das versuchen, ist sein Grundeinwand gegen alle Spielarten des Sozialismus, worunter für ihn auch die verschiedenen Formen keynesianischer Wirtschaftspolitik fallen. Aus der Tatsache, dass sich künftige Wettbewerbslagen nicht vorhersagen lassen, folgert er, »daß wir Signale, deren Bestimmungsgründe wir nicht kennen – und das sind die Preise – natürlich auch nicht verbessern können. Wir können vielleicht Umstände, die leider von den Signalen nicht berücksichtigt wurden, in den Markt einführen und dann abwarten, ob nach Berücksichtigung dieser vernachlässigten Umstände der Markt andere Signale gibt. Aber die Idee, daß wir ein Signal verbessern können, von dem wir nicht wissen, was es bedeutet, ist eine Absurdität.«[69]

Gleichwohl will Hayek der Evolution auf die Sprünge helfen – ein paradoxes Unterfangen, das auf die Oxymora eines »planning for freedom«[70] beziehungsweise »planning for competition«[71] hinausläuft. Die staatliche Administration hat sich, so seine Forderung, jedweder Eingriffe in den Wettbewerb zu enthalten und sich auf »die Schaffung eines angemessenen permanenten rechtlichen

---

66 Ders., »Grundsätze einer liberalen Wirtschaftsordnung«, in: *Freiburger Studien*, S. 108-125, hier: S. 112.

67 Ders., »Der Wettbewerb als Entdeckungsverfahren«, S. 255.

68 Ders., *Die Verfassung der Freiheit*, S. 52.

69 Ders., »Wissenschaft und Sozialismus«, in: *Die Anmaßung von Wissen*, S. 267-277, hier: S. 272.

70 Ders., *Freedom and the Economic System*, Public Policy Pamphlet No. 29, hg. von Harry D. Gideonse, Chicago 1939, S. 10, zit. n. Ingo Pies, *Eucken und von Hayek im Vergleich. Zur Aktualisierung der ordnungspolitischen Konzeption*, Tübingen 2001, S. 101.

71 Hayek, *The Road to Serfdom*, S. 31.

Rahmens« für eine funktionierende Wettbewerbswirtschaft zu beschränken.[72] Sie darf, so sein Bild, das Uhrwerk schmieren, aber nicht die Uhrzeiger verstellen oder die Mechanik umbauen[73] – eine Metapher, mit der er technologisch von der Kybernetik auf die klassische Mechanik zurückfällt und die zugleich auf ein untergründig theologisches Motiv seines Denkens verweist: Das Uhrwerk der Welt ist nicht zu denken ohne göttlichen Uhrmacher. Dessen Bauplan können die Menschen letztlich nicht ergründen, weshalb sie ihm tunlichst nicht ins Handwerk pfuschen sollten. Der Schöpfergott west – in die Immanenz der Geschichte eingeholt – fort als kulturelle Evolution, seine Vernunft offenbart sich den Menschen in der spontanen Ordnung des Marktes. Um Hegel zu variieren: Der Weltmarkt ist das Weltgericht.

In der Überzeugung, dass Marktwirtschaft nur existieren kann, wo Rechtssicherheit herrscht, weiß sich Hayek grundsätzlich einig mit den Ordoliberalen ebenso wie in der Option für eine Strategie der indirekten Einflussnahme, welche die Aufgabe des Staates darin sieht, »Bedingungen zu schaffen, unter denen sich eine wohltätige Ordnung von selbst herstellt«.[74] Im Unterschied zum ordoliberalen Aktivismus der Wettbewerbsförderung beharrt er jedoch auf einer grundsätzlichen Skepsis gegenüber *allen* politischen Steuerungsanstrengungen. Seine Sorge ist »nicht, daß der Staat, wenn er auf die Erzwingung allgemeiner Regeln beschränkt wäre, *nicht genug* zur Erhaltung des Wettbewerbs tun könnte, sondern [...] daß er gezwungen wäre, *zu viel* zu seiner Erhaltung zu tun. [...] Die Erzwingung allgemeiner Regeln hat sich in gewissen Sinn nicht

---

72 Ders., »Marktwirtschaft und Wirtschaftspolitik«, in: ders., *Wirtschaft, Wissenschaft und Politik. Aufsätze zur Wirtschaftspolitik* (Gesammelte Schriften in deutscher Sprache, Abt. A: Aufsätze, Bd. 6), Tübingen 2001, S. 3-14, hier: S. 5 f.

73 »Wir würden nicht von Eingriff sprechen, wenn wir ein Uhrwerk schmierten oder sonst wie für Bedingungen sorgten, die ein in Gang befindlicher Mechanismus für sein einwandfreies Funktionieren benötigt. Erst wenn wir die Position irgendeines Einzelteils in einer Weise veränderten, die nicht dem allgemeinen Funktionsprinzip entspricht, wie das Verstellen der Zeiger einer Uhr, kann man zutreffend davon sprechen, daß wir eingegriffen haben. Zweck eines Eingriffs ist somit immer die Herbeiführung eines bestimmten Ergebnisses, das anders ist als das, zu dem es gekommen wäre, wenn der Mechanismus ohne Hilfe seinen vorgegebenen Prinzipien hätte folgen dürfen« (ders., *Recht, Gesetz und Freiheit*, S. 280).

74 Ders., »Strukturpolitik und Wettbewerbswirtschaft«, in: *Wirtschaft, Wissenschaft und Politik*, S. 15-29, hier: S. 18.

als zu wenig wirksam, sondern als *zu* wirksam erwiesen: denn die Regeln erlauben nicht, zwischen Konkurrenzbeschränkungen zu unterscheiden, die jeweils für wünschenswert und jenen, die unter besonderen Umständen für schädlich gehalten werden.«[75]

Radikaler als andere Neoliberale präsentiert Hayek sein Programm als Kritik des Zuvielregierens und gelangt zu einer evolutionistischen Neubegründung des Laissez-faire. Dichotomischen Oppositionen verhaftet – unbewusste Evolution versus rationale Konstruktion, spontane Ordnung versus Organisation, Freiheit versus Zwang – und letztlich fixiert auf eine Widerlegung des Sozialismus mit den Mitteln ökonomischer Theorie, nimmt er dabei den performativen Widerspruch in Kauf, dass auch die Abschaffung von Regulierungen einen konstruktivistischen Eingriff in die behauptete spontane Ordnung darstellt und umgekehrt eine *existierende* Planwirtschaft als Ergebnis der kulturellen Evolution anzusehen wäre. Deutlicher als die meisten seiner Weggefährten spricht er aus, dass der Wettbewerb nicht nur Sieger hervorbringt und der Erfolg zudem mindestens ebenso sehr vom Glück abhängt wie vom individuellen Bemühen. Eine Wettbewerbsgesellschaft ist keine Leistungsgesellschaft, und sie stiftet erst recht keine soziale Gerechtigkeit. Ihre allgemeinen Spielregeln, das *rule of law*, sollen zwar verhindern, dass jemand schummelt, aber sie können nicht verhindern, dass jemand scheitert:[76] »Es sollte freimütig zugegeben werden«, plädiert Hayek, »daß die Marktordnung keinen engen Zusammenhang zwischen subjektivem Verdienst oder individuellen Bedürfnissen und Belohnungen zustande bringt. Sie arbeitet nach dem Prinzip eines Spiels, in dem Geschicklichkeit und Chancen kombiniert werden und bei dem das Endergebnis für jeden einzelnen genausogut von völlig außerhalb seiner Kontrolle liegenden Umständen abhängen kann wie von seiner Geschicklichkeit oder Anstrengung. Jeder wird nach dem Wert entlohnt, den seine speziellen Leistungen für diejenigen haben, denen er sie darbringt. Und dieser Wert steht in keiner notwendigen Beziehung zu dem, was wir füglich sein Verdienst nennen können, und erst recht nicht zu seinen Bedürfnissen.«[77]

Versucht man aus dieser Beschreibung der Marktmechanismen

---

75 Ders., »Marktwirtschaft und Wirtschaftspolitik«, S. 11.
76 Ders., *Recht, Gesetz und Freiheit*, S. 278.
77 Ders., »Grundsätze einer liberalen Gesellschaftsordnung«, S. 120.

Verhaltensregeln für die individuelle Lebensführung abzuleiten, so ergibt sich eine Normenfalle, die den Einzelnen in einem Zustand fortwährender Anspannung hält (und halten soll): Weil Glück und Geschick unauflöslich ineinander verwoben sind, kann er nie sicher sein, ob sein Erfolg dem puren Zufall und sein Misserfolg mangelnder Anstrengung geschuldet ist, und muss in jedem Fall weiterhin all seine Kräfte einsetzen, ohne je wissen zu können, ob die Mühe sich lohnen wird. Das Glück winkt nur dem Tüchtigen, aber noch so viel Tüchtigkeit schützt nicht unbedingt vor dem Unglück. Die Kontingenz des Marktgeschehens bewirkt so gerade keine Entlastung vom permanenten Zwang zur Selbstmobilisierung, sondern setzt diesen erst in Gang.

Zugleich liefert die der göttlichen nachgebildete Weisheit des Marktes auch eine Rechtfertigungslehre für das irdische Schicksal: Weil die Entlohnungen, die der Markt bestimmt, »nicht in einem funktionalen Zusammenhang mit dem [stehen], was die Menschen getan *haben*, sondern nur mit dem, was sie tun *sollten*«,[78] dürfen die Erfolgreichen sich in der moralischen Gewissheit sonnen, dass bei ihnen Sein und Sollen übereinstimmen. Die Verlierer dagegen haben zum Schaden auch noch die Schmach zu erdulden, sich den Anforderungen des Wettbewerbs nicht gewachsen gezeigt zu haben. Was auch immer sie getan haben, ihr Misserfolg beweist: Es war nicht das, was sie hätten tun sollen. Die kleinen und großen Pleiten, welche die Betroffenen unter Umständen als existentielle Katastrophe erfahren, sind aus der Perspektive der großen »Rechenmaschine« lediglich Signale, die den Marktteilnehmern ein Neujustieren ihrer Investitionsentscheidungen erlauben und so den Prozess kultureller Evolution vorantreiben. »Es ist eine der Hauptaufgaben des Wettbewerbs, zu zeigen, welche Pläne falsch sind«,[79] kommentiert Hayek lakonisch das marktwirtschaftliche Ausleseprinzip. Damit gelernt werden kann, müssen Fehler gemacht werden. Aber wehe jenen, die sie machen!

Hayek interessiert sich stärker für die evolutive Kraft des Marktes als für das diese Evolution bewirkende Handeln der Marktakteure. Der Gestalt des Unternehmers schenkt er deshalb vergleichsweise wenig Beachtung. Wenn er von ihm spricht, dann beschreibt er ihn sowohl als Produkt wie auch als Motor des kulturellen Evolu-

---

78 Ders., *Recht, Gesetz und Freiheit*, S. 268.
79 Ebd.

tionsprozesses. Unternehmergeist gilt ihm als exemplarische Form »systematischen rationalen Denkens«, der Wettbewerb als einzig geeignete Methode, diesen Typus von Verstand »zu züchten«. Um Entrepreneurship entstehen zu lassen, bedarf es entsprechender Anreize: »Man hat nichts davon, wenn man rationaler als der Rest ist, aber daraus keinen Nutzen ziehen darf.«[80] Dazu gehört insbesondere die entschiedene Abwehr egalitärer Bestrebungen. Unternehmergeist verträgt sich für Hayek schlecht mit sozialstaatlichen Transferleistungen und allgemeiner Wohlfahrt. Entfalten kann er sich nur, wenn Machtasymmetrien nicht unter dem Druck von Gleichheitsideologien nivelliert werden. Unternehmer sind Herrschernaturen, welche die Vernunft des Marktes exekutieren, indem sie ihren eigenen Vorteil suchen: »Das geistige Wachstum einer Gemeinschaft beruht darauf, daß die Ansichten einiger weniger sich allmählich verbreiten, selbst wenn das zum Nachteil derjenigen ist, die mit deren Übernahme zögern; und obwohl niemand die Macht haben sollte, ihnen neue Ansichten deshalb aufzuzwingen, weil er sie für besser hält, darf man doch dann, wenn der Erfolg zeigt, daß sie wirksamer sind, diejenigen, die an ihren alten Methoden festhalten, nicht vor einer relativen oder sogar einer absoluten Verschlechterung ihrer Position schützen. Schließlich ist der Wettbewerb immer ein Vorgang, in dem eine kleine Anzahl eine viel größere Anzahl nötigt, das zu tun, was diese nicht will – sei es härter zu arbeiten, Gewohnheiten zu ändern, oder ihrer Arbeit ein Maß von Aufmerksamkeit, ständiger Zuwendung oder Regelmäßigkeit zu widmen, das ohne Wettbewerb nicht erforderlich wäre.«[81] Vielleicht ist das die politische Quintessenz der evolutionistischen Ökonomik Hayeks: Die Freiheit der einen realisiert sich als Unterwerfung der anderen.

Fluchtpunkte neoliberaler Gouvernementalität

Die ökonomischen Theorien, die unter dem selbst gewählten oder von außen zugeschriebenen Label »Neoliberalismus« firmieren, sind alles andere als homogen. Schon die hier vorgestellten Positionen des Ordoliberalismus, der Humankapitaltheorie sowie

---

80 Ebd., S. 381 f.
81 Ebd., S. 382.

Hayeks Konzept spontaner Ordnung setzen sich, wie gezeigt, in wichtigen Punkten voneinander ab. Die Differenzen würden sich noch vervielfachen, bezöge man andere Ausprägungen wie den Monetarismus Milton Friedmans,[82] den Anarchokapitalismus seines Sohnes David Friedman[83] oder Murray N. Rothbards libertären Marktradikalismus[84] in die Untersuchung mit ein, die allerdings im Hinblick auf die Gestalt des unternehmerischen Selbst weniger einschlägig sind und deshalb im hier vorgelegten Abriss nicht berücksichtigt wurden. Institutionenökonomische Ansätze wie die Public-Choice-Theorie James M. Buchanans und Gordon Tullocks[85] oder die Transaktionskostenökonomik Oliver E. Williamsons und anderer, die ebenfalls hierher gehören, werden im übernächsten Kapitel im Hinblick auf die Ökonomisierung vertraglicher Arrangements diskutiert. Die neoliberalen Theorien changieren zwischen gemäßigten und radikalen, Laissez-faire-orientierten und auf aktivistische Wettbewerbspolitiken abzielenden Positionen, zwischen der heuristischen »Als ob«-Anthropologie eines nutzenmaximierenden Homo oeconomicus und evolutionistischen Konzepten einer erst durch den Markt zur ökonomischen Räson gebrachten menschlichen Natur. Diese Vielstimmigkeit macht es möglich, durchaus unterschiedliche Politiken unter Berufung auf die eine oder andere Variante zu legitimieren. Die neoliberale Gouvernementalität ist alles andere als ein in sich abgeschlossenes Regierungsprogramm. Wenn überhaupt von ihr im Singular zu sprechen ist, so im Sinne

---

82 Vgl. zusammenfassend Milton Friedman, *Kapitalismus und Freiheit*, Frankfurt/M. u. a. 1984; einen Überblick gibt Ingo Pies (Hg.), *Milton Friedmans ökonomischer Liberalismus*, Tübingen 2004.

83 Vgl. David Friedman, *The Machinery of Freedom. Guide to a Radical Capitalism*, 2. Aufl., La Salle, Ill. 1989, (dt., in allerdings miserabler Übersetzung: *Das Räderwerk der Freiheit. Für einen radikalen Kapitalismus*, Grevenbroich 2003).

84 Vgl. vor allem Murray N. Rothbard, *Eine neue Freiheit. Das libertäre Manifest*, Berlin 1999; ders., *Die Ethik der Freiheit*, Sankt Augustin 1999, sowie neben diesen eher essayistischen Arbeiten das theoretische Hauptwerk: *Man, Economy, and State*, 2 Bde., Princeton 1962; Hintergrundinformationen zu Rothbard und dem US-amerikanischen *Libertarian Movement* gibt Ulrike Heider, *Die Narren der Freiheit. Anarchisten in den USA heute*, Berlin 1992, insbesondere S. 132 ff.

85 Vgl. grundlegend James M. Buchanan/Gordon Tullock, *The Calculus of Consent. Logical Foundations of Constitutional Democracy*, Ann Arbor 1962; James M. Buchanan, *Die Grenzen der Freiheit. Zwischen Anarchie und Leviathan*, Tübingen 1984.

einer die verschiedenen Ausprägungen verbindenden elementaren Marktmobilisierung.

In der Polyphonie lassen sich einige gemeinsame Grundakkorde ausmachen: Da ist zunächst der methodologische Ausgangspunkt von einem Individuum, das sich entscheidet. Der neoliberale Freiheitsbegriff vermeidet die Dramatik des existentialistischen Selbstentwurfs wie das Pathos der Emanzipation von gesellschaftlichen Zwängen und rückt stattdessen die pragmatische Wahl zwischen verfügbaren Alternativen in den Vordergrund. In ihren Wahlhandlungen folgen die Menschen ihren Präferenzen, und sie verfolgen diese rational. Das bedeutet, sie suchen ihren relativen Vorteil und handeln dabei weder willkürlich, noch funktionieren sie wie Rechenmaschinen, die schematisch die immer gleichen Regeln anwenden, sondern treffen ihre Entscheidungen auf der Grundlage (freilich stets unvollständiger) Informationen und passen sie an veränderte Umweltbedingungen an. Weil sie zum Zwecke der Maximierung ihres Nutzens lernen, kann man ihr Verhalten systematisch beeinflussen, indem man Anreize schafft oder beseitigt.[86] Die Menschen sind regierbar, weil sie konditionierbar sind, und es ist effizienter, sie mittelbar durch Anreizsysteme zu regieren als durch unmittelbaren Zwang.

Der wirksamste Mechanismus, um die Lernfähigkeit der Menschen und auf diesem Wege auch ihren Nutzen zu steigern und letztlich zwar nicht alle gleich gut, aber doch fast alle besser zu stellen, so ein zweites Axiom neoliberalen Denkens, ist der Wettbewerb. Er bildet ein ideales Konditionierungsinstrument, weil er nicht gegen die individuelle Vorteilssuche operiert, sondern durch diese hindurch. Es sind die Wahlhandlungen der einzelnen Akteure, die, vermittelt über die Preise, die soziale Synthesis herstellen. Der Wettbewerb verbindet universelle Vergleichbarkeit und den Zwang zur Differenz; er totalisiert und individualisiert zugleich: Jeder Einzelne muss sich in der Verfolgung seines Nutzens mit allen anderen messen, und er kann seinen Nutzen nur in dem Maße steigern, in dem er sich von seinen Mitbewerbern abhebt und für sich beziehungsweise für das, was er in den Tauschprozess einbringt, ein Alleinstellungsmerkmal geltend machen kann. Seine stimulieren-

---

86 Vgl. Gebhard Kirchgässner, *Homo oeconomicus. Das ökonomische Modell individuellen Verhaltens und seine Anwendung in den Wirtschafts- und Sozialwissenschaften*, 2. Aufl., Tübingen 2000, S. 17f.

de Wirkung kann der Wettbewerb nur dann entfalten, wenn er nicht durch konkurrenzverhindernde oder -verzerrende Eingriffe außer Kraft gesetzt wird. Für ihn gilt deshalb das Gleiche wie für die individuelle Nutzenmaximierung: Beide sind nicht etwas ein für alle Mal Gegebenes, sondern müssen fortwährend hergestellt, abgesichert und optimiert werden, und genau das ist es, was die neoliberale Gouvernementalität ausmacht: Regieren heißt, den Wettbewerb, sich selbst regieren heißt, die eigene Wettbewerbsfähigkeit fördern. Dabei soll wiederum ein zirkulärer Konditionierungsmechanismus greifen: Je mehr Wettbewerb herrscht, desto mehr Gelegenheit haben die Akteure, ihr Handeln auf Wettbewerbsfähigkeit hin auszurichten. *Only competition makes competitive.*

Wettbewerb ist ein dynamisches Geschehen. Der Markt erscheint in dieser Perspektive nicht als Ort des friedlichen Interessenausgleichs mittels Tausch, sondern als unübersichtliche, endlose Abfolge sich auftuender und wieder schließender Lücken. Sie zu erkennen und auszunutzen, zeichnet den Unternehmer aus. Wenn die Ratio neoliberalen Regierens darauf hinausläuft, den Wettbewerbsmechanismus zu generalisieren und den Markt als universales Modell der Vergesellschaftung zu etablieren, dann wird die Gestalt des Unternehmers zum Fluchtpunkt der Subjektivierungsanstrengungen.

3.2 Unternehmerfunktionen

> »Sie wissen, was die Anarchisten immer geglaubt haben?«
> »Ja.«
> »Sagen Sie's mir.«
> »Der Zerstörungsdrang ist ein kreativer Drang«, sagte er.
> »Das ist auch das Erkennungsmerkmal kapitalistischen Denkens. Durchgesetzte Zerstörung. Alte Industrien müssen brutal eliminiert werden. Neue Märkte müssen mit Gewalt behauptet werden. Alte Märkte müssen erneut ausgebeutet werden. Zerstört die Vergangenheit, erschafft die Zukunft.«[1]

Unternehmerisches Handeln, so weit besteht Konsens, ist ökonomisches Handeln, aber nicht jede ökonomische Aktivität ist auch unternehmerisch. Um zu bestimmen, was unternehmerisches Handeln gegenüber anderen Formen des Handelns auszeichnet, liegt es daher nahe, sich an die Nationalökonomie zu wenden. Einschlägig für eine Genealogie des unternehmerischen Selbst sind insbesondere jene wirtschaftswissenschaftlichen Theorien, die meisten datieren aus der ersten Hälfte des letzten Jahrhunderts, welche den damals vorherrschenden neoklassischen Modellen eines vollkommenen Wettbewerbs ein dynamisches Verständnis des Marktprozesses entgegenstellen und dabei den Unternehmer als das dynamisierende Moment identifizieren. Zu nennen sind hier insbesondere die Arbeiten von Ludwig von Mises, dessen Schüler Israel M. Kirzner, außerdem von Joseph Schumpeter, Frank H. Knight sowie – neueren Datums – von Mark Casson.[2] Den gemeinsamen Ausgangspunkt

---

1 Don DeLillo, *Cosmopolis*, Köln 2003, S. 96.
2 Ludwig von Mises, *Nationalökonomie. Theorie des Handelns und Wirtschaftens* (1940), München 1980; Israel M. Kirzner, *Wettbewerb und Unternehmertum*, Tübingen 1978; ders., *Unternehmer und Marktdynamik*, München/Wien 1988; Joseph Schumpeter, *Theorie der wirtschaftlichen Entwicklung*, 2. Aufl., München/Leipzig 1926; ders., Art. »Unternehmer«, in: *Handwörterbuch der Staatswissenschaften*, hg. von Ludwig Elster, Adolf Weber u. Friedrich Wieser, 8. Bd., 4. Aufl., Jena 1928, S. 476-487; Frank H. Knight, *Risk, Uncertainty, and Profit* (1921), New York 1964; ders., »Profit and Entrepreneurial Functions«, in: *The Journal of Economic History*, 2 (1942), S. 126-132; Mark Casson, *The Entrepreneur. An Economic Theory*, Oxford 1982; ders., *Enterprise and Leadership*, Cheltenham 2000.
– Überblicke über die nationalökonomische Literatur, auch die ältere, zu den

dieser im Übrigen heterogenen Studien bildet die Frage nach einer ökonomischen Erklärung des Unternehmensgewinns.

Wenn die Nationalökonomie sich mit dem Unternehmer befasst, geht es ihr also nicht um die Rekonstruktion eines historischen Idealtypus[3] oder um ein spezifisches Set persönlicher Eigenschaften,[4] sondern um eine volkswirtschaftliche Kategorie. »Die Unternehmer, von denen sie spricht, sind nicht Menschen, wie man ihnen im Leben und in der Geschichte begegnet, sondern die Verkörperung von Funktionen im Ablauf der Marktvorgänge.«[5] Bei einem Vergleich der einschlägigen nationalökonomischen Bestimmungen

Unternehmerfunktionen bieten Michael Hofmann, *Das unternehmerische Element in der Betriebswirtschaft*, Berlin 1968; Dieter Schneider, »Unternehmer und Unternehmung in der heutigen Wirtschaftstheorie und der deutschsprachigen Nationalökonomie der Spätklassik«, in: Harald Scherf (Hg.), *Studien zur Entwicklung der ökonomischen Theorie V*, Berlin 1986, S. 29-79; Robert F. Hébert/Albert N. Link, *The Entrepreneur. Mainstream Views & Radical Critiques*, 2. Aufl., New York 1988; Alberto Martinelli, »Entrepreneurship and Management«, in: Neil J. Smelser/Richard Swedberg (Hg.), *The Handbook of Economic Sociology*, Princeton, NJ 1994, S. 476-503; Burkhard Welzel, *Der Unternehmer in der Nationalökonomie*, Köln 1995; C. Mirjam van Praag, »Some classic views on entrepreneurship«, in: *De Economist*, 147 (1999), S. 311-335.

3 Für einen historisch-soziologischen Zugang zur Gestalt des Unternehmers vgl. die klassischen Arbeiten von Werner Sombart, »Der kapitalistische Unternehmer«, in: *Archiv für Sozialwissenschaft und Sozialpolitik*, 29 (1909), S. 689-758; ders., *Der Bourgeois. Zur Geistesgeschichte des modernen Wirtschaftsmenschen*, München/Leipzig 1913; Fritz Redlich, *Der Unternehmer. Wirtschafts- und Sozialgeschichtliche Studien*, Göttingen 1964; zur Begriffsgeschichte vgl. Hans Jaeger, Art. »Unternehmer«, in: Otto Brunner/Werner Conze/Reinhart Koselleck (Hg.), *Geschichtliche Grundbegriffe. Historisches Lexikon zur politisch-sozialen Sprache in Deutschland*, Bd. 6, Stuttgart 1990, S. 707-732; Sophie Boutillier/Dimitri Uzunidis, *La légende de l'entrepreneur*, Paris 1999; dies., *L'aventure des entrepreneurs*, Paris 2006.

4 Zur Psychologie des Unternehmers vgl. die bereits klassischen Arbeiten von David C. McClelland, *Die Leistungsgesellschaft. Psychologische Analyse der Voraussetzungen wirtschaftlicher Entwicklung*, Stuttgart 1966, insbesondere S. 201-287; ders., *The Achievement Motive*, New York 1972; ders., »Characteristics of Successful Entrepreneurs«, in: *Journal of Creative Behavior*, 21 (1987), S. 219-233; ferner: Manfred F. R. Kets de Vries, »The entrepreneurial personality: a person at the crossroads«, in: *The Journal of Management Studies*, 14 (1977), S. 34-57; Elizabeth Chell/Jean Haworth/Sally Brearly, *The entrepreneurial personality. Concepts, cases and categories*, London/New York 1991. Neuere Forschungen präsentieren die Beiträge in: *Wirtschaftspsychologie*, 7 (2005), H. 2, Themenheft: Psychologie des Unternehmertums, hg. von Peter G. Richter.

5 Mises, *Nationalökonomie*, S. 245.

lassen sich vier Grundfunktionen unternehmerischen Handelns identifizieren: Unternehmer sind *erstens* findige Nutzer von Gewinnchancen, *zweitens* Neuerer, sie übernehmen *drittens* die Unsicherheiten des ökonomischen Prozesses und koordinieren schließlich *viertens* die Abläufe von Produktion und Vermarktung.[6]

Die funktionalen Definitionen implizieren eine Abgrenzung in drei Richtungen: Zum einen ist die Funktion des Unternehmers abzuheben von anderen ökonomischen Funktionen, etwa der des Kapitalisten, Grundeigentümers, Arbeitgebers, Erfinders oder Managers, mit denen sie zwar häufig in ein und derselben Person vereint auftritt, deren Bedeutung im und für das Wirtschaftsgeschehen jedoch eine grundlegend andere ist. Zum anderen bezieht sich die nationalökonomische Rede von der Unternehmerfunktion nicht nur auf die Aktivitäten eines selbständigen Geschäftsmanns. Nach Schumpeters Auffassung ist sie nicht einmal gebunden an die Existenz des kapitalistischen Wirtschaftssystems; unternehmerisch handeln können vielmehr auch »Organe einer sozialistischen Gemeinschaft, Herren eines Fronhofs oder Häuptlinge eines primitiven Stammes«.[7] Die »Durchsetzung neuer Kombinationen«, so seine Definition der Funktion des Unternehmers, bezeichnet einen Handlungstyp, der grundsätzlich jedem zugänglich, zugleich aber »kein Beruf ist und in der Regel kein Dauerzustand«.[8] Sie muss nicht einmal von einem einzelnen Menschen verkörpert, sondern kann auch von einer Organisation wahrgenommen werden: »Jedes soziale Milieu hat seine eigenen Formen, die Unternehmerfunktion auszufüllen.«[9] Drittens schließlich ist der Unternehmer der Wirt-

---

6 Diese Momente unterscheidet ähnlich schon Werner Sombart, der es »trotz der großen entgegenstehenden Bedenken« des historischen Sozialwissenschaftlers unternimmt, »einige Funktionen, die wir – in größeren oder geringeren Mengenverhältnissen – doch überall wiederkehren sehen, wo sich Unternehmertätigkeit entfaltet, zu benennen und aus ihrer Gesamtheit so etwas wie die typische Unternehmerfunktion als ein Ganzes zu konstruieren.« Sombarts »moderner Allunternehmer« vereinigt die »Menschentypen« des Erfinders, Entdeckers, Eroberers, Organisators, spekulierenden Kalkulators und »Verhändlers« (*Der kapitalistische Unternehmer*, S. 724 ff.).
7 Schumpeter, *Theorie der wirtschaftlichen Entwicklung*, S. 111.
8 Ebd., S. 116.
9 Ders., »Economic Theory and Entrepreneurial History« (1949), in: ders., *Essays on Entrepreneurs, Innovations, Business Cycles, and the Evolution of Capitalism*, hg. v. Richard V. Clemence, New Brunswick/London 1991, S. 253-271, hier: S. 260.

schaftswissenschaften keinesfalls identisch mit dem kühl kalkulierenden Nutzenmaximierer, der in all seinen Entscheidungen die Allokation knapper Mittel in Bezug auf konkurrierende Zwecke zu optimieren sucht. Dieses rationalistische Konstrukt unterschlägt die unhintergehbare Kontingenz menschlichen Handelns, das stets unter den Bedingungen unvollkommenen Wissens steht, und vermag weder die Dynamik der Marktvorgänge noch den Unternehmergewinn zu erklären. Unternehmerisches Handeln setzt demgegenüber gerade dort ein, wo der Rahmen bloßer Kosten-Nutzen-Kalküle überschritten und neue Gewinnmöglichkeiten entdeckt und ausgenutzt werden.

Der Unternehmer als Nutzer von Gewinnchancen

Folgt man Ludwig von Mises, so ist dieser spekulative Zug konstitutiv für den Homo agens. Indem er die Nationalökonomie zu einer allgemeinen Praxeologie erweitert, bestimmt er zugleich das menschliche Handeln durchgängig nach Maßgabe ökonomischer Kategorien. Handeln ist danach per definitionem vernünftig: »Der Handelnde sucht einen Zustand, der ohne sein Dazutun gegeben ist, durch einen anderen Zustand zu verdrängen. In seinem Denken sieht er einen Zustand, der ihm mehr zusagt als der gegebene, und sein Handeln ist darauf gerichtet, diesen gewünschten Zustand zu verwirklichen. [...] Allgemeinste Bedingungen des Handelns sind mithin: Unzufriedenheit mit dem gegebenen Zustand und die Annahme der Möglichkeit der Behebung oder Milderung dieser Unzufriedenheit durch das eigene Verhalten.«[10] *Welche* Präferenzen der Einzelne verfolgt, fällt außerhalb des Zuständigkeitsbereichs praxeologischer Aussagen: »Die Lehre vom menschlichen Handeln hat den Menschen nicht zu sagen, welche Ziele sie sich setzen und wie sie werten sollen. Sie ist eine Lehre von den Mitteln zur Erreichung von Zielen, nicht eine Lehre von der richtigen Zielwahl.«[11] Entscheidend ist die axiomatische Setzung, dass *alles* Handeln eine Wahl zwischen mehr oder weniger attraktiv empfundenen Alternativen darstellt und deshalb in einem umfassenden Sinn eigennützig ist, wobei der Eigennutz auch in der Genugtuung des Altruisten

10 Mises, *Nationalökonomie*, S. 30 f.
11 Ebd., S. 8.

bestehen kann, anderen geholfen zu haben. Weil aber keine Wahlhandlung mit Gewissheit den gewünschten Erfolg zeitigt, bleibt jede ein Wagnis: »Da alles Handeln auf die Zukunft gerichtet ist, mag es mitunter auch nur die allernächste Zukunft sein, wird es durch alle Veränderungen der Daten, die in der Zeitspanne zwischen seinem Einsatz und seiner Auswirkung eintreten, berührt. Jedes Handeln ist in diesem Sinne Spekulation«[12] – und insoweit auch jeder Mensch ein Unternehmer.

Der Generalisierung der Unternehmerfunktion zu einem Anthropologicum entspricht die Verallgemeinerung des Marktes als Medium sozialer Integration: In einer Marktwirtschaft, gekennzeichnet durch Sondereigentum an Produktionsmitteln und Arbeitsteilung, handelt, so Mises, jeder für sich, »doch jedermanns Handeln ist mittelbar auch auf die Erfüllung der Zwecke der anderen Handelnden gerichtet. Jedes Handeln wird dadurch zu einem Mithandeln, jedermann dient handelnd seinen mithandelnden Genossen. Jeder gibt, um zu empfangen; jeder dient, um bedient und bedankt zu werden. Jeder ist Zweck und Mittel zugleich: Zweck sich selbst und Mittel allen anderen zur Erreichung ihrer Zwecke. Die Steuerung dieses Körpers erfolgt durch den Markt. Der Markt weist dem Handeln der Einzelnen die Wege und lenkt es dorthin, wo es den Zwecken seiner Mitbürger am nützlichsten werden kann. […] Jeder ist frei, niemand hat einen Herrn über sich. Doch wenn auch frei, dient jeder allen. Auch ohne dass man ihn zwingt, muss jeder seine Aufgabe erfüllen. Der Markt lenkt, der Markt bringt in das Getriebe Sinn und Ordnung.«[13] Fügen sich solche Elogen noch ganz in die Tradition von Smiths unsichtbarer Hand, so gibt Mises dem urliberalen Credo eine aktivistische Wendung. Die soziale Synthesis durch den Markt stellt sich keineswegs von selbst ein, wenn man nur störende Einflüsse aus dem Weg räumt, sondern sie bedarf der fortwährenden Initiative und Risikobereitschaft jener Protagonisten, die Mises als Steigerungsform des Homo agens einführt: der »unternehmendsten« oder »unternehmungslustigsten Wirte«:[14] »Das Getriebe des Marktes wird nicht durch die Verbraucher und nicht durch die, die über die Produktionsmittel verfügen, in Gang gesetzt und gehalten, sondern durch eine Anzahl von Wirten, die

---

12 Ebd., S. 246.
13 Ebd., S. 250 f.
14 Ebd., S. 258, 272.

durch die Ausnützung der Preisunterschiede gewinnen wollen, die Unternehmer. Das sind Wirte, die mit mehr Eifer und Geschick als die übrigen Wirte nach Verdienstmöglichkeiten Ausschau halten.«[15] Sie sind gewissermaßen die menschlicheren Menschen, weil sie das spekulative Moment des Handelns in besonders ausgeprägter Weise verkörpern, und sind damit zugleich das Vorbild menschlicher (Selbst-)Vervollkommnung.

Obwohl »die natürliche und erworbene Ungleichheit der Menschen auch die Anpassung der einzelnen Wirte an die Verhältnisse der Umwelt ungleich gestaltet«,[16] steht die Humanisierung aus dem Geist der Marktwirtschaft grundsätzlich jedem offen – wenn er nur entsprechend handelt. Entrepreneur ist, wer Chancen ergreift: »Jeder Einzelne kann Unternehmer werden, wenn er sich die Gabe zutraut, die künftige Gestaltung der Marktlage besser vorauszusehen als seine Mitbürger, und wenn seine Versuche, sich auf eigene Gefahr und Verantwortung zu betätigen, Erfolg haben. Man wird Unternehmer, indem man sich – im vollen Sinne des Wortes – vordrängt und damit der Prüfung stellt, der der Markt ohne Ansehen der Person jeden unterwirft, der Unternehmer werden oder bleiben will. Jedermann hat die Wahl, ob er sich diesem strengen Prüfungsverfahren aussetzen will oder nicht. Er hat nicht darauf zu warten, daß man ihn dazu auffordert; er muß selbst aus eigenem Antrieb vortreten und muß sich selbst darum kümmern, wie und wo er die Mittel für die Betätigung als Unternehmer finden kann.«[17] Weil es vor dem Tribunal des Marktes weder eine definitive Verurteilung noch einen endgültigen Freispruch geben kann, darf er sich niemals auf dem Erreichten ausruhen. Beim Vordrängen ist Innehalten schon ein Rückschritt.

Israel M. Kirzner, ein Schüler Mises', greift dessen anthropologisches Basistheorem auf, »daß Menschen nicht nur rechnende Verwalter sind, sondern *aufmerksam nach neuen Möglichkeiten* Ausschau halten«,[18] und hebt wie sein Lehrer die spekulative Seite unternehmerischen Handelns hervor. Im Zentrum steht das Ausnützen von Arbitragemöglichkeiten. Der reine Unternehmergewinn ergibt sich, so seine These, »durch Entdeckung und Ausnut-

---

15 Ebd., S. 285.
16 Ebd.
17 Ebd., S. 273.
18 Kirzner, *Unternehmer und Marktdynamik*, S. 17.

zung von Situationen, in denen er [der Unternehmer, UB] das, was er zu einem niedrigen Preis kaufen, zu einem hohen Preis verkaufen kann. […] Er entsteht dadurch, daß er Verkäufer und Käufer einer Sache findet, für die die letzteren mehr zu zahlen bereit sind, als erstere verlangen. Die Entdeckung einer Gewinngelegenheit bedeutet, *etwas zu entdecken, was ohne jede Gegenleistung erhältlich ist.*«[19] Die entscheidende Eigenschaft eines Entrepreneurs ist deshalb seine »Findigkeit« (*alertness*): »Unternehmertum besteht nicht darin, nach einem freien Zehndollarschein zu greifen, den man bereits irgendwo entdeckt hat. Es besteht vielmehr darin, zu entdecken, daß es ihn gibt und daß er greifbar ist.«[20]

Findigkeit lässt sich verstehen als die Fähigkeit, schneller als andere und vor allem »ohne gezieltes Vorgehen zu lernen«. Ausschlaggebend für den Informationsvorsprung, dessen Ausnutzen den Arbitragegewinn ergibt, sind nicht zielgerichtete »überlegte Suchbemühungen«, sondern »spontane Entdeckungen«.[21] Weil Findigkeit eine »Gabe« darstellt, »derer sich Menschen in ganz unterschiedlichem Maße erfreuen«,[22] lässt sie sich auch nicht in Lehrpläne pressen und antrainieren. Ob jemand findig ist, erweist sich immer erst im nachhinein, wenn der Erfolg sich eingestellt hat – oder eben nicht. Gleichwohl hält Kirzner die paradoxe Aufgabe, Spontaneität zu fördern, keineswegs für unlösbar und bringt zu diesem Zweck ins Spiel, was die Systemtheorie Kontextsteuerung und die Pädagogik seit Maria Montessori vorbereitete Lernumgebung nennt: Als Entdeckungsraum kann nur der Markt selbst fungieren, der dazu – und spätestens hier erweist sich Kirzner als erzliberaler *politischer* Ökonom – so gestaltet werden muss, dass Findigkeit sich auch lohnt. Gewinnchancen lassen sich nur erkennen, wenn es sie gibt und sie nicht etwa durch hohe Steuern aufgefressen oder durch gesetzliche Auflagen blockiert werden: »Da sich Individuen offensichtlich in ihrer unternehmerischen Aufmerksamkeit unterscheiden, ist es klar, daß Gelegenheiten für gesellschaftlichen Fortschritt

---

19 Ders., *Wettbewerb und Unternehmertum*, S. 39. Eine Auseinandersetzung mit Kirzner aus kultursoziologischer Perspektive unternimmt Don Lavoie, »The Discovery and Interpretation of Profit Opportunities: Culture and the Kirznerian Entrepreneur«, in: Brigitte Berger (Hg.), *The Culture of Entrepreneurship*, San Francisco 1991, S. 33-51.
20 Ebd., S. 38.
21 Ders., *Unternehmer und Marktdynamik*, S. 170.
22 Ebd., S. 171.

immer dann höchst erfolgreich wahrgenommen werden, wenn die institutionellen Gegebenheiten dies begünstigen; das heißt, die institutionellen Gegebenheiten müssen so ausgerichtet sein, daß sie derartige Gelegenheiten in einer Weise umgestalten, daß sie gerade von denen, deren unternehmerische Aufmerksamkeit und Findigkeit am feinsten, empfindlichsten und genauesten ausgeprägt ist, auch wahrgenommen werden.«[23] Die Selektion der unternehmerischen Individuen auf dem Markt soll nicht quasi naturwüchsig erfolgen, sondern fortwährender Wettbewerbsanreize bedürfen. Mit einer Politik des Laissez-faire ist es nicht getan; Findigkeit braucht Stimulation. Auch das ist ein unabschließbares Projekt.

Der Unternehmer als Innovator

Wie Mises und Kirzner zeichnet auch Joseph Schumpeter den Entrepreneur als eine Gestalt, die aus vertrauten Routinen ausbricht und neue Wege beschreitet, doch sieht er in ihm weniger den findigen Spekulanten als den schöpferischen Zerstörer und Innovator. Die Funktion des Unternehmers, heißt es in seiner mittlerweile klassischen Definition, besteht darin, »die Produktionsstruktur zu reformieren oder zu revolutionieren, entweder durch die Ausnützung einer Erfindung oder, allgemeiner, einer noch unerprobten technischen Möglichkeit zur Produktion einer neuen Ware bzw. zur Produktion einer alten auf eine neue Weise, oder durch die Erschließung einer neuen Rohstoffquelle oder eines neuen Absatzgebietes oder durch die Reorganisation einer Industrie usw«.[24] Nutzt der Unternehmer Kirzners und Mises' bestehende Ungleichgewichte, um Arbitragegewinne zu erzielen, und bewirkt dadurch Veränderungen, die zu einem (hypothetischen) Gleichgewichtszustand tendieren, so zerstört Schumpeters Unternehmer das bestehende (ebenfalls hypothetische) Gleichgewicht einer »Kreislaufwirtschaft« und bringt durch seine Innovationen Ungleichgewicht hervor.[25]

Weil ökonomisch gesehen nicht das Finden oder Erfinden, sondern das Durchsetzen »neuer Kombinationen« in Produktion und

---

23 Ebd.
24 Joseph Schumpeter, *Kapitalismus, Sozialismus und Demokratie* (1942), Tübingen 1987, S. 214.
25 Vgl. Kirzner, *Wettbewerb und Unternehmertum*, S. 58 f.

Distribution ausschlaggebend ist, rückt Schumpeter den Machtaspekt unternehmerischen Handelns ins Zentrum. Unternehmertum ist demnach ein »Sonderfall des sozialen Phänomens der Führerschaft«.[26] Was den Entrepreneur von den übrigen Menschen unterscheidet, sind erst in zweiter Linie sein Wissen und Auffassungsgabe; in erster Linie ist es seine Willensstärke: »[D]er Typus des Führers ist charakterisiert einmal durch eine besondre Art, die Dinge zu sehen – dabei wiederum nicht so sehr durch Intellekt (und soweit durch diesen, nicht einfach durch Weite oder Höhe, sondern gerade durch eine Enge bestimmter Art) als durch Willen, durch die Kraft, ganz bestimmte Dinge anzufassen und sie real zu sehen –, durch die Fähigkeit, allein und voraus zu gehen, Unsicherheit und Widerstand nicht als Gegengründe zu empfinden, und sodann durch seine Wirkung auf andere, die wir mit ›Autorität‹, ›Gewicht‹, ›Gehorsamfinden‹ bezeichnen können«.[27] Schumpeter stilisiert den Unternehmer zum Helden der Moderne schlechthin: Er ist für ihn »ganz besonders traditions- und beziehungslos, der wahre Hebel der Durchbrechung aller Bindungen, und dem System der überindividuellen Werte sowohl der Schicht, aus der er kommt, als auch der Schicht, in die er steigt, ganz besonders fremd; ganz besonders auch Bahnbrecher des modernen Menschen und kapitalistischer, auf das Individuum gestellter Lebensform, nüchterner Denkweise, utilitaristischer Philosophie – das Gehirn, das zuerst in der Lage war und Anlaß hatte, Beefsteak und Ideal auf gemeinsame Nenner zu bringen«.[28]

Heroische Kräfte braucht der Unternehmer vor allem, um die Schwierigkeiten zu überwinden, die sich dem entgegenstellen, der sich außerhalb der gewohnten Bahnen bewegt: Sichere Informationen und verbindliche Handlungsregeln fehlen, er kann sich nicht auf einen vorliegenden Plan stützen, sondern muss einen neuen erarbeiten, der als noch nicht erprobte »Vorstellung von Vorgestelltem« weit anfälliger für Fehler ist. »Nach ihm handeln und nach dem gewohnten handeln sind so verschiedene Dinge wie einen Weg *bauen* und einen Weg *gehen*: Und das Bauen eines Weges ist so wenig ein bloßes gesteigertes Gehen, als das Durchsetzen neuer Kombinationen ein bloß graduell vom Wiederholen der gewohnten ver-

---

26 Schumpeter, Art. »Unternehmer«, S. 482.
27 Ders., *Theorie der wirtschaftlichen Entwicklung*, S. 128 f.
28 Ebd., S. 134.

schiedener Prozeß ist.«[29] Angetrieben wird der Entrepreneur nicht von hedonistischen Motiven; der unternehmerische Drang zu handeln speist sich vielmehr aus dem Streben nach Unabhängigkeit, der Lust am Kämpfen und Siegen, am Erfolg als solchem, schließlich an der Freude am Tun wie am Schaffen eines Werks.[30]

Schumpeter stellt den Unternehmer in den Rahmen einer politischen Anthropologie, in der sich Führer und Geführte gegenüberstehen und die einen das dynamische, die anderen das statische Prinzip verkörpern. In den konkreten Personen mögen sich beide Momente in unterschiedlichen Kombinationen verbinden, bezogen auf die Funktion im ökonomischen Prozess gibt es nur Neuerer oder Nachahmer. Schöpferische Gestaltung oder Routine, einen Weg bauen oder einen Weg gehen – *tertium non datur*. Die wirtschaftliche Entwicklung wird allein von den Entrepreneuren vorangebracht, die anderen verwalten die Bestände. Es herrscht die Semantik totaler Mobilmachung: *Plus ultra* lautet, so Schumpeter, das Motto des Unternehmers – immer noch weiter.[31]

Der Unternehmer als Träger von Risiken

Den Ausgangspunkt von Frank H. Knights Bestimmung der Unternehmerfunktion bildet das Problem der Ungewissheit menschlichen Wissens und Handelns. Knight unterscheidet zwei Formen der Kontingenz: Auf der einen Seite stehen die Risiken, jene Ungewissheiten also, die sich mithilfe von Wahrscheinlichkeitskalkülen objektivieren und folglich durch Technologien der Versicherung oder Prävention auffangen, d.h. ökonomisch gesehen in ein Kostenelement überführen lassen. Auf der anderen Seite steht die »reine Ungewissheit«, gegen die man sich nicht versichern und auch keine anderen Vorsorgemaßnahmen treffen kann, weil weder die Häufigkeitsverteilung noch ihre Parameter bekannt sind.[32] Diese

29 Ebd., S. 124f.
30 Ebd., S. 138f.
31 Ebd., S. 137.
32 Vgl. Knight, *Risk, Uncertainty, and Profit*, S. 197ff. Niklas Luhmann hat Knights Unterscheidung zwischen Risiko und »reiner« Ungewissheit aufgenommen und seiner *Soziologie des Risikos* (Berlin/New York 1991) zugrunde gelegt.

letzte Form der Ungewissheit treibt die Ausdifferenzierung der gesellschaftlichen Funktionen voran und bringt auch die Gestalt des Unternehmers hervor. Stärker als Schumpeter und erst recht als Mises und Kirzner betont Knight dabei die Institutionen begründende und erhaltende Rolle unternehmerischen Handelns.

Knights Entrepreneur »ist einfach ein Spezialist für die Übernahme von Risiken und das Handeln unter Ungewissheit«,[33] und zwar in zweifacher Hinsicht: Weil er für den Markt produziert, muss er seine Entscheidungen an der künftigen Nachfragesituation ausrichten. Diese hängt wiederum von den künftigen Bedürfnissen der Konsumenten ab und ist daher nicht exakt prognostizierbar. Zugleich hat er den Produktionsprozess selbst zu steuern und die Arbeitskraft derjenigen zu disponieren, deren Einkommensunsicherheit er durch zeitweilige Garantie eines festen Lohns übernimmt. Da er auf ihr Handeln zwar einwirken, dieses aber nicht vollständig kontrollieren kann, bleibt auch hier der Erfolg seiner Anstrengungen letztlich ungewiss. Die Unternehmerfunktion der obersten Verantwortung im Sinne des Tragens von Unsicherheit ist nicht zu trennen von jener der obersten Leitung: »So wie der Mensch nun einmal beschaffen ist, wäre es unmöglich oder zumindest sehr ungewöhnlich, wenn jemand einem anderen einen feststehenden Lohn für sein Handeln garantiert, ohne über die Macht zu verfügen, dessen Arbeit zu dirigieren. Umgekehrt würde sich der Zweite ohne eine solche Garantie nicht unter das Kommando des ersten begeben. […] Das Wesen der Unternehmerfunktion besteht in der Spezialisierung auf die *verantwortliche Steuerung* des ökonomischen Lebens; ihr oftmals übersehenes besonderes Kennzeichen ist die Untrennbarkeit von *Verantwortung* und *Kontrolle*.«[34] In dieser Kopplung liegt für Knight der Kern des Unternehmertums, weshalb er dem bezahlten Manager, der lenkt, aber nicht die wirtschaftlichen Konsequenzen seiner Entscheidungen zu tragen hat, den Unternehmerstatus abspricht, sofern er nicht auch zumindest partieller Kapitaleigner ist.

Aus der reinen Ungewissheit resultiert schließlich auch der Unternehmergewinn. Der Betrag, der dem Unternehmer nach Auszahlung aller vertraglich vereinbarten Faktorenkosten bleibt, erscheint in Knights Konzept jedoch nicht als Kompensation für die

---

33 Knight, »Profit and Entrepreneurial Functions«, S. 129.
34 Ders., *Risk, Uncertainty, and Profit*, S. 270f.

Übernahme von Ungewissheit, sondern als die Differenz, die durch die Unsicherheit zwischen dem erwarteten und dem tatsächlichen Wert der Faktorleistungen hervorgerufen wird. Unternehmensgewinn existiert nur, weil ökonomische Aktivitäten in einer sich beständig wandelnden Umwelt stattfinden und das Ergebnis alternativer Handlungsverläufe unbekannt ist. »Gewinn entsteht aus der absoluten Unvorhersehbarkeit der Dinge, aus der schlichten Tatsache, dass die Ergebnisse menschlichen Handelns nicht vorausgesagt werden können, und er entsteht nur insoweit, als im Hinblick auf diese Ergebnisse selbst Wahrscheinlichkeitskalküle unmöglich und bedeutungslos sind. Gewinn sei, so könnte eingewendet werden, in bestimmten Fällen auf ein überlegenes Urteil zurückzuführen, insbesondere auf das eigene Urteil. Aber das ist ein Urteil über ein Urteil, und im Einzelfall lässt sich eine kluge Entscheidung nicht von bloßem Glück unterscheiden. Handelt es sich jedoch um eine Abfolge von Einzelfällen, die ausreichend groß ist, um ein Urteil zu überprüfen oder seinen voraussichtlichen Ertrag zu bestimmen, verwandelt sich der Gewinn in eine Form von Arbeitslohn.«[35] Zugespitzt formuliert: Profit ist eine Konsequenz des Irrtums. Nur weil viele den Ausgang ungewisser Handlungen oder Ereignisse falsch einschätzen, können jene, die dabei eine glücklichere Hand haben, Gewinne realisieren. Indem Knight die reine Ungewissheit ins Zentrum rückt, macht er das intuitive und dezisionistische Moment unternehmerischen Handelns stark. Entrepreneure zeichnen sich aus durch »ihr Vertrauen in ihr eigenes Urteil und ihre Bereitschaft, dieses durch ihr Handeln zu untermauern«.[36] Sie verzichten nicht darauf, reine Ungewissheit in kalkulierbare Risiken zu transformieren, wo dies möglich ist, aber sie wissen auch, dass der Erfolg sich nicht herbeirechnen lässt. Ohne rationale Planung und Kontrolle kommt keine Unternehmung aus, aber zum Unternehmer im Sinne Knights wird nur, wer immer wieder den Schritt hinaus ins Ungewisse wagt.

---

35 Ebd., S. 311.
36 Ebd., S. 270.

Der Unternehmer als Koordinator

Unternehmer tragen nicht nur das Geschäftsrisiko, sondern auch die Verantwortung. Sie koordinieren den Produktionsprozess und disponieren die Arbeitskraft, sie treiben das Betriebskapital auf und treffen die strategischen Entscheidungen, kurzum: Sie sind für das Unternehmen das, was der Souverän für den Staat ist. Auch wenn das »Regime der Manager«[37] längst die Herrschaft der Eigentümer-Unternehmer abgelöst hat und in den meisten Fällen Betriebsorganisation und Geschäftsplanung in die Hände angestellter Verwaltungs-, Marketing- oder Controllingspezialisten übergegangen sind, spätestens in der Krise zeigt sich, wer letztlich das Heft in der Hand hält. Unternehmer ist, so ließe sich in Anlehnung an Carl Schmitt formulieren, wer über den betriebswirtschaftlichen Ausnahmezustand entscheidet.

Die Funktion des Unternehmers als Koordinator und Entscheider steht im Mittelpunkt der Arbeiten von Mark Casson, der jedoch die unternehmerische Dezision informationsökonomisch entdramatisiert. Casson definiert: »Ein Unternehmer ist derjenige, der sich darauf spezialisiert, Entscheidungen über die Koordination knapper Ressourcen zu treffen.«[38] Weil seiner Bestimmung nach ausschließlich Individuen entscheiden können, während Institutionen allenfalls zu Entscheidungen gelangen, indem sie individuelle Voten aggregieren, können auch nur Personen Unternehmer sein, und zwar diejenigen, die sich, gleich ob als Selbständige oder Angestellte, im Rahmen gesellschaftlicher Arbeitsteilung darauf konzentrieren, Entscheidungsfunktionen wahrzunehmen. Ökonomische Entscheidungen beziehen sich stets auf die Allokation von Ressourcen, wobei Cassons Unternehmer sich dadurch auszeichnet, dass er die Allokation nutzenoptimierend *verändert*. Genau das meint der hier dynamisch verstandene Begriff der Koordination. Der Entrepreneur ist deshalb ein »Protagonist des Wandels«.[39] Die-

---

37 So der Titel der deutschen Übersetzung von James Burnhams Bestseller *The Managerial Revolution* aus dem Jahre 1941.
38 Casson, *Entrepreneur*, S. 23. Zusammenfassungen von Cassons Theorie des Unternehmers geben Welzel, *Unternehmer*, S. 146-155; Sven Ripsas, *Entrepreneurship als ökonomischer Prozess. Perspektiven zur Förderung unternehmerischen Handelns*, Wiesbaden 1997, S. 16-28.
39 Casson, *Entrepreneur*, S. 24.

ser Funktionsbestimmung liegt die Annahme zugrunde, dass Ineffizienz die Regel und Effizienzsteigerung stets möglich ist. Es gibt immer etwas zu verbessern und damit auch Gewinnchancen. Man muss nur wissen, wo.

Voraussetzung und wesentliches Mittel des unternehmerischen Entscheidungsprozesses sind folglich die Gewinnung und Verarbeitung von Informationen: Der Unternehmer ist überzeugt, dass er über mehr oder über eine bessere Kombination von Informationen verfügt als die übrigen Wirtschaftssubjekte und folglich situationsadäquater entscheidet als diese. Er glaubt, dass er Recht hat, während alle anderen sich irren. »Das Wesen unternehmerischen Handelns ist es, anders zu sein – anders zu sein, weil man die Lage anders beurteilt.«[40] Wie Schumpeters Innovator schwimmt auch Cassons Entrepreneur gegen den Strom und braucht ein ausgeprägtes Selbstbewusstsein, um nicht an seinen Einschätzungen und Urteilen zu zweifeln, die erst im Fall des Erfolgs von anderen aufgenommen und imitiert werden. Überzeugt von der Überlegenheit ihrer Entscheidungen sind indes viele, aber längst nicht alle können auch tatsächlich Profite realisieren. Die Entscheidungen des Unternehmers sind Wetten auf die Zukunft; Wettrichter ist der Markt.

Künftige Gewinnchancen lassen sich zwar nicht exakt vorhersagen, doch stehen sich Ungewissheit und rationales Entscheiden auch nicht unvereinbar gegenüber. Unternehmerisches Handeln beruht auf einem kybernetischen Modell der Kontingenzsteuerung: Einerseits sind vergangene Entscheidungen konsequent zu evaluieren, um aus den Erfahrungen zu lernen, andererseits sind mögliche künftige Zustände zu antizipieren, für jeden von diesen im Vorfeld eine adäquate Strategie zu entwickeln, um dann bei Eintreten eines bestimmten Zustands sofort den entsprechenden Plan umzusetzen. Die Planung bleibt allerdings stets unvollständig und vorläufig; neue Informationen führen dazu, dass die Entscheidungsoptionen überprüft und gegebenenfalls modifiziert werden müssen. Der aktive Planer, als den Casson den Unternehmer beschreibt, und nicht wie bei Hayek der Markt fungiert als Informationsprozessor, der fortwährend einen aus drei Schritten (Formulierung des Entscheidungsproblems – Datenerhebung – Ausführung der Entscheidung) bestehenden Entscheidungszirkel durchläuft.[41]

40 Ebd., S. 14.
41 Ebd., S. 29.

Den Informationsvorsprung zu gewinnen und zu erhalten, verursacht Kosten, für deren Deckung der Unternehmer Kapital braucht. Sein Zugang zu Informationen hängt nicht zuletzt von einem sozialen Umfeld ab, das ihn – etwa durch familiäre Beziehungen oder Mitgliedschaft in Clubs und Vereinigungen – in Kontakt zu Informationsträgern bringt. Darüber hinaus muss er auch Vorkehrungen treffen, um seine Informationen vor dem Zugriff anderer zu schützen. Auch für das Verarbeiten der Informationen gilt das Gebot nutzenoptimierender Ressourcenallokation, d. h. unternehmerisch handelt derjenige, dessen Ausgaben ein möglichst hohes Return on Investment erbringen, auf keinen Fall aber den zu erwartenden Ertrag übersteigen. Weil für Informationsgewinnung, -verarbeitung und -schutz (wie auch für andere unternehmerische Tätigkeiten) ein Markt besteht, kann der Unternehmer seine Kosten unter Umständen senken, indem er die entsprechenden Aufgaben Spezialisten überträgt. Neben Voraussicht, Einbildungskraft, Verhandlungsgeschick und Organisationstalent gehört deshalb zu seinen Schlüsselqualifikationen auch die Fähigkeit zu delegieren. Unternehmerische Koordination heißt nicht zuletzt zu entscheiden, welche Mitarbeiter oder welche externen Anbieter welche Leistungen am kostengünstigsten und effizientesten erbringen können.[42]

Die Ratio unternehmerischen Handelns

Die Unternehmerfunktionen, wie sie in den vorgestellten Theorien herausgearbeitet werden, sind keineswegs trennscharf voneinander abzugrenzen. Kirzners Findigkeit, Schumpeters Innovation und Cassons nutzenoptimierende Ressourcenallokation, Schumpeters Führertum, Knights verantwortliche Leitung und Cassons Koordination, Knights Tragen von Ungewissheit, Cassons Allokationsentscheidungen und Mises' Spekulation lassen sich zumindest partiell ineinander übersetzen. Die disparaten Bestimmungen beleuchten unterschiedliche (und keineswegs alle) Facetten ein und derselben Verhaltensdisposition, welche die genannten Autoren anthropolo-

---

42 So bereits eine Kernthese von Ronald H. Coase, »The Nature of the Firm«, in: *Economica*, 4 (1937), S. 386-405, einem Grundlagentext der Institutionenökonomik; vgl. dazu das folgende Kapitel.

gisch aufladen, über die jedoch ihrer Auffassung nach nicht alle Menschen in gleichem Maße verfügen. Die Nationalökonomen liefern damit mehr als nur ein theoretisches Modell zur Erklärung des Markterfolgs. Indem sie den wirtschaftlichen Erfolg auf spezifische Handlungstypen zurückführen, präsentieren sie zugleich ein normatives Modell individueller Lebensführung. Die Analytik unternehmerischen Handelns ist nicht zu trennen von der zumindest impliziten Aufforderung, das eigene Tun und Lassen so auszurichten, dass es diesem Typus möglichst nahe kommt. Entrepreneurship ist »der Ausgang des Menschen aus seiner selbst verschuldeten Unproduktivität«, variieren Jan Masschelein und Maarten Simons Kants Diktum: »Unproduktivität ist das Unvermögen, sich seines menschlichen Kapitals ohne Leitung eines anderen zu bedienen. Selbstverschuldet ist diese Unproduktivität, wenn die Ursache derselben nicht am Mangel an Humankapital, sondern am Mangel an Entschlossenheit und Mut liegt, sich seines Humankapitals ohne Leitung eines anderen zu bedienen ›Wage es, das Selbst zu mobilisieren!‹ ›Habe den Mut, dich deines Kapitals zu bedienen!‹ ist also der Wahlspruch des Unternehmertums.«[43]

Alle vorgestellten Theorien grenzen die Funktion des Unternehmers von der des rechenhaften und zweckrationalen Managers ab. In den Worten des Wirtschaftshistorikers Peter Temin: »Unternehmer sind Agenten des Wandels, Manager der Stabilität. […] Unternehmer braucht man, um neue Maschinen und Motoren einzuführen, Manager braucht man, um sie zu bedienen. Unternehmer greifen nach dem Unbekannten, Manager setzen Bekanntes um.«[44] Diesen Antagonismus von Erneuerung versus Erhaltung, Wagnis versus Kalkül hatte bereits Max Weber im Blick, als er den kapitalistischen Unternehmer als »die *einzige* wirklich gegen die Unentrinnbarkeit der bureaukratischen rationalen Wissens-Herrschaft (mindestens: relativ) *immune* Instanz« identifizierte.[45] Der vielbeschworene Unternehmergeist erschöpft sich gerade nicht in

---

43 Jan Masschelein/Maarten Simons, *Globale Immunität oder Eine kleine Kartographie des europäischen Bildungsraums*, Zürich/Berlin 2005, S. 84 f.

44 Peter Temin, »Entrepreneurs and Managers«, in: Patrice Higonnet/David S. Landes/Henry Rosovsky (Hg.), *Favorites of Fortune. Technology, Growth, and Economic Development since the Industrial Revolution*, Cambridge 1991, S. 339-355, hier: S. 339 f.

45 Max Weber, *Wirtschaft und Gesellschaft. Grundriss der verstehenden Soziologie*, Tübingen 1972, 5. Aufl., S. 129.

der Vernunft des Buchhalters, der bei jeder Entscheidung Soll und Haben aufrechnet, oder des tayloristischen Arbeitswissenschaftlers, der den *one best way* sucht. Entrepreneurship findet ihr Vorbild weit eher im Genius des Künstlers, im strategischen Geschick und der Entschlusskraft des Feldherrn oder im Rekordstreben des Sportlers.

Schumpeter glaubte noch, darin Webers Rationalisierungstheorie folgend, die wirtschaftliche Entwicklung werde immer weniger Platz für unternehmerische Initiative und Innovation lassen und diese kapitalistische Variante des revolutionären Subjekts zum Verschwinden bringen. In einer verwalteten Welt braucht es keine Heroen der »schöpferischen Zerstörung«, und es kann keine geben. »Rationalisierte und spezialisierte Bureauarbeit«, mutmaßte er, »wird am Ende die Persönlichkeit, das berechenbare Ergebnis die ›Vision‹ verdrängen. Der Führende hat heutzutage keine Gelegenheit mehr, sich in den Kampf zu stürzen. Er wird zu einem Bureauarbeiter, zu einem, den zu ersetzen nur selten noch schwer halten wird.«[46] Gut sechzig Jahre später spricht vieles dafür, dass exakt das Gegenteil eingetreten ist und die ökonomischen Bestimmungen der Unternehmerfunktion zur Richtschnur individueller Lebensführung sowie mikro- wie makropolitischer Steuerungsmodelle avanciert sind. Gerade weil Ersetzbarkeit und Überflüssigkeit des Einzelnen offenkundig sind, erscheint die konsequente Umstellung des Handelns auf »schöpferische Durchsetzung neuer Kombinationen« als einzige Chance, der eigenen Ausmusterung zu entgehen. Wer sich nicht in diesen Kampf zu stürzen bereit ist, so die Maxime des unternehmerischen Selbst unserer Tage, der hat ihn schon verloren.

Unternehmerische Initiative gilt inzwischen als Universaltherapie für alles und jeden, ihr Fehlen als Ursache sämtlicher Probleme. Der *spirit of enterprise* soll wirtschaftliche Stagnation überwinden und die allgemeine Prosperität fördern, er soll bürokratische Verkrustungen wie auch politische Borniertheiten beseitigen, im Geiste marktförmigen Austauschs die Gesellschaft pazifizieren und schließlich jedem Einzelnen zu Erfolg und Zufriedenheit verhelfen. Zugleich soll, was allen nützt, auch allen offen stehen: Der Ruf nach Entrepreneurship beschränkt sich daher keineswegs auf die Aktivitäten von Wirtschaftsorganisationen und selbständigen Ge-

---

46 Schumpeter, *Kapitalismus, Sozialismus und Demokratie*, S. 216.

schäftsleuten; unternehmerisch handeln können und sollen auch jene, die nichts anderes zu Markte zu tragen haben als ihre eigene Haut. Wenn, wie die Propheten radikaler Marktorientierung nicht müde werden zu betonen, allein die unsichtbare Hand das größte Glück der größten Zahl garantiert, dann tun alle gut daran, sich in allen Lebenslagen dem generalisierten Wettbewerb zu stellen. Der »findige« Selbstunternehmer erkennt, um Kirzners Bild zu variieren, dass er selbst der Zehn-Dollar-Schein ist, den es zu entdecken und aufzuheben gilt.

Die zeitgenössischen Anrufungen des unternehmerischen Selbst radikalisieren das von den Nationalökonomen herausgearbeitete dynamische Moment unternehmerischen Handelns so weit, dass als einzige Konstante im Individuum die Notwendigkeit bleibt, sich fortwährend zu ändern, um die diskontinuierlichen und immer schnelleren Marktturbulenzen bewältigen zu können. Dabei sind Willenskraft und Wagemut auf der einen, nüchternes Kalkül auf der anderen Seite keine Gegensätze mehr, der Unternehmer seines eigenen Lebens hat vielmehr beides miteinander zu verbinden: Er ist zunächst und vor allem auf Findigkeit, Innovation und die Übernahme von Unsicherheit geeicht, aber er soll zugleich die minutiöse Kontrolle und vorausschauende Planung nicht preisgeben. Kreativer Nonkonformist und pedantische Krämerseele in einer Person. Diese paradoxe Gleichzeitigkeit hat der australische Soziologe Pat O'Malley im Blick, wenn er die Hybridform des »unternehmerisch-umsichtigen Subjekts« als Ratio neoliberaler Sozial- und Selbsttechnologien ausmacht. Der unternehmerische und der besonnen kalkulierende Handlungstyp, so seine Vermutung, stehen in einem Verhältnis wechselseitiger Verstärkung: »Solche Subjekte beziehen die Ressourcen, die sie für das Risikomanagement einsetzen, aus den Überschüssen, die sie durch das Ausnutzen von Ungewissheit erwirtschaften.«[47] Bei übereinstimmender Diagnose bleibt hier eine begriffliche Differenz: Während O'Malley das Unternehmerische ganz der Seite des Handelns unter Unsicherheit zuschlägt und die neue Umsichtigkeit, den *new prudentialism*, als dessen notwendiges Komplement bestimmt, lautet die These hier, dass unternehmerisches Handeln beide Momente einschließt.

Gemeinsam ist allen unternehmerischen Aktivitäten ihre Ent-

---

47 Pat O'Malley, »Uncertain subjects: risks, liberalism and contract«, in: *Economy and Society*, 29 (2000), S. 460-484, hier: S. 480.

grenzungs- und Überbietungslogik; die Entwicklung von Entrepreneurship steht unter dem Diktat des Komparativs: Unternehmerisch handelt man nur, sofern und solange man innovativer, findiger, wagemutiger, selbstverantwortlicher und führungsbewusster ist als die anderen. Die Beschwörung des Unternehmergeistes erweist sich somit als eine paradoxe Mobilisierung: Jeder soll Entrepreneur werden, aber wären es tatsächlich alle, wäre es keiner. Jeder könnte, aber nicht alle können. Es ist diese Kombination von allgemeiner Möglichkeit und ihrer selektiven Realisierung, welche die ökonomische Bestimmung unternehmerischen Handelns zum Fluchtpunkt individueller Optimierungsanstrengungen macht und zugleich jenen, die im täglichen Konkurrenzkampf unterliegen, die alleinige Verantwortung für ihr Scheitern aufbürdet. Niemand ist immer und überall Unternehmer, aber jeder kann und soll seine unternehmerischen Tugenden ausbauen. Ob das gelingt, erweist sich allein am Vorsprung gegenüber den Konkurrenten und das heißt auch: immer nur für den Augenblick. Dass die unternehmerischen Qualitäten ausschließlich relational zu jenen der Mitbewerber zu bestimmen sind, verleiht dem Handeln den Charakter eines sportlichen Wettkampfs. Diesem Wettkampf kann sich niemand entziehen, aber nicht alle spielen in der gleichen Liga. Mögen die Aufstiegschancen noch so ungleich verteilt sein, jeder kann seine Position verbessern – sofern und solange er findiger, innovativer, selbstverantwortlicher, führungsbewusster usw. ist als die anderen. Umgekehrt droht jedem der Abstieg, unter Umständen bis ins Bodenlose, wenn die Konkurrenz ihn überholt. Weil der Einsatz nicht weniger als das eigene Leben ist, bleibt für spielerische Leichtigkeit und noble Fairness wenig Raum. Das unternehmerische Selbst ist daher nicht nur Leitbild, sondern auch Schreckbild. Was alle werden sollen, ist zugleich das, was allen droht.

3.3 Vertragswelten

> Würdest du eigentlich mit dir selbst ein Joint venture gründen?
> Ein Huhn schlägt einem Schwein ein Joint venture vor. Das Schwein fragt das Huhn, was sie denn gemeinsam produzieren wollen. Das Huhn antwortet: Ham and eggs. Vom Markt beeindruckt, verfällt das Schwein in ein langes Nachdenken. Bis es schließlich einen wichtigen Gedanken faßt: Aber das würde ja bedeuten, daß ich geschlachtet werde, und dir geht es besser als je zuvor. Das Huhn erwidert ungerührt, was meinst du denn, worin sonst der Sinn eines Joint venture besteht?
> Du gehst Joint ventures natürlich nur als Huhn ein, aber wenn du mit dir selbst ein Joint venture vereinbarst, dann bist du auch das Schwein.[1]

Verträge überziehen alle Bereiche des Alltags: Kauf-, Miet-, Arbeits-, Versicherungs-, Heim-, Ausbildungs-, Ehe-, Bündnis- und Friedensverträge usw. regulieren die Beziehungen zwischen Individuen, zwischen Individuen und Organisationen und zwischen Organisationen. Ohne Verträge gäbe es keine Marktökonomie, auf der Fiktion eines Gesellschaftsvertrags beruht die Legitimität moderner Staatlichkeit, das Recht, zumindest das Privatrecht, lässt sich als Institution zur Regulierung und Absicherung von Verträgen begreifen, und glaubt man der zeitgenössischen Selbstmanagement-Literatur, so tun auch die Einzelnen gut daran, die Beziehung zu sich selbst vertragsförmig zu gestalten. Ist am Ende »das Soziale«, der Gegenstand der Soziologie, nichts anderes als ein Effekt von Vertragsbeziehungen?

Zumindest war das die liberale Utopie des 19. Jahrhunderts, von Herbert Spencers »industriellem Gesellschaftstypus«, in dem »die Macht und der Bereich der Autorität sich immer weiter einschränken und die zwanglose Thätigkeit sich immer mehr ausbreitet« und schließlich »das Vertragsverhältnis zur allgemeinen Regel« werden sollte,[2] bis hin zum anarchistischen Programm einer Befreiung der Gesellschaft vom Staat, das der Zwangsvereinigung durch Recht

---

1 Händler, *Wenn wir sterben*, S. 454 f.
2 Herbert Spencer, *Die Principien der Sociologie*, Bd. III, Stuttgart 1889, S. 719 f.

und Gewalt das Prinzip freier Assoziationen entgegensetzte und den sozialen Zusammenhalt durch ein Netzwerk freiwilliger, stets kündbarer Vereinbarungen zwischen autonomen Individuen und Gruppen stiften wollte. »Verträge sind es, die wir an die Stelle von Gesetzen stellen«, schreibt etwa Proudhon: »Keine Gesetze, weder durch eine Majorität noch mit Einstimmigkeit votiert. Jeder Bürger, jede Gemeinde oder Korporation macht ihr eigenes Gesetz. An die Stelle der politischen Gewalten setzen wir die wirtschaftlichen Kräfte.«[3] Gleichgültig ob man dem Staat noch eine Rolle als Schiedsrichter und Hüter der Vertragsfreiheit einräumte oder seine völlige Abschaffung propagierte, gleichgültig ob man wie Spencer einem ungebremsten »Kampf ums Dasein« das Wort redete und forderte, »[d]er Überlegene soll[e] den Vortheil seiner Überlegenheit, der Untergeordnete den Nachtheil seiner Untergeordnetheit tragen«,[4] oder mit Kropotkin den freiwilligen Zusammenschluss auf das kommunistische Prinzip »Alles gehört allen!« gründen wollte[5] – stets stand das Vertragsprinzip für Fortschritt, friedlichen Interessensausgleich, Egalität und Selbstbestimmung und bildete den positiven Gegenentwurf zu bürokratischer Reglementierung, autoritärer Bevormundung und Gewalt. Die gesellschaftliche Entwicklung ging, da waren sich Manchester-Liberale und libertäre Kommunisten einig, »von Status zu Contract«.[6] Und zumindest Spencer verband seinen Glauben an die vermeintlich unaufhaltbare gesellschaftliche Tendenz zum »universellen Vertragsverhältnis« mit einem emphatischen Bekenntnis zur sozialen Auslese über den Markt, in dem sich in nuce schon die Konturen des unternehmerischen Selbst abzeichneten: »Wenn jeder Einzelne als Erzeuger, Vertheiler, Verwalter, Berather, Lehrer oder Helfer irgendwelcher Art von seinen Genossen keine andere Belohnung für seine Dien-

---

3 Pierre-Joseph Proudhon, *Idee générale de la Révolution du 19. siècle*, zit. n. Rudolf Rocker, »Anarchismus und Organisation«, in: F. Amilié u. a., *Anarchismus und Marxismus*, Bd. 1, Berlin 1973, S. 25-66, hier: S. 30.
4 Spencer, *Die Principien der Sociologie*, Bd. III, S. 718.
5 Petr Kropotkin, »Die Eroberung des Brotes« (1892), in: ders., *Die Eroberung des Brotes und andere Schriften*, hg. von Hans G. Helms, München 1973, S. 57-277, hier: S. 80.
6 Henry Sumner Maine, *Ancient Law. Its Connection with the Early History and its Relations to Modern Ideas*, London 1861, zit. n. der Übersetzung von Ferdinand Tönnies, *Gemeinschaft und Gesellschaft. Grundbegriffe der reinen Soziologie* (1887), Darmstadt 1979, S. 159.

ste erhält, als dem Werthe derselben, welcher durch die Nachfrage bestimmt wird, entspricht, so ergibt sich daraus genau jene Vertheilung der Belohnung je nach dem Verdienst, welche das Gedeihen der Überlegenen sichert.«[7]

Weil im Rahmen der unternehmerischen Anrufung alles Handeln als Handeln auf Märkten gedeutet wird und alles Handeln von Marktteilnehmern wiederum darauf hinausläuft, mit anderen Marktteilnehmern Verträge zu schließen, erscheint der Vertrag als grundlegende soziale Institution. Und weil in dieser Logik der Abschluss von Verträgen wie alles Handeln der Nutzenmaximierung dient, wie alles Handeln aber auch Kosten verursacht, werden Kontraktbeziehungen selbst zum privilegierten Gegenstand ökonomischer Analyse. Umgekehrt soll gerade die Perspektivierung sämtlicher sozialer Beziehungen als kontraktuelle Arrangements es ermöglichen, diese Beziehungen ökonomisch zu analysieren – und auf diesem Wege auch das Kraftfeld ihrer praktischen Ökonomisierung zu aktivieren. Genau das verfolgen die Transaktionskostentheorie und James M. Buchanans ökonomische Theorie des Gesellschaftsvertrags, die in den weiteren Abschnitten dieses Kapitels diskutiert werden. Zunächst jedoch einige Beobachtungen zur Expansion vertragsförmiger Beziehungen in der Gegenwart.

Ausweitung und Pluralisierung der Vertragswelten

Evolutionistische Gewissheiten und revolutionäre Hoffnungen des 19. Jahrhunderts haben sich inzwischen verflüchtigt, geblieben ist der Glaube an die kontraktuelle Vernunft. Entlastet von geschichtsphilosophischer Aufladung und sozialutopischer Heilserwartung hat sich das Prinzip vertraglicher Einigung als Modell sozialer Beziehungen etabliert. Flankierten vordem strikte Hierarchien und rigide Disziplinarregime *in* den gesellschaftlichen Institutionen die vertraglichen Arrangements *zwischen* ihnen, so schlagen die zeitgenössischen Politiken des Vertrags auch und gerade auf die Binnenverhältnisse von Institutionen durch, die im 19. und der ersten Hälfte des 20. Jahrhunderts noch als Horte hierarchischer Befehlsgewalt galten: Familie, Schule, staatliche Administration, Betrieb.

7 Spencer, *Die Principien der Sociologie*, Bd. III, S. 720.

Einige Beispiele: Pädagogische Bestseller empfehlen gestressten Eltern bereits seit den 70er-Jahren, im Streit mit ihrem Nachwuchs nicht auf ihre Autorität zu pochen, sondern eine »Familienkonferenz«[8] einzuberufen und gemeinsam für alle akzeptable Regeln des Zusammenlebens zu vereinbaren. Kontraktpädagogik tritt an die Stelle disziplinierender Sanktion. Das setzt schon bei den Jüngsten ein: Die Erzieherin von heute fördert und fordert die Sozialkompetenz ihrer Schützlinge und lässt allmorgendlich im obligatorischen Stuhlkreis, dem Runden Tisch des Kindergartens, jenen Gesellschaftsvertrag aushandeln, der das friedliche Miteinander in Sandkasten und Puppenecke garantieren soll. Bei den Älteren soll ein »Schulvertrag« für ein harmonisches »Wir- und Wohlgefühl« sorgen. »Darin sichern sich die Schüler unter anderem zu, dass sie freundlich und höflich sind, auf Gewalt und Beleidigungen verzichten und anderen keine Angst einjagen. Der Klassenlehrer, der Schulleiter und die Eltern unterzeichnen das Abkommen mit. Wer sich nicht daran hält, wird vom Schulleiter an seine Verpflichtungen erinnert. Der Vertrag liegt dann auf dem Tisch.«[9] – *Hobbes for kids*, praktisch gemacht.

Dass Verträge die ökonomischen Beziehungen regeln, ist alles andere als neu: Ohne Arbeitsvertrag keine Lohnarbeit, ohne Kaufvertrag kein Warentausch. Lange Zeit folgten die Ordnung des Marktes und jene der Fabrik jedoch gegenläufigen Rationalitäten. Auf dem Arbeitsmarkt traten sich Käufer und Verkäufer von Arbeitskraft, formal gesehen, als freie und gleiche Kontraktpartner gegenüber. Freiheit und Gleichheit endeten allerdings vor dem Fabriktor: Wer einen Arbeitsvertrag abgeschlossen hatte, unterwarf sich für die Dauer der Arbeitszeit dem Kommando desjenigen, der ihn bezahlte. Heute dagegen sollen Produktions- und Zirkulationssphäre auf die gleiche Weise funktionieren, und auch die Fabrik soll nicht länger mittels Autorität und Disziplin, sondern durch die unsichtbare Hand des Marktes und das heißt vertragsförmig »regiert« werden. Leistungsanforderungen lassen sich leichter durchsetzen, so

---

8 Thomas Gordon, *Familienkonferenz. Die Lösung von Konflikten zwischen Eltern und Kind*, Hamburg 1972.
9 Kirsten Wörnle, »Unterricht mit Schulvertrag«, in: *Badische Zeitung*, 02.10.2002, S. 19. Zum Aufstieg der Kontraktpädagogik vgl. umfassend Agnieszka Dzierzbicka, *Vereinbaren statt anordnen. Neoliberale Gouvernementalität macht Schule*, Wien 2006.

das Credo eines Management by Objectives, wenn die Geschäftsleitung sie nicht dekretiert, sondern mit den Mitarbeiterinnen und Mitarbeitern aushandelt. Zielvereinbarungen verpflichten nachhaltiger als ein Regime des Anordnens und Kontrollierens. Mit dem Prinzip des Intrapreneuring avancieren die externen Vertragsbeziehungen eines Unternehmens vollends zum Modell für seinen internen Aufbau. Jeder Mitarbeiter und jede Mitarbeiterin bilden demnach eigenständige Profit Center, die mit den Übrigen in ähnlicher Weise Tausch- und Kooperationsverträge abschließen wie das Unternehmen als Ganzes mit seinen Kunden und Lieferanten. Unternehmerisch handeln diejenigen, die sich auf den internen wie externen Märkten durchsetzen, was sie dadurch unter Beweis stellen, dass sie profitablere Verträge eingehen als die Konkurrenz. Findigkeit, Innovationskraft, Risikobereitschaft und was der Unternehmertugenden mehr sind, laufen ins Leere, wenn sie sich nicht in gewinnbringenden Geschäftsabschlüssen realisieren.

Wie weit die kontraktuelle Vernunft auch Einzug in die staatliche Verwaltung gehalten hat, zeigt schon eine semantische Umstellung: Nicht mehr als Sozialhilfeempfänger, Arbeitsloser, Steuerzahler, kurz: nicht mehr als Antragsteller betritt der Bürger heute die zu Servicecentern, Agenturen und Bürgerbüros umfrisierten Amtsstuben, sondern als Kunde. Aus hoheitlichen Akten sind öffentliche Dienstleistungen geworden, welche die Behörden, um Kosten zu sparen, oft noch per *contracting out* an freie Anbieter delegieren. In den USA und Großbritannien werden inzwischen selbst Gefängnisse als Privatunternehmen geführt, die ihre »Kunden« von den Gerichten überwiesen bekommen und sie zu einem niedrigeren Tagessatz wegsperren als die staatlichen Strafvollzugsanstalten. Leistungsvereinbarungen zwischen verschiedenen Behörden und Behördenabteilungen oder zwischen öffentlicher Hand auf der einen, Non-Profit-Organisationen oder Privatfirmen auf der anderen Seite sollen an die Stelle hierarchischer Weisungen treten.

Trotz der allseits beschworenen neuen Kontraktkultur sind die Vertragsbeziehungen zwischen Dienstleisterstaat und Bürgerkunden indes alles andere als symmetrisch: Die eine Seite bestimmt, wann ein Vertrag geschlossen wird, und legt die Konditionen fest, die andere hat sich daran zu halten. Im Übrigen variiert die Form der vertraglichen Arrangements, auszumachen ist allerdings durchgängig eine Tendenz zur Objektivierung und Quantifizierung von

Leistungsansprüchen. Den »Kunden« wächst dabei neue Macht zu, sind sie doch nicht länger vom Wohlwollen oder der Missgunst irgendwelcher Autoritäten abhängig, sondern können überprüfbare und einklagbare Ansprüche geltend machen. Zugleich aber sind sie in weit höherem Maße der Macht von Experten unterworfen, die minutiös definieren, worauf und unter welchen Bedingungen ein Anspruch besteht.

Bei diesem Übergreifen des Vertragsprinzips auf bislang nicht kontraktuell geregelte Beziehungen bedeutet »Vertrag« zugleich mehr und weniger als »das durch Antrag und Annahme zwischen zwei oder mehreren Kontrahenten zum Abschluss gelangende Rechtsgeschäft«, als das ihn der *Brockhaus* definiert. Auf der einen Seite multiplizieren sich die Vertragswelten: Neben und an die Stelle der einheitlichen Ordnung des Gesetzes, die den Vereinbarungen der Kontraktpartner Rechtsverbindlichkeit zuspricht und über die sich aus der unvermeidlichen Unvollständigkeit von Verträgen ergebenden Konflikte entscheidet, treten hochspezialisierte autonome gesellschaftliche Steuerungssysteme, *private governance regimes*, welche »die legislativen, administrativen, regulatorischen und konfliktbewältigenden Aufgaben des klassischen Rechts in neuen Formen und Kontexten« übernehmen.[10] Hierher gehören Tauschbörsen, branchenbezogene Schlichtungsstellen, Mediationszentren, aber auch mafiose Netzwerke und ihre bewaffneten Vertragserzwingungsagenten. Es sind nicht mehr allein staatliche Instanzen, welche die Aufgabe des *third party enforcement*, der Vertragsdurchsetzung durch eine neutrale Instanz, übernehmen, wenn die kontraktuellen Arrangements sich nicht oder nicht genügend selbst durchsetzen.[11] Der Vertrag selbst wird zum Hybrid; er »ist zersplittert in eine Vielheit von unterschiedlichen Operationen in je geschlossenen Systemen. Er ist Transaktion, Produktion und Schuldverhältnis zugleich – aber ist zugleich ein Viertes, das ›Zwischen‹, die intersystemische Relation der verschiedenen Akte.«[12] Die Einheit dieser »autonomen

---

10 Gunther Teubner, »Vertragswelten: Das Recht in der Fragmentierung von Private Governance Regimes«, in: *Rechtshistorisches Journal*, 17 (1998), S. 234-265, hier: S. 242.

11 Vgl. dazu Claude Ménard, »Enforcement procedures and governance structures: what relationship?«, in: ders. (Hg.), *Institutions, Contracts and Organizations. Perspectives from New Institutional Economics*, Cheltenham/Northampton 2000, S. 243-253.

12 Gunther Teubner, »Im blinden Fleck der Systeme. Die Hybridisierung des Ver-

Ereignisketten im Rechtssystem, im Wirtschaftssystem und im jeweiligen Produktionssystem«[13] wird nicht länger durch einen Recht (durch)setzenden Souverän garantiert; sie muss vielmehr als Übersetzungsleistung zwischen den beteiligten Systemen und in Abstimmung der unterschiedlichen Systemebenen stets von Neuem hergestellt werden.

Auf der anderen Seite erhebt der neue Kontraktualismus einen spezifischen Vertragstyp, den kommerziellen Kontrakt, zum Muster jeglicher vertraglichen Aktivität, wenn nicht gar allen sozialen Handelns, und blendet alternative Traditionen des Vertragsdenkens wie der Vertragspraxis systematisch aus. Aufgerufen wird von den heterogenen Dimensionen vertraglicher Beziehungen nur ihre ökonomische Funktionalität. Es ist vernünftig, Verträge zu schließen, so das Axiom der Kontraktualisten, weil sie die effiziente Allokation von Ressourcen gewährleisten und Transaktionskosten reduzieren. Spencers liberale Vision eines generalisierten »Austausch[s] von Dienstleistungen nach gegenseitiger Übereinkunft«,[14] nicht der kommunistische Mutualismus der Anarchisten erlebt eine Renaissance.

Transaktionskostenökonomik

Verträge organisieren den ökonomischen Verkehr, umgekehrt lassen sich die Probleme ökonomischer Organisation als Vertragsprobleme formulieren. Das ist zumindest der Ansatz der Neuen Institutionenökonomik,[15] insbesondere der Transaktionskostentheorie, die das gesamte Spektrum wirtschaftlicher Kooperationsformen »vom isolierten Tausch am einen Ende bis zur zentralisierten hierarchischen Organisation am anderen mit Unmengen von Misch-

trages«, in: *Soziale Systeme*, 3 (1997), S. 313-326, hier: S. 314.
13 Ebd., S. 315.
14 Spencer, *Die Principien der Sociologie*, Bd. III, S. 754.
15 Für einen Überblick vgl. Rudolf Richter/Eirik Furobotn, *Neue Institutionenökonomik. Eine Einführung und kritische Würdigung*, Tübingen 1996; Martin Leschke/Mathias Erlei/Dirk Sauerland, *Neue Institutionenökonomik*, Stuttgart 1999. Dass der Kontrakt die elementare ökonomische Institution ist, betonen auch Talcott Parsons und Neil J. Smelser schon im Titel des einschlägigen Kapitels ihrer Grundlegung der Wirtschaftssoziologie »Contract: The Central Economic Institution«, in: *Economy and Society*, London 1956, S. 104-139.

formen oder Übergangsstufen dazwischen«[16] auf unterschiedliche Vertragsformen zurückführt und unter dem Gesichtspunkt der Einsparung von Transaktionskosten analysiert. Auch Unternehmen lassen sich ebenso wie andere Organisationen demnach als Bündel von Verträgen auffassen, welche – unter anderem – interne Entscheidungsverfahren und Rangordnungen, Handlungs- und Verfügungsrechte, Arbeitszeiten und zu erbringende Arbeitsleistungen festlegen und den Fluss der Zahlungsströme regulieren. Anders ausgedrückt: Die Vertragsform bildet das *tertium comparationis* einer vergleichenden Institutionenanalyse.

So subsumieren Armen A. Alchian und Harold Demsetz in ihrem Aufsatz »Production, Information Cost, and Economic Organization«, einem Schlüsseltext der Neuen Institutionenökonomik, formale Organisationen ohne jede Einschränkung unter die Kategorie des Vertrags. Folgt man den beiden, so unterscheiden sich Unternehmen hinsichtlich ihrer Macht, Forderungen durchzusetzen, nicht »im geringsten Maße von gewöhnlichen Vertragsvereinbarungen zwischen beliebigen Personen auf dem Markt«.[17] Besteht die Macht eines unzufriedenen Kunden darin, nicht länger bei dem betreffenden Händler zu kaufen, so besitzt ein Unternehmer letztlich keine andere Sanktionsgewalt gegenüber seinen Angestellten, als das Beschäftigungsverhältnis mit ihnen aufzukündigen: »Einen Angestellten aufzufordern, diesen Brief zu tippen statt jene Akte abzuheften, ist wie von einem Lebensmittelhändler zu verlangen, mir diese Scheibe Thunfisch statt jenes Laibs Brot zu verkaufen. Es gibt keinen Vertrag, der mich verpflichten würde, weiter bei diesem Händler zu kaufen; ebenso wenig sind Arbeitgeber und Arbeitnehmer durch irgendeine vertragliche Verpflichtung genötigt, ihr Arbeitsverhältnis fortzusetzen.«[18] Indem sie auch Anordnungs- und Kontrollbeziehungen als Vertragsverhältnisse fassen, ebnen Alchian und Demsetz die Differenz zwischen hierarchischen Organisationen und Wettbewerbsmärkten ein. Märkte und Hierarchien stehen sich nicht länger als einander ausschließende Prinzipien

---

16 Oliver E. Williamson, *Die ökonomischen Institutionen des Kapitalismus*, Tübingen 1990, S. 18.
17 Armen A. Alchian/Harold Demsetz, »Production, Information Cost, and Economic Organization«, in: *American Economic Review*, 62 (1972), S. 777-795, hier: S. 777.
18 Ebd.

sozialer Beziehungen gegenüber, sie bilden vielmehr die beiden am weitesten voneinander entfernten Punkte auf dem Kontinuum kontraktueller Organisationsformen. Ein Unternehmen ist in dieser Perspektive »nichts anderes als ein »Markt in Privatbesitz«,[19] keine Produktionsfunktion, sondern eine spezifische Governancestruktur, die sich mit anderen messen lassen muss. Öffentliche Märkte oder private Märkte, dezentrale oder zentrale Koordinations- und Entscheidungsverfahren, Nutzung oder Ausschaltung des Preismechanismus, Kauf- oder Arbeitsverträge bilden die Pole, zwischen denen sich ökonomische Operationen abspielen.

Die Rückführung jedweder Organisation auf die sie konstituierenden und aufrechterhaltenden vertraglichen Vereinbarungen erlaubt es, die Entscheidung für dieses oder jenes kontraktuelle Arrangement selbst als Kosten-Nutzen-Kalkül zu beschreiben. Einmal mehr geht mit der theoretischen Perspektivierung eine praktische Formatierung einher: Wenn auch Hierarchien, Märkte und Kooperationsbeziehungen nichts anderes als Tauschbeziehungen sind, dann durchsetzt die Logik des Wettbewerbs die Binnenstruktur sozialer Institutionen und unterwirft sie einer permanenten ökonomischen Evaluation. Unterschiedliche Kooperationsformen verursachen unterschiedliche Transaktionskosten, und Kosten sind für Ökonomen nichts anderes als das Gegenteil von Präferenzen. Sie sind das, was der Befriedigung der individuellen Bedürfnisse und Wünsche Grenzen setzt. Deshalb sind sie zu senken. Transaktionskosten wiederum bilden das ökonomische Pendant zum physikalischen Phänomen der Reibung, sie umfassen also jene Aufwendungen, die bei der Anbahnung, Vereinbarung, Abwicklung und Anpassung von Austauschprozessen anfallen: Such- und Informationskosten, Verhandlungs- und Entscheidungskosten, Kontrollkosten, schließlich Kosten der Durchsetzung von Verträgen einschließlich der Aufwendungen bei Insolvenz des Vertragspartners.[20]

19 Ebd., S. 795.
20 Das Konzept geht zurück auf Ronald H. Coase, der das Problem der Transaktionskosten – er selbst spricht von »marketing costs« – im Zusammenhang mit der Entstehung von Firmen diskutiert: »Das Betreiben eines Marktes verursacht Kosten. Indem man eine Organisation aufbaut und jemandem (›dem Unternehmer‹) erlaubt, den Ressourceneinsatz zu steuern, werden gewisse Marktkosten eingespart. Der Unternehmer muss seine Funktion zu geringeren Kosten erfüllen, als sie auf dem Markt entstehen würden. Er muss so kalkulieren, dass er die Produktionsfaktoren zu einem niedrigeren Preis bereitstellt als die Markttransak-

Unternehmerisches Handeln zeichnet sich nicht nur dadurch aus, dass es günstige Vertragskonditionen aushandelt, sondern auch dadurch, dass es jeweils die Vertrags-, d. h. Kooperationsform wählt, welche die geringsten Transaktionskosten verursacht. Im Wettbewerb liegt nicht zuletzt derjenige vorn, der mit größerem Geschick als die Konkurrenz entscheidet, welche Faktoren er über den Markt beziehen, welche er unternehmensintern erstellen und welchen Organisationsrahmen er seiner Unternehmung geben soll. »Make or buy?« lautet die Frage, die der Unternehmer im Hinblick auf jeden Input-Faktor zu stellen hat. Die Antwort liefert ihm jener »neue kategorische Imperativ«, der das Wahl-Prinzip auch auf die Form der ökonomischen Organisation ausweitet: »Handle so, daß die Maxime deines Willens jederzeit zugleich der Minimierung von Transaktionskosten dienen kann.«[21]

Die Transaktionskostentheorie systematisiert dazu die Vielfalt der Austauschprozesse und Vertragsformen und liefert allgemeine Kriterien für die wirtschaftliche Optimierung der kontraktuellen Arrangements. Diese variieren, um die wichtigsten Faktoren anzuführen, je nach der Spezifität, dem Maß an Unsicherheit sowie der Häufigkeit der vereinbarten Transaktionen.[22] Grundsätzlich lässt sich sagen, dass eine niedrige Spezifität der ausgetauschten Güter und Dienstleistungen für einen marktlichen Austausch spricht, während eine hohe Spezifität eher die betriebliche Integration nahe legt. Wenn Käufer und Verkäufer lediglich ein einziges Mal miteinander zu tun haben, werden sie andere Kautelen vorsehen als Vertragspartner, die langfristige Geschäftsbeziehungen eingehen. Schon weil die Transaktionskosten nicht exakt zu beziffern sind, lässt sich das kostengünstigste Vertragsarrangement allerdings nicht vorab präzise errechnen. Man kann allenfalls im Nachhinein bestimmen, warum das eine günstiger war als ein anderes. Wie jede unternehmerische Entscheidung ist auch die für eine bestimmte Kontraktform eine Kombination von Geschick und Glück, und

tionen, die er ersetzt. Denn es ist immer möglich, zum offenen Markt zurückzukehren, wenn er dazu nicht in der Lage ist.« (»The Nature of the Firm«, S. 392).
21 So die ironische Zuspitzung der Transaktionskostenökonomik durch Gunther Teubner, »Die vielköpfige Hydra. Netzwerke als kollektive Akteure höherer Ordnung«, in: Wolfgang Krohn/Günter Küppers (Hg.), *Emergenz: Die Entstehung von Ordnung, Organisation und Bedeutung*, Frankfurt/M. 1992, S. 189-216, hier: S. 194.
22 Vgl. Williamson, *Die ökonomischen Institutionen des Kapitalismus*, S. 59 ff.

ob es die richtige war, zeigt sich erst im Vergleich mit den Mitbewerbern.

Gegen die Einebnung des Gegensatzes von Vertrag und Organisation in der Transaktionskostenökonomik hat Gunther Teubner geltend gemacht, dass die beiden auf zwei grundlegend verschiedenen Handlungstypen aufbauen – Austausch im Falle des Vertrags, Kooperation im Falle der Organisation – und deshalb »jeweils eigenständige autopoietische Sozialsysteme zweiter Ordnung darstellen, die sich voneinander prinzipiell und nicht nur graduell durch die Intensität der governance structures unterscheiden«.[23] Dem ist im Hinblick auf eine präzise begriffliche Bestimmung sozialer Phänomene gewiss zuzustimmen. Teubner belässt es allerdings dabei, den Reduktionismus und »die Zwänge ökonomischen Denkens« zu monieren.[24] Der Nachweis, dass dieses Denken analytisch defizitär ist, besagt indes nichts über die enorme Wirkung, die es auf das individuelle Handeln und auf soziale Institutionen ausübt. An dieser Stelle trennen sich die Wege einer Theorie sozialer Systeme und einer Analytik von Ratio und Praktiken des Regierens: Die spezifische Unterscheidung der Sozialbeziehungen »Vertrag« und »Organisation« (und Netzwerke als das Re-entry dieser Unterscheidung in Märkte wie Hierarchien) zu analysieren, ist eine Sache; zu untersuchen, wie sich der Imperativ »Senke die Transaktionskosten!« praktische Geltung verschafft und die Kontraktualisierung sozialer Beziehungen vorantreibt, eine andere. Die »Zwänge ökonomischen Denkens«, die Teubner beklagt, sind in der Tat theoretisch unterkomplexe Zwangsvorstellungen, vor allem aber sind sie Denkschemata von durchaus zwingender Macht. Man mag das soziologische Spezifikum von Organisationen verfehlen, wenn man sie als Vertragsarrangements beschreibt, doch verändern sich Organisationen in dem Maße, in dem diese Fehldeutung für plausibel gehalten wird.

Eine ökonomische Theorie des Gesellschaftsvertrags

Dem Ansatz, Organisationsprobleme als Vertragsprobleme zu definieren und Verträge strikt im Hinblick auf ihre wirtschaftliche

---

23 Teubner, »Die vielköpfige Hydra«, S. 195.
24 Ebd., S. 194f.

Effizienz zu analysieren, folgt auch die Public-Choice-Theorie beziehungsweise konstitutionelle Ökonomik, die eine ökonomische Herleitung politischer Institutionen unternimmt und dabei die Lehre vom Gesellschaftsvertrag neu fasst. Für James M. Buchanan, einen der maßgeblichen Vertreter dieser Schule, ist die Ökonomie generell eher »›Wissenschaft vom Vertrag‹ als eine ›Wissenschaft von der Wahl‹«.[25] Die Entstehung von Eigentumsrechten, Staat und Verfassung erklärt er anhand des »Als ob«-Modells einer vertraglichen Einigung vom Eigeninteresse motivierter und in diesem Sinne rationaler Individuen.[26] Wie allen Gesellschaftsvertragstheoretikern geht es auch Buchanan um die Legitimation einer politischen Ordnung, in diesem Fall der konstitutionellen Demokratie, aber zu deren Rechtfertigung greift er nicht auf externe, etwa naturrechtlich oder religiös begründete Normen zurück, sondern lässt, den Prämissen des methodologischen Individualismus folgend, kein anderes Handlungsprinzip zu als das faktische Interesse, die subjektiven Präferenzen der Individuen. Konsens ist für ihn Kalkül und bedarf keiner Berufung auf einen vorgängigen Gemeinsinn.

Mit dem Verzicht auf jegliche metaphysische Fundierung stellt sich Buchanan in die Tradition Hobbes'. Anders als dieser begründet er die staatliche Ordnung jedoch nicht aus der wechselseitigen Bedrohung und daraus folgenden existentiellen Angst der Menschen im Naturzustand, sondern – darin eher an Locke anschließend – »aus dem Motiv der Eigentumsbefestigung, der Vermeidung von Mein/Dein-Streitigkeiten, der Gewährleistung ungehinderten ökonomischen Austauschs«.[27] Fluchtpunkt seiner Argumentation ist die »geordnete Anarchie« des Marktes. Diese bietet, davon ist Buchanan überzeugt, den »maximalen Spielraum für private oder

---

25 James M. Buchanan, »A Contractarian Paradigm for Applying Economic Theory«, in: *The American Economic Review*, LXV (1975), S. 225-230, hier: S. 229.
26 Die folgende Darstellung konzentriert sich auf Buchanans Studie *Die Grenzen der Freiheit*. Eine ökonomische Theorie der Verfassung entwickelt Buchanan bereits 1962 in dem gemeinsam mit Gordon Tullock verfassten Buch *The Calculus of Consent*. Einführungen in Buchanans Verfassungstheorie geben Wolfgang Kersting, *Die politische Philosophie des Gesellschaftsvertrags*, Darmstadt 1994, S. 321-351; Viktor Vanberg, »James M. Buchanan: eine Einführung in Person und Werk«, in: James M. Buchanan, *Politische Ökonomie als Verfassungstheorie*, Zürich 1990, S. 9-22; Ingo Pies/Martin Leschke (Hg.), *James Buchanans konstitutionelle Ökonomik*, Tübingen 1996.
27 Kersting, *Die politische Philosophie des Gesellschaftsvertrags*, S. 327.

persönliche Exzentrizitäten, für individuelle Freiheit in ihrer elementaren Bedeutung«: »Die Individuen können aufgrund freiwilliger Entscheidungen ohne Zwang oder Drohung miteinander Handel treiben. Sie können Tauschhandlungen anbahnen und durchführen, ohne näher über die politischen Überzeugungen, das Sexualverhalten oder die wirtschaftlichen Verhältnisse ihres jeweiligen Handelspartners Bescheid zu wissen. Die Tauschpartner unterscheiden sich möglicherweise in vieler Hinsicht. Beim Tausch selbst treten sie jedoch einander als gleichberechtigte Partner gegenüber. [...] Jeder wird in einer solchen Beziehung gerade so behandelt, wie er ist und wie er vermutlich sein möchte. Der Händler am Obststand verdrischt vielleicht sein Pferd, erschießt Hunde und verspeist Ratten. Doch keine dieser Eigenschaften braucht meinen Tausch mit ihm, der sich ja nur auf das Ökonomische bezieht, zu beeinflussen.«[28]

Wenn die individuelle Freiheit das oberste Ziel darstellt und die Institution des Marktes das optimale Mittel, sie zu verwirklichen, dann müssen die dazu notwendigen Voraussetzungen geschaffen und Hemmnisse, die der marktförmigen Kooperation entgegenstehen, beseitigt werden. Damit die Tauschprozesse mit möglichst geringen Friktionen ablaufen können, bedarf es insbesondere klar definierter Verfügungsrechte sowie politischer Institutionen, die diese Rechte garantieren. Wer kaufen oder verkaufen will, muss wissen, wem was gehört. Ohne Eigentum gäbe es keinen Handel, sondern allenfalls Beziehungen gewaltsamer Aneignung und der ebenfalls gewaltsamen Verteidigung gegen die Aneignungsversuche anderer. Einen solchen Zustand, geprägt weniger von Knappheit als von permanentem Konflikt, unterstellt Buchanan als hypothetische Ausgangslage. Der analog zum hobbesschen Krieg aller gegen alle gedachte vorvertragliche Status nötigt die Menschen zu beträchtlichen Aufwendungen für die Verteidigung »ihrer« und die Eroberung »fremder« Güter, und es sind diese Kosten, die sie schließlich zur wechselseitigen Anerkennung von Eigentumsrechten veranlassen. Buchanans Individualist kann sich den rechtlosen Naturzustand schlichtweg nicht leisten. Das gilt nicht allein für den Schwächeren; zu rechtsbegründenden Vereinbarungen kommt es vielmehr erst, so Buchanan, wenn auch der Stärkere durch rationale Überlegungen erkennt, dass er durch ein Abkommen gewinnen,

28 Buchanan, *Die Grenzen der Freiheit*, S. 25.

d. h. seine Eroberungs- und Verteidigungskosten senken kann.²⁹ Ungleichheit, nicht Gleichheit steht am Anfang des Gesellschaftsvertrags. Erst nachdem sich die Güterverteilung auf eine den unterschiedlichen Machtmitteln entsprechende »natürliche Verteilung« eingependelt hat, wird der Stärkere freiwillig auf Gewalt verzichten. Dieses asymmetrische Gleichgewicht ist erreicht, wenn sich für alle Beteiligten der Grenznutzen der Eroberungs- und die Grenzkosten der Verteidigungsaufwendungen die Waage halten. »[D]as Recht dient hier der Befestigung einer in der natürlichen Ungleichheit der Individuen verankerten Ungleichverteilung an Gütern und Verfügungsfreiheit; daß das Recht die Ungleichverteilung nicht aufhebt, sondern nur die naturwüchsig entstandene Ungleichverteilung in eine rechtlich fixierte Ungleichverteilung transformiert, liegt daran, daß auch in der natürlichen Verteilung Schlechtergestellte durch Abrüstung und Rechtsetablierung gewinnen.«³⁰

Im Gegensatz zu Hobbes entspringt für Buchanan das Recht nicht der souveränen Setzung des (durch Machtabtretung der Individuen ermächtigten) Leviathans, sondern beruht einzig auf der Übereinkunft der Individuen, die sich wechselseitig per Vertrag zur Abrüstung verpflichten. Der so erreichte Zustand ist freilich instabil, er entspricht dem, was die Spieltheorie als Gefangenendilemma modelliert hat: »Alle erfahren eine Verbesserung ihrer Wohlstandsposition, wenn jeder die ›Rechtsordnung‹ einhält. Für jeden ergibt sich jedoch ein Vorteil, wenn er das Recht bricht, d. h. die im Vertrag abgesteckten Verhaltensgrenzen nicht einhält.«³¹

Um dieses Problem zu lösen, entwirft Buchanan eine mehrstufige Vertragskonstruktion: Auf das Abrüstungsabkommen folgt ein rechtskonstituierender Verfassungsvertrag, der die individuellen (Eigentums-)Rechte definiert und mit dem Staat eine überparteiliche gewaltbewehrte Instanz etabliert, der ihre Einhaltung sichert. An diesen wiederum schließen sich postkonstitutionelle Verträge an, die einerseits den Austausch privater Güter betreffen, andererseits die Bereitstellung und Finanzierung öffentlicher Güter regeln. Neben den beschützenden Staat tritt der produktive Staat, der für die erforderliche materielle Infrastruktur sorgt. Bei beiden geht es um dasselbe Problem: »[W]elches Regelsystem muß eingeführt wer-

---

29 Ebd., S. 35.
30 Kersting, *Die politische Philosophie des Gesellschaftsvertrags*, S. 335.
31 Buchanan, *Die Grenzen der Freiheit*, S. 38.

den, um die mögliche, und von allen vernünftigerweise gewünschte Situationsverbesserung gegenüber der natürlichen Verteilung resp. gegenüber einer nur Privates konsumierenden Gesellschaft zu gewährleisten; wie kann die Nutzensteigerung durch rechtliche Sicherheit resp. durch die Bereitstellung öffentlicher Güter erreicht werden?«[32]

Buchanans Gesellschaftsvertragskonstruktion ist so wenig eine historische Rekonstruktion der Staatsentstehung wie jene seiner Vorläufer von Hobbes bis Rousseau; genau wie diese zielt sie auf eine normative Grundlegung und bindet die rechtliche und politische Ordnung an die explizite Zustimmung der Gesellschaftsmitglieder. Die gesellschaftlichen Institutionen sollen so beschaffen sein, lautet die implizite Maxime, als ob sie kontraktuell vereinbart worden wären, weil Verträge einen Modus sozialer Bindung stiften, der die individuellen Präferenzen maximal berücksichtigt. Prüfstein für jedes Gesetz und jede politische Entscheidung ist also ihre Kongruenz mit den Nutzenerwägungen der Individuen, die aus wohlberechnetem Eigeninteresse einer rechtlichen Begrenzung ihrer Handlungsfreiheit zustimmen, da rücksichtsloser, d. h. keine Eigentumsrechte anerkennender Egoismus mit zu hohen Folgekosten verbunden wäre oder aus anderen Gründen eine Schlechterstellung befürchten lässt.

Buchanan überträgt das Modell freiwilliger Tauschakte von der Wirtschaft auf die Politik und parallelisiert ökonomisches und politisches Handeln, genauer: Er analysiert politisches *als* ökonomisches Handeln. Beide Sphären lassen sich demnach »streng analog als Wettbewerbsspiele auffassen, von deren Ordnungsregeln es abhängt, inwiefern die jeweiligen Akteure zur gesellschaftlichen Zusammenarbeit produktiv beitragen«.[33] Seine Variante eines ökonomischen Imperialismus erweitert nicht nur den Geltungsbereich ökonomischer Ratio, sondern verschiebt zugleich den Fokus dessen, was diese Ratio ausmacht. Anstelle von Maximierungsproblemen rücken Koordinierungsprobleme und damit solche kontraktueller Einigung ins Zentrum, ohne dass Buchanan die grundsätzliche Unterstellung nutzenmaximierenden Handelns aufgäbe, sind es

---

32 Kersting, *Die politische Philosophie des Gesellschaftsvertrags*, S. 338.
33 Ingo Pies, »Theoretische Grundlagen demokratischer Wirtschafts- und Gesellschaftspolitik – Der Beitrag James Buchanans«, in: ders./Leschke (Hg.), *James Buchanans konstitutionelle Ökonomik*, S. 1-18, hier: S. 9.

doch immer Homines oeconomici, die ihre Handlungen zwecks individueller Nutzensteigerung vertraglich koordinieren. Der entscheidende Perspektivwechsel liegt darin, nicht nur die individuellen Spielzüge, sondern auch die Aushandlung der kollektiven Spielregeln ökonomisch zu analysieren. Die Urszene der Wirtschaftstheorie sei nicht Robinson Crusoe allein auf seiner Insel, schreibt Buchanan in einem frühen Aufsatz, ökonomisches Handeln setze vielmehr erst in dem Moment ein, als der Schiffbrüchige Gesellschaft erhält: »Die einzigartigen symbiotischen Aspekte menschlichen Verhaltens, menschlichen Wahlhandelns kommen erst ins Spiel, als Freitag auf der Insel landet und Crusoe genötigt ist, sich mit einem anderen menschlichen Lebewesen zusammenzutun. Die Tatsache der Assoziation führt dazu, dass es zu völlig unterschiedlichen Verhaltensformen kommt, zu Austausch, Handel, Vereinbarungen. [...] Wenn Crusoe sich entscheidet, ausschließliche Konfrontation zu vermeiden, und begreift, dass Freitags Interessen sich gar nicht so sehr von den eigenen unterscheiden, wird er feststellen, dass sich durch kooperatives Verhalten, d. h. durch Austausch oder Handel, wechselseitige Vorteile erzielen lassen. Diese Wechselseitigkeit der Vorteile, die verschiedene Lebewesen durch Kooperationsvereinbarungen, seien sie einfacher oder komplexer Natur, erzielen können, ist die wichtigste Erkenntnis unserer Disziplin.«[34]

Kontrakte zielen auf *Win-win*-Konstellationen ab, nur deshalb kommen sie zustande. Es müssen nicht alle im gleichen Maße profitieren, aber niemand wird einer vertraglichen Vereinbarung zustimmen, wenn er sich dadurch schlechter stellt als ohne sie. Indem die ökonomische Theorie des Gesellschaftsvertrags Staatsverfassung und Rechtsordnung im Lichte dieses »Grundgesetzes« analysiert, lässt sie Staatsbürger und Wirtschaftssubjekt zusammenfallen, und zwar nicht als Versöhnung eines Antagonismus zwischen Politik und Ökonomie, sondern als Aufgehen des Politischen im Ökonomischen. Unternehmerisch handeln die Individuen, so ließe sich Buchanans konstitutionelle Ökonomik auf die Figur des unternehmerischen Selbst hin zuspitzen, auch als Wähler, Steuerzahler, Mandatsträger, ja sogar als Dissidenten oder politische Rebellen. Um ihre individuellen Interessen besser verfolgen zu können, schaffen und verändern sie soziale Institutionen, die der Interessenver-

---

34 James M. Buchanan, »What should Economists do?«, in: *The Southern Economic Journal*, XXX (1963/4), Nr. 3, S. 213-222, hier: S. 217 f.

folgung Restriktionen auferlegen. Auf *welche* Spielregeln sie sich dabei einigen, ist Verhandlungssache; *dass* sie verbindliche Spielregeln festlegen, ist ein Gebot ökonomischer Vernunft.

Zur Anthropologie des Homo contractualis

Dem zeitgenössischen »Régime des Vertrages«[35] korrespondiert eine Anthropologie, die den Menschen als rational kalkulierendes, auf sein Eigeninteresse bedachtes und gerade deshalb soziales Wesen zeichnet, das in jeder seiner Handlungen zwischen Alternativen wählt und in der Lage ist, den Austausch mit seinen Mitmenschen über wechselseitig bindende Vereinbarungen zu regeln. Sein Handeln ist Aushandeln.

Oliver E. Williamson präzisiert in der Herleitung der Transaktionskostenökonomik diese Bestimmung der Condition humana und korrigiert damit zugleich zwei Verhaltensannahmen der klassischen und neoklassischen Wirtschaftstheorie: Gegen die Vorstellung eines grundsätzlich nutzenmaximierenden Subjekts setzt er die Annahme von Wirtschaftsakteuren, die zwar danach streben, ihren Nutzen zu maximieren, dazu aber tatsächlich nur in eingeschränktem Maße in der Lage sind.[36] Rational zu handeln, ist demnach gleichermaßen universelle Intention wie unerreichbare Zielmarke. Begrenzt ist die Rationalität schon deshalb, weil niemand über vollständige Informationen verfügt und niemand die verfügbaren Informationen vollständig verarbeiten kann. Diese Verhaltensannahme zeitigt höchst praktische Implikationen: Wenn Rationalität gesucht, aber nur als relative gefunden wird, rückt sie in den Komparativ. Rational zu handeln heißt, rationaler zu handeln – rationaler, als man es ohne reifliche Überlegungen und institutionelle Absicherungen tun würde, und rationaler als die anderen, mit denen man beim Streben nach Nutzenmaximierung konkurriert.

Die zweite Verhaltensannahme, die Williamson zugrunde legt,

---

35 Spencer, *Die Principien der Sociologie*, Bd. III, S. 752.
36 Williamson, *Die ökonomischen Institutionen des Kapitalismus*, S. 51 f. Williamson übernimmt das Konzept der »bounded rationality« von Herbert A. Simon, »Theories of bounded rationality«, in: Charles B. McGuire/Roy Radner (Hg.), *Decision and organization: A volume in honor of Jacob Marschak*, Amsterdam 1972, S. 161-176.

bezieht sich auf die Intensität, mit der Menschen ihren Präferenzen nachgehen. Er schlägt vor, grundsätzlich von opportunistischem Verhalten auszugehen, worunter er »die Verfolgung des Eigeninteresses unter Zuhilfenahme von List« versteht. »Das schließt krassere Formen ein, wie Lügen, Stehlen und Betrügen, beschränkt sich aber keineswegs auf diese. Häufiger bedient sich der Opportunismus raffinierterer Formen der Täuschung. […] Allgemeiner gesagt, bezieht sich Opportunismus auf die unvollständige oder verzerrte Weitergabe von Information, insbesondere auf vorsätzliche Versuche irrezuführen, zu verzerren, verbergen, verschleiern oder sonst wie zu verwirren.«[37] Wer Verträge eingeht, wird folglich Sicherheitsmechanismen installieren, um opportunistisches Verhalten seiner Vertragspartner zu erschweren. Wie die verfügbaren Informationen bleiben allerdings auch die Maßnahmen gegen Desinformationsstrategien stets unvollkommen, und jeder hat im Einzelfall den erwarteten Sicherheitsgewinn gegen die Sicherungskosten aufzurechnen – ein Grenznutzenkalkül, das wiederum den Bedingungen begrenzter Rationalität unterliegt. Der Homo contractualis weiß, dass ein Vertrag nur zustande kommt, wenn alle Beteiligten davon profitieren oder sich zumindest nicht schlechter stellen, aber weiß ebenso, dass er niemals ganz sicher sein kann, von seinen Vertragspartnern nicht hintergangen zu werden. Er vertraut seinen Partnern (und/oder den die Vertragseinhaltung stützenden Sicherungsmechanismen) zumindest so weit, dass er sich auf sie einlässt, ohne sein grundsätzliches Misstrauen so weit aufzugeben, dass er auf Kontrolle verzichtet. Die Welt der Verträge gründet auf einer Anthropologie, die sich des Urteils enthält, ob der Mensch von Natur aus gut oder böse ist, die ihm aber, weil er interessengeleitet handelt, jede Bosheit zutraut.

Wie stets fungieren auch hier die Wesensbestimmungen (oder deren abgeschwächte Form, Williamsons Verhaltensannahmen) als normative Richtschnur: Was die Menschen vermeintlich sind, ist das, wozu sie gemacht werden und sich selbst machen sollen. Daraus folgt umgekehrt ein Ausschlusskriterium: Wenn letztlich alle sozialen Beziehungen nach dem Modell des Kontrakts gestaltet werden (sollen), können nur jene im vollen Sinne als Menschen gelten, die sich vertragskonform verhalten (können), diejenigen also, deren Geschäftsfähigkeit im Sinne des Bürgerlichen Gesetzbuchs

37 Williamson, *Die ökonomischen Institutionen des Kapitalismus*, S. 54.

außer Zweifel steht. Das Regieren per Vertrag setzt Subjekte voraus (und produziert sie, indem es sie voraussetzt), die in der Lage sind, sich selbst zu regieren: Weil Verträge Verpflichtungen von der Zustimmung der beteiligten Individuen abhängig machen, müssen diese sich als individuelle Akteure begreifen; weil nur mündige Individuen sich vertraglich binden können, sind alle dazu verdammt, sich fortwährend als mündig zu erweisen. »Ein Vertragssubjekt zu sein bedeutet, als jemand anerkannt zu sein, der ein bestimmtes Ansehen genießt oder einen bestimmten Status besitzt, als ein Individuum, das selbständig genug ist, um als vertragsmündig gelten zu können, mit anderen Worten, als jemand, der Verantwortung für seine Absichten, Wünsche, Wahlentscheidungen und Handlungen übernimmt.«[38]

Vertragsfähigkeit ist ein Humankapital, in das investiert, das Vertragssubjekt ein Subjektivierungsmodus, der durch entsprechende Sozial- und Selbsttechnologien angeregt und abgestützt werden muss. Niemand besitzt die erforderlichen Eigenschaften von Geburt an und erwirbt sie ohne entsprechende Anreize, weshalb diese gar nicht früh genug einsetzen können. Die hegemoniale Macht des neuen Kontraktualismus zeigt sich nicht zuletzt daran, dass die Kompetenz, Vereinbarungen zu treffen und sie vor allem einzuhalten, in nahezu allen Lehrplänen als Erziehungsziel verankert und das pädagogische Personal geschult ist, entsprechende Lerngelegenheiten zu schaffen. Am anderen Ende der Lebensspanne sind alle gehalten, Vorsorge, etwa in Gestalt einer Patientenverfügung, für den Fall zu treffen, dass sie vielleicht irgendwann ihren Willen nicht mehr artikulieren und folglich keine Verträge mehr abschließen können.

Seine Mündigkeit demonstriert der Einzelne nicht zuletzt dadurch, dass er als zuverlässiger Vertragspartner seiner selbst auftritt, der seine disparaten Interessen und Bedürfnisse aufeinander abstimmt, sich klare Ziele setzt und verbindliche Selbstverpflichtungen eingeht, statt vom Verstand gedrängt, von den Leidenschaften getrieben heute gute Vorsätze zu fassen, um sie morgen wieder zu verwerfen. Das Ausloten der eigenen Wünsche und Fähigkeiten, die

---

38 Anna Yeatman, »Contract, Status and Personhood«, in: Glyn Davis/Barbara Sullivan/Anna Yeatman (Hg.), *The New Contractualism*, Melbourne 1997, S. 39-56, hier: S. 41; vgl. dazu auch Barry Hindess, »A Society Governed by Contract«, ebd., S. 14-26.

Bindung an selbst gesteckte Ziele, die regelmäßige Prüfung, ob sie erreicht wurden, schließlich die Sicherung der Vertragseinhaltung durch selbst auferlegte Sanktionen konstituieren einen Modus des Regierens der eigenen Person, in dem Selbstdisziplinierung und Selbstmobilisierung miteinander verschmelzen und der Einzelne sich gleichermaßen als Vertragspartei (genauer: als Gesamtheit der beteiligten Vertragsparteien) wie als Vertragsgegenstand zu begreifen hat. – Self-Commitment als Fortsetzung stoischer Lebenskunst mit kontraktuellen Mitteln.

Verträge kann man nur im Hinblick auf etwas abschließen, über das man verfügt. Konstitutiv für die implizite Anthropologie des Kontrakts ist deshalb die Vorstellung des Individuums als Eigentümer. Vertragsfähig wird man kraft des Verfügungsrechts – über materielle Güter, individuelle Kenntnisse und Fähigkeiten, den eigenen Körper und seine Organe oder die Lebenszeit.[39] Wer vertragliche Beziehungen eingeht, spaltet sich auf einerseits in ein Bündel von Vermögen und andererseits in eine Instanz, die diese Vermögen durch Tausch und Kooperation gewinnbringend verwaltet. Bei dieser Selbstverdopplung fällt alles, was ein konkretes Individuum ausmacht, auf die Seite der zu investierenden und zu akkumulierenden Kapitalien, während das Vertragssubjekt selbst zu einem vollkommen abstrakten, von Körperlichkeit, Geschlecht, Biografie und gesellschaftlicher Einbettung losgelösten Zurechnungspunkt individueller Wahlhandlungen und Versprechen zusammenschrumpft. Das kontraktualistische Subjekt ist ein Zwitterwesen: zum einen bloße Signatur, die den Kontrakt rechtsverbindlich machende Unterschrift; zum anderen pure Dispositionsmasse, eine Anhäufung kontingenter, weil veräußerbarer Eigentumstitel. Erforderlich ist diese Realfiktion eines duplizierten Selbst – *fiktiv*, weil niemand die Spaltung tatsächlich vollziehen kann, *real*, weil

---

39 Weshalb ein marktradikaler Ökonom wie Murray N. Rothbard darauf besteht, Menschenrechte als Eigentumsrechte zu fassen: »In einem grundlegenden Sinn gibt es keine anderen Rechte als Eigentumsrechte. […] Das trifft in mehrfacher Hinsicht zu: Zunächst ist jedes Individuum von Natur aus Eigentümer seiner selbst, Herr über die eigene Person. Die ›Menschenrechte‹ des Einzelnen, die in einer völlig freien Marktwirtschaft verteidigt werden, sind letztlich die Eigentumsrechte jedes Menschen an seiner Existenz, und aus diesen leitet sich dann das Eigentumsrecht an den Gütern ab, die er hergestellt hat (»Power and Market« [1970], in: ders., *Man, Economy, and the State with Power and Market*, Auburn, Al. 2004, S. 1047-1369, hier: S. 1337).

sie in jedem Vertragsakt praktisch vollzogen wird – schon deshalb, damit die Parteien einander als gleiche gegenübertreten können. Gleich sind die Menschen schließlich nur, wenn man von allem absieht, was den einen von der anderen unterscheidet.

Es ist nicht zuletzt das demokratische Ethos von Freiheit und Gleichheit, aus dem der zeitgenössische Kontraktualismus seine Anziehungskraft bezieht. In den drei Prinzipien, die Anna Yeatman als seine Essentials ausgemacht hat – »informierter Konsens, Aushandlung durch wechselseitigen Ausgleich und Rechenschaftspflicht«[40] –, steckt ebenso wie in seinem Impuls, die Logik des Vertrags bis in die letzten Winkel des Sozialen zu tragen, die Verheißung umfassender Autonomie und nichthierarchischer Assoziation. In dem Maße aber, in dem das kontraktualistische Programm – vom Kindergarten bis zu den Vereinten Nationen – umgesetzt wird, verwandelt sich die Freiheit, Verträge schließen zu können, in den Zwang, sie schließen zu müssen.[41] Die formale Gleichheit der

---

[40] Anna Yeatman, »Interpreting Contemporary Contractualism«, in: Jonathan Boston (Hg.), *The State under Contract*, Wellington 1995, S. 124-139, hier: S. 128.

[41] Welche ambivalenten Effekte die Verwirklichung der Auffassung vom Individuum als Eigentümer seiner selbst hätte, hat die US-amerikanische Philosophin Carol Pateman in der Kritik an feministischen Positionen herausgearbeitet, die sich von der Ausweitung vertraglicher, d. h. konsensualer und gleichberechtigter Regelungen auch auf Ehe und Intimbeziehungen eine Schwächung patriarchaler Herrschaft erhoffen. Die kontraktualistische Utopie freier Vereinbarungen verkehrt sich, so Pateman, wenn man sie konsequent auf die Beziehungen zwischen den Geschlechtern überträgt, in das Schreckensbild generalisierter Kommodifizierung: »Das vorteilhafteste Arrangement für ein Individuum ist eine endlose Reihe von sehr kurzfristigen Verträgen, den Körper einer anderen Person je nach Bedarf zu benützen. Andere Dienstleistungen, die gegenwärtig in einer Ehe bereitgestellt würden, würden gleichfalls auf dem Markt vertraglich zu erwerben sein. Ein universaler Markt für Körper und Dienstleistungen würde die Ehe ersetzen. [...] Die Ehe würde der *universalen Prostitution* weichen. Außerdem würden ›Individuen‹ und nicht ›Männer‹ und ›Frauen‹ diese Verträge eingehen. Der Vertrag würde dann den endgültigen Sieg über den Status (Geschlechterdifferenz) errungen haben. [...] Der Schluß liegt nahe, daß angesichts der Verweigerung von bürgerlicher Gleichheit für Frauen das feministische Streben sein muß, für Frauen Anerkennung als ›Individuen‹ zu erreichen. Solch ein Streben kann niemals erfüllt werden. Das ›Individuum‹ ist eine patriarchale Kategorie.« Carol Pateman, »Feminismus und Ehevertrag«, in: Herta Nagl-Dogecal/Herlinde Pauer-Studer (Hg.), *Politische Theorie. Differenz und Lebensqualität*, Frankfurt/M. 1996, S. 174-219, hier: S. 211; vgl. auch dies., *The Sexual Contract*, Cambridge/Oxford 1988.

Kontraktparteien wiederum verfestigt und legitimiert ihre soziale Ungleichheit. Verträge sind Machtdispositive, wie schon Max Weber wusste: »Das Resultat der Vertragsfreiheit ist also in erster Linie: die Eröffnung der Chance, durch kluge Verwendung von Güterbesitz auf dem Markt diesen unbehindert durch Rechtsschranken als Mittel der Erlangung von Macht über andere zu nutzen.«[42]

Die Forderung, dass heute alle als Unternehmer ihrer selbst agieren sollen, generalisiert exakt diese Chance: Unternehmerisches Geschick beweisen diejenigen, die durch kluge Vertragsabschlüsse die eigenen Machtpotenziale steigern. Ob sie dabei das hinzugewinnen, was die Vertragspartner verlieren, oder ob auch diese Kooperationsgewinne verbuchen und beide dadurch ihre Position gegenüber Dritten ausbauen können, stets bildet ein Vertrag den Einsatz in einem Machtspiel und verschiebt die Relationen in die eine oder andere Richtung. Dass Freiheit hier nicht als Widerpart, sondern als elementares Medium der Macht fungiert, verschafft den Machtasymmetrien die Legitimation des Konsensus. Weil die »Kontraktgesellschaft«[43] Ausbeutung und Unterdrückung an die Zustimmung derjenigen bindet, die ausgebeutet und unterdrückt werden, hat niemand Grund zu klagen: Was auch immer ihm zugemutet wird, *coactus voluit*, er selbst hat es so gewollt.

Jenseits der kontraktuellen Vernunft?

Gegen Spencers Gleichsetzung von Fortschritt und Kontrakt hatte bereits Emile Durkheim darauf insistiert, dass Verträge sich nicht selbst genügen, sondern auf außervertraglichen Grundlagen aufruhen.[44] Ohne ein Minimum an Vertrauen und Schutz vor Gewalt beispielsweise müssten Tausch- und Kooperationsbeziehungen kollabieren. Keine unsichtbare Hand flicht aus den disparaten individuellen Interessen das soziale Band, vielmehr muss dieses die Indi-

42 Weber, *Wirtschaft und Gesellschaft*, S. 439.
43 Ebd.
44 Emile Durkheim, *Über soziale Arbeitsteilung. Studie über die Organisation höherer Gesellschaften* (1893), Frankfurt/M. 1996, S. 256 ff.; vgl. dazu auch die Rekonstruktionen von Durkheims Argumentation bei Klaus R. Röhl, »Über außervertragliche Voraussetzungen des Vertrages«, in: Friedrich Kaulbach/Werner Krawietz (Hg.), *Recht und Gesellschaft. Festschrift für Helmut Schelsky*, Berlin 1978, S. 435-480; sowie Beckert, *Grenzen des Marktes*, S. 130-152.

viduen schon verbinden, damit sie ihre Interessen vertraglich koordinieren können. »Denn wo das Interesse allein regiert, ist jedes Ich, da nichts die einander gegenüberstehenden Egoismen bremst, mit jedem anderen auf dem Kriegsfuß, und kein Waffenstillstand kann diese ewige Feindschaft auf längere Zeit unterbrechen.«[45]

Dem liberalen Kontraktualismus setzte Durkheim eine Konzeption des Vertrags entgegen, in der dieser als Korrektiv gegen die anomischen Tendenzen reiner Marktregulierung fungierte. In der liberalen ökonomischen Theorie, für die Spencer bei Durkheim einsteht, beschränkte sich die Institution des Vertrags auf die Funktion, »den Marktteilnehmern Rechtssicherheit zu gewähren und dadurch opportunistisches Verhalten, Betrug und Gewalt auszuschließen«.[46] Im Übrigen ging sie davon aus, dass die antagonistischen Interessen der Wirtschaftsakteure sich – unter der angenommenen Bedingung vollständiger Konkurrenz – über den Mechanismus der marktlichen Preisbildung paretooptimal vermitteln. Durkheim dagegen bestimmte, so Jens Beckert, den Vertrag als eine Institution, »durch die der antagonistische Charakter des Markttausches in ein auf die Gerechtigkeitsvorstellungen der Sozialität gerichtetes Unterfangen transformiert wird. Die Institution des Vertrages muß dafür eine hinreichende Bindung der Akteure bewerkstelligen, so daß Tauschpartner mit antagonistischen Interessen dazu gebracht werden können, im Sinne einer gerechten Sozialordnung zu tauschen, was zumindest für eine der beteiligten Parteien einen paretoinferioren Gütertausch bedeutet.«[47]

Die Opposition zwischen ausschließlich auf individuelle Interessenverfolgung und auf verbindliche Solidarnormen abstellenden Vertragstheorien setzt sich bis in die Gegenwart fort: So unternimmt es die Neue Institutionenökonomik, die von Durkheim betonten kollektiv geteilten Gerechtigkeitsvorstellungen selbst wiederum aus ökonomischen Kalkülen abzuleiten. Zeitgenössische Wirtschaftssoziologen wie Mark Granovetter wiederum diskutieren das Problem der nicht-vertraglichen Voraussetzungen von Verträgen unter dem Stichwort der Einbettung (*embeddedness*). Wirtschaftliches Verhalten kann wie jedes andere menschliche Verhalten angemessen nur beschrieben werden, so das Argument, wenn man die sozialen Be-

---

45 Durkheim, *Über soziale Arbeitsteilung*, S. 260.
46 Beckert, *Grenzen des Marktes*, S. 142.
47 Ebd., S. 143.

züge einbezieht, in denen die Akteure stehen: »Akteure verhalten oder entscheiden sich weder als Atome außerhalb jeden sozialen Kontexts, noch folgen sie sklavisch einem Skript, das sich aus der spezifischen Schnittmenge der sozialen Gruppen ergibt, welchen sie zufällig angehören. Ihre Anstrengungen, zweckgerichtet zu handeln, sind vielmehr durchgängig eingebettet in konkrete Systeme sozialer Beziehungen.«[48] Granovetter gelangt allerdings zu einer im Vergleich zu Durkheim pluralen Konzeption sozialer Bindungen, wenn er die Bedeutung informeller Netzwerke und kultureller Kontexte für das Zustandekommen und die Ausgestaltung vertraglicher Beziehungen hervorhebt. Nicht das eine Band eines gemeinsamen Wertehorizonts, sondern viele, von den Akteuren in ihren verschiedenen Beziehungen fortwährend geknüpfte und miteinander sich verknotende soziale Bänder unterschiedlicher Reichweite und Belastbarkeit sichern und präformieren die kontraktuellen Arrangements des ökonomischen Lebens. Insbesondere unternehmerisches Handeln ist, wie Granovetter anhand empirischer Untersuchungen zeigt, auf die Mobilisierung von Ressourcen durch persönliche Kontaktnetze angewiesen, und eine ausschließliche Verhaltensorientierung an Kosten-Nutzen-Kalkülen kann sich geradezu als Hemmnis unternehmerischen Erfolges erweisen.[49]

Der empirische Nachweis, dass unternehmerische Aktivitäten und die Kontrakte, in denen diese sich manifestieren, stets sozial situiert sind und sich auf Beziehungen stützen, die selbst nicht vollständig unter das Prinzip der Nutzenmaximierung zu subsumieren sind, taugt indes als Einspruch gegen einen expliziten oder impliziten ökonomischen Imperialismus nur, wenn man dessen Verhaltensannahmen als Beschreibung der Wirklichkeit versteht, und nicht als Anrufung, die als gegeben unterstellt, was erst Wirklichkeit werden soll. Durkheims Blick ist demgegenüber skeptischer: Während die wirtschaftssoziologischen Netzwerktheoretiker sich darin erschöpfen, das Modell des Homo oeconomicus zu relativieren, indem sie auf das Persistieren anderer Verhaltensorientierungen aufmerksam

---

48 Mark Granovetter, »Economic Action and Social Structure: The Problem of Embeddedness«, in: *American Journal of Sociology*, 91 (1985), S. 481-510, hier: S. 487.

49 Vgl. ders., »Entrepreneurship, Development and the Emergence of Firms«, *Wissenschaftszentrum für Sozialforschung Berlin, Forschungsschwerpunkt Arbeitsmarkt und Beschäftigung, discussion paper FS I 90-2*, April 1990.

machen, sieht er im Projekt einer durchgängigen Ökonomisierung des Sozialen die Gefahr von dessen Zerstörung: Wenn das Vertragsprinzip jene Kohäsionskräfte aufzehrt, die es benötigt, aber nicht schaffen kann, vermag es keine tragfähige Ordnung zu stiften: Eine allein auf Verträge gegründete Gesellschaft wäre keine, sondern ein Zustand der Anomie.

4. Strategien und Programme

4.1 Kreativität

> Remember my mantra: distinct ... or extinct.[1]

Kreativität ist, wie der Pädagoge Hartmut von Hentig schreibt, zweifellos *ein*, wenn nicht *das* »Heilswort« der Gegenwart, in ihm findet die Epoche das »Richtmaß für die Vorstellung vom ihr aufgetragenen Leben«. Auch wenn die tatsächliche Lebensführung keineswegs diesem Anspruch genügt, so weist das Wort doch die Richtung, in der die heutigen Menschen Erfüllung und Rettung suchen.[2] Der Begriff Kreativität weckt uneingeschränkt positive Assoziationen; umgekehrt gibt es kaum ein Übel, das nicht auf Kreativitätsdefizite zurückzuführen und nicht durch vermehrte kreative Anstrengungen zu kurieren sein soll. Was auch immer das Problem ist, Kreativität verspricht die Lösung. Der Glaube an die schöpferischen Potenziale des Individuums ist die Zivilreligion des unternehmerischen Selbst.

Ein Begriff mit »theologischen Mucken« (Marx) ist Kreativität allemal: Die *creatio ex nihilo* gibt es nur als göttlichen Akt. Etwas ins Leere, Undefinierte hineinzustellen heißt, eine Welt im Kleinen zu erschaffen. Ihre metaphysischen Spitzfindigkeiten wird die Kreativität auch als säkularisierte menschliche Fähigkeit nicht los: Man kann zwar Bedingungen formulieren, die für das Entstehen von Neuem günstiger oder ungünstiger sind, man kann seine Emergenz analytisch in immer kleinere Schritte zerlegen, man kann beschreiben, was dabei im Gehirn geschieht – es bleibt ein letztlich nicht erklärbarer »Sprung«, theologisch gesprochen: ein Wunder. Auch wenn Kreativität, nach der bekannten Formel, zu 99 Prozent aus Transpiration besteht, bleibt noch das eine Prozent Inspiration. Davon zeugen nicht zuletzt die an die pfingstliche Herabkunft des Heiligen Geistes erinnernden Sprachbilder: Eingebung, Geistes-

---

1 Tom Peters, »»Brand You Survival Kit««, in: *Fast Company*, Iss. 83, June 2004, S. 95, ⟨http://pf.fastcompany.com/magazine/83/playbook.htm⟩ (12.05.2005).
2 Hartmut von Hentig, *Kreativität. Hohe Anforderungen an einen schwachen Begriff*, Weinheim/Basel 2000, S. 9.

blitz, das Licht, das aufgeht, bis hin zum Brainstorming, für das eben auch gilt, dass der Geist weht, wo er will. Kreativitätsanrufungen haben stets etwas von Bittgebeten: *Veni creator spiritus.*

Wie jede Religion lässt sich auch die der Kreativität unschwer als Ideologie entlarven – als Antwort auf die Innovationszwänge kapitalistischer Modernisierung etwa oder allgemeiner: als Reflex ökonomischer Notwendigkeiten. Dass Kreativität eine Funktion erfüllt, erklärt allerdings weder, warum sie sich dermaßen fragloser Plausibilität erfreut, noch, wie sie entsteht und geweckt werden kann. Wie jede Religion besteht auch die der Kreativität nicht nur aus Glaubensüberzeugungen, sondern auch aus sozialen Praktiken sowie aus Experten, die sie verkünden und die Laien entsprechend anleiten. Im allfälligen Ruf nach Kreativität manifestiert sich nicht nur ein »notwendig falsches Bewusstsein«, sondern ebenso sehr eine Weise des Einwirkens auf andere und sich selbst. Anders ausgedrückt: Kreativität ist ein gouvernementales Programm, ein Modus der Fremd- und Selbstführung.[3]

Kreativität regieren

Das Unterfangen, Kreativität zu »regieren«, steht vor dem Problem ihrer unhintergehbaren Kontingenz: Kreative Akte ereignen sich – oder auch nicht. Man kann sie durch Beharrlichkeit oder Enthusiasmus oder durch beides zusammen »locken«, aber man kann sie nicht erzwingen. Der Einfall kommt, wie bereits Max Weber wusste, »wenn es ihm, nicht, wenn es uns beliebt«.[4] In ihrer Unkalkulierbarkeit ist Kreativität in hohem Maße ambivalent – gleichermaßen wünschenswerte Ressource wie bedrohliches Potenzial. Mit der Erfahrung von Kontingenz und moralischer Zweideutigkeit wächst deshalb das Bedürfnis, ihre produktiven Seiten nutzbar zu machen und ihre destruktiven zu beschneiden: Kreativität soll einerseits mobilisiert und freigesetzt werden, andererseits soll sie reglementiert und gezügelt, auf die Lösung bestimmter Probleme gerichtet, von anderen aber ferngehalten werden. Entfesselung und

---

3 Thomas Osborne, »Against ›creativity‹: a philistine rant«, in: *Economy and Society*, 32 (2003), S. 507-525, hier: S. 508.

4 Max Weber, »Wissenschaft als Beruf« (1919), in: ders., *Gesammelte Aufsätze zur Wissenschaftslehre*, 7. Aufl., Tübingen 1988, S. 582-613, hier: S. 590.

Domestizierung sind dabei ununterscheidbar verwoben. Phantasmen vollständiger Steuerbarkeit müssen scheitern, weil Kreativität nicht auf Verfügbarkeit zu reduzieren und ohne ein Moment anarchischer Freiheit und Zerstörungslust nicht zu haben ist.[5] Die Steuerungsregime wechseln, was bleibt, sind die Anstrengungen, Kreativität in Regie zu nehmen. Deskription und Präskription fallen dabei zusammen: Kreativität ist demnach erstens etwas, das jeder besitzt – ein anthropologisches *Vermögen*; zweitens etwas, das man haben soll – eine verbindliche *Norm*; drittens etwas, von dem man nie genug haben kann – ein unabschließbares *Telos*; und viertens etwas, das man durch methodische Anleitung und Übung steigern kann – eine erlernbare *Kompetenz*.

Nicht nur die allfälligen Kreativitätsappelle im öffentlichen Diskurs, sondern auch die Kreativitätsforschung sowie ihre Popularisierungen in zahllosen Trainingsprogrammen, Ratgebern und Tests folgen diesem sozialtechnologischen Impuls. Was unter Kreativität verstanden, welche Kreativität gefördert und welche gefürchtet wird, das lässt sich erschließen aus den Modi, sie zuzuschreiben, zu evozieren und zu lenken. Darunter fällt die Bestimmung der zu kreativem Handeln Fähigen und Berufenen (Alle Menschen oder nur einige wenige? Wie lässt sich ermitteln, welche?), die Definitionen des Gegenstandsbereichs (In welchen Domänen zeigt sich Kreativität?), die sich wandelnden Strategien und Taktiken des Einwirkens (Auf welche Weise wird sie geweckt, unterdrückt oder gelenkt?), die Fluchtpunkte der Steuerungsanstrengungen (Was ist das Ziel kreativen Handelns?), schließlich die Quellen ihrer Legitimität (Im Namen welcher Autorität ergeht der Ruf nach Förderung beziehungsweise Kontrolle der Kreativität?). Nachzugehen ist sowohl den historischen Semantiken des Schöpferischen wie auch den disparaten Technologien zur Formung des menschlichen Erkundungs-, Gestaltungs- und Sinnstiftungsvermögens, den verschiedenen Leitbildern kreativer Vervollkommnung und Selbstvervollkommnung (vom musengeküssten Genie zum mindmappenden Querdenker), schließlich den heterogenen Kreativitätsspezialisten (von den Künstlern zu den Psychologen und Managern) sowie den pädagogischen (Entfaltung der Persönlichkeit), therapeutischen (Heilkraft der Phantasie), ökonomischen (Wettbewerbsvorteil

---

5 Vgl. Margo Hildreth Poulsen, »Anarchy is a Learning Environment«, in: *Journal of Creative Behavior*, 9 (1975), S. 131-136.

durch Innovation) oder politischen (»gute Ordnung« des Gemeinwesens) Rechtfertigungen schöpferischen Handelns.

Nicht alles davon leisten die folgenden Überlegungen. Sie setzen ein mit einer Skizze soziologisch-anthropologischer Bestimmungen kreativen Handelns, die an Arbeiten von Heinrich Popitz und Hans Joas anknüpft. Daran schließt sich ein Durchgang durch die psychologische Forschung der Jahrzehnte nach dem Zweiten Weltkrieg an, in denen nicht nur die wesentlichen Elemente des Kreativitätsdiskurses formuliert, sondern auch eine Vielzahl von Instrumenten entwickelt wurden, um die schöpferischen Kräfte zu fördern. Die Konzepte der Kreativitätspsychologie weisen große Affinität zu den ökonomischen Bestimmungen unternehmerischen Handelns auf; einige Psychologen übersetzen ihre Theorien sogar unmittelbar in ökonomische Kategorien. Wirtschaftssoziologen und Nationalökonomen wiederum entdecken Kreativität als Standortfaktor der Wissens- und Informationsgesellschaft und feiern den Aufstieg einer kreativen Klasse. Auf einen Abschnitt, der diese Psycho- und Soziökonomie der Kreativität nachzeichnet, folgt abschließend die Analyse prominenter Kreativitätstechniken, welche die allgemeinen Anforderungen in praktische Handlungsanweisungen gießen.

Anthropologie

Menschen können nicht aus nichts etwas schaffen, ihre Schöpfungen sind stets Derivate – Umschöpfungen von bereits Vorhandenem. Weil sie sich die Welt aber handelnd und deutend aneignen, gehen ihre Hervorbringungen stets auch über das Vorgefundene hinaus. Menschen können und müssen Neues zustande bringen, doch ihre Inventionen und Innovationen sind niemals absolut. Der Versuch, kreative Personen, Akte oder Produkte dingfest zu machen, mündet deshalb in einen unendlichen Regress: In allem Neuen steckt etwas Altes, auf das es aufbaut, das es modifiziert oder von dem es sich absetzt. Umgekehrt steckt in jeder Wiederholung ein Moment der schöpferischen Variation. Dass etwas kreativ ist, lässt sich daher mit gleichem Recht behaupten wie bestreiten. Wer das Alte im Neuen nachweisen will, wird ebenso fündig werden wie jener, der nach dem Neuen im Alten sucht. Allein die Blickrichtung entscheidet.

Die Erzeugung von Neuem kann, nach einer Unterscheidung von Popitz, grundsätzlich auf drei Wegen geschehen: erstens *erkundend* (Entdecken und Erfinden, Suche nach neuem Wissen), zweitens *gestaltend* (Herstellen und Formen von Artefakten), drittens *sinnstiftend* (Deuten, Begründen, Rechtfertigen).[6] Die Differenzierung ist idealtypisch, faktisch überlagern sich die drei Handlungsdimensionen ebenso wie die daraus abgeleiteten gesellschaftlichen Funktionen und Rollenmodelle.

Grundlage der menschlichen Kreativität ist die Vorstellungskraft als Vermögen zur Vergegenwärtigung des Abwesenden und, darauf aufbauend, die Phantasie als Vermögen zur Vergegenwärtigung des (noch) Nichtexistenten. Diese Vermögen sind immer schon gesellschaftlich eingebettet; noch die phantastischsten Vorstellungen bleiben bezogen auf das sinnlich Erfahrbare, auch und gerade wenn sie sich davon abstoßen. Die Negation des Gegebenen ist immer eine bestimmte Negation; ohne Welterfahrung gibt es keine imaginierten Gegenwelten. Vorstellungskraft und Phantasie bilden daher kein überzeitliches Reich reiner Freiheit, sondern unterliegen historischem Wandel und mannigfachen Steuerungsanstrengungen. »Vorstellungskontrolle ist«, wie Popitz schreibt, »ein wesentlicher Baustein sozialer Kontrolle. Tabuierungen werden durchgesetzt, die in der Kindheit schlecht und recht erlernt werden. Was man nicht tun darf, darf man sich auch nicht vorstellen – ein vorgeschobener Normenschutz. Die rechtzeitige Abdrängung von Versuchungen gehört zu den wesentlichen Leistungen kultureller Disziplinierung. Ein heiliger Antonius steckt in jedem Gesellschaftsmitglied. Tabuierungen erfordern die Ergänzung durch Vorstellungs-Angebote. Man muß Vorstellungen beschäftigen, will man sie bändigen. Anbieter sind die Hersteller und Verteiler aller Mythen und Märchen und natürlich aller Massenkommunikations-Programme.«[7] Keine noch so rigide Kontrolle, keine noch so subtile Suggestion vermag die individuellen Vorstellungs- und Phantasiewelten zu determinieren, aber ebenso wenig ist der Einzelne Herr seiner schöpferischen Vermögen. »Weil wir uns über alle Erfahrungen hinaus etwas vorstellen können, gewinnen wir die Freiheit zur Kreativität. Doch jede Kreativität ist durch Vorstellungslasten beschwert, über die

---

6 Vgl. Heinrich Popitz, »Wege der Kreativität. Erkunden, Gestalten, Sinnstiften«, in: ders., *Wege der Kreativität*, Tübingen 1997, S. 80-132.
7 Ebd., S. 87.

das Ich nicht verfügt.«[8] In diesem Zwiespalt stehen alle kreativen Hervorbringungen – und alle Anstrengungen, auf sie Einfluss zu nehmen.

Weil das Neue eine relationale Kategorie ist, bedeutet kreativ zu sein, Distinktionen zu schaffen. Das kann die Invention bis dahin unbekannter Artefakte, Erkenntnisse und Sinndeutungen sein; neu ist aber auch die Rekombination oder Variation schon vorhandener, die Privilegierung zuvor entwerteter oder die Entwertung zuvor privilegierter Artefakte, Erkenntnisse und Sinndeutungen.[9] Die Möglichkeiten, Neues zu schaffen, sind unbegrenzt, entscheidend ist das Moment der Differenz.

So widersprüchlich die Versuche sind, Kreativität zu definieren, es lässt sich doch eine Reihe von Assoziationsfeldern ausmachen, in denen sich unterschiedliche Konzepte kreativen Handelns verdichten. Hans Joas hat in einem »typologisierenden Versuch, die wichtigsten Formen zu charakterisieren, in denen die Idee der Kreativität auftauchte und einflußreich wurde«, fünf Metaphern unterschieden, die im Folgenden durch eine sechste ergänzt werden.[10] Ihnen korrespondieren jeweils spezifische Anthropologien und Denktraditionen. Die Trennlinien sind unscharf, die Überschneidungen groß.

Kreativität wird erstens assoziiert mit *künstlerischem Handeln*. Im Vordergrund steht hierbei das Moment der Expressivität. Der Mensch erscheint als zum Ausdruck fähiges und auf Ausdruck angewiesenes Wesen; das Vorbild ist der künstlerische Genius. Traditionslinien weisen zurück auf die Renaissancephilosophie, auf Herder und die deutsche Romantik, aber auch auf die philosophische Anthropologie Schelers, Plessners und Gehlens. Kreativität wird zweitens gedacht nach dem Modell der *Produktion*. Hier geht es um den Menschen als sich in seiner Arbeit beziehungsweise in seinen Arbeitsprodukten vergegenständlichendes und verwirklichendes Wesen; als Modell dient der Handwerker. Die Wurzeln reichen zurück bis zu Aristoteles' Unterscheidung von Praxis und Poiesis; ihre prominenteste Formulierung findet sie in der Arbeitsontologie

---

8 Ebd., S. 89.
9 Vgl. Boris Groys, *Über das Neue. Versuch einer Kulturökonomie*, München/Wien 1992.
10 Hans Joas, *Die Kreativität des Handelns*, Frankfurt/M. 1996, S. 106-212, Zitat: S. 106.

des jungen Marx. Eine aktuelle Variante dieser Perspektivierung liefern die italienischen Postoperaisten mit ihrem Konzept der »immateriellen Arbeit«.[11] Davon abzusetzen ist drittens Kreativität als *problemlösendes Handeln*. Betont wird damit der Aspekt von Invention und Innovation. Menschen sind Wesen, lautet die implizite Anthropologie, die ihr Leben bewältigen und sich dazu weder auf instinktgebundene Reaktionsmuster noch auf bloße Verhaltensroutinen verlassen können. Kreativität ist hier stets konkret situiert; sie antwortet auf Herausforderungen, die gleichermaßen neue wie angemessene Lösungen verlangen. Exemplarisch verkörpert wird dieser Aspekt in der Gestalt des Erfinders; als Erkenntnis- und Handlungstheorie ausformuliert hat sie der amerikanische Pragmatismus, aber auch Jean Piaget in seiner kognitiven Entwicklungstheorie. Das vierte Metaphernfeld ist die *Revolution*. Kreativität meint hier befreiendes Handeln, die radikale Neuerfindung des Sozialen; der Mensch tritt der Welt gegenüber als Grenzen überschreitender schöpferischer Zerstörer. Prototypen dieser Dimension von Kreativität sind Regelverletzer, Nonkonformisten und Dissidenten aller Couleur; programmatische Entwürfe finden sich in den Manifesten der künstlerischen und politischen Avantgarden. Kreativität ruft fünftens Assoziationen des *Lebens* auf. Hierher gehören sowohl die Metaphern von Zeugung und Geburt, aber auch die der biologischen Evolution; allgemein geht es um Phänomene der Emergenz. Kreativität erscheint als Manifestation personaler oder überpersonaler Lebensenergien, die sich auch und gerade gegen Widerstände Bahn brechen. Ins Zentrum rückt einerseits die Triebseite des Menschen, die Kreativität der Wunschmaschinen, andererseits die nicht-intentionalen Prozesse der Umweltanpassung durch natürliche Selektion. Entsprechende Theorieentwürfe finden sich bei Nietzsche, Bergson und Freud, aber auch bei Darwin und seinen Nachfolgern. Die wohl vertrauteste Kreativitätsmetapher ist schließlich sechstens das *Spiel*,[12] die das schöpferische mit dem zweckfreien Handeln identifiziert: »Im Spiel ist der Mensch auf

---

11 Vgl. Maurizio Lazzarato, »Immaterielle Arbeit«, in: Toni Negri/Maurizio Lazzarato/Paolo Virno, *Umherschweifende Produzenten. Immaterielle Arbeit und Subversion*, Berlin 1993, S. 39-52.
12 Vgl. dazu immer noch grundlegend Johan Huizinga, *Homo Ludens. Versuch einer Bestimmung des Spielelements der Kultur*, Amsterdam 1939.

unproduktive Weise kreativ.«[13] Modell des Homo ludens ist das Kind. Zurückverfolgen lässt sich diese Metapher bis zu Platons Ideal, »lebenslang nichts [zu] tun, als immer nur die schönsten Spiele [zu] feiern«;[14] in die gleiche Richtung zielt Schillers berühmtes Diktum: »Der Mensch spielt nur, wo er in voller Bedeutung des Worts Mensch ist, und er ist nur da ganz Mensch, wo er spielt.«[15]

Ob diese oder jene Metapher oder mehrere zugleich aufgerufen werden, hängt davon ab, welche schöpferischen Potenziale auf welche Weise stimuliert werden sollen. Die unterschiedlichen Aspekte bedienen unterschiedliche Erwartungen an Kreativität und markieren unterschiedliche Ansatzpunkte, auf sie einzuwirken. Als Leitmetapher des zeitgenössischen Kreativitätsdiskurses fungiert zweifellos das problemlösende Denken, das die übrigen zwar nicht verdrängt, aber in den Dienst stellt. Das Problem, das es zu lösen gilt, ist freilich immer das gleiche: Erfolgreich und innovativ zu sein, sich im Wettbewerb zu behaupten, Kunden zu finden für sich und die eigenen Produkte.[16] Dafür braucht es dann nicht nur pragmatischen Erfindergeist, sondern auch künstlerische Phantasie, harte Arbeit, subversive Zerstörungslust, ungezügelte Vitalität und die Leichtigkeit des Spiels.

Psychologie

Als Begriff ist Kreativität ein US-Import aus der Zeit nach dem Zweiten Weltkrieg; die deutsche Sprache kannte bis dahin nur die Einbildungs- oder Schöpferkraft, das produktive Denken und den Genius. Was in den 50er-Jahren aus den psychologischen Labors der US-Luftwaffe und privatwirtschaftlichen Forschungsinstituten nach Europa hinüberschwappte, hatte indes mit der Geniereligion

---

13 Heinrich Popitz, »Was tun wir, wenn wir spielen«, in: *Wege der Kreativität*, S. 50-79, hier: S. 79.
14 Platon, *Die Gesetze*, in: ders., *Sämtliche Werke*, Bd. 3, Berlin o. J., S. 446 (VII 803 C).
15 Friedrich Schiller, »Über die ästhetische Erziehung des Menschen in einer Reihe von Briefen« (1795), 15. Brief, in: ders., *Werke*, Bd. 2, München 1954, S. 601.
16 Vgl. dazu auch Christoph Deutschmann, *Kapitalismus und Kreativität*, unveröffentl. Ms. 2005, der – im Anschluss an Cornelius Castoriadis – das Institutionen stiftende und transformierende Moment der zeitgenössischen Kreativitätsanrufung betont.

alteuropäischer Provenienz[17] nur wenig gemein. Die amerikanische Kreativitätsforschung entwickelte sich als Reaktion auf die Einseitigkeit herkömmlicher Intelligenztests, welche die individuelle Fähigkeit zu innovativen Problemlösungen nicht erfassten und sich als ungeeignet erwiesen, wissenschaftliche Talente und andere High Potentials frühzeitig zu erkennen.[18] Ihre Pioniere suchten nach effizienten Verfahren der Begabtenförderung und der Personalentwicklung, nach Methoden zur Vermehrung technischer Erfindungen und Produktverbesserungen, schließlich nach neuen Marketingkonzepten: »Vor allem drei Forschungsanliegen fanden sich seit 1950 unter dem Titel ›Kreativität‹ zusammen: Zum ersten stießen viele Forscher [...] auf Probleme der Selektion von Erfindern und Führungskräften: Allzu wenige hoben sich als solche heraus; und mittels traditioneller Intelligenztests als ›Genies‹ Identifizierte erwiesen sich als ungeeignet für neue Anforderungen. Zum zweiten mündeten in die Kreativitätsforschung Ansätze und Ergebnisse des ›Institute of Personality Assessment and Research‹, das – von der Privatindustrie unterhalten – ›personal effectiveness‹ zum Forschungsgegenstand und jedermanns Entwicklung zu ›mental health‹ als Ziel hatte. [...] Zum dritten betrieben (angewandte) Kreativitätsforschung jene Institutionen, denen es um die Bereitstellung ›neuer Ideen‹ für industrielle Zwecke ging.«[19]

Trotz ihrer Auslese- und Optimierungslogik war und ist der Grundimpuls der Kreativitätspsychologie demokratisch und unterscheidet sich gerade darin von der romantischen Verklärung des Genies: Dessen heroisches Schöpfertum war nur wenigen vor-

---

17 Vgl. dazu Edgar Zilsel, *Die Entstehung des Geniebegriffs*, Tübingen 1926; ders., *Die Geniereligion. Ein kritischer Versuch über das moderne Persönlichkeitsideal*, Wien 1918.
18 Vgl. zur Geschichte der Kreativitätsforschung Joy Paul Guilford, »Creativity: Yesterday, Today, and Tomorrow«, in: *The Journal of Creative Behavior*, 1 (1967), S. 3-14; Gisela Ulmann, »Einleitung. Psychologische Kreativitätsforschung«, in: dies. (Hg.), *Kreativitätsforschung*, Köln 1973, S. 11-22; Inge Seiffge-Krenke, *Probleme und Ergebnisse der Kreativitätsforschung*, Bern 1974; Irving A. Taylor, »A Retrospective View of Creativity Investigation«, in: ders./Jacob W. Getzels (Hg.), *Perspectives in Creativity*, Chicago 1975, S. 1-36; Siegfried Preiser, *Kreativitätsforschung*, Darmstadt 1976; Teresa Amabile, *The Social Psychology of Creativity*, New York u. a. 1981; Robert S. Albert/Mark A. Runko, »A History of Research on Creativity«, in: Robert J. Steinberg (Hg.), *Handbook of Creativity*, Cambridge 1999, S. 16-31.
19 Ulmann, »Einleitung«, S. 12.

behalten; kreativ sein können und sollen dagegen alle. Genialität war eine exklusive Entweder-oder-Eigenschaft, die man hatte oder eben nicht. Kreativität hingegen kommt allen zu, freilich in unterschiedlichen Graden: Manche sind mehr, andere weniger kreativ. Das Genie bewegte sich in einer Sphäre jenseits der Norm, weshalb es der Common Sense in die Nähe des Wahnsinns rückte und Kriminalanthropologen wie Psychiater Genie-Pathografien erstellten;[20] Kreativität ist dagegen normal und streut sich entsprechend den Kurven der gaußschen Normalverteilung. Sie gehört, um Jürgen Links Begriff aufzunehmen, in das Reich des flexiblen Normalismus.[21] Genies zeichneten sich aus durch herausragende Leistungen in den Künsten, den Wissenschaften und vielleicht noch im Krieg und der Politik; das Attribut »kreativ« adelt noch die banalsten Tätigkeiten. »Man kann«, schreibt Joy Paul Guilford in seiner Ansprache vor der American Psychological Association aus dem Jahre 1950, jenem Beitrag, der gemeinhin als Startpunkt der neueren Kreativitätsforschung gilt, »von fast allen Menschen kreative Akte, wie schwach oder wie selten auch immer, erwarten. Hier ist der Gesichtspunkt der Kontinuität wichtig. Was immer das Wesen des kreativen Talents sein mag, die als schöpferisch anerkannten Menschen besitzen wahrscheinlich nur mehr von dem, was alle von uns haben. Dieses Prinzip der Kontinuität macht es möglich, die Untersuchung der Kreativität auf Leute auszudehnen, die nicht notwendigerweise herausragend sind.«[22]

Indem die Psychologen Kreativität als Jedermannsressource definierten, erweiterten sie nicht zuletzt den Kreis ihrer Untersuchungsobjekte: Neben und an die Stelle detaillierter Fallstudien über einzelne herausragende Wissenschaftler oder Künstlerinnen traten jetzt quantitative Untersuchungen mit großen Teilnehmer-

---

20 Vgl. Cesare Lombroso, *Genie und Irrsinn in ihren Beziehungen zum Gesetz, zur Kritik und zur Geschichte*, Leipzig 1887; Ernst Kretschmer, *Geniale Menschen*, Berlin 1929; Wilhelm Lange-Eichbaum/Wolfram Kurth, *Genie, Irrsinn und Ruhm. Genie-Mythus und Pathographie des Genies*, 6. Aufl., München/Basel 1967. Für das Fortleben der Pathologie-These bis in die Gegenwart vgl. den Tagungsbericht von Christian Guht, »Genie dank Wahnsinn«, in: *Süddeutsche Zeitung*, 25.04.2004.

21 Vgl. Jürgen Link, *Versuch über den Normalismus. Wie Normalität produziert wird*, Opladen 1997.

22 Joy Paul Guilford, »Kreativität«, in: Ulmann (Hg.), *Kreativitätsforschung*, S. 25-43, hier: S. 30.

zahlen, insbesondere Kreativitätstests.²³ Während ältere Studien im Anschluss an Francis Galton²⁴ erbliche Faktoren der Kreativität zu ermitteln versucht oder denkpsychologische Analysen wissenschaftlicher Entdeckungsprozesse unternommen hatten,²⁵ richtete sich das Augenmerk nun vor allem auf die Möglichkeiten pädagogischer Förderung. Verstärkt wurde diese Ausrichtung durch den »Sputnikschock« von 1957 und die dadurch geweckte Angst vor einer technologischen (und damit letztlich auch militärischen) Überlegenheit der Sowjetunion. Um im Systemvergleich den Spitzenplatz zu behaupten beziehungsweise wiederzugewinnen, mussten, so der bildungspolitische Konsens in den Vereinigten Staaten, die kreativen Potenziale mobilisiert werden. Die Logik des Kalten Krieges verschärfte damit noch die der Kreativitätsforschung und -förderung ohnehin eigene Wettbewerbsdynamik und stellte sie endgültig unter das Diktat des Komparativs.

Guilford beklagte, die wissenschaftliche Psychologie habe aufgrund ihrer einseitig behavioristischen Orientierung das Thema Kreativität bis dahin sträflich vernachlässigt, und benannte die praktischen Herausforderungen, denen sie sich zu stellen habe: »Wie kann man Führungskräfte mit Phantasie und Weitblick entdecken? Können solche Qualitäten entwickelt werden? Wenn sich solche Eigenschaften durch Erziehungsmethoden fördern lassen, welcher Art sind diese Verfahren?«²⁶ Guilfords Forschungsprogramm, und das gilt für die psychologische Kreativitätsforschung nach dem Zweiten Weltkrieg insgesamt, trägt ausgesprochen utilitaristische Züge. Kreativität ist hier weitgehend gleichbedeutend mit problemlösendem Handeln. Zwar wandte Guilford sich auch gegen den verbreiteten Konformismus und rief damit eine andere Kreativitätsmetapher aus Joas' bereits vorgestellter Typologie auf, doch die geforderte geistige Unabhängigkeit war kein Selbstzweck, sondern unabdingbare Voraussetzung für den wissenschaftlichen Fortschritt und die Steigerung der Produktivkräfte. Befehlshörige Duckmäuser und stromlinienförmige Pedanten erbrachten eben nicht jene

---

23 Für einen Überblick über die einschlägigen Tests vgl. Preiser, *Kreativitätsforschung*, S. 78-86.
24 Francis Galton, *Hereditary Genius*, New York 1869.
25 Vgl. exemplarisch Max Wertheimer, *Productive Thinking*, New York/London 1945 (dt.: *Produktives Denken*, Frankfurt/M. 1957).
26 Guilford, »Creativity«, S. 29.

innovativen Spitzenleistungen, die staatliche Verwaltung, Militär, Wissenschaft und Wirtschaft benötigten. Um die anstehenden Aufgaben zu bewältigen, darin waren sich kognitionspsychologische, psychodynamische und sozialpsychologische Ansätze einig, reichte es nicht, getreulich den vorgegebenen Bahnen zu folgen, gefordert war vielmehr »divergierendes Denken«, das sich nur dort entfalten konnte, wo Abweichungen von der Norm nicht per se negativ sanktioniert wurden.

Weil die psychologische Forschung Kreativität als ein der mittels IQ-Tests gemessenen Intelligenz entgegengesetztes, ›anderes‹ Denkvermögen konzeptualisierte, neigte sie zu polaren Typenmodellen: Hier der unangepasste, augenblicksgeleitete, innovative, eigenwillige, witzige Kreative, dort der angepasste, strebsame, brave und zuverlässige Intelligente.[27] Die idealtypische Gegenüberstellung erinnert nicht von ungefähr an Schumpeters Unterscheidung zwischen dem unternehmerischen Durchsetzer »neuer Kombinationen« und dem bloßen Bestandsverwalter, und wie dem schumpeterschen Entrepreneur eignet auch dem kreativen Nonkonformisten ein heroischer Zug. Bei allem demokratischen Egalitarismus erhielt sich hier ein Rest des Geniemythos, wobei die Fähigkeit zu abweichendem Denken grundsätzlich allen offen stehen sollte, wenn sie ihre Möglichkeiten nutzten und ein förderliches Umfeld vorfanden.

Genau daran aber mangelte es, so die kulturkritische Diagnose des Begründers der Gesprächstherapie, Carl R. Rogers, der US-amerikanischen Nachkriegsgesellschaft: »Unser Erziehungssystem produziert eher Konformisten, Stereotype, Individuen, die ›fertig‹ sind, als kreative und originelle Denker. In unseren Freizeitaktivitäten dominieren passive Unterhaltung und reglementierte Gruppenangebote, kreative Aktivitäten finden sich dagegen weitaus seltener. Im Bereich der Wissenschaften gibt es ein ausreichendes Angebot an Technikern, während nur eine denkbar kleine Zahl auf kreative Weise sinnvolle Hypothesen oder Theorien formuliert. In der Industrie ist kreatives Arbeiten nur wenigen vorbehalten – dem Manager, dem Designer, dem Chef der Forschungsabteilung –, die Masse führt dagegen ein Leben ohne kreative Herausforderungen. Das gleiche gilt für das Individuum und die Familie: Die Kleider, die wir tragen, die Nahrung, die wir zu uns nehmen, die Bücher, die wir lesen, die Überzeugungen, die wir vertreten, – überall eine

27 Hentig, *Kreativität*, S. 20.

ausgesprochene Tendenz zu Konformismus und Stereotypen. Wer originell oder anders ist, gilt als ›gefährlich‹.«[28] Im Schatten der Bombe musste, so Rogers weiter, dieser Zustand katastrophale Folgen zeitigen. Der Einsatz, der in Sachen Kreativität auf dem Spiel stand, war nicht weniger als das Überleben der Menschheit: »Sofern der Mensch sich nicht ebenso schnell an seine Umwelt anpassen, wie die Wissenschaft diese Umwelt verändern kann, wird unsere Kultur untergehen. Nicht allein individuelle Verhaltensstörungen und Gruppenkonflikte, sondern internationale Auslöschung werden der Preis für einen Mangel an Kreativität sein.«[29] Ein solch apokalyptisches Szenario rief geradezu nach der rettenden Kraft, und Rogers fand sie denn auch, wie bei einem humanistischen Psychologen nicht anders zu erwarten, im Innern jedes Menschen. Der Drang zur Selbstentfaltung und -verwirklichung bildete die in allen vorhandene Quelle der Kreativität, und diese Quelle galt es freizulegen: »Diese Veranlagung mag unter zahllosen Schichten verkrusteter Abwehrmechanismen begraben liegen, sie mag sich hinter großartigen Fassaden verstecken und verleugnet werden; aufgrund meiner Erfahrungen bin ich aber davon überzeugt, dass jedes Individuum diese Veranlagung besitzt und sie nur darauf wartet, sich entfalten und ausdrücken zu können.«[30]

Bemerkenswert ist nicht nur die eklatante Kluft zwischen globaler Diagnose und individualistischer Therapie, also der unerschütterliche Glaube daran, dass die Lösung der Menschheitsprobleme beim Einzelnen zu beginnen habe, sondern auch die Kopplung von Kreativität und psychischer Gesundheit. Wenn das Ziel psychotherapeutischer Arbeit darin besteht, Menschen zu ebenjener Selbstverwirklichung zu verhelfen, die auch den Ursprung der schöpferischen Potenziale bildete, dann fallen Persönlichkeitsentwicklung und Kreativitätsförderung zusammen. Donald W. MacKinnon, ein psychoanalytisch ausgerichteter Forscher, der über aufwendige Testverfahren die Persönlichkeitsvariablen kreativer Menschen zu ermitteln versuchte, formulierte den gleichen Konnex in freudscher Terminologie: Es sei, resümierte er seine Untersuchungen, als hätten die Kreativsten »beschlossen, daß, wo Es war, Ich werden solle«,

---

28 Carl R. Rogers, »Toward a Theory of Creativity«, in: Harold A. Anderson (Hg.), *Creativity and its Cultivation*, New York/Evanston 1959, S. 69-82, hier: S. 69 f.
29 Ebd., S. 70.
30 Ebd., S. 72.

während die Gruppe der am wenigsten Kreativen »beschlossen hätte, daß Überich werden soll, wo Ich hätte sein können«.[31] Was die Gesellschaft als Ganze dringend benötigte, sollte zugleich das sein, worin die Einzelnen sich selbst finden – eine Psychologisierung des Sozialen, welche den bei Freud noch tragischen Konflikt zwischen Sollen und Wollen in eine *Win-win*-Situation überführte. Werde, was du bist, und du wirst sein, was wir brauchen, lautete die Devise.

Indem die Kreativitätspsychologen ein menschliches Bedürfnis nach Selbstverwirklichung unterstellten und dieses zugleich als den motivationalen Kern kreativen Handelns identifizierten, umgingen sie zugleich das Paradox, von außen das stimulieren zu wollen, was, wie die Stimulationsexperten selbst nur allzu gut wussten, allein dem inneren Antrieb der Stimulierten entspringen konnte. Kreativität ließ sich nicht durch Aussicht auf Belohnung oder Furcht vor Strafe herbeikonditionieren, sondern bedurfte dessen, was die Psychologen »intrinsische Motivation« nannten: der Lust am individuellen oder gemeinsamen Tun und an dessen Ergebnissen. Eine intrinsisch motivierte Person, hieß es in einer Studie, »ist gewissermaßen ›gefangen‹ und getrieben durch die dem Problem inhärente Herausforderung. So mag jemand ein neues Gerät erfinden, ein Bild malen oder eine wissenschaftliche Theorie entwerfen einzig und allein um der damit verbundenen Freude willen – Freude am kreativen Prozeß, am Erlangen einer Lösung, oft auch an der ästhetischen Befriedigung einer ›eleganten‹ Lösung. Dies ist dann die Art von Motivation, bei der der kreative Akt selbst ein Ziel darstellt und nicht nur ein Mittel.«[32] Wer die schöpferischen Kräfte stärken wollte, hatte deshalb zunächst dafür zu sorgen, dass diese Motivationsquelle nicht durch Entmutigung, stupide Routinen oder autoritäre Reglementierungen verschüttet wurde. Kreativ zu sein, muss Spaß machen; Missmutigen und Bedrückten fällt wenig ein. Kreativitätsförderung sei Kontextsteuerung, darin waren sich die Psychologen einig; sie schaffe nichts, sie ermögliche etwas. Um dies zu verdeutlichen, griff Rogers zur Metaphorik des Landbaus und machte den Psychologen zum Gärtner, der den Boden bereitet,

---

31 Donald W. MacKinnon, »Persönlichkeit und Realisierung kreativen Potentials«, in: Ulmann, *Kreativitätsforschung*, S. 164-179, hier: S. 177.
32 Richard S. Crutchfield, »Schädliche Auswirkungen von Konformitätsdruck auf kreatives Denken«, ebd., S. 155-163, hier: S. 156.

düngt und das Unkraut jätet, auf dass die kreative Saat sprieße: »Von ihren ureigenen inneren Voraussetzungen her ist es klar, dass man Kreativität nicht erzwingen kann, sondern ihr Auftreten zulassen muss. Der Bauer kann die Saat nicht zum Wachsen bringen; er kann nur für günstige Bedingungen sorgen, damit die Saat sich gemäß ihres Potenzials selbst entwickeln kann. Ebenso verhält es sich mit der Kreativität.«[33]

Guilford hatte in seinem Initialtext von 1950 ein Register von Variablen kreativen Denkens zusammengestellt, die ihm als Ausgangshypothesen für die Entwicklung faktorenanalytischer Testverfahren dienten. Danach zeichnen sich kreative Menschen aus durch ihre Problemsensitivität, die Flüssigkeit ihres Denkens und die Neuartigkeit ihrer Ideen, durch Flexibilität, die Fähigkeit, gleichermaßen synthetisch wie analytisch zu denken und Gegebenes zu reorganisieren beziehungsweise zu redefinieren, durch die Spannweite der Gedanken und schließlich durch ihr Talent, die Realitätstauglichkeit von Ideen zu bewerten. In der Ausrichtung ähnliche, wenn auch weniger auf Kognitionsaspekte eng geführte Persönlichkeitsmerkmale präparierten die Vertreter tiefenpsychologischer und humanistischer Ansätze heraus. Sie charakterisierten kreative Menschen nicht nur als emotional stabil und reif, sondern auch als besonders vital und willensstark: »Ihre Energie gibt ihnen die Kraft und die Ausdauer, Probleme nicht einfach hinzunehmen, sondern sie als lösbar zu betrachten und sich mit ihnen zu beschäftigen. Sie sind aktiv mit ihrer Umwelt beschäftigt und versuchen, die Umwelt den eigenen Bedürfnissen anzupassen […] statt sich selbst der Umwelt mit ihren Problemen unterzuordnen und anzupassen.«[34] Sie seien neugierig, verfügten über die Fähigkeit zur zielgesteuerten Regression und könnten ihre Assoziationen deshalb freier spielen lassen; sie ertrügen Konflikte und Unsicherheitsgefühle, ohne vorschnell zu starren Kategorien oder vertrauten Lösungen Zuflucht zu nehmen; sie neigten nicht zu festgefügten Weltbildern und Stereotypen, sondern bevorzugten komplexe Denk- und Verhaltensmuster und erwiesen sich in ihren sozialen Interaktionen als unabhängig, unkonventionell und eigensinnig.

Was die Psychologen als beschreibende Kategorien einführten, lässt sich unschwer als Anforderungsprofil entziffern. Wenn sie Kre-

33 Rogers, »Toward a Theory of Creativity«, S. 78.
34 Preiser, *Kreativitätsforschung*, S. 68 f.

ativität mit Intelligenz, psychischer Gesundheit und persönlicher Reife zusammenfallen ließen, dann stellten sie zugleich einen Tugendkatalog auf. Den Kreativen nachzueifern und selbst kreativ zu sein beziehungsweise kreativer zu werden, wird in dieser Perspektive zu einer unabweisbaren Pflicht. Wer wollte sich schon als dumm, psychisch labil oder unreif abstempeln lassen? Eigenschaften wie Aktivität und Flexibilität, um welche die kreativen Persönlichkeitsfaktoren kreisen, markieren allerdings Fluchtpunkte, an denen man sich ausrichten, die man aber, weil es sich um per se unabschließbare Anforderungen handelt, niemals erreichen kann. Diese konstitutive »Unmöglichkeit« wird noch dadurch gesteigert, dass schöpferische Menschen gerade dadurch herausragen sollen, dass sie gegensätzliche Eigenschaften in sich vereinen. Folgt man der systemischen Kreativitätstheorie von Mihaly Czikszentmihalyi, so verfügen Kreative über eine Menge Energie, sind aber auch ruhig und entspannt; sie verbinden Weltklugheit mit Naivität, denken gleichermaßen konvergierend wie divergierend, verbinden Disziplin und Spielerisches, Verantwortungsgefühl und Ungebundenheit, wechseln zwischen schweifender Phantasie und Realitätssinn, vereinen Extroversion und Introversion, Demut und Stolz, Ehrgeiz und Selbstlosigkeit, Wettbewerbs- und Kooperationsorientierung, »männliche« und »weibliche« Eigenschaften, sind sowohl traditionell und konservativ und rebellisch und bilderstürmerisch eingestellt, bringen Leidenschaft für ihre Arbeit auf und können ihr zugleich mit Objektivität begegnen, sind in hohem Maße sensibel für Leid und Schmerz, aber auch fähig zu intensiver Freude.[35] Niemand kann all das und schon gar nicht zur gleichen Zeit. Als Anrufung gelesen muss Czikszentmihalyis Versöhnung der Gegensätze deshalb ein Gefühl permanenten Ungenügens provozieren (oder, als dessen Kehrseite, zu grandioser Selbstüberschätzung verleiten). *Wie Sie das Unmögliche schaffen und Ihre Grenzen überwinden*, lautet nicht von ungefähr der Untertitel seines Kreativitätskompendiums. Das kreative Subjekt (zu dem sich ja alle heranbilden sollen) kann immer auch anders und befindet sich in fortwährender Bewegung, um die widersprüchlichen Anforderungen auszutarieren. Sein Ziel erreicht es nie: Das Umschalten vom einen in das andere, entgegengesetzte Register geht stets mit Reibungsverlusten einher, die

35 Mihaly Czikszentmihalyi, *Kreativität. Wie Sie das Unmögliche schaffen und Ihre Grenzen überwinden*, Stuttgart 1996, S. 86-115.

Balance zwischen den Extremen bleibt labil, die Spannbreite des Verhaltens ist niemals breit genug.

Czikszentmihalyi macht auch auf die soziale Dimension von Kreativität aufmerksam. Der »schöpferische Augenblick« mag dem Einzelnen gehören und ihn im sprichwörtlichen stillen Kämmerlein ereilen, doch kreativ ist man nie allein. Der Kreative steht in der Auseinandersetzung mit anderen, die seinen Erfindungen, Artefakten oder Sinndeutungen beziehungsweise ihm selbst dieses Attribut zusprechen oder verweigern, auf deren Anerkennung er hofft oder deren Missachtung er fürchtet, mit denen er gemeinsam Ideen schmiedet oder die er meidet, um auf Ideen zu kommen, die ihm Probleme aufgeben oder deren Lösungen ihn nicht befriedigen, in deren Fußstapfen er tritt oder aus deren Fußstapfen er gerade heraustritt usw. Kurzum: Ob etwas schöpferisch ist, hängt letztlich von der Bewertung durch die Umwelt ab. Kreative Leistungen müssen folglich nicht nur neu sein, sondern auch angemessen, nützlich, befriedigend oder in anderer Weise wertvoll, und sie sind es, insoweit sie auf entsprechende Resonanz stoßen: »So gesehen entsteht Kreativität aus der Interaktion dreier Elemente, die gemeinsam ein System bilden: einer Kultur, die symbolische Regeln umfaßt, einer Einzelperson, die etwas Neues in diese Domäne einbringt, und einem Feld von Experten, die diese Innovation anerkennen und bestätigen.«[36]

Ökonomie

Von Czikszentmihalyis konstruktivistischer Ökonomie der Anerkennung ist es nur noch ein kleiner Schritt zu jenen psychologischen Konzepten, die Kreativität vollends in betriebswirtschaftliche Kategorien übersetzen. So haben Robert J. Steinberg, wie einige Jahrzehnte vor ihm Guilford immerhin Präsident der American Psychological Association, und sein Mitarbeiter Todd L. Lubart eine Investmenttheorie der Kreativität vorgelegt, die schöpferische Leistungen und wirtschaftliche Erfolge parallelisiert.[37] Der kreativ

---

36 Ebd., S. 16f.
37 Robert J. Sternberg/Todd L. Lubart, »An Investment Theory of Creativity and Its Development«, in: *Human Development*, 34 (1991), S. 1-31; dies., »Buy low and sell high: An Investment Approach to Creativity«, in: *Current Directions in Psy-*

Handelnde gleicht demnach einem erfolgreichen Unternehmer: Er spekuliert auf die Zukunft und sucht seine Chancen jenseits der ausgetretenen Pfade. Billig kaufen und teuer verkaufen (*buy low and sell high*), heißt sein Prinzip. Er setzt heute auf abseitige Ideen und hofft darauf, dass sie morgen Schule machen: »Erfolgreiche Investoren müssen wagemutig, risikofreudig und dazu bereit sein, im Gegensatz zu anderen Investoren zu entscheiden. Wenn sie eine unpopuläre Aktie oder Anlage kaufen, mag man sie töricht schelten. Gelangt diese Anlage aber in den Ruf einer guten Investition, steigt rasch ihr Preis und man kann sie nicht länger zu günstigen Konditionen erwerben. Der vermeintlich Törichte erscheint nun als vorausschauend. Ähnliches lässt sich für kreative Leistungen feststellen. [...] Wer im Bereich der Wissenschaft eine neue Idee entwickelt und voranbringt oder einen neuen Stil in der Kunst kreiert, steht möglicherweise zunächst im Ruf, ein realitätsfremder Narr zu sein. Kommen andere aber dahin, den Wert seiner Arbeit anzuerkennen, wird er als ein höchst kreativer Mensch gelten. Natürlich ist Kreativität kein Alles-oder-nichts-Phänomen. Es gibt ein Kontinuum kreativer Leistungen, ebenso wie es bei Investitionen ein Kontinuum von Profiten gibt.«[38] Welche Kreationen Rendite abwerfen, entscheidet sich auf dem Markt. Der Rest verpufft. Nur denen, die das Risiko des Scheiterns auf sich nehmen, winkt auch die Chance des Erfolgs. Ob etwas kreativ ist oder nicht, erweist sich erst im Nachhinein, wenn es anderen gefällt, einleuchtet oder brauchbar erscheint, kurzum: wenn es Wertschätzung erfährt, zumindest aber Aufmerksamkeit binden kann. Einfach nur andere Wege zu gehen als die Masse, nützt gar nichts, solange sich niemand dafür interessiert. Kreativ ist das Neue, das sich durchsetzt.

Sternberg und Lubart betonen in ihrer Analogie das spekulative Moment des findigen Ausnützens von Gewinnchancen und die dazu erforderliche Risikobereitschaft, während andere Unternehmerfunktionen wie Schumpeters »schöpferische Zerstörung« oder die Organisation von Produktion und Vermarktung im Hintergrund bleiben. Der Kreative wie der kluge Investor nutzen die verfügbaren Analyseinstrumente, um ihre Entscheidungen auf eine rati-

chological Science, 1 (1992), 1-5; dies., *Defying the Crowd. Cultivating Creativity in a Culture of Conformity*, New York u. a. 1995; dies., »Investing in Creativity«, in: *American Psychologist*, 51 (1996), S. 677-688.
38 Sternberg/Lubart, »An Investment Theory«, S. 1 f.

onale Grundlage zu stellen, sie wägen sorgsam Kosten und Nutzen ab, doch bei allem Kalkül haftet ihrem Verhalten auch etwas von Glückspiel an: »Wer billig kauft, geht das Risiko ein, dass der Preis des Gekauften später nicht ansteigt. Umgekehrt geht derjenige, der teuer verkauft, das Risiko ein, dass der Wert des Verkauften weiter steigt. Es gibt keine Gewissheit.«[39]

Eine solche Sicht räumt auf mit der Vorstellung, Kreativität sei eine Eigenschaft, die man ein für alle Mal besitzen könne. Wenn die Mitbewerber aufschließen, fallen die Profite und dem Investor droht der »kreative Bankrott«, sofern er nicht wiederum neue Gewinnchancen auftut. Der kreative Imperativ nötigt daher zur permanenten Abweichung; seine Feinde sind Homogenität, Identitätszwang, Normierung und Repetition. Nur Unangepasste verfügen über Alleinstellungsmerkmale. Schöpferisch zu sein, erfordert deshalb unentwegte Anstrengung. Jeder hat nicht einfach nur kreativ zu sein, sondern kreativer als die anderen. Um in diesem Wettkampf zu bestehen, bedarf es keiner besonderen Begabung oder Ausbildung, sondern einer inneren Einstellung, die man einnehmen kann oder auch nicht: »Billig zu kaufen und teuer zu verkaufen ist eine Art zu leben – eine Haltung dem Leben gegenüber. Einige Menschen entscheiden sich, kreativ zu leben, andere nicht. Aber es ist eine Entscheidung. Entweder entscheidest Du Dich, den ausgetretenen Pfaden zu folgen, oder Du entscheidest Dich, Deinen eigenen Weg zu gehen.«[40] Die Frohe Botschaft hat eine brutale Kehrseite: Wenn alle die Wahl haben, sich gut zu verkaufen, dann haben jene, für die sich niemand interessiert, es nicht anders gewollt. Für die Bankrotteure der Kreativität haben Sternberg und Lubart denn auch nichts als den bitteren Trost des »Versuch's noch einmal!« übrig: »Man kann nach solchen Zusammenbrüchen ebenso wieder auf die Beine kommen wie nach finanziellen. Die Wege dazu sind unterschiedlich: Man kann das Feld wechseln, sich weiterbilden oder einfach seine Arbeit von einem anderen Blickwinkel aus anpacken.«[41]

Damit es so weit nicht kommt, führen sie ein Set von Ressourcen an, deren Zusammenspiel das Investitionsglück wenn schon nicht sichern, so doch begünstigen sollen. Sie bilden das Humankapital

---

39 Dies., *Defying the crowd*, S. 45.
40 Ebd., S. 76.
41 Ebd., S. 67.

des Kreativunternehmers, und dieser tut gut daran, es zu pflegen und zu mehren. Im Einzelnen nennen Sternberg und Lubart erstens die Fähigkeit, konventionelle Denkschranken zu überwinden und Probleme in neuer Weise zu sehen, ein Gespür dafür, welche Ideen sich weiter zu verfolgen lohnt und welche nicht, und das Talent, andere für aussichtsreiche Ideen zu gewinnen. Kreative müssen zweitens mit dem Feld vertraut sein, in dem sie ihre Investitionen tätigen. Förderlich ist drittens ein spezifischer Modus der geistigen Selbstführung, den die beiden als »legislativen Denkstil« bezeichnen. Viertens führen sie persönliche Eigenschaften wie Ambiguitätstoleranz, Selbstvertrauen, Risikobereitschaft und Durchsetzungsvermögen an, gefolgt von fünftens der bereits vertrauten intrinsischen, aufgabenzentrierten Motivation und schließlich sechstens einem Umfeld, das für kreative Ideen empfänglich ist und sie belohnt.[42]

Aus der Analogie von Kreativität und Investment folgt zwingend der Appell, in die kreativen Ressourcen selbst zu investieren. Kreativitätsförderung ist in dieser Perspektive Akkumulation des individuellen wie gesellschaftlichen Humankapitals. Entsprechende Anstrengungen unterliegen allerdings den gleichen Kosten-Nutzen-Kalkülen wie alle Unternehmungen. Auch Kreativität hat ihren Preis, d. h., »Investitionen in das kreative Potenzial werden in dem Maße zunehmen, wie die Investitionskosten sinken oder der erwartete Gewinn steigt«.[43] Der Grenznutzen ist erreicht, wenn die aufzuwendenden Mittel den zu erwartenden Ertrag übersteigen. Die Regulation erfolgt über den Markt: Steigt die Nachfrage nach Innovationen, wächst die Motivation, sich entsprechend zu engagieren; sinkt die Nachfrage, bleiben die Dienstleister der Kreativitätsindustrie auf ihren Angeboten sitzen.

Psycho- und Sozioökonomie gehen hier ineinander über, und neben die psychologischen Theorien des kreativen Investors sind inzwischen sozialwissenschaftliche Studien getreten, die den Aufstieg der *Creative Economy*[44] verkünden. Richard Florida, dessen 2002

---

42 Dies., »Investing in Creativity«, S. 684; *Defying the Crowd*, S. 1-10.
43 Daniel L. Rubenson/Mark A. Runco, »The Psychoeconomic Approach to Creativity«, in: *New Ideas in Psychology*, 10 (1992), S. 131-147, hier: S. 137.
44 John Howkins, *The Creative Economy. How People Make Money from Ideas*, New York 2001.

erschienenes Buch *The Rise of the Creative Class*[45] in den USA zum Bestseller avancierte, bestimmt Kreativität als »die ultimative ökonomische Ressource«,[46] eine Ressource zudem, die potenziell unbegrenzt verfügbar sei und weder gehortet noch gekauft oder verkauft werden könne. Wie Freiheit oder Sicherheit sei sie ein öffentliches Gut, ihre Bereitstellung folglich eine öffentliche Aufgabe. Floridas Diagnose variiert die These vom Übergang zur Wissensgesellschaft: Weil in der Gegenwart die Produktion von Ideen der Produktion materieller Güter und Dienstleistungen den ökonomischen Rang abgelaufen hat, wächst auch die Zahl und der Einfluss der Ideenproduzenten. Die kreative Klasse, so die Kernaussage, ist zur dominanten gesellschaftlichen Gruppe aufgestiegen und schickt sich an, Arbeitswelt, Wertvorstellungen sowie das gesamte Alltagsleben nachhaltig zu verändern. Was diese Klasse verbindet, ist ihre ökonomische Funktion; von einem gemeinsamen Klassenbewusstsein kann dagegen noch kaum die Rede sein: »Die kreative Klasse besteht aus Menschen, die durch ihre Kreativität ökonomischen Wert schaffen. Sie schließt viele Wissensarbeiter, Symbolanalytiker und qualifizierte technische Angestellte ein, der Begriff betont aber ihre im Kern ökonomische Bedeutung. [...] Die meisten Angehörigen der kreativen Klasse verfügen nicht über ein nennenswertes materielles Eigentum. Ihr Eigentum – das aus ihren kreativen Fähigkeiten erwächst – ist immateriell, weil sie es im Wortsinn in ihren Köpfen tragen. [...] Die Angehörigen der kreativen Klasse betrachten sich bis jetzt nicht als eine klar identifizierbare soziale Gruppe; aber sie teilen viele Wünsche und Vorlieben. Die neue Klasse mag in dieser Hinsicht nicht so eindeutig abgrenzbar sein wie die industrielle Arbeiterklasse in ihrer Hochzeit, aber sie zeigt eine zunehmende Kohärenz.«[47]

Florida ist es nicht darum zu tun, die gesellschaftliche Organisation der Kreativen voranzutreiben und so dazu beizutragen, dass aus der Klasse »an sich« auch eine Klasse »für sich« wird. Ebenso wenig interessiert er sich dafür, aus welchen sozialen Schichten sich die

---

45 Richard Florida, *The Rise of the Creative Class*, New York 2002, Paperback Edition 2004; vgl. auch die Fortsetzungen: ders., *Cities and the Creative Class*, New York 2005; *The Flight of the Creative Class. The New Global Competition for Talent*, New York 2005.
46 *The Rise of the Creative Class*, »Preface to the Paperback Edition«, S. XIII.
47 Ebd., S. 68.

Angehörigen der neuen Klasse rekrutieren, welche Bildungswege sie durchlaufen und wie kreative Persönlichkeiten gefördert werden können. Florida geht es vielmehr um Standortförderung: In einem Regionenvergleich präpariert er jene Faktoren heraus, die für die Konzentration der kreativen Klasse in bestimmten Gegenden der USA und damit zugleich für deren wirtschaftliche Prosperität verantwortlich sind. Der »Kreativitätsindex«, den er zu diesem Zweck entwickelt und als Messlatte der ökonomischen Entwicklung anlegt, setzt sich aus vier gleich gewichteten Faktoren zusammen: erstens dem Anteil der Kreativen an der Gesamtzahl der Arbeitskräfte; zweitens den Innovationen, gemessen an der Anzahl von Patenten pro Einwohner; drittens der Ansiedlung von Hightech-Unternehmen und schließlich viertens der kulturellen Vielfalt, gemessen am Anteil Schwuler und Lesben an der Bevölkerung. Zum Vergleich zieht Florida noch weitere Faktoren hinzu, etwa eine dem Magazin *Men's Fitness* entnommene Gegenüberstellung der »fittesten« und der »fettesten« Regionen[48] in den USA oder einen »Bohèmeindex«,[49] der die Regionen nach der Anzahl der dort lebenden Künstlerinnen und Künstler auflistet. Dann korreliert er alles munter miteinander und versucht so zu belegen, dass es die aufsteigende kreative Klasse besonders dorthin zieht, wo kulturelle Vielfalt herrscht und akzeptiert wird. Nicht multikultureller Idealismus, sondern Standortsicherung gebietet, das ist die politische Botschaft seines Buchs, ein Klima der Offenheit und Toleranz gegenüber unterschiedlichen Lebensstilen. Je mehr »schräge Vögel«, desto mehr Innovationen, desto mehr Wohlstand lautet die Gleichung. Der Schwulenindex fungiert nicht zuletzt deshalb als Indikator für Vielfalt, weil die gesellschaftlichen Diskriminierungen Schwuler und Lesben besonders hartnäckig sind: »Bis zu einem gewissen Maße verkörpert Homosexualität die letzte Barriere gegen die Vielfalt in unserer Gesellschaft, und daher sind an einem Ort, an dem Schwule willkommen sind, alle Menschen willkommen.«[50]

Die Kreativitätspsychologen hatten gegen den Konformitätsdruck der Massengesellschaft angeschrieben und das Hohe Lied des Ich-starken Querdenkers gesungen, der erfolgreich ins eigene Humankapital investiert. Der Soziologe der kreativen Klasse über-

---

48 Ebd., S. 178 f.
49 Ebd., S. 260 f.
50 Ebd., S. 256.

trägt das auf die Ebene der Sozialstruktur. Statt um die Bildung des Individuums geht es ihm um *community building*, propagiert er Investitionen ins Sozialkapital, ohne allerdings der kommunitaristischen Nostalgie eines Robert Putnam das Wort zu reden.[51] Kreative sind Individualisten, und Bowling ist nicht unbedingt ihre bevorzugte Freizeitbeschäftigung. Nicht die Rückkehr zu festen, sondern die Multiplikation loser Bindungen kennzeichnet diese Klasse, die aus den Mobilitäts- und Flexibilitätszumutungen der New Economy einen Lebensstil kultiviert. In Floridas Argumentation übernimmt sie die gleiche Rolle wie die schöpferischen Genies für die Kreativitätspsychologen. Gleich ob man Programme für das persönliche Wachstum oder für die Regionalentwicklung aufstellt, Kreativitätsförderung bedeutet Diversity Management. Um die Ressource Kreativität abschöpfen zu können, muss man Möglichkeitsräume schaffen und die Vielfalt steigern. Den Rest regelt der Wettbewerb.[52]

Technologien

Kreativ zu sein, bedeutet harte Arbeit und braucht doch die Leichtigkeit des Spiels. Das Reich der Notwendigkeit erzwingt, was nur im Reich der Freiheit gedeiht. Der kreative Imperativ verlangt serielle Einzigartigkeit, Differenz von der Stange. Die Aufforderung »Sei kreativ!« ist daher nicht weniger paradox als das legendäre »Sei spontan!«. Kreativität lässt sich weder anordnen noch in Lehrpläne oder Arbeitsverträge pressen. Man kann nicht befehlen, was unbestimmt ist. Allenfalls lassen sich Faktoren angeben, die schöpferische Akte wahrscheinlicher machen. An Programmen zur »Innovationsgymnastik«[53] herrscht gleichwohl kein Mangel. Über das Stadium bloßer Hausrezepte ist man dabei längst hinaus. Ein Heer von wissenschaftlichen Spezialisten erforscht das Terrain und

51 Vgl. Robert Putnam, *Bowling Alone. The Collapse and Revival of American Community*, New York 2000.
52 Für eine kultursoziologische Analyse der Arbeits- und Lebensverhältnisse in den *Creative Industries* vgl. Angela McRobbie, *British Fashion Design: Rag Trade or Image Industry?*, London/New York 1998; dies., »›Jeder ist kreativ‹. Künstler als Pioniere der New Economy?«, in: Jörg Huber (Hg.), *Singularitäten – Allianzen. Interventionen 11*, Zürich u. a. 2002, S. 37-59.
53 Hentig, *Kreativität*, S. 60.

beliefert die Kreativitätshungrigen mit immer neuen Trainingsmethoden. Diese stützen sich auf alltägliche Formen der Ideenfindung und überführen sie in systematisch angeleitete, häufig professionell betriebene und institutionell abgesicherte Strategien des Innovationsmanagements. Kreativitätstrainings standardisieren den Bruch mit Standardlösungen. Sie normieren die Normabweichung und lehren, sich nicht auf Gelerntes zu verlassen. Die Wege zum je Besonderen sollen für alle gleich sein. Deshalb sind sie denkbar allgemein. Zeitgenössische Programme bedienen sich dabei aus den Inventaren von Kommunikationswissenschaft und Informatik (Neurolinguistisches Programmieren) ebenso wie bei den Erkenntnissen der Kognitionsforschung (Aktivierung der rechten Hirnhemisphäre), sie adaptieren ehemals »alternative« Bildungskonzepte (Open Space, Zukunftswerkstätten), therapeutische Techniken (freie Assoziation) und Praktiken künstlerischer Avantgarden (*écriture automatique*).

Weil sich der Moment des Heureka selbst nicht technisch generieren lässt, konzentrieren die Förderprogramme sich auf die anderen Schritte des kreativen Prozesses. Die meisten Prozessmodelle der Kreativität schließen an Graham Wallas' Studie *The Art of Thought*[54] an, in der dieser vier Stufen des problemlösenden Denkens unterschieden hatte: Auf eine Phase der Vorbereitung (*Präparation*), in der das Problem wahrgenommen und das verfügbare Wissen zusammengetragen wird, ohne es vorschnell zu kategorisieren, folgt die Phase der *Inkubation*, gekennzeichnet durch »ein problembezogenes, aber lockeres und damit unvoreingenommenes Herumspielen mit Informationen, Problemaspekten und Gedankenverknüpfungen«.[55] Diese Phase, die trotz tagträumerischer Gedankenflanerie häufig als anstrengend und frustrierend erlebt wird, endet im glücklichen Fall mit einer Eingebung (*Illumination*). Die zunächst unverbundenen kognitiven Elemente fügen sich unvermittelt zu einer neuen »Gestalt«, die Lösung des Problems liegt plötzlich auf der Hand. Ohne die vierte Phase der Überprüfung und Realisierung (*Verifikation*) jedoch bleibt auch der brillanteste Gedanke wirkungslos. Einfälle müssen ausgearbeitet und kommunizierbar gemacht, Aufwand und Ertrag müssen kalkuliert, mögliche Implikationen und Effekte berücksichtigt, schließlich müssen

---

54 Graham Wallas, *The Art of Thought*, New York 1926.
55 Preiser, *Kreativitätsforschung*, S. 45.

die Ideen umgesetzt werden. Komplexe kreative Tätigkeiten setzen sich aus einer Vielzahl solcher schöpferischen Akte zusammen, von denen jeder seine eigene Präparations-, Inkubations-, Illuminations- und Verifikationsphase besitzt.

Die meisten Kreativitätstechniken operieren im Vorfeld der Illuminationsphase und versuchen Bedingungen zu schaffen, die schöpferische Einfälle stimulieren. Dazu bringen sie insbesondere Strategien der Irritation und Entgrenzung in Anschlag: Um eingeschliffene Denk- und Handlungsroutinen zu durchkreuzen, kombiniert etwa die von ihrem Gründer William J. J. Gordon »Synektik« getaufte Methode der Ideengenerierung sachlich nicht zusammenhängende Wissenselemente oder stellt Analogien zwischen heterogenen Bereichen her.[56] Verfremdung (»Wenn wir dressierte Ameisen als Zahlen benutzen würden, welche Art von Rechenmaschine mit Eigenantrieb könnten wir herstellen?«) und Identifikation (»Wie wäre mir zumute als Aluminium-Kolben in einem laufenden Dieselmotor?«)[57] sollen neue Sichtweisen auf anstehende Probleme anregen und unkonventionelle Lösungen in den Blick rücken. Andere Konzepte wie Edward de Bonos »Querdenken« (*lateral thinking*) setzen auf eine wilde Logik, welche die lineare Ordnung sequenzieller Denkschritte in diskontinuierliche Seitwärtssprünge überführt. Der Bruch mit vertrauten Mustern soll Platz für neue schaffen. Provokation zählt dabei mehr als Präzision, *richness* mehr als *rightness*.[58]

Eng verwandt mit solchen Strategien, die auf eine Neuordnung, ein »Re-Patterning«, des Denkens hinauslaufen, sind jene, die auf eine quantitative Steigerung der Ideenproduktion abzielen und äußere wie innere Zensurinstanzen auszuschalten versuchen, um die Gedanken möglichst ungehemmt fließen zu lassen. Paradigmatisch für diese Verfahren der Vervielfältigung ist das von Alex F. Osborn ursprünglich für die Arbeit in einer Werbeagentur entwickelte Brainstorming.[59] Entscheidend ist hier die Entkopplung von

---

56 Vgl. William J. J. Gordon, *Synectics. The Development of Creative Capacity*, New York 1961.

57 Die Beispielsätze sind entnommen: Heinz Hoffmann, *Kreativitätstechniken für Manager*, München 1980, S. 143, 141.

58 Vgl. Edward de Bono, *Laterales Denken. Ein Kurs zur Erschließung Ihrer Kreativitätsreserven*, Reinbek b. Hamburg 1971.

59 Vgl. Alex F. Osborn, *Applied Imagination. Principles and Procedures of Creative Thinking*, New York 1953.

Ideensammlung und -bewertung. »Keine Kritik!« lautet die oberste Regel. Je mehr Einfälle der »kreative Aufwallungsprozeß«[60] einer Brainstormingsitzung generiert, so die Grundannahme, desto mehr Treffer werden darunter sein. Deshalb ist die Methode als Konferenztechnik konzipiert: Gruppendynamische Synergiekräfte sollen genutzt, »spontane Kettenreaktionen« und eine »geistige Multibefruchtung« zwischen den Teilnehmern ausgelöst werden.[61]

Auf der Einsicht, dass vorschnelle Bewertungen und fixe Ordnungsschemata als »Kreativitätskiller« wirken, beruhen auch Verfahren wie das Mind Mapping[62] oder das Clustering.[63] Sie versuchen den Assoziationsfluss in Gang zu bringen, indem sie dazu auffordern, die Gedanken nicht linear, sondern bildlich anzuordnen. Wie beim Brainstorming sollen mögliche Problemlösungen systematisch erkundet und festgehalten werden. Gabriele L. Rico gibt für das Clustering folgende Instruktion: »Sie beginnen immer mit einem Kern, den Sie auf eine leere Seite schreiben und mit einem Kreis umgeben. Dann lassen sie sich einfach treiben. Versuchen Sie nicht, sich zu konzentrieren. Folgen Sie dem Strom der Gedankenverbindungen, die in Ihnen auftauchen. Schreiben Sie Ihre Einfälle rasch auf, jeden in einen eigenen Kreis, und lassen Sie die Kreise vom Mittelpunkt aus ungehindert in alle Richtungen ausstrahlen, wie es sich gerade ergibt. Verbinden Sie jedes neue Wort oder jede neue Wendung durch einen Strich oder Pfeil mit dem vorigen Kreis. Wenn Ihnen etwas Neues oder Andersartiges einfällt, verbinden Sie es direkt mit dem Kern und gehen von dort nach außen, bis diese aufeinanderfolgenden Assoziationen erschöpft sind.«[64] Nietzsches »Ketten-Denker«, dem »jeder neue Gedanke, den er hört oder liest, sofort in Gestalt einer Kette«[65] erscheint, kehrt hier wieder als Gebrauchsanweisung für das kreative Schreiben, wobei – wir befinden uns schließlich im Netzwerkzeitalter – aus der Kette inzwischen ein Rhizom geworden ist.

60 Hoffmann, *Kreativitätstechniken für Manager*, S. 117.
61 Ebd., S. 110.
62 Vgl. Tony Buzan, *Kopftraining. Anleitung zum kreativen Denken, Tests und Übungen*, München 1984.
63 Vgl. Gabriele L. Rico, *Garantiert schreiben lernen*, Reinbek 1984.
64 Ebd., S. 35.
65 Friedrich Nietzsche, »Menschliches, Allzumenschliches«, 2 Bd., Erste Abteilung: Vermischte Meinungen und Sprüche, Nr. 376, in: ders., *Werke*, Bd. I, hg. von Karl Schlechta, 6. Aufl., München 1969, S. 864.

Die meisten Kreativitätstechniken räumen, darin der Psychoanalyse ähnlich, der freien Assoziation eine Schlüsselstellung ein. Wie der Patient auf der Couch soll auch der Kreative seinen spontanen Einfällen folgen, beide vollziehen eine kontrollierte »Regression im Dienste des Ich«;[66] doch anders als bei der freudschen Redekur geht es nicht um kathartisches Erinnern, Wiederholen, Durcharbeiten, sondern um systematische Steigerung des Ideenausstoßes. Die Kräfte des Unbewussten sollen weder ausgedeutet noch zivilisiert, sondern zugleich entfesselt und nutzbar gemacht werden. Nicht als Engramme des individuellen Triebschicksals, sondern als unerschöpfliche Quelle gedanklicher Vielfalt und Innovation treten sie auf den Plan. Bevor die Spreu vom Weizen getrennt wird und dieser oder jener Einfall seine Realitätstauglichkeit beweisen muss, sollen zunächst einmal möglichst viele generiert werden. Selbst Abseitiges oder Verrücktes kann dabei noch als Katalysator für Brauchbares fungieren; die dümmsten Fragen provozieren nicht selten die originellsten Antworten. Anlass zur Sorge besteht nur, wenn der Ideenstrom versiegt. »Das Stocken gilt als schlimmster Feind der Kreativität, jede Kreativitätstechnik hat zum Ziel, das kleine Scheitern zu vermeiden, um das große Scheitern zu verhindern.«[67] Aktivierung ist der gemeinsame Nenner der Irritations- wie der Entgrenzungsstrategien.

Bei allem Lob des schöpferischen Tagträumens und des absichtslosen Spiels ist der Kreativitätsförderung das Ethos der Produktivität eingeschrieben. Um zu verwertbaren Lösungen zu gelangen, stellt sie Freiräume bereit, in denen der Verwertungsdruck temporär suspendiert ist; um die Leistungen zu steigern, setzt sie die Leistungsnormen vorübergehend außer Kraft. Phasen des Leerlaufs werden gebilligt, wenn nicht sogar gezielt herbeigeführt – aber nur, damit die Ideenmaschine anschließend umso mehr auswirft. Wer viel Wind machen will, muss schließlich auch mal Luft holen. Ein paradoxes Unterfangen, stets in Gefahr zu implodieren: Schöpferisch ist eine Pause nur, wenn sie sich weder verstetigt noch die Arbeit lediglich maskiert. Hier zeigt sich die disziplinierende Funktion der Phasenmodelle des kreativen Prozesses: Jede Phase erhält ihr Recht, aber eben nur als Phase. Nur wenn alle vier aufeinander

---

66 Vgl. Ernst Kris, *Psychoanalytical Explorations in Art*, New York 1952.
67 Manuela Branz, »Gelungenes Scheitern. Scheitern in der Postmoderne«, in: *Kunstforum International*, Bd. 174, Jan.-Mär. 2005, S. 262-267, hier: S. 265.

folgen, steht am Ende das kreative Produkt. Und nur auf dieses kommt es an.

Kreativität braucht Muße, der Markt erzwingt Beschleunigung. Unter den Bedingungen ökonomischen Ideenwettbewerbs ist Zeit eine knappe Ressource. Das Gebot entfesselter Kreativität untergräbt so zugleich deren Existenzbedingungen. Je höher der Innovationsdruck, desto kürzer die Halbwertszeit des Neuen und desto größer der Verschleiß schöpferischer Potenziale. Wenn Muße systematisch verknappt oder zum Katalysator von Innovationsprozessen funktionalisiert wird, bleibt nur die Simulation von Kreativität. Der bloße Anschein des Neuen wiederum schwächt, zumindest mittel- und langfristig, die eigene Marktposition. Diesem Teufelskreis lässt sich schwerlich entkommen, und aus dem permanenten Gefühl des Ungenügens resultieren denn auch sowohl der nicht nachlassende Hunger nach Kreativitätstechniken wie der fortwährende Boom entsprechender Angebote. Weil diese aber jedermann zur Verfügung stehen und Innovatives, wenn es Erfolg hat, ohnehin rasch Nachahmer findet, vermögen all die Ideenbörsen, Mind Maps und Brainstormings bestenfalls für den Augenblick Wettbewerbsvorteile zu schaffen. Auch für die *Creative Economy* gilt das Gesetz vom tendenziellen Fall der Profitrate. Der ideale Adept der Kreativitätsprogramme ist deshalb nicht nur eine heroische Gestalt – aktiv, nonkonformistisch, neugierig, phantasievoll –, sondern auch ein Gehetzter. Im Versprechen der schöpferischen Alterität, das ihn antreibt, steckt zugleich eine Drohung: »Seien Sie besonders ... oder Sie werden ausgesondert!«, heißt es in einer Bauanleitung für Ich-AGs.[68]

---

68 Tom Peters, *TOP 50 Selbstmanagement. Machen Sie aus sich die Ich AG*, München 2001, S. 8.

4.2 Empowerment

> You are not responsible for being down,
> but you are responsible for getting up.[1]

Empowerment und Obszönitäten hätten etwas gemein, schrieb 1985 der amerikanische Gemeindepsychologe Julian Rappaport: »Sie sind schwer zu definieren, aber man erkennt sie, wenn man sie sieht.«[2] Die Sichtung der einschlägigen Literatur bestätigt die Schwierigkeiten einer präzisen Begriffsbestimmung: Empowerment hat danach eine deskriptive wie eine präskriptive Seite; es ist gleichermaßen Ziel, Mittel, Prozess und Ergebnis persönlicher wie sozialer Veränderungen.[3] Der Terminus bezeichnet sowohl eine Wertorientierung, an der sich das Handeln Einzelner oder von Gruppen ausrichten soll, wie auch ein theoretisches Modell, um Transformationen auf individueller, organisatorischer und gesellschaftlicher Ebene zu beschreiben.[4] Verwendet wird er in transitiver wie in reflexiver Bedeutung, die professionelle Unterstützung eigenverantwortlichen Alltagsmanagements fällt ebenso darunter wie die »Selbst-Bemächtigung« und »Selbst-Aneignung von Lebenskräften«.[5] Protagonisten annoncieren Empowerment wahlweise als »Weltsicht«,[6]

---

1 Jesse Jackson, zit. n. Philip Brickman u. a., »Models of Helping and Coping«, in: *American Psychologist*, 37 (1982), No. 4 (Apr.), S. 368-384, hier: S. 372.
2 Julian Rappaport, »The Power of Empowerment Language«, in: *Social Policy*, 16 (1985/86), No. 2 (Fall), S. 15-21, hier: S. 17.
3 Isaac Prilleltensky, »Empowerment in Mainstream Psychology: Legitimacy, Obstacles, and Possibilities«, in: *Canadian Psychology/Psychologie canadienne*, 35 (1994), No. 4, S. 358-375, hier: S. 359 f.; Carolyn Swift/Gloria Levin, »Empowerment: An Emerging Mental Health Technology«, in: *Journal of Primary Prevention*, 8 (1987), No. 1/2 (Fall/Winter), S. 71-94, hier: S. 73; Ruth J. Parsons, »Empowerment: Purpose and Practice Principle in Social Work«, in: *Social Work with Groups*, 14 (1991), No. 2, S. 7-21, hier: S. 10.
4 Marc A. Zimmerman, »Empowerment Theory. Psychological, Organizational and Community Levels of Analysis«, in: Julian Rappaport/Edward Seidman (Hg.), *Handbook of Community Psychology*, New York 2000, S. 43-63, hier: S. 43.
5 Norbert Herriger, *Empowerment in der Sozialen Arbeit. Eine Einführung*, Stuttgart 1997, S. 14 ff.
6 Julian Rappaport, »Terms of Empowerment/Exemplars of Prevention: Toward a Theory for Community Psychology«, in: *American Journal of Community Psychology*, 15 (1987), S. 140; Swift/Levin, »Empowerment«, S. 121-148, hier: S. 79 f.

»neues Denken«,[7] »Haltung« und »Handlungsansatz«,[8] »Sozialtechnologie«[9] oder »Metapher und Symbol für die Ziele des Helfens«.[10] Rappaport, der das Konzept maßgeblich bekannt gemacht und systematisiert hat, erhebt die Widersprüche gar zum Programm: »In Praise of Paradox« ist der Aufsatz überschrieben, mit dem er 1981 den Aufstieg des Konzepts im Bereich der Sozial- und Gesundheitspolitik einläutete. Seine eigene Definition ist denkbar allgemein: »Unter ›empowerment‹ verstehe ich, daß es unser Ziel sein sollte, für Menschen die Möglichkeiten zu erweitern, ihr Leben zu bestimmen.«[11] Das allerdings kann, so Rappaport an anderer Stelle, für verschiedene Menschen höchst Unterschiedliches bedeuten: »Das Empowerment einer armen Afroamerikanerin ohne Schulabschluss sieht ganz anders aus als das eines College-Studenten aus der Mittelschicht oder eines 39-jährigen Geschäftsmanns, das einer weißen städtischen Hausfrau ganz anders als das eines älteren Menschen, der sich gegen seine Unterbringung in einem Pflegeheim wehrt.«[12]

So vieldeutig der Begriff, so heterogen sind die Bereiche, in denen Empowerment als normative Richtschnur, Handlungskonzept und analytische Kategorie zum Einsatz kommt. Bürgerinitiativen und Graswurzelbewegungen[13] berufen sich ebenso darauf wie neokonservative Politikberater,[14] Adepten des New

---

7 Wolfgang Stark, *Empowerment. Neue Handlungskompetenzen in der psychosozialen Praxis*, Freiburg 1996, S. 16.
8 Sabine Pankofer, »Empowerment – eine Einführung«, in: Tilly Miller/Sabine Pankofer (Hg.), *Empowerment konkret. Handlungsentwürfe und Reflexionen aus der psychosozialen Praxis*, Stuttgart 2000, S. 7-22, hier: S. 13.
9 Stephen B. Fawcett u. a., »Creating and Using Social Technologies for Community Empowerment«, in: *Prevention in Human Services*, 3 (1984), No. 2/3, Special Issue: Studies in Empowerment, S. 145-171.
10 Rappaport, »The Power of Empowerment Language«, S. 15.
11 Ders., »Ein Plädoyer für die Widersprüchlichkeit: Ein sozialpolitisches Konzept des ›empowerment‹ anstelle präventiver Ansätze«, in: *Verhaltenstherapie und psychosoziale Praxis*, 2 (1985), S. 257-278, hier: S. 269 (Übersetzung von »In Praise of Paradox: A Social Policy of Empowerment over Prevention«, in: *American Journal of Community Psychology*, 9 [1981], S. 1-25).
12 Ders., »The Power of Empowerment Language«, S. 17 f.
13 Vgl. Si Kahn, *Organizing: A Guide to Grassroots Leaders*, New York 1982; Julia Kraft/Andreas Speck, »Gewaltfreiheit und gesellschaftliches Empowerment«, in: *antimilitarismus information*, 30 (2000), H. 11, S. 31-36.
14 Vgl. Peter L. Berger/Richard John Neuhaus, *To Empower People. The Role of Me-*

Age[15] ebenso wie Apologeten des Klassenkampfs,[16] das Konzept ist in der feministischen Bewegung[17] verbreitet ebenso wie in den verschiedenen Praxisfeldern Sozialer Arbeit;[18] es hat in der Gesundheitsförderung,[19] der Gemeindepsychologie und -psychiatrie[20] und sogar im Strafvollzug[21] einen festen Platz, aber auch in der schulischen und außerschulischen Erziehung;[22] es findet sich in Ent-

---

diating Structures in Public Policy, Washington: American Enterprise Institute for Public Policy Research 1977.

15 Vgl. Lynn Atkinson, *Power and Empowerment. The Power Principle*, Las Vegas 1988.

16 Vgl. Peter Bachrach/Aryeh Botwinick, *Power and Empowerment. A Radical Theory of Participatory Democracy*, Philadelphia 1992.

17 Vgl. Ann Bookman/Sandra Morgan (Hg.), *Women and the Politics of Empowerment*, Philadelphia 1988; Christine Heward/Sheila Bunwaree (Hg.), *Gender, Education, and Development. Beyond Access to Empowerment*, London/New Jersey 1998; Patricia Hill Collins, *Black Feminist Thought. Knowledge, Consciousness, and the Politics of Empowerment*, New York 2000.

18 Vgl. Stark, *Empowerment*; Herriger, *Empowerment in der Sozialen Arbeit*; Miller/Pankofer, *Empowerment konkret*; Robert Adams, *Social Work and Empowerment*, London 1996.

19 Vgl. Alf Trojan, »Ohnmacht kränkt. Empowerment wirkt gesundheitsfördernd – Zur Stärkung der Selbsthilfe- und Durchsetzungsfähigkeit von einzelnen und Gruppen«, in: *Blätter der Wohlfahrtspflege*, 140 (1993), Nr. 2, S. 58-68; Elke Pflaumer, »Der Widersprüchlichkeit Aufmerksamkeit schenken – Empowerment als Denk- und Handlungsansatz in der Gesundheitsförderung«, in: Miller/Pankofer (Hg.), *Empowerment konkret*, S. 63-77

20 Vgl. Andreas Knuf/Ulrich Seibert, *Selbstbefähigung fördern. Empowerment und psychiatrische Arbeit*, Bonn 2001; Zimmerman, »Empowerment Theory«. Eine kritische Untersuchung zur Umsetzung des Konzepts in diesem Arbeitsfeld leistet Elizabeth Townsend, *Good Intentions Overruled. A Critique of Empowerment in the Routine Organization of Mental Health Services*, Toronto/Buffalo/London 1998.

21 Vgl. Kelly Hannah-Moffat, »Prisons that Empower. Neo-liberal Governance in Canadian Women's Prisons«, in: *British Journal of Criminology*, 40 (2000), S. 510-531.

22 Vgl. Robert Adams, *Protests by Pupils: Empowerment, Schooling and the State*, Hampshire 1991; Georg Theunissen/Wolfgang Plaute, *Empowerment und Heilpädagogik*, Freiburg 1995, Georg Theunissen, »Schulische Reformen im Lichte von Empowerment. Impulse für die Arbeit mit lernbehinderten und benachteiligten Schülern«, in: *Die neue Sonderschule*, 45 (2000), Nr. 6, S. 406-420; Alexander Knapp/Norbert Herriger, »Empowerment in der pädagogischen Arbeit mit Straßenkindern«, in: *Soziale Arbeit*, 48 (1999), H. 5, S. 157-163; Johannes Schilling, »Ermutigen – Bestärken – Empowerment. Gedanken zu einer positiven (Sozial-) Pädagogik«, in: *Jugendwohl*, 78 (1997), H. 4, S. 165-171.

wicklungshilfeprogrammen von UNO und Weltbank,[23] aber auch in der Arbeit von Nichtregierungsorganisationen;[24] Psychotherapeuten[25] schreiben es ebenso auf ihre Fahnen wie Personalmanager und Unternehmensberater.[26] In den USA schließlich macht unter dem Namen »Empower America« ein konservativer Think Tank für »Wachstum, wirtschaftlichen Wohlstand, Freiheit und persönliche Verantwortung« und seit dem 11. September 2001 obendrein für den Sieg über den Terrorismus mobil.[27] Vielfältig sind auch die Wege der Vermittlung und praktischen Umsetzung: Empowermentlehrbücher entwerfen didaktische Modelle, Lebenshilferatgeber liefern Übungen für das Selbstempowerment, Workshops vermitteln exemplarische Erfahrungen. Empowermentforscher identifizieren Zielgruppen, isolieren Einflussvariablen, sammeln Fallstudien und evaluieren Modellprojekte; Empowermentpraktiker entwerfen Aktivierungsstrategien, knüpfen Unterstützungsnetzwerke, mobilisieren Ressourcen und organisieren Selbsthilfegruppen.

23 UN Development Programme. Civil Society Organizations Participation Programme, *Empowering People. A Guide to Participation*, 1998, ⟨http://www.undp.org/csopp/CSO/NewFiles/docemppeople.html⟩ (09.12.2002); Deepa Narayan (Hg.), *Empowerment and Poverty Reduction: A Sourcebook*, New York: World Bank 2002.

24 John Friedmann, *Empowerment. The Politics of Alternative Development*, Cambridge, Ms. 1992; Veronika Andorfer, *Von der Integration zum Empowerment. Zur Frauenförderung in der Entwicklungspolitik*, Frankfurt/M. 1995.

25 Judith Worell/Pam Remer, *Feminist Perspectives in Therapy. An Empowerment Model for Women*, Chichester 1992.

26 Einen Überblick gibt Roland Kantsperger, *Empowerment. Theoretische Grundlagen, kritische Analyse, Handlungsperspektiven*, München 2001. Aus der Fülle programmatischer How-to-Bücher vgl. Peter Block, *The Empowered Manager. Positive Political Skills at Work*, San Francisco/London 1987; Kenneth Blanchard/John P. Carlos/Alan Randolph, *Management durch Empowerment. Das neue Führungskonzept: Mitarbeiter bringen mehr, wenn sie mehr dürfen*, Reinbek b. Hamburg 1998; Cynthia D. Scott/Dennis T. Jaffe, *Empowerment – mehr Kompetenzen den Mitarbeitern. So steigern Sie Motivation, Effizienz und Ergebnisse*, Wien 1995; Bernd Wildenmann, *Professionell führen. Empowerment für Manager, die mit weniger Mitarbeitern mehr leisten müssen*, Neuwied/Kriftel 2000, 5. Aufl. Eine kritische Analyse von Empowerment als Managementkonzept geben Louise McArdle u. a., »Total Quality Management and Participation: Employee Empowerment, or the Enhancement of Exploitation«, in: Adrian Wilkinson/Hugh Willmott (Hg.), *Making Quality Critical. New Perspectives on Organizational Change*, London/New York 1995, S. 156-172.

27 Vgl. ⟨http://www.empoweramerica.org/⟩ (25.10.2005).

Die Allgegenwart des Konzepts legt die Vermutung nahe, dass Empowerment als ein Schlagwort fungiert, unter dem sich höchst Disparates subsumieren lässt. Es handelt sich jedenfalls um eine »Strategie von nahezu universeller Anziehungskraft«[28] beziehungsweise ein »Konstrukt von hoher sozialer Attraktivität«,[29] das als »Allheilmittel für gesellschaftliche Übel«[30] firmiert und über politische Fraktionierungen und soziale Milieus, Disziplingrenzen und fachliche Zuständigkeiten hinweg fraglose Plausibilität beanspruchen kann – und zwar nicht trotz, sondern gerade wegen seiner Vieldeutigkeit und Offenheit. Die Unterscheidung von »empowering« und »disempowering« ist zur moralischen Leitdifferenz avanciert, anhand der u. a. individuelle Performanzen, professionelles Handeln, politische Programme, administrative Entscheidungen, Organisationsstrukturen und institutionelle Settings beurteilt werden.

Zu einem prominenten Baustein zeitgenössischer Gouvernementalität wird Empowerment aber erst dadurch, dass Telos, Theorie und Technologie der Führung zur Selbstführung miteinander verschmelzen. Neben der Maxime, stets so zu handeln, dass dieses Handeln die Mündigkeit seiner Adressaten (einschließlich der des Handelnden selbst) fördert, umfasst Empowerment ein Bündel anthropologischer, psychologischer und soziologischer Grundannahmen insbesondere über Machtbeziehungen sowie ein Repertoire von Strategien und Taktiken, um diese Beziehungen im Sinne des Selbstbestimmungsimperativs zu verändern. Das planmäßige Einwirken auf andere (»to empower people«) wie auf sich selbst (»self-empowerment«) sowie die beidem zugrunde liegende Ratio konstituieren einen Modus des Regierens, der sich dadurch definiert, dass all seine Interventionen die Fähigkeit zur Selbstregierung steigern sollen. Wie andere Dispositive der Menschenführung auch greifen Ethos, Lehrgebäude und Praxis des Empowerment alltägliche Formen der Kommunikation und des Handelns auf und

28 Barbara Cruikshank, *The Will to Empower. Democratic Citizens and Other Subjects*, Ithaca/London 1999, S. 43.

29 John F. Smith/Stephen B. Fawcett/Fabricio E. Balcazar, »Behaviour Analysis of Social Action Constructs: The Case of Empowerment«, in: *Behaviour Change*, 8 (1991), S. 4-9, hier: S. 7.

30 Srilatha Batliwala, »The Meaning of Women's Empowerment: New Concepts from Action«, in: Gita Sen u. a. (Hg.), *Population Policies Reconsidered. Health, Empowerment, and Rights*, Boston 1994, S. 127.

transformieren sie in ein wissenschaftlich reflektiertes, methodisch ausgearbeitetes und professionell zumindest begleitetes Konzept. Autonomie, Verteilungsgerechtigkeit und demokratische Partizipation, die Wertetrias des Empowerment,[31] sind altehrwürdige Ideale, auch die Prinzipien der Hilfe zur Selbsthilfe und der wechselseitigen Unterstützung haben eine lange Tradition; neu ist ihre konsequente Operationalisierung und die Vereinigung unter einem gemeinsamen Label.

Genealogie

Die Wurzeln des Empowerment liegen in den Vereinigten Staaten, wo in den 70er-Jahren des vergangenen Jahrhunderts auch der Begriff geprägt wurde.[32] Mit Barbara Bryant Solomons aus dem Geist der Bürgerrechts- und *Black-Consciousness*-Bewegung geschriebenen Handbuch *Black Empowerment. Social Work in Oppressed Communities* tauchte er 1976 zum ersten Mal als ein Buchtitel auf;[33] ein Jahr später erschien Peter L. Bergers und John Neuhaus' Manifest *To Empower People*, ein konservativ-kommunitaristisches Plädoyer für die Stärkung von Nachbarschaft, Familie und anderen intermediären Instanzen, die den überstrapazierten Wohlfahrtsstaat entlasten und die Kluft zwischen Individuum und staatlichen »Megastrukturen« überbrücken sollten.

Schon hier zeigten sich die divergierenden politischen Intentionen, die den Empowermentdiskurs auch im Weiteren prägten: »Die zeitgenössischen Meister des Laissez-faire und des Minimalstaats verstehen unter Empowerment, den Menschen in bestimmten Bereichen die Verantwortung dafür zu überlassen, ihr tägliches Leben zu verbessern. Die Protagonisten einer aktiven Demokratie – eines Gemeinwesens, das sich das entschiedene Streben nach sozialer Sicherheit für alle Bürger durch alle Bürger, durch ihre Regierung und ihre Repräsentanten auf seine Fahnen schreibt – verbinden

---

[31] Vgl. Prilleltensky, »Empowerment in Mainstream Psychology«, S. 359 f.
[32] Vgl. dazu umfassend Barbara Levy Simon, *The Empowerment Tradition in American Social Work. A History*, New York 1994; einen kurzen Abriss gibt Herriger, *Empowerment in der Sozialen Arbeit*, S. 18-36.
[33] Barbara Bryant Solomon, *Black Empowerment. Social Work in Oppressed Communities*, New York 1976.

mit Empowerment das Subsidiaritätsprinzip, demzufolge ›größere und mächtigere politische bzw. ökonomische Institutionen kleinere stützen statt sie zu beherrschen‹ und in Amerika ›ein neues Experiment partizipativer Demokratie‹ am Arbeitsplatz und im Gemeinwesen fördern.«[34] Auf eine Formel gebracht: »Die Linke setzt Empowerment ein, um politischen Widerstand zu mobilisieren, die Rechte, um rational kalkulierende und unternehmerische Akteure zu fabrizieren.«[35]

Politische Ambiguität kennzeichnet auch die geistigen Strömungen, sozialen Bewegungen und Theorien, die in das Empowermentkonzept implizit eingeflossen sind oder auf die seine Protagonisten explizit Bezug nehmen: Dazu zählt die Tradition der protestantischen Dissenters mit ihrer Lehre vom unmittelbaren, d. h. nicht auf die Vermittlung priesterlicher Experten angewiesenen Zugang des Einzelnen zum göttlichen Heil und ihren egalitären, auf wechselseitige Hilfe gründenden Gemeindestrukturen. Thomas Jeffersons an Rousseau und Locke geschulter demokratischer Optimismus, sein Vertrauen in die Fähigkeit der einfachen Leute, sich selbst vernünftig zu regieren, ist ebenso zu nennen wie der Transzendentalismus Ralph Waldo Emersons, der die individuelle Selbstverwirklichung ins Zentrum seines ethisch-religiösen Programms setzte und verkündete, alle Menschen könnten ihre persönlichen und gesellschaftlichen Lebensbedingungen verbessern, wenn sie nur ihrer inneren Stimme folgen.[36] Ansätze für ein Empowerment avant la lettre finden sich ferner in den sozialutopischen Siedlungsexperimenten der US-amerikanischen Pionierzeit, den kommunitären und mutualistischen Strömungen des Anarchismus, der Gewerkschaftsbewegung sowie den politischen Emanzipationsbewegungen der Frauen und Afroamerikaner.

Vom Aufbruchsgeist partizipatorischer Sozialreform waren nicht zuletzt die Anfänge professioneller Sozialarbeit in den USA getragen, von der Grundlegung der Einzelfallhilfe (*case work*) durch Mary Richmond und Jane Addams' Settlement-Bewegung zu Beginn des

---

34 Simon, *The Empowerment Tradition*, S. XIII; die Autorin zitiert Robert N. Bellah u. a., *The Good Society*, New York 1991, S. 282.

35 Cruikshank, *The Will to Empower*, S. 68.

36 In verdichteter Form hat Emerson dieses Programm in seinem Essay »Self-Reliance« (1841) formuliert, dt.: »Selbstvertrauen«, in: Ralph Waldo Emerson, *Die Natur. Ausgewählte Essays*, Stuttgart 1982, S. 143-178.

20. Jahrhunderts bis hin zur konfliktorientierten Gemeinwesenarbeit Saul D. Alinskys seit den 40er-Jahren. Alinskys vieldiskutierte *Rules for Radicals* sind ein flammender Appell für eine Empowermentstrategie der Gemeinwesenorganisation (*community organization*). Die wichtigste Aufgabe des Gemeinwesenarbeiters sieht er darin, die Menschen aus ihrer Lethargie herauszureißen und ihnen das Gefühl zu geben, dass sie selbst etwas verändern können, wenn sie sich Ziele setzen und sich zusammenschließen.

Den Ausgangspunkt bildet ein Szenario der Macht- und Orientierungslosigkeit: »Tatsache ist doch, dass jede Gemeinschaft ganz gleich wie arm sie ist, Probleme hat, aber sie hat keine Ziele, sie kennt nur schlechte Verhältnisse. Für ein Ziel kann man eintreten oder kämpfen, aber wenn man ohne Macht und unfähig ist, etwas zu tun, dann bleiben nur die schlechten Verhältnisse. Die Menschen verkriechen sich hinter irgendeiner fadenscheinigen Begründung: So ist die Welt nun mal; es ist eine miese Welt; wir haben nicht darum gebeten, auf ihr zu leben, aber da wir es nun einmal müssen, können wir nur hoffen, daß etwas passiert, irgendwann, irgendwie, irgendwo.« In diese Welt tritt der Gemeinwesenarbeiter hinein und »gibt den Menschen durch Aktion, Überzeugung und Kommunikation die Zuversicht, durch Organisation die Fähigkeit, die Stärke und die Macht, die Probleme selbst lösen zu können. Dadurch lösen sich die schlechten Verhältnisse in Einzelziele auf, für die es zu kämpfen gilt. Der Berater verwandelt so eine Zwangslage in ein zu lösendes Problem. Die Frage ist dann nur noch, ob das Problem so oder so gelöst wird, ob man es auf einmal versucht oder Schritt für Schritt. Man hat jedenfalls seine Ziele.«[37] Die Rolle des Gemeinwesenarbeiters gleicht der eines Trainers beim Sport und verlangt auch das entsprechende Fingerspitzengefühl: »Es ist, als ob man einen Preis-Boxer für die Weltmeisterschaft präpariert: Man muß die Gegner sehr bedacht und sorgfältig auswählen und wissen, daß bestimmte Niederlagen ihn völlig demoralisieren und seine Karriere frühzeitig beenden können. Gelegentlich wird der Praxisberater solche Hoffnungslosigkeit unter seinen Leuten finden, sie muß er in einen todsicheren Kampf schicken.«[38]

Ging es Alinsky um die Mobilisierung außer-, wenn nicht anti-

---

37 Saul D. Alinsky, *Die Stunde der Radikalen*, Gelnhausen u. a. 1974, S. 103 (Übers. von: *Rules for Radicals. A Practical Primer for Realistic Radicals*, New York 1971).
38 Ebd., S. 98.

staatlicher Gegenmacht, so erhob die Johnson-Administration mit dem 1964 im Rahmen des Kriegs gegen die Armut verabschiedeten *Equal Opportunity Act* die »Bemächtigung« der sozial Benachteiligten zum Staatsziel. »Das langfristige Ziel jedes Gemeindeaktionsprogramms«, hieß es in einer amtlichen Handreichung, »besteht darin, die von Armut betroffenen Individuen, Gruppen und Gemeinden immer mehr dazu zu befähigen, ihre Probleme selbständig zu lösen, sodass sie keiner weiteren Unterstützung bedürfen.«[39] Unter der Leitformel der größtmöglichen Beteiligung (*maximum feasible participation*) wurden stadtteilbezogene Planungsvorhaben, Infrastrukturmaßnahmen und Dienstleistungsprogramme an formale Verfahren der Bürgerbeteiligung geknüpft und eine Vielzahl von Modellprojekten ins Leben gerufen. Den gemeinsamen Ausgangspunkt dieser Programme bildete die Überzeugung, dass der Krieg gegen die Armut nur gewonnen werden könne, wenn die Armen ihre »Apathie« überwänden und sich selbst für die Verbesserung ihrer Lage engagierten. Wichtiger als materielle Unterstützung und sozialpolitische Maßnahmen erschien es den Verantwortlichen, die Adressaten ihrer Programme zu aktiver Mitarbeit zu motivieren: »Man kann neue Jobs schaffen, aber einige Leute werden nicht bereit sein, sich darauf zu bewerben. Man kann neue Wohnungen bauen, aber einige Mieter werden sie in Slums verwandeln. Man kann neue Gemeindezentren eröffnen, aber nur wenige werden sie nutzen. Man kann hervorragende Erziehungsprogramme entwerfen, aber die Leute lassen sie scheitern, weil sie nicht mitarbeiten. Deshalb ist es nötig, sich auf die zugrunde liegenden Beweggründe, Verhaltensweisen und Wertorientierungen der städtischen Bevölkerung zu konzentrieren.«[40] Die Hochzeit dieser Gemeindeaktionsprogramme währte allerdings nur kurz. Nach den gewaltsamen Unruhen in vielen amerikanischen Großstädten Ende der 60er-Jahre schwand die öffentliche Unterstützung. Unter der Nixon-Administration, die 1968 die Regierungsgeschäfte übernahm, erlosch der

---

39 Office of Economic Opportunity, *Community Action Program Guide*, Vol. 1, Washington, D.C. 1965, S. 7, zit. n. Cruikshank, *The Will to Empower*, S. 73. Zur Geschichte der *Community Action Programs* vgl. grundlegend Peter Marris/Martin Rein, *Dilemmas of Social Reform. Poverty and Community Action in the United States*, Chicago 1967.
40 Aus einem Prospekt für die Finanzierung von Gemeindeaktionsprogrammen, zit. n. Cruikshank, *The Will to Empower*, S. 74.

sozialpolitische Reformeifer, und spätestens mit der Rezession von 1973 wurden die staatlichen Mittel für den Krieg gegen die Armut radikal gekürzt.

Die Anti-Armuts-Kampagne der US-Regierung stellte nicht zuletzt eine gouvernementale Antwort auf die sozialen Bewegungen der 50er- und 60er-Jahre dar, deren Partizipationsforderungen sie aufnahm und zugleich in sozialintegrative Bahnen zu lenken versuchte. Für die Herausbildung des Empowermentkonzepts war insbesondere die Bürgerrechtsbewegung von kaum zu überschätzender Bedeutung. Martin Luther King etwa hielt es für den größten Erfolg der Aktionen Zivilen Ungehorsams, dass sie ein neues Selbstbewusstsein (»a new sense of somebodyness«)[41] hervorgebracht hatten. In dieser Betonung eines von der weißen Dominanzkultur unabhängigen Selbstbewusstseins trafen sich die Bürgerrechtler mit den militanten und separatistischen Strömungen der *Black-Power*-Bewegung, so weit ihre Ziele und Strategien sich ansonsten auch voneinander unterschieden. Wichtige Impulse in Richtung Empowerment gingen des Weiteren von den verschiedenen Strömungen des Feminismus, der Lesben- und Schwulenbewegung, den Gruppierungen der Neuen Linken sowie den vielfältigen Selbsthilfeinitiativen aus. Sie alle lebten vom freiwilligen Engagement, kämpften in der einen oder anderen Weise gegen gesellschaftliche Diskriminierung und staatliche Bevormundung, experimentierten mit praktischen Ansätzen der Graswurzeldemokratie und stärkten individuelles Selbstwertgefühl wie auch kommunitäre Selbstorganisation.

Weil Empowerment auf nicht weniger als auf den »Ausgang des Menschen aus seiner selbstverschuldeten Unmündigkeit« abzielte, lag es nahe, dass die Protagonisten der Bemächtigung den aufklärerischen Glauben an die Macht der Erziehung verkündeten und sich an Konzepten emanzipatorischer Pädagogik orientierten. Fündig wurden sie insbesondere bei Paulo Freire, dessen aus Alphabetisierungskampagnen in Brasilien und Chile gewonnene »problemformulierende Bildungsarbeit« vielleicht die wichtigste methodische Referenz für die Theorien des Empowerment darstellt. Ein Hinweis auf seine Arbeiten fehlt jedenfalls in kaum einer Darstellung des Konzepts. Freire kritisiert in seiner an so gegensätzliche Traditionen wie die marxsche Dialektik, Husserls Phänomenologie, Sartres Existenz- und Bubers Dialogphilosophie anknüpfenden *Pädagogik der*

---

41 Zit. n. Simon, *The Empowerment Tradition*, S. 142.

Unterdrückten die »Bankiers-Methode« herkömmlicher Bildungsprogramme, welche die Unmündigkeit selbst dann perpetuiere, wenn ihr Lernziel Mündigkeit laute. Erziehung funktioniere dabei nach dem Modell einer Spareinlage, »wobei die Schüler das ›Anlage-Objekt‹ sind, der Lehrer aber der ›Anleger‹. Statt zu kommunizieren, gibt der Lehrer Kommuniqués heraus, macht er Einlagen, die die Schüler geduldig entgegennehmen, auswendig lernen und wiederholen. […] Je mehr die Schüler damit beschäftigt sind, die Einlagen zu stapeln, die ihnen anvertraut sind, um so weniger entwickeln sie jenes kritische Bewußtsein, das entstehen würde, wenn sie in der Welt als Verwandler dieser Welt eingreifen würden. Je vollständiger sie die passive Rolle akzeptieren, die ihnen aufgenötigt wird, desto stärker neigen sie dazu, sich der Welt einfach so, wie sie ist, und der bruchstückhaften Schau der Wirklichkeit, die ihnen eingelagert wurde, anzupassen.«[42]

Dagegen setzt Freire sein Verständnis von Erziehung als Bewusstseinsbildung (*conscientização*), welche die vertikale Beziehung zwischen Lehrer und Schüler zugunsten eines dialogischen Verhältnisses gemeinsamer Welterkenntnis und -veränderung auflöst: »Echte Befreiung – ein Prozeß der Vermenschlichung – besteht nicht in einem weiteren Deposit, das man in Menschen einlagert. Befreiung ist ein Vorgang der Praxis: die Aktion und Reflexion von Menschen auf ihre Welt, um sie zu verwandeln.«[43] Im Prozess der Bewusstwerdung gewinnen Lehrer wie Schüler nicht nur ein vertieftes Verständnis ihrer sozialen Realität, sondern entdecken und erproben auch ihre Fähigkeit, diese umzugestalten: »Während die Bankiers-Methode direkt oder indirekt eine fatalistische Auffassung des Menschen von seiner Situation erzwingt, stellt die problemformulierende Bildung ebendiese Situation als Problem dar. […] Ein vertieftes Bewußtsein seiner Situation führt den Menschen dazu, die Situation als eine historische Wirklichkeit zu begreifen, die der Verwandlung zugänglich ist. Resignation weicht dem Verlangen nach Veränderung und Erforschung, die von Menschen unter Kontrolle zu nehmen ist.«[44] Freire kritisiert den paternalistischen »Assistenzialismus«, der die Menschen zu passiven Hilfeempfän-

---

42 Paulo Freire, *Pädagogik der Unterdrückten. Bildung als Praxis der Freiheit*, Reinbek b. Hamburg 1973, S. 57, 59.
43 Ebd., S. 64.
44 Ebd., S. 69.

gern degradiert, er wendet sich aber auch gegen leninistische Modelle der Revolution, die sie zu bloßen Handlangern eines von der Partei und ihrer Führung dekretierten »Weltgeistes« machen.[45] Der professionelle Erzieher verschwindet nicht in Freires Konzeption, aber seine Rolle verändert sich fundamental. Er wird selbst zum Lernenden, zum »Lehrer-Schüler«, der in gemeinsamer Praxis mit seinen »Schüler-Lehrern« die Bedingungen schafft, »unter denen Erkenntnis auf der Ebene der ›doxa‹ durch wahre Erkenntnis auf der Ebene des ›logos‹ überholt wird«.[46]

Für die Entwicklung des Empowermentkonzepts waren indes nicht nur Freires Kritik der Expertokratie, sein Eintreten für demokratische Partizipation und Selbstbefreiung grundlegend, sondern auch die technisch-praktische Seite seiner Arbeit. In den von ihm geleiteten Alphabetisierungskampagnen übersetzte er seine Bildungsphilosophie in ein ausgefeiltes Programm und zeigte so, dass (Selbst-)Bemächtigung der Machtlosen und methodische Menschenführung – die *Pädagogik der Unterdrückten* blieb eine Päd*agogik* – einander keineswegs ausschließen mussten. Die Verfahren, die er für die Kulturzirkel lateinamerikanischer Landarbeiter oder Favelabewohner entwickelte, ließen sich allerdings nicht unmittelbar auf andere Gruppen und Gesellschaften übertragen.[47] So waren es vor allem die von Freire geforderte dialogische Beziehung zwischen »Lehrer-Schülern« und »Schüler-Lehrern« und sein Insistieren auf der Einheit von Aktion und Reflexion, die in den Empowermentdiskurs Eingang fanden.

Machttheorie

Zu den Basistheoremen, die sich bei aller Offenheit des Konzepts von Beginn an durch die programmatischen Darstellungen des Empowerment ziehen, gehört an erster Stelle eine machttheoretische Fundierung: Macht ist demnach eine soziale Ressource, die grund-

---

45 Vgl. ebd., S. 105 ff.; ders., *Erziehung als Praxis der Freiheit. Beispiele zur Pädagogik der Unterdrückten*, Reinbek b. Hamburg 1977, S. 21 f.

46 Ders., *Pädagogik der Unterdrückten*, S. 65.

47 Zur Adaption von Freires Pädagogik in westlichen Industriegesellschaften vgl. René Bendit/Achim Heimbucher, *Von Paulo Freire lernen. Ein neuer Ansatz für Pädagogik und Sozialarbeit*, München 1977.

sätzlich allen zugänglich, tatsächlich aber höchst ungleich verteilt ist. In der Schwebe bleibt dabei, ob sie substanzalistisch als Eigenschaft oder Besitz oder relational als Kräftekonstellation wechselseitigen Einwirkens gefasst wird. In jedem Fall werden asymmetrische Machtverhältnisse nicht als etwas ein für alle Mal Gegebenes, sondern als Gegenstand fortwährender Auseinandersetzungen gesehen. Die Autorinnen und Autoren interessieren sich jedoch weniger für die Ursachen dieser Asymmetrie, mögen sie in wirtschaftlicher Ausbeutung, politischer Unterdrückung, institutionellen Hierarchien, mangelndem Zugang zu Bildung und Gesundheitsversorgung, Diskriminierung aufgrund von Geschlecht, Hautfarbe oder Religionszugehörigkeit oder worin auch immer liegen, sondern vor allem für ihre individual- wie sozialpsychologischen Effekte. Im Vordergrund stehen nicht die Machtverhältnisse selbst, sondern das Gefühl der Ohnmacht (*sense of powerlessness*), das sie bei den Machtlosen erzeugen. Dieses Gefühl, gekennzeichnet durch »Selbstvorwürfe, grundsätzliches Misstrauen, den Eindruck, von den Quellen sozialen Einflusses abgeschnitten zu sein, die Erfahrung des Ausschlusses und wirtschaftlicher Prekarität, schließlich Hoffnungslosigkeit in Bezug auf gesellschaftspolitische Auseinandersetzungen«,[48] verfestigt und potenziert noch das Machtgefälle, führt es doch dazu, dass verbliebene Autonomie- und Partizipationspotenziale ungenutzt bleiben. Fatalismus, das Gefühl, selbst schuld am eigenen Scheitern zu sein, generalisiertes Misstrauen und »erlernte Hilflosigkeit«[49] bilden das subjektive Korrelat fortgesetzter Erfahrungen von Fremdbestimmung, verweigerter Anerkennung und Deprivation. Der Verlust an eigenständiger Lebensregie setzt sich fort in der fürsorglichen Belagerung durch professionelle Helfer, die mit jeder Intervention neben ihrer eigenen Autorität auch die Unmündigkeit ihrer Klienten zementieren.

Die Konzentration auf Selbstattributionsphänomene und die Dichotomisierung von Mächtigen und Ohnmächtigen haben zwei Effekte, die für den Einsatz von Empowermentstrategien grundlegend sind: Erstens wird es möglich, disparate Problemlagen unter

---

48 Charles H. Kieffer, »Citizen Empowerment: A Developmental Perspective«, in: *Prevention in Human Services*, 3 (1984), No. 2/3, Special Issue: Studies in Empowerment, S. 16.
49 Der Begriff geht zurück auf Martin E. P. Seligman, *Erlernte Hilflosigkeit*, München 1979.

einer gemeinsamen Definition zusammenzufassen. Was auch immer Menschen in ihrer Lebensführung beeinträchtigt, stets lässt es sich auf einen Mangel an Macht zurückführen. Auf diese Weise wird aus einer Vielzahl von Individuen mit einer nicht minder großen Zahl von Erfahrungen und Selbstdeutungen eine homogene Gruppe, die durch das charakterisiert ist, was ihr fehlt: Macht. Aus der einheitlichen Diagnose folgt zweitens eine ebenso universelle Therapie: Empowerment. Alle Interventionen sind danach auszurichten, so die Botschaft, dass sie die Machtpotenziale derjenigen steigern, die man zuvor als Machtlose bestimmt hat. Die zugrunde liegende Rechnung ist simpel: Je mächtiger diese sich fühlen, desto weniger Probleme werden sie haben – und verursachen.

Ausgeblendet bleibt dabei, dass diese Machttheorie selbst eine Form der Machtausübung darstellt, eine in hohem Maße produktive Form, die weniger unterdrückt und beschneidet als vielmehr Neues entstehen lässt: Indem sie bestimmten Personen oder Personengruppen ein Gefühl der Ohnmacht zuschreibt und sie zu Adressaten von Empowermentmaßnahmen erklärt, definiert sie, was das Problem und wer davon betroffen ist. Wie die amerikanische Politologin Barbara Cruikshank in ihrer Analyse der Gemeindeaktionsprogramme schreibt, »existieren die ›Machtlosen‹ gar nicht, bevor sich die Technologien bürgerschaftlicher Aktivierung auf sie richten; die ›Machtlosen‹ sind zugleich Gegenstand und Effekt des Willens zu bemächtigen«.[50] Damit die »Ohnmächtigen« aus ihrer Lethargie erwachen beziehungsweise geweckt werden können, müssen sie als Zielgruppe von Empowermentprogrammen konstruiert, sozialwissenschaftlich durchleuchtet, pädagogisch angeleitet und psychologisch unterstützt werden. Dazu bedarf es Experten, deren Selbstbeschreibung sich allerdings von traditionellen Forscher- und Helferrollen unterscheidet. Sie erlassen keine Vorschriften, sondern liefern Zuschreibungen; sie degradieren niemanden zum passiven Hilfeempfänger, aber sie bestimmen, wer aktiviert werden soll. Ihre Macht ist vor allem anderen die der Definition: »Zu entscheiden, wer bemächtigt werden soll, ist ein Zeichen von Macht.«[51]

Die theoretische Engführung auf die subjektiven Verarbeitungsformen von Machtasymmetrien bestimmt auch die Ansatzpunkte

---

50 Cruikshank, *The Will to Empower*, S. 71 f.

51 Karen Baistow, »Liberation and regulation? Some paradoxes of empowerment«, in: *Critical Social Policy*, 15 (1995), Iss. 42,, S. 34-46, hier: S. 41.

bemächtigenden Handelns: Empowerment zielt erst in zweiter Linie auf eine andere Machtverteilung, in erster Linie aber darauf, die lähmenden Ohnmachtsgefühle zu überwinden. Im Vordergrund steht nicht die Lösung von Problemen, sondern die Förderung der Problemlösungskompetenz. Subjektive und objektive Faktoren sind dabei zwar durchaus dialektisch gedacht: Sich der eigenen Stärken und damit der Veränderbarkeit von Machtverhältnissen bewusst zu werden, gilt einerseits als Voraussetzung dafür, sie tatsächlich zu ändern. Andererseits fördert nichts mehr das Bewusstsein der eigenen Stärken als die Erfahrung, sie erfolgreich eingesetzt zu haben. In der Praxis gerät diese Dialektik jedoch in eine Schieflage: Auch und gerade wenn das Konzept ein exemplarisches Lernen durch Erfahrung fordert (»Empowerment ist keine Ware, die man kaufen kann, sondern ein Veränderungsprozess, der durch eigenes Handeln erreicht wird«[52]), setzt es doch auf der Seite der Subjekte an. Sie sind es, deren Selbstwahrnehmung und politisches Bewusstsein sich ändern sollen, um auf diesem Wege dann auch objektive Machtblockaden beiseitezuräumen. »Die Teilnehmer an dieser Untersuchung«, heißt es in einer Studie über »Citizen Empowerment«, die Graswurzelaktivistinnen und -aktivisten aus Stadtteilgruppen, Umweltinitiativen und Migrantenorganisationen über einen längeren Zeitraum begleitete, »hatten nicht den Eindruck, mehr Macht zu *besitzen*, aber sie *fühlten* sich mächtiger. Ihre Möglichkeiten, tatsächlich politischen Einfluss geltend zu machen, waren nicht in nennenswertem Umfang gewachsen, aber sie erlebten sich selbst als wirksamere Mitgestalter politischer Prozesse und lokaler Entscheidungen«.[53]

Weil Macht in der Empowermenttheorie weitgehend mit Selbstwirksamkeitserwartungen und Kontrollüberzeugungen gleichgesetzt oder als innere Kraft konzeptualisiert wird, kann sie auch als eine expandierende Ressource verstanden werden. Was die einen an Macht gewinnen, muss anderen nicht abgehen. Empowerment funktioniert, folgt man den programmatischen Darstellungen des Konzepts, nicht als Nullsummenspiel, sondern schafft *Win-win*-Situationen. An die Stelle eines Antagonismus von Mächtigen und Ohnmächtigen tritt ein synergetisches Modell, das Versöhnung und Ausgleich verheißt: »Je mehr man von dieser Ressource einsetzt, des-

---

52 Kieffer, »Citizen Empowerment«, S. 27.
53 Ebd., S. 32.

to mehr ist paradoxerweise von ihr vorhanden.«[54] Dass hier eine harmonistische Sozialutopie gezeichnet wird, aus der alle Spuren eines Kampfes um Macht getilgt sind, ist nur die eine Konsequenz. Wichtiger ist vielleicht noch eine andere: Wenn es nicht um die Verteilung der *Macht über etwas*, sondern um die Erweiterung der *Macht zu etwas* geht, ist Empowerment ein unabschließbares Projekt. Nicht das Gesetz des Krieges, sondern das der Akkumulation gibt die Richtung vor. »Empowered« ist man nie genug.

Anthropologie

Dem liberalen Gesellschaftsmodell, in dem eine unsichtbare Hand auch die Ökonomie der Macht zum wechselseitigen Nutzen aller lenkt, entspricht eine Anthropologie, die das Streben nach Kontrolle über das eigene Leben zur Conditio humana erklärt. »Wir gehen davon aus, dass jeder Mensch ein inneres Bedürfnis nach Selbstbestimmung und -kontrolle hat und die Anforderungen seiner Umwelt bewältigen will«, heißt es in einem Beitrag, der das Empowermentkonzept für die Managementtheorie fruchtbar zu machen versucht.[55] Weniger nüchtern klingt es in einem programmatischen Aufsatz, der die Soziale Arbeit auf eine »Philosophie der Menschenstärken« verpflichten will: »Diese Perspektive nimmt an, dass jede Person eine innere Kraft besitzt, die man als ›Lebenskraft‹, ›Fähigkeit zur Lebenstransformation‹, ›Lebensenergie‹, ›Spiritualität‹, ›regenerative oder heilende Kraft‹ bezeichnen mag. Diese und andere Begriffe verweisen auf eine noch ungeklärte, vermutlich biologisch begründete, vitale Qualität, die ein unabdingbares Element menschlicher Existenz ist. Der Prozess des Empowerment erweckt oder stimuliert diese eigene natürliche Kraft des Einzelnen.«[56] Wie so oft fungiert auch hier die Wesensbestimmung als

---

54 Richard Katz, »Empowerment and Synergy: Expanding the Community's Healing Resources«, in: *Prevention in Human Services*, 3 (1984), No. 2/3, Special Issue: Studies in Empowerment, S. 201-226, hier: S. 202.

55 Jay A. Conger/Rabindrah N. Kanungo, »The Empowerment Process: Integrating Theory and Practice«, in: *Academy of Management Review*, 13 (1988), S. 471-482, hier: S. 474.

56 Ann Weick, »Building a Strengths Perspective for Social Work«, in: Dennis Saleebey (Hg.), *The Strengths Perspective in Social Work*, White Plains, NY 1992, S. 18-26, hier: S. 24.

praktische Richtschnur. Was vermeintlich die Natur des Menschen ausmacht, ist das, wozu die Menschen gemacht werden und sich selbst machen sollen. So spekulativ die Berufung auf angeborene Autonomiebedürfnisse und Lebensenergien ist, so wirksam ist sie als ethische Maxime. Handle stets so, dass du dir selbst das Gesetz Deines Handelns gibst, statt es dir von anderen vorgeben zu lassen oder in Passivität zu verharren – das ist die goldene Regel, die den Empowermenttheorien eingeschrieben ist.

Dieses Gebot soll auch und gerade für jene gelten, deren Alltagserfahrungen vom Gegenteil geprägt sind. »Das Subjektmodell des Empowerment-Konzeptes [...] ist getragen von dem festen Glauben an die Fähigkeiten des Individuums, in eigener Kraft ein Mehr an Autonomie, Selbstverwirklichung und Lebenssouveränität zu erstreiten – und dies auch dort, wo das Lebensmanagement der Adressaten sozialer Hilfe unter einer Schicht von Abhängigkeit, Resignation und ohnmächtiger Gegenwehr verschüttet ist.«[57] Empowerment legt somit nur frei, was ohnehin qua anthropologischer Grundausstattung vorhanden sein soll, aber aufgrund widriger Umstände und vor allem deren subjektiver Verarbeitung nicht zum Tragen kommt. Es gibt in dieser Perspektive keine Schwächen, sondern nur in die Latenz abgedrängte oder unterentwickelte Stärken, die darauf warten, bewusst gemacht und zur Geltung gebracht zu werden. Die Empowermentprogramme konstruieren also nicht nur eine homogene Gruppe von Ohnmächtigen, sondern erklären auch im gleichen Zuge, dass diese sich nur deshalb ohnmächtig fühlen, weil sie ihre eigene Macht noch nicht erkannt und in actu erfahren haben.

Damit die Bemächtigungsspezialisten sich darauf konzentrieren können, brachliegende Selbststeuerungspotenziale ihrer Adressaten zu fördern, müssen sie zunächst deren Probleme so rahmen, dass sie als Probleme mangelnder Selbststeuerung erscheinen. Zweifellos liegt darin eine Individualisierung wenn schon nicht der Problemursachen, so doch der Wege zu deren Lösung. Wenn Empowerment sich darin erschöpft, den Glauben an die eigenen Fähigkeiten zu stärken statt diese selbst, dann sind Enttäuschung und damit Disempowerment vorprogrammiert. Die Macht des Glaubens mag noch so groß sein: Wer Berge versetzen will, muss auch Hand anlegen.

57 Herriger, *Empowerment in der Sozialen Arbeit*, S. 74 f.

Entsprechende Kritik kommt auch aus den Reihen der Verfechter des Empowerment selbst. Sie beklagen die kognitivistische Verkürzung und die damit einhergehende Depolitisierung des Konzepts und fordern, die bemächtigenden Interventionen nicht allein an den Kontrollüberzeugungen, sondern vor allem an der tatsächlich ausgeübten Kontrolle zu messen.[58] Zugleich monieren sie, dass die Programme einseitig auf die Norm des autonomen Subjekts zugeschnitten seien und diese Ausrichtung das Ethos wechselseitiger Hilfe untergrabe, das ebenfalls zu den Grundwerten des Empowerment zähle. Die Bemächtigung bestimmter Individuen oder Gruppen könne so den Zusammenhalt der Gesellschaft als Ganzer gefährden. Was das soziale Band festigen solle, indem es die Marginalisierten zu Selbstbewusstsein und gesellschaftlicher Teilhabe befähige, könne, so die Befürchtung, auch die anomischen Kräfte entfesseln: »Die Entwicklung einer Gruppe oder Gemeinde wird an einem bestimmten Punkt unvermeidlich mit jener des Individuums, die Bemächtigung der einen Person oder Gruppe mit der einer anderen Person oder Gruppe kollidieren.«[59] Dieser Widerspruch zwischen Förderung des Gemeinsinns und Stärkung des individuellen oder gruppenbezogenen Selbstvertrauens lasse sich nicht auflösen; umso wichtiger sei es daher, eine Balance zwischen beiden zu finden.

Der kommunitaristische Einwand gegen die ausschließlich liberale Ausdeutung des Konzepts macht deutlich, dass sich keineswegs ein politisches und ein apolitisches Verständnis von Empowerment gegenüberstehen, sondern zwei Modelle politischer Bemächtigung miteinander konkurrieren. Wie andere zeitgenössische Sozial- und Selbsttechnologien funktioniert auch Empowerment als gleichzeitige Mobilisierung des Gegensätzlichen. Der Anrufung des autonomen Selbst entspricht die des solidarischen Gemeinschaftswesens; Selbstkontrolle und Gruppenbindung stehen in Opposition zueinander und laufen doch parallel.

---

58 Vgl. etwa Stephanie Riger, »What's wrong with Empowerment?«, in: *American Journal of Community Psychology*, 21 (1993), 279-292; Ralf Quindel/Sabine Pankofer, »Chancen, Risiken und Nebenwirkungen von Empowerment – Die Frage nach der Macht«, in: Miller/Pankofer (Hg.), *Empowerment konkret*, S. 33-44.
59 Riger, »What's wrong«, S. 290.

Ebenen und Prozesse

Die Empowermentliteratur prozessiert diesen Widerspruch und invisibilisiert ihn zugleich, indem sie daraus eine Frage unterschiedlicher Referenzebenen macht: Persönliches, Organisations- und Gemeinwesenempowerment verfügen zwar über je spezifische Methoden, sollen jedoch aufeinander aufbauen, sich wechselseitig ergänzen und Synergieeffekte produzieren: »Empowermentprozesse [sind] nicht auf diese Ebenen zu reduzieren und als klassische entwicklungspsychologische oder organisationssoziologische Phänomene zu betrachten. Im Gegenteil: die Kraft dieser Prozesse liegt gerade in der wechselseitigen Abhängigkeit und Integration von *Veränderung auf individueller, gruppenbezogener und struktureller Ebene*. Empowermentprozesse laufen daher nicht auf einer dieser Ebenen isoliert ab, *sondern verstärken sich gegenseitig durch die Interaktion zwischen den verschiedenen Ebenen.*«[60] – Auch hier klingt die Vorstellung einer zwar nicht prästabilierten, aber mittels Empowerment zu stabilisierenden Harmonie zwischen individuellem Streben nach Glück, Organisationsentwicklung und gesellschaftlicher Integration an. Die selbstverantwortlichen und selbstbewussten Individuen, die sich mit anderen in selbstorganisierten Gruppen zusammenschließen und auf das Geschick der Institutionen, denen sie angehören, aktiven Einfluss nehmen, sind zugleich die mündigen Bürger, die ein auf zivilgesellschaftliches Engagement und politische Partizipation angewiesenes Gemeinwesen braucht. Auf allen Ebenen geht es deshalb darum, den Blick auf die Stärken statt auf die Defizite zu richten, das Vertrauen in die eigene Macht zu steigern und Autonomie wie demokratische Teilhabe zu fördern.

Jeder Einzelne, die verschiedenen sozialen Gruppen und Institutionen, schließlich die Gesellschaft als Ganze werden dem gleichen Aktivierungsgebot unterstellt, das sich als Prozess zunehmender Bemächtigung und Selbstbemächtigung realisieren soll. Nachgebildet ist dieser Prozess, schreibt Charles Kieffer in seinem bereits zitierten, für die Ausarbeitung des Konzepts einflussreichen Aufsatz über »Citizen Empowerment«,[61] der Entwicklung vom Kind zum

---

60 Stark, *Empowerment*, S. 129.
61 Kieffer, »Citizen Empowerment«, S. 18. Deutlich ist hier der Einfluss von Eriksons Psychologie der Reifung mit ihrem Ideal einer gelingenden Integration von

mündigen Erwachsenen, und Kieffer präpariert im Weiteren die einzelnen Schritte dieses Reifungsvorgangs heraus: Am Anfang von Empowermentprozessen steht demnach meist eine als traumatisch erfahrene Bedrohung der alltäglichen Lebenszusammenhänge: »Oft sind einschneidende und schmerzhafte Erlebnisse (schwere Krankheiten bei sich selbst oder bei Angehörigen); Brüche im normalen Alltag (Arbeitslosigkeit, Bedrohung oder Zerstörung der natürlichen Umgebung) die ersten Auslöser dafür, sich gegen sein vermeintliches ›Schicksal‹ zu wehren und aktiv zu werden.«[62] Diese Mobilisierungsphase (*era of entry*), Kieffer vergleicht sie mit der Geburt, ist gekennzeichnet durch Verunsicherung und erste vorsichtige Exploration der eigenen Möglichkeiten. Auf sie folgt eine Phase (*era of advancement*), in der erste Fortschritte sichtbar werden, der Entwicklungsprozess aber der Unterstützung von außen bedarf. Wichtig sind auf dieser zweiten Stufe, die dem Entwicklungsstand des Kindesalters entspricht, der Beistand erfahrener Mentoren oder Mentorinnen sowie der Zusammenschluss in einer Gruppe Gleichbetroffener oder Gleichgesinnter. Der soziale Rückhalt, aber auch die Erfahrungen und unvermeidlichen Enttäuschungen erster Aktionsversuche führen zu einem realistischeren Blick auf politische Kräfteverhältnisse und Machtmechanismen. Die Entwicklungsaufgaben der dritten Phase (*era of incorporation*) entsprechen denen der Adoleszenzzeit: »In dieser Phase müssen die Personen/Gruppen damit fertigwerden, dass sie sich geändert und weiterentwickelt haben, im soziopolitischen Sinn ›erwachsen geworden sind‹. [...] Sie müssen mit der neuen Rolle umgehen lernen, ein wichtiger Faktor für die Gemeinschaft geworden zu sein – mit allen dazugehörigen Rollen*konflikten* innerhalb der Gruppe (Führungsansprüche usw.), aber auch im Rahmen des bisherigen sozialen Netzwerks.«[63] Mit der vierten Phase (*era of commitment*) mündet der Wachstumsprozess vollends ins Erwachsenenalter. Die partizipatorischen Kompetenzen werden in den Alltag und das Selbstbild integriert, die Überzeugung, durch Einmischung Veränderungen bewirken und die soziale Umwelt mitgestalten zu können, übersteht jetzt auch Durststrecken und Enttäuschungen, und diese »brennende Ge-

---

Subjekt und Gesellschaft, vgl. etwa Erik H. Erikson, *Identität und Lebenszyklus*, Frankfurt/M. 1973.

62 Stark, *Empowerment*, S. 121, der Kieffers Studie referiert.
63 Ebd., S. 124.

duld« ermutigt wiederum Jüngere und neu entstehende Gruppen, die sich erst am Anfang ihrer Entwicklung befinden.

Empowerment erscheint hier als ein Bildungsroman, dessen Figuren zu Autoren ihrer eigenen Geschichte werden. Dazu muss diese jedoch nicht nur erlebt, sondern auch erzählt werden. Erst die Narration stiftet jenes Kohärenzgefühl des Einzelnen, einer Gruppe oder der Gesellschaft, aus dem sich der Glaube an die eigenen Möglichkeiten speist. Empowerment braucht Empowermentgeschichten: »Die in den Geschichten angelegten Prozesse der Selbstthematisierung und auch Selbstmythologisierung sind wesentliche Schubkräfte für Empowermentprozesse. Sie machen das Veränderungspotenzial dieser Prozesse aus, schaffen Einheit, Identität und Kraft. Es sind die Geschichten, und nicht die Ergebnisse, die den Aufforderungscharakter besitzen, selbst aktiv zu werden, die eigene Geschichte zu beginnen oder weiterzuerzählen.«[64] Ein solches Lernen aus Geschichten zielt nicht auf kritische Vergegenwärtigung, sondern auf Affirmation und Nachahmungseffekte. Die Erinnerung an die Vergangenheit steht im Dienst der Zukunftsbewältigung.

Psychologie

Dieser Zeitbezug verweist auf das kompensatorische Modell des Helfens beziehungsweise der Problembewältigung, auf das sich die Vertreter des Empowermentkonzepts berufen. In einem vielzitierten Aufsatz hatte eine Gruppe US-amerikanischer Psychologen 1982 vier Grundformen des Helfens und Sich-selbst-Helfens unterschieden, indem sie die Parameter »Verantwortung/keine Verantwortung für das Problem« und »Verantwortung/keine Verantwortung für die Lösung« kreuztabellierte.[65] Während das *medizinische* (keine Verantwortung für das Problem/keine Verantwortung für die Lösung), das *moralische* (Verantwortung für das Problem/Verantwortung für die Lösung) und das *aufklärerische* Modell (Verantwortung für das Problem/keine Verantwortung für die Lösung)[66] entweder dazu

---

64 Ebd., S. 49.
65 Brickman u. a., »Models of Helping and Coping«.
66 Als Beispiel für dieses Modell nennen die Autoren die Gruppen der Anonymen Alkoholiker, die ihren Mitgliedern abverlangen, die volle Verantwortung für ihr Trinkverhalten zu übernehmen, statt es etwa auf eine erbliche Belastung, Bezie-

tendieren, die Menschen aus der Verantwortung für ihr Leben zu entlassen, oder sie mit Schuldzuweisungen zu belasten, verbindet das *kompensatorische* Modell (keine Verantwortung für das Problem/Verantwortung für die Lösung) die Beschwörung der Selbstverantwortung mit dem Verzicht auf Schuldvorwürfe. Den Umgang mit eigenen oder fremden Problemen an diesem Modell zu orientieren soll ermutigen, ohne zu demütigen, mobilisieren, ohne zu lähmen, und soll so den performativen Widerspruch herkömmlicher Responsibilisierungsappelle auflösen: Durch die kompensatorische Brille betrachtet, ist jeder seines Glückes Schmied, ohne zugleich auch an seinem Unglück selbst schuld zu sein. »Tränen und Schweiß sind gleichermaßen naß und salzig«, lautet eine von den Psychologen zitierte Formel des Bürgerrechtlers Jesse Jackson, »aber ihre Wirkung ist höchst unterschiedlich: Tränen bringen Mitleid, Schweiß schafft Veränderung.«[67]

Folgte die Anrufung des autonomen Subjekts in der Ära des klassischen Liberalismus dem moralischen Modell, das den Einzelnen gleichermaßen für Erfolge wie Misserfolge verantwortlich machte, seine Fähigkeit zur Selbststeuerung qua Natur voraussetzte, sich im Übrigen aber nicht weiter für diese Fähigkeit interessierte und Hilfe lediglich in der Form disziplinarischen Zwangs oder paternalistischer Almosen rechtfertigte,[68] so soll das unternehmerische Selbst des Neoliberalismus der fortwährenden Stimulation seiner Selbststeuerungsfähigkeit bedürfen. Hilfe hat deshalb stets Hilfe zur Selbsthilfe zu sein und alles zu vermeiden, was Schuldgefühle auslöst. Um die eigenen Stärken zu stärken, ist ein schlechtes Gewissen ebenso hinderlich wie eine unendliche Analyse der vorhandenen Schwächen. Die kompensatorische Entlastung beruht jedoch nicht darauf, dass die Verantwortung auf andere Instanzen (die Gesellschaft, den Kapitalismus, die Eltern, die Gene…) abgewälzt wird; die Frage nach den Problemursachen tritt vielmehr in den Hintergrund, damit alle Kräfte sich auf ihre Lösung richten können. Erfolgversprechender als die Wurzeln der Ohnmacht zu

hungspartner oder andere äußere Faktoren abzuschieben. Zugleich haben sie in jeder Sitzung zu bekennen, dass sie nicht aus eigener Kraft vom Alkohol loskommen und deshalb auf die Hilfe Gottes und der Gruppe angewiesen sind.
67 Brickman u. a., »Models of Helping and Coping«, S. 372.
68 Vgl. dazu François Ewald, *Der Vorsorgestaat*, Frankfurt/M. 1986, insbesondere S. 59-170.

erforschen, ist es, so die Ratio des Empowerment, die verbliebenen Machtquellen freizulegen.

In medizinische beziehungsweise gesundheitspsychologische Termini übersetzt, verschiebt sich damit der Fokus von der Pathogenese auf die Salutogenese, von den Risiko- zu den Protektivfaktoren. Gefragt wird nicht, was krank gemacht hat oder krank zu machen droht, sondern was gesund erhält. Das ist mehr und etwas anderes als nur eine Variante »Positiven Denkens«. Für den israelischen Stressforscher Aaron Antonovsky, auf den der Begriff der Salutogenese zurückgeht,[69] bilden Krankheit und Gesundheit keine einander ausschließenden Zustände, sondern markieren die Pole eines Kontinuums. Aus salutogenetischer Perspektive erscheint Krankheit so als ein niedrigeres Niveau von Gesundheit: »Wir sind alle terminale Fälle. Aber solange wir einen Atemzug Leben in uns haben, sind wir alle bis zu einem gewissen Grad gesund.«[70] Wie die Empowermenttheoretiker Macht, so deutet Antonovsky Gesundheit als quantifizierbare Ressource und Kräfteverhältnis. Die jeweilige Position auf dem Gesundheits-Krankheits-Kontinuum ergibt sich aus dem Verhältnis zwischen den belastenden Stressoren, denen die Einzelnen ausgesetzt sind, und den schützenden Widerstandsressourcen, die sie dagegen mobilisieren können. »Stressoren oder Widerstandsdefizite bringen Entropie, Widerstandsressourcen dagegen bringen negative Entropie in das System Mensch.«[71]

Als wesentliche gesundheitsfördernde Einflussgröße, welche »dieses Schlachtfeld von Kräften dirigiert«[72] und die Widerstandsressourcen bündelt, identifiziert Antonovsky eine kognitive wie affektiv-motivationale Grundhaltung, die er Kohärenzgefühl (*sense of coherence*) nennt und zu deren Messung er eine standardisierte Skala entwickelt hat. Dabei handelt es sich um »eine globale Orientierung, die das Ausmaß ausdrückt, in dem jemand ein durchdringendes, überdauerndes und dennoch dynamisches Gefühl des

---

69 Aaron Antonovsky, *Salutogenese. Zur Entmystifizierung der Gesundheit*, Tübingen 1997; vgl. auch die Literaturübersicht von Jürgen Bengel/Regine Strittmatter/Hildegard Willmann, *Was erhält Menschen gesund? Antonovskys Modell der Salutogenese – Diskussionsstand und Stellenwert*, Köln 1998 (Forschung und Praxis der Gesundheitsförderung, Bd. 6).

70 Aaron Antonovsky, »Die salutogenetische Perspektive. Zu einer neuen Sicht von Gesundheit und Krankheit«, in: *Meducs*, 2 (1989), S. 51-57, hier: S. 53.

71 Bengel/Strittmatter/Willmann, *Was erhält Menschen gesund?*, S. 34.

72 Antonovsky, *Salutogenese*, S. 150.

Vertrauens hat, daß erstens die Anforderungen aus der inneren oder äußeren Erfahrungswelt im Verlauf des Lebens strukturiert, vorhersagbar und erklärbar sind und daß zweitens die Ressourcen verfügbar sind, die nötig sind, um den Anforderungen gerecht zu werden. Und drittens, daß diese Anforderungen Herausforderungen sind, die Investition und Engagement verdienen.«[73] Wenn Antonovsky auch davon ausgeht, dass dieses Grundgefühl eine vergleichsweise stabile Größe darstellt, deren Entwicklung mit dem Erwachsenenalter weitgehend abgeschlossen ist, so weist das Kohärenzgefühl der Sache nach doch große Nähe zum Bewusstsein der eigenen Stärke auf, auf das die Empowermentprogramme abzielen. Zusammen mit verwandten lernpsychologischen Konzepten wie der Selbstwirksamkeitserwartung (*self efficacy*),[74] der Kontrollüberzeugung (*locus of control*)[75] und der Widerstandsfähigkeit (*hardiness*)[76] liefert das Salutogenesemodell eine Metatheorie für die Wirksamkeit der psychosozialen Schutzfaktoren, die mittels bemächtigender Interventionen gestärkt werden sollen.

Aus der empirischen Beschreibung wird somit eine soziale Norm, deren Geltungsanspruch gerade deshalb unabweisbar ist, weil er sich auf nichts anderes stützt als auf die Ergebnisse empirischer Forschung. Jene »produktiven Persönlichkeitsmerkmale«, die Stressforscher und Gesundheitspsychologen in ihren Untersuchungen als »Antezedenten einer gelingenden Lebensbewältigung« ermitteln, fungieren als Orientierungsmarken, an denen sich tunlichst ausrichtet, wer seine individuellen Potenziale steigern will. Das Ensemble gesundheitsprotektiver Faktoren lässt sich unschwer als Anforderungsprofil des unternehmerischen Selbst entziffern: Ein fester

---

[73] Ders., »Gesundheitsforschung versus Krankheitsforschung«, in: Alexa Franke/Michael Broda (Hg.), *Psychosomatische Gesundheit. Versuch einer Abkehr vom Pathogenese-Konzept*, Tübingen 1993, S. 3-14, hier: S. 12.

[74] Vgl. Albert Bandura, »Self efficacy: Toward a unifying theory of behavioral change«, in: *Psychological Review*, 84 (1977), S. 191-215; ders., *Self Efficacy. The Exercise of Control*, New York 1997.

[75] Julian B. Rotter, »General expectancies for internal versus external control of reinforcement«, in: *Psychological Monographs*, 80 (1966), No. 609.

[76] Suzanne C. Kobasa, »Stressful life events, personality and health: An inquiry into hardiness«, in: *Journal of Personality and Social Psychology*, 37 (1979), S. 1-11; dies., »The hardy personality: Toward a social psychology of stress and health«, in: Glenn S. Sanders/Jerry Suls (Hg.), *Social Psychology of Health and Illness*, Hillsdale, NJ 1982, S. 3-32.

Glaube an die eigenen Ziele, die Gestaltbarkeit der Umwelt und die eigene Bewältigungskompetenz, ein aktiver Umgang mit Problemen, schließlich die Fähigkeit, unvorhergesehene Veränderungen in den Lebensplan zu integrieren (*change as challenge*) – dieses »persönlichkeitsgebundene Kapital«[77] muss akkumulieren, wer sich auf den Arbeits-, Beziehungs- und Aufmerksamkeitsmärkten behaupten will. Diejenigen, die gesund, belastbar, zuversichtlich, flexibel und aktiv sind, avancieren damit, weit über Fragen des körperlichen Wohlbefindens hinaus, zum Vorbild für alle anderen. Was sie stark gemacht hat, soll auch jenen nützen, die es erst werden wollen. Weil aber vollkommene Gesundheit so wenig zu erreichen ist wie absolute Macht oder totaler wirtschaftlicher Erfolg, ist die Mobilisierung von Widerstandsressourcen eine Arbeit ohne Ende. »Gelingen« kann die Lebensbewältigung bestenfalls vorläufig.

Trotz aller Affinität zwischen Salutogenesekonzept und Empowerment sind doch auch die Differenzen unübersehbar. So moniert der Sozialarbeitswissenschaftler Norbert Herriger die dem Salutogenesemodell inhärente »Annahme eines festen (letztendlich vor allem in Temperamentfaktoren genetisch vorgegebenen) personalen Sets von Schutzfaktoren«. Sie führe »zu einer resignativ-fatalistisch eingefärbten Sichtweise« und laufe auf »konventionelle psychologische Kompetenztrainingsprogramme« hinaus, welche nichts anderes verfolgten, als »die Person psychisch aufzurüsten und ihre Seele gegen die Gefährdungen neuer Hilflosigkeitserfahrungen auszupolstern«. Gegen solch »bedenkliche Individualisierung des Empowerment-Denkens« setzt er auf die aus »solidarischer Vernetzung und Selbstorganisation in sozialer Aktion« erwachsende »Kraft des Plurals«.[78] In der sozialpsychologischen Kritik an persönlichkeitspsychologischen Verkürzungen manifestiert sich einmal mehr der Gegensatz zwischen individualistischen und kommunitaristischen Bemächtigungskonzepten – eine Opposition, die sich jedoch weder zu einem unversöhnlichen Antagonismus verhärtet, noch sich dialektisch in einer Synthese auf höherer Ebene aufhebt, sondern in die pluralistische Einsicht mündet, dass unterschiedliche Lebenslagen und Probleme eben unterschiedliche Handlungsansätze verlangen.

---

77 Herriger, *Empowerment in der Sozialen Arbeit*, S. 178.
78 Ebd., S. 178, 186.

Strategien

Gleichgültig ob die Kraft von innen kommen oder sich aus Gemeinschaftserfahrungen speisen soll, psychologisch gesehen ist Empowerment ein Motivierungsprogramm: »Bemächtigen bedeutet, jemandem Macht zu geben. Macht hat indes unterschiedliche Bedeutungen. In einem rechtlichen Sinne bedeutet Macht Amtsgewalt, sodass bemächtigen bevollmächtigen meint. Aber Macht kann auch Kraft bedeuten, und bemächtigen heißt dann Kraft verleihen. Diese zweite Bedeutung trifft am besten die aktuelle auf Motivierung gerichtete Verwendung des Begriffs.«[79] Die Strategien, die beim Empowerment in Anschlag gebracht werden, zielen denn auch vor allem auf Energiezufuhr. Im Zentrum stehen partizipatorische Ansätze, welche die Wahl- und Handlungsfreiheit ihrer Adressaten erweitern und auf diese Weise deren Eigeninitiative und Selbstverantwortung stärken sollen.

So identifiziert ein von der Weltbank herausgegebenes entwicklungspolitisches Handbuch mit dem Titel *Empowerment and Poverty Reduction* vier Grundprinzipien bemächtigender Interventionen: Um Rechte geltend machen und öffentliche Dienste in Anspruch nehmen, um die eigenen Interessen in Verhandlungen wirksam vertreten und Chancen ergreifen zu können, muss demnach erstens der freie Zugang zu Bildung und Medien gewährleistet sein (*access to information*): Nur wer sich informieren kann, kann auch Schritte zur Verbesserung seiner Lage unternehmen. Empowerment soll zweitens soziale Ausschlussmechanismen abbauen und auch marginalisierte Gruppen in gesellschaftliche Reformprozesse einbeziehen (*inclusion and participation*). Das setzt voraus, dass Entscheidungen demokratisch gefällt werden und alle Beteiligten auf sie Einfluss nehmen können. Dazu bedarf es drittens klar geregelter Verantwortlichkeiten und vor allem der Möglichkeit, Amtsträger, Wirtschaftsunternehmen oder andere Instanzen rechenschaftspflichtig zu machen (*accountability*). Nur wenn Korruption und Machtmissbrauch geahndet werden und Rechtssicherheit herrscht, so die Ratio des Weltbank-Manuals, können Entwicklungsprogramme greifen. Unverzichtbar sind schließlich *viertens* lokale Assoziationen und

---

79 Kenneth W. Thomas/Betty A. Velthouse, »Cognitive Elements of Empowerment: An ›Interpretative‹ Model of Intrinsic Task Motivation«, in: *Academy of Management Review*, 15 (1990), S. 666-681, hier: S. 667.

Netzwerke, die nicht nur ein Labor demokratischer Selbstorganisation, sondern auch das wichtigste Scharnier zwischen staatlichen Instanzen beziehungsweise internationalen Organisationen auf der einen und den Hilfeempfängern auf der anderen Seite darstellen (*local organizational capacity*).[80]

Empowerment wird hier zur Grundlage von Good Governance und soll gleichermaßen »den sozialen Zusammenhalt und Vertrauen«, »Lebensqualität und Menschenwürde«, »effiziente Entwicklung« und »Wachstum im Dienste der Armen« gewährleisten. Es ist ein Zweck in sich und zugleich Mittel für alle anderen Zwecke: »Die erniedrigende Machtlosigkeit der Menschen zu verringern und ihre Fähigkeiten zu erweitern, etwas zur Entwicklung ihrer Gesellschaften beizutragen, das sind die beiden zusammengehörigen Seiten des Empowerment.«[81] Gut – sowohl im moralischen als auch im funktionalen Sinn – soll nur jenes Regieren sein, das die Fähigkeit zur Selbstregierung fördert. Damit es nicht bei der bloßen Beschwörung hehrer Ideale bleibt, wurden standardisierte Verfahren entwickelt, die mithilfe eines Prozessmonitorings und Qualitätsmanagements die Aktivierung und demokratische Beteiligung der Adressaten sicherstellen sollen. Vielfach ist die Gewährung von Hilfen an die Implementierung dieser Instrumente durch die Kooperationspartner in den Empfängerländern gebunden.[82] Diese Verfahren konstituieren ein Steuerungsregime, das die Anrufung eines ebenso mündigen wie solidarischen politischen Subjekts an das

---

80 Narayan, *Empowerment and Poverty Reduction*, S. 14-20, zit. nach der vorläufigen Version,⟨www.worldbank.org/html/edi/sourcebook/sbhome.html⟩(15.09.2002).
81 Ebd., S. 2-7.
82 Vgl. Michael Schönhuth/Uwe Kievelitz, *Participatory Learning Approaches. Rapid Rural Appraisal. Participatory Appraisal. An introductory guide*, Rossdorf 1994; United Nations Development Programme, *Empowering People*; Informationen zu Partizipationsmethoden in der Entwicklungszusammenarbeit finden sich auf den Websites des Institute of Development Studies der University of Sussex: ⟨http://www.ids.ac.uk⟩ (21.09.2006). Zur Kritik vgl. Frances Cleaver, »Paradoxes of Participation: Questioning Participatory Approaches to Development«, in: *Journal of International Development*, 11 (1999), S. 597-612; Bill Cooke/Uma Kothari (Hg.), *Participation: the New Tyranny?*, London/New York 2001. Eine grundlegende Analyse aus der Perspektive des Partizipationsparadigmas in der Entwicklungszusammenarbeit unternimmt Kerlijn Quaghebeur, *Pathways of Participation. A critical exploration of participation as a dominant learning perspective in the world of development cooperation*, Diss. Katholieke Universiteit Leuven 2006.

Versprechen von Verfahrensrationalität koppelt und Selbstbemächtigung wie auch soziale Teilhabe verheißt, sie aber auch einfordert und durch entsprechende Werkzeuge operationalisiert.

Auch wenn sich die Programme von den entwicklungspolitischen Konzepten der 60er- und 70er-Jahre absetzen, bleibt ihnen die politische Logik der Modernisierung eingeschrieben. Bemächtigung und Zurichtung der Bemächtigten für einen bei aller Pfadabhängigkeit doch nach westlichem Vorbild konzipierten Entwicklungsprozess gehen Hand in Hand: »Bemächtigt werden die Menschen dazu, am modernen Sektor der Entwicklungsgesellschaften teilzuhaben […]: als Bürger der Institutionen des modernen Staates, als Konsumenten des wachsenden globalen Marktes, als verantwortliche Patienten im Gesundheitssystem, als klug wirtschaftende Farmer, die zum Wachstum des Bruttosozialprodukts beitragen, als Teilnehmer am Arbeitsmarkt usw. Empowerment bedeutet folglich nicht einfach, denjenigen Macht zu geben, die sich vordem machtlos fühlten. Die Währung, in der die Macht gegeben wird ist vielmehr die des Projekts der Moderne.«[83] Empowerment fällt hier weitgehend zusammen mit Partizipation und figuriert nicht nur als etwas, das allen nützt – denen, die teilhaben sollen, ebenso wie jenen, die sie teilhaben lassen –, sondern auch als etwas, das sich bei richtiger Anwendung der entsprechenden Methoden systematisch erzeugen lässt. Es ist nicht zuletzt diese Verbindung von Ethik und Effizienz, die Empowerment zu einem Schlüsselkonzept in der Entwicklungszusammenarbeit hat werden lassen.

Ganz ähnlich verhält es sich mit jenen Strategien, die im Bereich des betrieblichen Managements unter dem Label Empowerment zum Einsatz kommen. Im Vordergrund stehen auch hierbei auf Selbstverpflichtung (*commitment*) statt auf formaler Autorität, auf Eigenverantwortung statt auf hierarchischer Kontrolle beruhende Führungsmodelle. Empowerment im Unternehmen ist nichts anderes als Personalmanagement im neuen Gewande. Adressiert sind die Bemächtigungsappelle meist an die Verantwortlichen der oberen und mittleren Leitungsebenen, die im Interesse gesteigerter Produktivität »schlummernde Potenziale« der Mitarbeiterinnen und Mitarbeiter erkennen, fördern und für das Unternehmen

---

83 Heiko Henkel/Roderick Stirrat, »Participation as Spiritual Duty; Empowerment as Secular Subjection«, in: Cooke/Kothari (Hg.), *Participation*, S. 168-184, hier: S. 182.

nutzbar machen sollen. Durch Empowerment, heißt es in einem entsprechenden Handbuch, werden diese »in die Lage versetzt, sich selbst die Bedingungen zu schaffen, die sie brauchen, um die für den Unternehmenserfolg nötigen Resultate zu produzieren. Das Unternehmen vertraut auf die Fähigkeit seiner Mitarbeiter, dies zu tun und unterstützt sie dabei mit all seiner Kraft.«[84] Gefordert wird nicht der Verzicht auf Führung, sondern ein effizienteres, weil Fremd- durch Selbststeuerung ersetzendes Führungsprogramm. Die reflexive Bedeutung der Selbstermächtigung der Machtlosen tritt in den Hintergrund und übrig bleibt die Direktive an die Mächtigen, im Interesse des ökonomischen Erfolgs ihre Entscheidungskompetenzen zu delegieren: »Empowerment ist etwas, das andere Dir zukommen lassen oder das Du anderen zukommen lässt, die somit durch Dein und nicht durch ihr eigenes Handeln bemächtigt werden.«[85]

Folgt man einem anderen Manual, das mit seiner Mobilmachungsrhetorik das Postulat des Empowerment allerdings im gleichen Augenblick aufstellt und performativ dementiert, so zeichnet sich die »Potentialführungskraft« durch ihr ausgeprägtes »Leadership-Verhalten« aus. Dessen entscheidende Kennzeichen sind erstens die Fähigkeit, eine »Vision« für das Unternehmen zu formen und sie so zu verinnerlichen, dass man »seinen Mitarbeitern ein lebendiges Bild davon vermitteln und [sie] zum Mittun inspirieren kann«; zweitens eine zuversichtliche »›Es-geht‹-Haltung«, »die Kraft, eine für richtig erkannte Richtung mit Energie und Selbstvertrauen voranzutreiben und unerbittlich an der Zielerreichung, festzuhalten«. »Leadership« bedeutet drittens, »die Mitarbeiter zu mobilisieren, ein ›Magnetfeld‹ und Begeisterung zu entfachen«; viertens »den Weg zu modellieren«, d.h. einerseits »die einzelnen Faktoren in Wirkungszusammenhängen vernetzen zu können«, andererseits »solche abstrakten Konzepte auf die praktische Realisierung herabzubrechen und in anwendbare Handlungsanweisungen zu verwandeln«. Schließlich gilt es fünftens »andere zu befähigen, gute Arbeit zu leisten«, was sich nicht auf die Vermittlung von

---

84 Heiner Koppermann, »Empowerment: Schlummernde Potentiale wecken«, in: Dietrich Buchner/Wolf W. Lasko, *Vorsprung im Wettbewerb. Ganzheitliche Veränderungen, Netzwerke, Synergie, Empowerment, Coaching. Das Veränderungshandbuch von Winner's Edge*, Wiesbaden 1996, S. 291-306, hier: S. 292.
85 Baistow, »Liberation and regulation?«, S. 37.

Kenntnissen und Wissen beschränkt, sondern vor allem auf »Befähigung auch auf einem motivationalen Niveau« zielt.[86]

Gegenüber einem solchen Anforderungskatalog nehmen sich Modelle, die Führung als Treuhänderschaft und Dienstleistung bestimmen, geradezu sanft aus. So plädiert Peter Block, Autor von *The Empowered Manager*, für eine an Mitarbeiterautonomie und gesellschaftlicher Verantwortung orientierte Strategie, die demokratische Prinzipien verwirklichen, im Einklang mit spirituellen Werten stehen und obendrein noch Kundenzufriedenheit garantieren soll: »Das Treuhandkonzept stützt sich [...] auf das Verantwortungsgefühl jedes einzelnen, konzentriert sich dabei aber auf Dienstleistung zugunsten des Gemeinwohls statt auf Kontrolle. Deshalb stellt es ein Vehikel dar, um das Ausmaß der Beteiligung und der Verantwortung zu beeinflussen, das jeder einzelne im Hinblick auf den Erfolg der Organisation, der Gesellschaft und des eigenen Lebens entwickelt.«[87] Der imperativische Ton fehlt indes auch hier nicht, und in der Anrufung des »entfesselten Mitarbeiters« schwingt unüberhörbar ein drohender Unterton mit: »Gleichgültigkeit oder Obrigkeitsdenken ist eine Form der passiven Aggression, der inneren Kündigung. Mitarbeiter, die ihre Fähigkeit zu eigenständigem Denken und Handeln an der Garderobe abgeben und ihre Arbeit wie Zombies verrichten, werden der Nagel zu unserem Grab sein. Schwierig ist, daß wir zu einem Zeitpunkt, an dem wir keine Arbeitsplatzsicherheit als Gegenleistung anbieten können, in ganz besonderem Maße auf das Engagement unserer Mitarbeiter angewiesen sind. [...] Wir müssen ein Arbeitsumfeld schaffen, das die Einsatzbereitschaft des Einzelnen fördert, aber nicht auf falschen Versprechungen aufgebaut ist. [...] Jeder Mitarbeiter muß zu der festen Überzeugung gelangen, daß er eine entscheidende, aktive Rolle bei der Gestaltung seiner Organisation spielt.«[88] Im Klartext: Wer sich nicht »empowern« lässt, der wird gefeuert, und auch die Übrigen können froh sein, wenn sie ihren Job vorerst noch behalten.

Es ist ein weiter Weg von Freires *Pädagogik der Unterdrückten* und Solomons *Social work in oppressed communities* bis zu den

---

86 Wildenmann, *Professionell führen*, S. 33-37.
87 Peter Block, *Entfesselte Mitarbeiter. Demokratische Prinzipien für die radikale Neugestaltung der Unternehmensführung*, Stuttgart 1997, S. 19.
88 Ebd., S. 21/22.

Trainingsprogrammen, mit denen Personaltrainer Manager darauf trimmen, »das Beste aus Ihren Mitarbeitern heraus[zu]holen«.[89] Enthusiasmierung ist allerdings nur die eine Seite dieser Empowermentvariante. Engagierte Mitarbeiter brauchen nicht nur charismatische Vorgesetzte, die sie mitreißen, sondern vor allem Organisationsstrukturen, die Selbstverantwortung und Eigeninitiative positiv verstärken, zugleich aber sicherstellen, dass die autonomen Elemente effizient kooperieren und sich auf ein gemeinsames Organisationsziel hin ausrichten. Dazu macht die Managementliteratur dann doch Anleihen bei den emanzipatorischen Bemächtigungskonzepten.

So kehren Freires »Lehrer-Schüler« und Alinskys Gemeinwesenarbeiter mutatis mutandis wieder in der Vorstellung der »Führungspersönlichkeit« als »Entwicklungshelfer«, der seinem Arbeitsteam hilft, »eine Kultur des Lernens zu entwickeln«: »Die Aufgabe von Managern (vor allem jenen der mittleren Ebene) besteht längst nicht mehr darin, ihre Mitarbeiter zu überwachen. Sie sind vielmehr aufgerufen, ihre Mitarbeiter zu fördern, sie zu persönlichem Wachstum, beruflicher Weiterentwicklung und Offenheit für Neues zu motivieren. Sie müssen ein Team zur bestmöglichen Zusammenarbeit entwickeln, anstatt die Einzelleistungen einer Gruppe von Mitarbeitern zu kontrollieren.«[90] Auch der sozialreformerische, wenn nicht revolutionäre Anspruch, die bestehende Ordnung umzustürzen, hat in der Managementliteratur seinen Platz. Im Gegensatz zu den Befreiungspädagogen und radikalen Gemeinwesenarbeitern wird allerdings bei der geforderten permanenten Revolution im Unternehmen das Telos der Veränderungen keineswegs demokratisch ausgehandelt, sondern steht immer schon fest: Empowerment mag ebenso wie andere Strategien des *Liberation Management*[91] eine noch so grundlegend »neue Arbeits- und Unternehmensauffassung der Mitarbeiter und eine neue Qualität der Zusammenarbeit«[92] propagieren, das Ziel ist stets die Behauptung auf den Märkten. Die Macht der Bemächtigten hört auf, wenn sie diesem Imperativ nicht mehr zu folgen bereit sind. Umgestürzt werden sollen, um eine Unterscheidung von Dirk Baecker aufzunehmen, die organisa-

---

89 Scott/Jaffe, *Empowerment*, S. 95.
90 Ebd., S. 97/98.
91 So der Untertitel von Peters, *Jenseits der Hierarchien*.
92 Ebd., S. 56.

torischen Formen des Unternehmens, nicht aber das Unternehmen als ökonomische und rechtliche Form.[93]

Darin liegt gewiss eine instrumentelle Verkürzung der Mündigkeitspostulate, doch die Pointe des Empowermentdiskurses besteht gerade darin, dass er eine Identität von Mitarbeiter- und Unternehmensinteressen unterstellt. Persönliches Wachstum und das der Firma, der Kampf um individuelle Autonomie und der gegen die Pleite sollen zusammenfallen, und der Einzelne soll von den an ihn gestellten Anforderungen selbst dann noch profitieren können, wenn das Unternehmen ihn ausmustert: »Erstens wird der Angestellte heute dazu ermutigt, sich aktiv und durch Einbringen seiner Kreativität an den Unternehmenszielen zu beteiligen. Dieser neue Arbeitsstil bringt mehr persönliche Befriedigung und größere Motivation. Der einzelne kann lernen, über sich selbst hinauszuwachsen und die Ergebnisse seines Bemühens zu erkennen. Zweitens sinkt in dem Maße, in dem jemand Selbstverantwortung für seine berufliche Zukunft übernimmt, das Gefühl der Abhängigkeit vom Unternehmen. Je mehr der einzelne Mitarbeiter seine persönlichen Fähigkeiten weiterentwickelt, je mehr er erkennt, wie nützlich es ist, verschiedene Fähigkeiten zu besitzen und zu trainieren, desto mehr entwickelt er eine Art inneres Vertrauen, für seine berufliche Zukunft selbst sorgen zu können – besonders wenn ihm das Unternehmen, in dem er zur Zeit beschäftigt ist, keine fixen diesbezüglichen Zusagen geben kann.«[94]

Als notwendige Elemente des betrieblichen Empowerment führen die entsprechenden Handreichungen ähnliche Strategien an wie die Weltbankprogramme zur Förderung entwicklungspolitischer Projekte: Transparenz, Anerkennung, Partizipation. Ein entscheidender Motivator ist demnach die umfassende Information. Mit den institutionellen Hierarchien soll auch das Arkanwissen des Managements verschwinden und dem Wir-Gefühl einer auf Gedeih und Verderb aufeinander angewiesenen Gemeinschaft Platz machen. »Durch Offenlegung der Bücher für alle Angestellten signalisiert das Management diesen, dass ›wir im gleichen Boot sitzen‹.«[95] Ebenso wichtig ist eine Haltung der Wertschät-

---

93 Dirk Baecker, *Die Form des Unternehmens*, Frankfurt/M. 1999, S. 9.
94 Scott/Jaffe, *Empowerment*, S. 72/73.
95 W. Alan Randolph, »Navigating the Journey to Empowerment«, in: *Organizational Dynamics*, 23 (1994/95), Nr. 4 (Spring 1995), S. 19-31, hier: S. 22.

zung gegenüber den Mitarbeitern, die Leistungen und Initiative anerkennt, sie aber auch einfordert. Dazu gehört nicht zuletzt das flexible Eingehen auf individuelle Wünsche, etwa bei Arbeitszeitregelungen oder Angeboten zur Weiterqualifizierung. Weil traditionelle Motivatoren wie Arbeitsplatzsicherheit, finanzielle Anreize und Aufstiegsmöglichkeiten immer weniger zur Verfügung stehen, machen die Bemächtigungsexperten immaterielle Faktoren stark und begründen das damit, dass diese ohnehin die höher stehenden Antriebskräfte sind. »Neue Erkenntnisse über die wahren Bedürfnisse der heutigen Mitarbeiter lassen [...] aufatmen«, heißt es in einem einschlägigen Ratgeber: »Jeder wird gern als ›VIP‹ behandelt.«[96] Motivation durch Partizipation schließlich erfordert den Abschied vom Pyramidenmodell der Organisation. An dessen Stelle sollen eigenverantwortliche Teams treten, die netzwerkförmig miteinander verbunden sind: »Ihre Mitarbeiter möchten selbst entscheiden, wie sie ein konkretes Ziel erreichen, oder auf welche Weise sie eine spezifische Aufgabe erledigen. ›Neue‹ Manager geben keine Arbeitsanleitungen – sie bitten ihre Mitarbeiter statt dessen, mit ihnen gemeinsam die besten Vorgangsweisen auszuwählen.«[97] Die Freiheit vom Disziplinarzwang wird erkauft mit der Pflicht zur permanenten Optimierung und Selbstoptimierung. Die Macht, die Empowerment verspricht und verleiht, haben die Bemächtigten auf sich selbst zu wenden, und diese subjektivierende Faltung soll sie produktiver machen, als äußere Autoritäten es jemals vermögen.

Dass die Wurzeln des Empowerment im Bereich der Sozialen Arbeit und Gemeindepsychologie liegen, tut den managerialen Adaptionen des Konzepts keinen Abbruch, im Gegenteil: Wenn ressourcen- und kompetenzorientierte Interventionen Menschen, die marginalisiert, krank oder in anderer Weise mit widrigen Lebensumständen konfrontiert sind, dabei helfen können, ihren Alltag besser zu bewältigen und größeren Einfluss auf ihr soziales Umfeld zu nehmen, dann werden sie erst recht jene stärker machen, die sich ohne solche Beeinträchtigungen im unternehmerischen Konkurrenzkampf zu behaupten haben. Gerade weil sie Macht als möglicherweise zwar verschüttetes, grundsätzlich aber jedermann zugängliches Energiepotenzial konzeptualisieren, das jeder braucht und von dem niemand jemals genug besitzt, sind die Empower-

96 Scott/Jaffe, *Empowerment*, S. 65.
97 Ebd., S. 122.

mentstrategien nahezu universell einsetzbar. Wer wollte nicht sein Leben besser in den Griff bekommen?

Aporien der Bemächtigung

Die Allgegenwart des Bemächtigungsimperativs verweist zugleich auf ein ebenso allgegenwärtiges Defizit: Was alle brauchen, ist das, was allen fehlt. Um Ohnmachtsgefühle abzubauen, müssen sie als gegeben unterstellt werden. Ohne *sense of powerlessness* kein Empowerment. Die Wunde, die es zu heilen verspricht, schlägt es im gleichen Maße stets neu.

Das ist freilich nicht das einzige Paradoxon dieser Strategie der Menschenführung; der Versuch, die Befreiung aus der Unmündigkeit als sozialtechnologisches Projekt zu organisieren, mündet notwendig in einen performativen Widerspruch: »Die institutionelle Struktur, welche die einen in die Lage versetzt, die anderen zu bemächtigen, untergräbt den Akt der Bemächtigung.«[98] Dieser Widerspruch besteht selbst dann, wenn der Bemächtigende und der Bemächtigte identisch sind. Beim Selbstempowerment spaltet sich das Subjekt auf in eine Instanz, die mehr Kontrolle über ihr Leben benötigt, und eine, die ihr dazu verhelfen soll. Der Einzelne wirkt planvoll auf sein eigenes Verhalten ein, stärkt sein Selbstwertgefühl und seine Selbstwirksamkeitserwartung, erkennt und nutzt seine Ressourcen, bekämpft Lethargie und Resignation usw. Bei all dem kann er aber gar nicht anders, als sich an Modellen zu orientieren, die er in der Gesellschaft vorfindet, ob es sich nun um pädagogische Konzepte, politische Leitbilder, mediale Inszenierungen oder Ratgeberliteratur handelt. Er mag ihnen folgen oder sie verwerfen, in jedem Fall bilden sie das historische Apriori seiner Arbeit an sich selbst.

Wie die Bemächtigung anderer folgt auch die Selbstbemächtigung dem demokratischen Ideal des mündigen Bürgers, der Verantwortung für sich übernimmt und das Gemeinwesen, in dem er lebt, aktiv mitgestaltet. Man kann noch so große Sympathien für dieses Ideal hegen, man kann es als kontrafaktische oder zu-

---

98 Judith Gruber/Edison J. Trickett, »Can We Empower Others? The Paradox of Empowerment in the Governing of an Alternative Public School«, in: *American Journal of Community Psychology*, 15 (1987), S. 353-371, hier: S. 370.

mindest kontraintuitive Unterstellung für unverzichtbar halten, das Telos der Selbstregierung bleibt ein Regierungsprogramm und Empowerment auch als *Selbst*praktik eine *Sozial*technologie. »Demokratische Formen des Regierens«, schreibt Barbara Cruikshank, »sind nicht notwendigerweise mehr oder weniger gefährlich, freiheitlich oder idealistisch als andere. Auch das demokratische Regieren der eigenen Person ist eine Form der Machtausübung – in diesem Fall der Macht über sich selbst. Wie das Regieren überhaupt bewegt sich das Regieren seiner selbst zwischen den Polen der Tyrannei und der absoluten Freiheit. Man kann das eigene Leben oder das anderer gut oder schlecht regieren.«[99] – Den Fallstricken der Macht entgehen auch jene nicht, die allen möglichst viel davon versprechen. Auch Aufrichten ist Zurichten.

---

99 Cruikshank, *The Will to Empower*, S. 2.

4.3 Qualität

> In God we trust – all others have to prove their quality.[1]

Der Begriff Qualität hat einen Doppelsinn. Qualität bedeutet sowohl Beschaffenheit wie gute Beschaffenheit. Die erste Bedeutung ist rein deskriptiv: etwas oder jemand hat irgendwelche Eigenschaften; die zweite Bedeutung ist wertend: die Eigenschaften, die etwas oder jemand besitzt, verleihen ihm eine besondere Wertigkeit. Qualität ist damit objektiv und subjektiv zugleich. Eigenschaften kann man definieren und überprüfen; Wertigkeiten beruhen auf Präferenzurteilen. In beiden Bedeutungen funktioniert Qualität als Differenzmarker. Es sind ihre Eigenschaften, die Dinge, Menschen, Tätigkeiten und Institutionen von anderen Dingen, Menschen, Tätigkeiten und Institutionen unterscheiden. Ebenso unterschiedlich sind die individuellen wie kollektiven Präferenzen. Worauf die einen Wert legen, mag den anderen gleichgültig sein. Im Begriff Qualität amalgamieren Gegebenes wie Aufgegebenes, Tatsachen und Telos: Alles hat irgendwelche Qualitäten; zugleich ist Qualität das, wonach alle suchen. Die erste Bedeutung impliziert, dass Qualität sich auf alles beziehen kann; die zweite Bedeutung ist der Grund dafür, dass sich alle positiv darauf beziehen.

Ökonomisch gesehen ist Qualität sowohl das, was die Waren voneinander unterscheidet, wie auch das, was die eine Ware gegenüber den anderen auszeichnet. Die »ungeheure Warensammlung«, als die nach Marx der gesellschaftliche Reichtum erscheint,[2] ist nicht zuletzt deshalb so ungeheuer, weil die kapitalistische Produktionsweise immer neue Waren mit immer neuen Eigenschaften hervorbringt (Bedeutung eins). Wenn Marx an gleicher Stelle die einzelne Ware als ein Ding definiert, »das durch seine Eigenschaften menschliche Bedürfnisse irgendeiner Art befriedigt«, so wird klar, dass auf dem Markt nur jene Waren Käufer finden, die Interesse wecken und Wertschätzung erfahren (Bedeutung zwei). Der Warenproduzent ist also gehalten, kontinuierlich die Qualität seiner

---

1 Motto der Evaluations Agentur Baden-Württemberg. Stiftung des öffentlichen Rechts, ⟨http://www.evalag.de/evaluationsagentur.htm⟩ (12.04.2005).
2 Karl Marx, *Das Kapital* (1890), Bd. 1, Berlin 1962 (MEW, Bd. 23), S. 49.

Waren zu verbessern und Waren in besserer Qualität zu liefern als die Konkurrenz. (Eine Qualitätsverbesserung in diesem Sinn ist es auch, wenn er die gleiche Ware zu geringeren Kosten oder in kürzerer Zeit herstellt.) Als Gütekriterium dienen dabei ausschließlich die Präferenzen der Kunden; verliehen wird das Qualitätssiegel auf dem Markt: Selbst die seltenste Preziose ist wertlos, solange niemand den geforderten Preis für sie zu zahlen bereit ist. Umgekehrt besitzt auch das Ramschprodukt Qualität, wenn nur das Preis-Leistungs-Verhältnis stimmt und sich Abnehmer finden.

Weil Marktorientierung in diesem Sinne konsequente Qualitätsorientierung verlangt (und umgekehrt), wird unternehmerisches Handeln gleichbedeutend mit Qualitätsmanagement. Wie die Kategorie Qualität der Sache nach zu füllen wäre, lässt sich, nicht anders als die Frage, worin eine unternehmerische Innovation (Schumpeter) oder nutzenoptimierte Reallokation von Ressourcen (Casson) besteht, nur für den konkreten Fall beantworten. Ob es nun um die Struktur-, die Prozess- oder die Ergebnisqualität geht,[3] ob Qualität von einem Ideal aus, von den Eigenschaften eines Produkts, den Anforderungen der Nutzer, den Präferenzen der Käufer oder über das Verhältnis von Grenzkosten und -nutzen bestimmt wird,[4] entscheidend ist stets der Optimierungsimpuls: »Im weitesten Sinn ist Qualität etwas, das verbessert werden kann.«[5] Was genau, das herauszufinden, ist Qualitätsmanagement und macht den Unternehmer zum Unternehmer.

Bedienen kann er sich dabei heutzutage aus einem Fundus an Programmen und Verfahren. Zwei davon, in denen sich der Qualitätsimperativ paradigmatisch verdichtet, werden im Folgenden analysiert: zunächst das Konzept des Total Quality Management, zu dem eine Vielzahl praxisorientierter Lehr- und Handbücher vor-

---

3 So die für das Qualitätsmanagement grundlegende Unterscheidung von Avedis Donabedian, *The Definition of Quality and Approaches to its Assessment*, Ann Arbor, Mich. 1980. *Strukturqualität* bezieht sich auf die Qualität der eingesetzten Produktivfaktoren sowie der Aufbau- und Ablauforganisation; *Prozessqualität* bezieht sich auf die Eigenschaften der Aktivitäten, die zur Erreichung eines bestimmten Zieles beitragen, *Ergebnisqualität* auf das Produkt oder erzielten Zustand.
4 Diese fünf Zugänge zur Definition von Qualität – (1) transzendent, (2) produktbasiert, (3) nutzerbasiert, (4) produktionsbasiert, (5) wertbasiert – unterscheidet David A. Garvin, »What does ›Product Quality‹ Really Mean?«, in: *Sloan Management Review*, 26 (1984), S. 25-43.
5 Masaaki Imai, *Kaizen*, München 1992, S. 31.

liegen. Es verspricht Effizienzsteigerung und Markterfolg für Unternehmen wie für andere Institutionen, wenn diese nur sämtliche Mitglieder entschieden auf unternehmerisches Handeln einschwören. Dazu bündelt und systematisiert das Verfahren Instrumente aus anderen Managementkonzepten; umgekehrt greifen nahezu alle Qualitätssicherungs- und -entwicklungsprogramme auf Bausteine des Total Quality Management zurück. Im Anschluss daran geht es um das 360°-Feedback, ein Verfahren aus dem Bereich des Human Resource Management, das den Einzelnen in ein Regime der Qualitätsverbesserung durch permanente Fremd- und Selbstbeurteilung zwingt.

Total Quality Management

Total Quality Management (TQM) ist, so die in der DIN EN ISO 8402 inzwischen international verbindliche Definition, »eine Führungsmethode einer Organisation, bei welcher Qualität in den Mittelpunkt gestellt wird, welche auf der Mitwirkung aller ihrer Mitglieder beruht und welche auf langfristigen Erfolg durch Zufriedenstellung der Abnehmer und durch Nutzen für die Mitglieder der Organisation und für die Gesellschaft zielt«. Im Unterschied zu älteren Konzepten der Qualitätssicherung, die sich auf Kontroll- und Prüfstrategien im Leistungserstellungsprozess beschränkten und ausschließlich die technisch-funktionale Produktqualität erfassten, erweitert TQM die Qualitätssteuerung auf alle Unternehmensaktivitäten und bezieht neben Produkt und Produktionsprozess auch die gesamte Kommunikation mit den Kunden ein, »von der Werbung über das Verkaufsgespräch und die Produktauslieferung bis zur Rechnungsstellung und gegebenenfalls Reparatur«.[6] Verbunden damit ist eine präventive Ausrichtung, die das

[6] Armin Töpfer/Achim Mehdorn, *Total Quality Management*, Neuwied u. a. 1995, 4. Aufl., S. 10. Zur Geschichte des betrieblichen Qualitätsmanagements vgl. Alan Tuckman, »Ideology, Quality and TQM«, in: Wilkinson/Wilmott (Hg.), *Making Quality Critical*, S. 54-81; Peter Walgenbach, *Die normgerechte Organisation*, Stuttgart 2000; ders./Nikolaus Beck, »Von statistischer Qualitätskontrolle über Qualitätssicherungssysteme hin zum Total Quality Management – Die Institutionalisierung eines neuen Managementkonzepts«, in: *Soziale Welt*, 51 (2000), S. 325-353. Zur Kluft zwischen Programm und Wirklichkeit vgl. aus organisationstheoretischer Perspektive Stefan Kühl, »Paradoxe Effekte und ungewollte Ne-

Augenmerk von der Korrektur von Fehlern auf ihre Vermeidung lenkt. Qualität soll nicht nachträglich hineinkontrolliert, sondern von vornherein produziert werden. Dazu dienen Null-Fehler-Programme, die auf Früherkennung und konsequente Behebung von Schwachstellen zielen. Das Prinzip Vorbeugung erweist sich dabei zugleich als universelles Paradigma: »Nicht erst Energien und Ressourcen verschleudern, sondern zielgerichtet und hochwirksam einsetzen, gilt für die Wertschöpfungskette genauso wie für Überlegungen im Rahmen der Ökologie, für das soziale und politische Umfeld und nicht zuletzt für alle zwischenmenschlichen Beziehungen.«[7] Die Verantwortung für die Qualität von Produkten und Dienstleistungen liegt nicht länger bei einer gesonderten Abteilung für Qualitätskontrolle, jeder Mitarbeiter hat vielmehr in seinem Arbeitsbereich für Mängelvermeidung und Qualitätsverbesserung zu sorgen. Das Qualitätswesen wird zur Stabsfunktion und direkt der Unternehmensleitung unterstellt. Seine Aufgabe verlagert sich auf die Entwicklung und ständige Aktualisierung eines Qualitätsmanagementsystems, die Implementierung geeigneter Werkzeuge sowie die Schulung und Beratung von Führungskräften wie Mitarbeitern. Die Qualitätsspezialisten kontrollieren nicht mehr die Produkte, sondern die Selbstkontrolle der Produzenten.

Maßstab für Qualität ist allein die Zufriedenheit der Kunden. Weil diese aber nicht nur immer neue, sondern auch immer höhere Anforderungen stellen und es ohnehin nichts gibt, was nicht irgendwie noch schneller, kostengünstiger oder auf andere Weise kundenfreundlicher gemacht werden könnte, ist es mit der bloßen Einhaltung von Standards nicht getan. Qualität erhält einen »proaktiven bzw. offensiven Charakter«, sie »ist kein Ziel, sondern ein Prozess, der nie zu Ende ist«, »keine Resultante, sondern Aktionsparameter«.[8] Über objektivierbare Leistungsmerkmale hinaus geht es

benfolgen des Qualitätsmanagements«, in: Hartmut Wächter/Günther Vedder (Hg.), *Qualitätsmanagement in Organisationen. DIN ISO 90000 und TQM auf dem Prüfstand*, Wiesbaden 2001, S. 75-113; Manfred Moldaschl, »Qualitätsmanagement als Spielfeld und Arena: Das mikropolitische Verständnis von Qualitätsmanagement – und seine Grenzen«, ebd., S. 115-138.

7 Regina von Diemer, »Motivation«, in: Walter Masing (Hg.), *Handbuch Qualitätsmanagement*, München/Wien 1994, 3. Aufl., S. 1061-1074, hier: S. 1063.

8 Attila Oess, »Total Quality Management (TQM): Eine ganzheitliche Unternehmensphilosophie«, in: Bernd Stauss (Hg.), *Qualitätsmanagement und Zertifizierung*, Wiesbaden 1994, S. 199-222, hier: S. 201.

um eine von umsichtiger Fürsorglichkeit geprägte Grundhaltung, die das Wort »genug« nicht kennt und bestrebt ist, dem Kunden immer einen Schritt voraus zu sein. Dessen Bedürfnisse sollen erfüllt werden können, noch bevor er selbst sie kennt oder artikuliert. Zusätzlich zur systematischen Abfrage von Kundenwünschen bedarf es daher einer generalisierten »Hermeneutik des Begehrens«, die versteht, was noch gar nicht gesagt wurde, und so den Mangel erst produziert, den zu stillen sie verspricht. Welche Qualitäten die Kundenorientierung dem Einzelnen abverlangt, das verkünden exemplarisch Verhaltensregeln, die der besseren Einprägsamkeit halber bisweilen in ein Akronym verpackt sind: »**C**are *about customers as individuals;* **U**nderstand *their point of view;* **S**erve *their human and business needs;* **T**hank *them for their business;* **O**ffer *to go the extra mile;* **M**anage *their moments of truth,* **E**mpathize *and listen to their concerns;* **R**esolve *problems for them;* **S**ee *customers as the reason for your job*«.[9] Solche Maximen, die in Werkhallen und Büros aushängen, haben die Fabrikordnungen des Disziplinarzeitalters abgelöst. Der imperativische Ton ist geblieben, doch statt Ordnung, Fleiß und Pünktlichkeit avanciert der Dienst am Kunden zur obersten Tugend. Die Abrichtung der Produzenten wird identisch mit ihrer Ausrichtung am Konsumenten. Hatte der Disziplinardiskurs feste Gussformen bereitgestellt, die dem Einzelnen als Modell dienen und in die er sich selbst einpassen sollte, so erzeugt der Mobilisierungsdiskurs des TQM einen Sog, der den Einzelnen mitreißen soll, den Bewegungen der Kundenwünsche zu folgen.

Die Dringlichkeit eines umfassenden Qualitätsmanagements ergibt sich, wie seine Protagonisten mit drohendem Unterton und einer Rhetorik der Dramatisierung nicht müde werden zu betonen, aus der verschärften Wettbewerbssituation. Da nahezu in allen Segmenten das Angebot die Nachfrage übersteigt und die Märkte einem immer rascheren Wandel unterworfen sind, »müssen in immer kürzeren Entwicklungszeiten zu sinkenden Kosten die Kundenanforderungen antizipiert werden, so dass dem Käufer eine ihn begeisternde Qualität angeboten wird«. Qualitätsorientierung wird zur Überlebensfrage, herrscht doch im Kampf um die Kunden ein gnadenloser Kampf ums Dasein, bei dem nur derjenige eine Chance hat, der »kompromisslos in allen Bereichen nach stän-

---

9   Zit. n. Barbara Townley »»Know thyself«: Self-awareness, Self-formation and Managing«, in: *Organization*, 2 (1995), S. 271-289, hier: S. 283.

diger Verbesserung und schließlich der Marktführerschaft«[10] strebt. TQM geht damit über operative Detailoptimierungen hinaus und schließt die strategische Ausrichtung auf konsequente Qualitätspolitik sowie eine entsprechende Reorganisation des Unternehmens ein. Es geht sowohl darum, »die Dinge richtig zu tun«, wie auch darum, immer neu zu prüfen, »ob man die richtigen Dinge tut«.[11] Das Gebot »Quality first!« ist wörtlich zu nehmen: Nicht Senkung der Kosten, sondern Verbesserung der Qualität hat am Anfang zu stehen, postulieren die TQM-Experten, wie in einer Kettenreaktion würden sich dann (und nur dann!) Produktivitätsverbesserung, Kosten- und Preisreduzierung, Steigerung des Marktanteils, Sicherung der Arbeitsplätze und schließlich der Unternehmenserfolg gleichsam von selbst einstellen.

Wenn als ausgemacht gilt, dass der Weg zum Erfolg einzig über die strikte Orientierung an Kundenanforderungen und -erwartungen führt, dann liegt es nahe, diesen Kompass auch zur Optimierung der internen Betriebsabläufe zu nutzen und diese ebenfalls nach dem Modell von Kunden-Lieferanten-Beziehungen zu organisieren. Um als Unternehmen auf dem Markt zu bestehen, soll das Unternehmen auch intern durch Marktmechanismen gesteuert werden. Jede Abteilung, schließlich jeder einzelne Mitarbeiter ist demnach als Kunde der vorgelagerten und als Lieferant der nächstfolgenden Phase in der Wertschöpfungskette anzusehen. Als interne Kunden haben sie das Recht (und die betriebswirtschaftliche Pflicht), ihren Zulieferern gegenüber auf uneingeschränkter Erfüllung der Qualitätsansprüche zu bestehen; als interne Lieferanten sind sie gehalten, ihre Produkte oder Dienstleistungen den Bedürfnissen der Abnehmer anzupassen. Es liegt auf der Hand, dass einer konsequenten Übertragung des Modells Grenzen gesetzt sind. Sie setzte voraus, dass die internen Lieferanten und Kunden sich auch tatsächlich als Verkäufer und Käufer gegenüberständen. Während die einen sich dem Wettbewerb mit externen Konkurrenten stellen müssten, müssten die anderen bei Unzufriedenheit die benötigten Leistungen auch von Anbietern außer Haus beziehen können, was zwar im Rahmen von Outsourcing und Profit-Center-Modellen geschieht, aber in der Regel nicht auf Abteilungsebene

---

10 Rudolf Neumeier, »Qualitätsmanagement für Dienstleister«, unveröffentl. Seminarunterlagen der TÜV Akademie Hessen, 1997.
11 Töpfer/Mehdorn, *Total Quality Management*, S. 10 f.

entschieden, sondern von der Geschäftsleitung angeordnet wird. So dient das Modell in erster Linie dazu, eine veränderte Unternehmenskultur zu etablieren, konkret: die Mitarbeiter aller Ebenen auf unternehmerisches Handeln zu verpflichten. Unternehmen steigern ihre Qualität und damit ihre Wirtschaftlichkeit, lautet die Botschaft des TQM, wenn sie sich in eine Vielzahl von »Unternehmen im Unternehmen« verwandeln. Aus Lohnempfängern sollen Intrapreneure werden, die Verantwortung übernehmen, Engagement zeigen und ihre Arbeitsbereiche entsprechend der internen wie externen Kundenbedürfnisse selbständig optimieren. War die kapitalistische Arbeitsorganisation bislang durch jene gegenläufige Rationalität gekennzeichnet, die Marx auf die Formel »Anarchie der gesellschaftlichen und Despotie der manufakturmäßigen Arbeitsteilung«[12] brachte, so sollen jetzt Produktions- und Zirkulationssphäre auf die gleiche Weise funktionieren und auch die Fabrik nicht länger mittels Autorität und Disziplin, sondern allein durch die Selbststeuerungsmechanismen des Marktes »regiert« werden.

Umgesetzt werden kann das TQM-Programm, das nichts Geringeres als eine »ganzheitliche Unternehmensphilosophie«,[13] wenn nicht gar eine »totale Philosophie«[14] zu sein beansprucht, nur in einem »Top-Down-Prozeß«: Die Geschäftsleitung übernimmt dabei die Rolle des Philosophen-Königs. Sie legt zunächst Leitsätze zur Qualitätspolitik und eine Unternehmensvision fest – beides zusammen ergibt die »Firmenphilosophie«. Zu achten ist dabei auf kurze, prägnante Formulierungen, »mit denen sich jeder identifizieren kann, die einen gewissen sportlichen Ehrgeiz wecken und ein ›Wir-Gefühl‹ erzeugen können«.[15] Aus diesem »Qualitätsgrundgesetz des Unternehmens« leitet sie dann »langfristige und kurzfristige Ziele ab, entwickelt die kurzfristigen Ziele kaskadenförmig über alle Hierarchieebenen und erreicht damit für alle Ebenen die Identifizierung mit der formulierten Politik.«[16] Zugleich gilt für die Führungskräfte die Maxime »Nicht: voll dahinterstehen, sondern:

---

12 Marx, *Das Kapital*, Bd. 1, S. 377.
13 Oess, »Total Quality Management«, S. 199.
14 Vgl. Barbara Townley, »Beyond Good and Evil: Depth and Division in the Management of Human Resources«, in: Alan McKinlay/Ken Starkey (Hg.), *Foucault, Management and Organization Theory*, London 1998, S. 191-210, hier: S. 197.
15 Hans-Ulrich Frehr, *Total Quality Management*, München/Wien 1993, S. 69.
16 Oess, »Total Quality Management«, S. 214.

vorangehen«. Qualität setzt voraus, dass »der verantwortliche Vorgesetzte in seiner persönlichen Arbeit jeden Tag deutlich macht, daß kontinuierliche Qualitätsverbesserung und Kundenorientierung für ihn nicht nur Schlagworte sind, sondern seine eigene Arbeit entscheidend prägen«.[17]

Wenn auch die Schlüsselfunktion des Top-Managements als Initiator und Vorbild allseits hervorgehoben wird, so lässt sich TQM doch keineswegs einfach von oben herab dekretieren. Zwar »gibt es immer Momente, wo Durchsetzungsfähigkeit, Kurzentschlossenheit und autoritäres Erscheinen von Bedeutung ist« (sic!), den Grundprinzipien des TQM entspricht allerdings weit eher ein »partizipativer Führungsstil«,[18] der die Mitarbeiter als Aktivposten, nicht als Kostenfaktor sieht, ihre Eigenverantwortlichkeit und Verbesserungsaktivitäten fördert und sie in die Festlegung operativer Ziele einbezieht. Führen heißt hier nicht kommandieren, sondern mobilisieren. Das Idealbild des Chefs ist der »aktive Mannschaftskapitän«, der selbst Spitzenleistungen bringt, in engem Kontakt zu seinen Mitspielern steht und sie mitreißen kann. Es reicht jedenfalls nicht, »nur am Spielfeldrand zu sitzen und zu schreien und mal einen auszuwechseln, wenn es nicht läuft«.[19]

Die totale Mobilmachung im Zeichen der Qualität verlangt ein Höchstmaß an Motivation; motiviert ist aber nur, so die implizite Psychologie des TQM, wer durch entsprechenden Einsatz seine Bedürfnisse befriedigen kann. Müssen die Produkte und Dienstleistungen den Ansprüchen der externen Abnehmer entsprechen, so die Arbeitsbedingungen den Wünschen der Mitarbeiter. Joseph M. Juran, einer der Gründerväter des Qualitätsmanagements, entwarf in diesem Sinne parallel zu Maslows bekannter Bedürfnishierarchie (physiologische Bedürfnisse, Sicherheits- und Schutzbedürfnisse, soziale Bedürfnisse, Bedürfnis nach Achtung, Bedürfnis nach Selbstverwirklichung)[20] eine Pyramide der Qualitätsmotivatoren: höhere Verdienstmöglichkeiten durch (Qualitäts-)Prämien, Sicherung des Arbeitsplatzes (Erhalt der Wettbewerbssituation durch Qualitätsverbesserungen), Bedürfnis der Mitwirkung in Gruppen,

---

17 Frehr, *Total Quality Management*, S. 27, 25.
18 Diemer, »Motivation«, S. 1070.
19 Herbert Henzler, Chairman der McKinsey Corp., zit. nach Frehr, *Total Quality Management*, S. 32.
20 Abraham H. Maslow, *Motivation und Persönlichkeit*, Reinbek 1981, S. 62 ff.

Anerkennung durch (Qualitäts-)Auszeichnungen, Möglichkeit der Partizipation.[21]

Der anthropologischen Fundierung des Mitarbeiter-Kunden als Wesen mit Bedürfnissen, die in feststehender Rangfolge vom Materiellen zum Geistigen aufsteigen und entsprechend identifiziert und befriedigt werden wollen, liegt ein pastorales Modell der Menschenführung[22] zugrunde: Der Qualitätsmanager figuriert als »guter Hirte«; er weiß (oder weiß, wie er herausfinden kann), was die ihm anvertrauten »Schäfchen« brauchen, und ist stets auf ihr Wohl bedacht, auf dass keines verloren gehe. Durch diese gleichermaßen auf den Einzelnen wie auf die gesamte »Herde« gerichtete Sorge versichert er sich ihrer Loyalität, steigert ihre Leistungen und vermag sie in fruchtbare Weidegründe zu führen. Weil Bedürfnisse aber immer nur vorübergehend oder partiell gestillt werden können, erweist sich das pastorale Projekt der Befriedung durch Befriedigung als Sisyphusarbeit.

Neu ist an einem solchen Führungsmodell weniger der Vorrang von Empowerment- gegenüber repressiven Strategien als vielmehr dessen Begründung, die wiederum die Differenzen zwischen Innen- und Außenbeziehungen verschwimmen lässt: Weil Qualität gleichbedeutend mit Kundenzufriedenheit und auch *im* Unternehmen einer des anderen Kunde ist, erscheinen Mitarbeiter- und Kundenorientierung als zwei Seiten der gleichen Medaille. Als Grundregel gilt: Das Management sollte sich gegenüber den Mitarbeitern so verhalten, wie es erwartet, dass diese sich gegenüber den externen Abnehmern verhalten. Die gleiche Überzeugungs- und Verführungskraft, mit der potenzielle Käufer von Produkten oder Dienstleistungen umworben werden, ist darauf zu verwenden, die Mitarbeiter für die Unternehmensziele zu gewinnen. Was die – gemessen an den Auflagen ihrer Bücher – wohl bekanntesten Management-Gurus Tom J. Peters und Robert H. Waterman als Kennzeichen »exzellenter Unternehmen« anführen, ist auch das Credo der Jünger des TQM: »Sie bieten ihren Mitarbeitern nicht nur Geld, sondern auch ein gewisses Zugehörigkeitsgefühl, nicht

---

21 Zit. n. Rolf Schildknecht, *Total Quality Management*, Frankfurt/M./New York 1992, S. 156.
22 Vgl. Michel Foucault, »Omnes et singulatim. Zu einer Kritik der politischen Vernunft«, in: Joseph Vogl (Hg.), *Gemeinschaften. Positionen zu einer Philosophie des Politischen*, Frankfurt/M. 1994, S. 65-93.

nur Selbstbestätigung, sondern auch eine ›Mission‹. Jeder wird zum Pionier, macht Experimente, übernimmt Führungsaufgaben. Das Unternehmen vermittelt das Leitmotiv und schafft ein Klima der Begeisterung, das Gefühl, zu den Besten zu gehören, das Gefühl, selbst an anerkannter Qualität mitzuwirken. Auf diese Weise gibt jeder sein Bestes.«[23] Auch das im Rahmen des TQM reaktivierte Konzept der Führung durch Zielvereinbarung[24] bemüht die Semantik des internen Kunden, allerdings mit vertauschten Rollen, und konstruiert die Beziehungen zwischen Unternehmensleitung und Mitarbeitern nach dem Muster eines Kaufvertrags. Beide Seiten stehen sich demnach wie gleichberechtigte Geschäftspartner gegenüber und handeln verbindliche Leistungen und Lieferfristen aus. Die diskursive Verwandlung von Vorgesetzten und Untergebenen in interne Kunden und Lieferanten überführt so die Asymmetrie innerbetrieblicher Machtrelationen (und erst recht die antagonistische Rhetorik des Klassenkampfs) in eine *Win-win*-Situation gleichgerichteter Interessen.

Grundlegend für die Strategien der Motivierung ist eine fundamentale Umwertung der Subjektivität der Arbeitenden: Diese gilt nicht mehr, wie im Zeitalter der tayloristischen Produktionsweise, »als Störgröße, die die rigide Kontrolle betrieblicher Prozesse auf der Basis wissenschaftlichen Managementwissens erforderte«; vielmehr werden, zumindest dem Anspruch nach, die individuellen Selbstentwürfe und Selbstverwirklichungsansprüche aktiviert und gezielt zur Prozessoptimierung nutzbar gemacht. Markierte die Subjektivität in den traditionellen gewerkschaftlichen oder linksradikalen Diskursen den Ausgangspunkt des Widerstands gegen »entfremdende« Arbeitsverhältnisse, so machen Managementkonzepte wie das TQM daraus eine sozialtechnologisch zu erschließende Ressource. »Die soziale und kommunikative Dimension des Arbeitshandelns wird explizit in die Neudefinition der Arbeitsaufgabe einbezogen. Selbstgesteuerte Gruppenarbeit macht Engagement und Beteiligung zur Pflicht. Für die arbeitenden Subjekte werden radikal veränderte Selbstdarstellungsnormen verbindlich. Sie können sich nicht länger legitim als Spielball von Prozessen, als Opfer

---

23 Peters/Waterman, *Auf der Suche nach Spitzenleistungen*, S. 368.
24 Vgl. z. B. Rolf Bühner, *Der Mitarbeiter im Total Quality Management*, Stuttgart 1993, S. 137 ff.; Frehr, *Total Quality Management*, S. 37 f.; Töpfer/Mehdorn, *Total Quality Management*, S. 151.

oder Betroffene darstellen, sondern müssen sich – wenn sie sich nicht selbst von vornherein auf der ›Verliererseite‹ verorten wollen – zeitgemäß als autonom agierende Subjekte präsentieren.«[25] »Arbeiterautonomie«, noch in den 60er- und 70er-Jahren eine klassenkämpferische Parole, die Fabrikbesetzer und Streikkomitees auf ihre Fahnen schrieben, hat den Ruch des Subversiven eingebüßt und ist zum Rationalisierungsinstrument mutiert – freilich nicht ohne die geforderte Selbstbestimmung auf die Verinnerlichung jener Marktmechanismen zu verengen, deren Herrschaft der Kampf um Autonomie einmal brechen sollte.

Entrepreneurship als Basistugend und durchgängiges Organisationsprinzip ist nicht zu haben ohne Verlagerung von Verantwortung auf die Mitarbeiter. Die konkreten Handlungsspielräume variieren allerdings je nach Tätigkeit: Ein Montagearbeiter hat weniger Gestaltungsmöglichkeiten als ein Techniker in der Entwicklungsabteilung, eine Kassiererin weniger als eine Kundenberaterin. Die proklamierte Freiheit und Verantwortung markieren denn auch keineswegs das Ende der innerbetrieblichen Disziplinierung. TQM etabliert vielmehr eine Regierungstechnologie, die von Kontingenzbegrenzung auf Kontingenzsteigerung und -nutzung umschaltet und den Markterfolg zum kategorischen Imperativ erhebt. In dem Maße, in dem es gelingt, dieses »moralische Gesetz« in jedem Einzelnen zu verankern, werden die traditionellen Mechanismen des Überwachens und Strafens entbehrlich. Bei allem Bemühen um Einbindung der Mitarbeiter – TQM ist ein Programm zur Qualitäts- und damit Rentabilitätssteigerung und an der Zufriedenheit der Mitarbeiter nur insofern interessiert, als diese ihre Leistungsbereitschaft fördert. Entscheidend ist nicht die Befriedigung von Selbstverwirklichungsansprüchen, sondern die Verinnerlichung des Qualitätspostulats: »TQM verlangt von den Mitarbeitern, selbstverantwortlich für die ›Qualität‹ ihrer individuellen Leistungen zu sorgen und zugleich Formen der Überwachung zu akzeptieren und zu verinnerlichen, die ihre Tätigkeiten und ihr Engagement kontrollieren.«[26]

Damit Mitarbeiter unternehmerisch, d.h. kreativ, innovativ, kundenorientiert usw. handeln können, bedarf es einer Atmosphä-

---

25 Kocyba, »Das aktivierte Subjekt«.
26 Adrian Wilkinson/Hugh Wilmott, »Introduction«, in: dies. (Hg.), *Making Quality Critical*, S. 1-32, hier: S. 9.

re, die nicht das Festhalten an Gewohntem, sondern dessen Infragestellung belohnt. »Jeder hat die Pflicht, *initiativ* zu werden«, lautet entsprechend eine der Handlungsmaximen in den Führungsrichtlinien von BMW.[27] Wenn uneingeschränkte Flexibilität gefordert ist, um den Marktbewegungen folgen oder sie gar vorauseilend antizipieren zu können, muss eine expertengesteuerte Reglementierung, wie sie die tayloristische Arbeitsorganisation gekennzeichnet hatte, kontraproduktiv erscheinen. Sicher kommt auch ein nach den Prinzipien des TQM geführtes Unternehmen nicht ohne eine Vielzahl standardisierter Abläufe aus und muss seinen Mitarbeitern ein hohes Maß an Verhaltensnormierung abverlangen, entscheidend ist jedoch nicht die (Selbst-)Anpassung an ein statisches, wenn auch regelmäßig erhöhtes Produktivitätssoll, sondern die Fähigkeit, auf ein festgelegtes Ziel hin sachgerecht zu improvisieren. An die Stelle kontinuierlich verbesserter Normerfüllung setzt TQM die Norm der kontinuierlichen Verbesserung.

Das Schlagwort dafür heißt Kaizen, die japanische Vokabel für Verbesserung. Als »Schlüssel zum Erfolg der Japaner im Wettbewerb« angepriesen,[28] greift Kaizen ältere Konzepte wie das betriebliche Vorschlagswesen und die Qualitätszirkel auf und systematisiert sie zu einer umfassenden Strategie. In der einschlägigen Literatur firmiert Kaizen teils als Element des TQM, teils als eigenständiges Managementmodell. Vorrang hat die Optimierung der Arbeitsprozesse, nicht der Ergebnisse. Im Gegensatz zum westlichen Verständnis, das unter Innovationen einschneidende Neuerungen insbesondere auf technologischer Ebene versteht, die von einem kleinen Kreis von Protagonisten eingeleitet werden und in der Regel mit erheblichen Investitionen verbunden sind, ist Kaizen jedermanns Alltagsgeschäft und setzt nicht auf große Sprünge, sondern auf kleine Schritte. Um die Suche nach Verbesserungsmöglichkeiten habituell werden zu lassen, bedarf es insbesondere einer veränderten Einstellung gegenüber Fehlern: Zu deren effizienter Prävention taugt das juridische Schema der Suche nach dem Schuldigen und seiner Bestrafung ebenso wenig wie der christliche Dreischritt von Bekenntnis, Reue und Vergebung. Kontinuierliche Verbesserungsprozesse erfordern vielmehr eine von jeglicher Mo-

---

27 Zit. n. Bühner, *Der Mitarbeiter im Total Quality Management*, S. 136.
28 So der Untertitel von *Kaizen*, des programmatischen Bestsellers von Imai.

ralisierung freie, allein auf die Sache gehende Diagnostik. Fehler müssen ohne Angst vor Sanktionen offen gelegt werden können, um ihre Ursachen zu untersuchen und abzustellen. Jeder Missstand wird so zum Ansatzpunkt, um künftige zu vermeiden. Aus dieser Kultur der Funktionalität sowie aus der als »Demokratisierung der Basis«[29] angepriesenen Förderung von Kleingruppenaktivitäten, die das Herzstück der Verbesserungspolitik ausmachen, gewinnt Kaizen seine pazifizierende Kraft. Aus »Feinden« werden »Verbündete«,[30] die sich bereitwillig dem zwanglosen Zwang der besseren Qualität beugen: »Wenn ein Management die Produktivität im Unternehmen steigern will, wird der Betriebsrat fragen: ›Warum denn eigentlich? Das heißt doch im Grunde nur, dass wir härter arbeiten müssen. Was ist für uns dabei drin?‹ Gegen Qualität kann jedoch niemand etwas haben, auch nicht der Betriebsrat. Sie ist der einzige Weg zur Erhaltung der Wettbewerbsfähigkeit und zum Erreichen der Kundenzufriedenheit. Bemühungen um verbesserte Qualität führen von selbst auch zu verbesserter Produktivität.«[31] Zu diesem Zweck liefert Kaizen ein Arsenal praktischer Werkzeuge. Dabei handelt es insbesondere um einfache, d. h. mit geringem Trainings- und Zeitaufwand handhabbare Instrumente zur statistischen Fehleranalyse und zur Visualisierung von Ursache-Wirkungs-Zusammenhängen.[32] Mit ihrer Hilfe können Arbeitsgruppen oder Verbesserungsteams Schwachstellen autonom erkennen und beheben. Die auf diese Weise erzielten Effekte »sind zwar meistens auf den ersten Blick kaum sichtbar, wenig dramatisch und oft klein, ja winzig, jedoch stellen sich am Ende kumuliert ganz beträchtliche und spektakuläre Ergebnisse ein«.[33]

Qualitätsmanagement erschöpft sich nicht in den Motivierungsdiskursen von Kundenorientierung, allseitiger Bedürfnisbefriedigung und kontinuierlicher Verbesserung. Der Mobilmachung des unternehmerischen Selbst durch eine Rhetorik des Empowerment

---

29 Ebd., S. 214.
30 »Arbeitgeber und Arbeitnehmer – Feinde oder Verbündete?«, lautet eine mit rhetorischem Fragezeichen versehene Kapitelüberschrift in Imais Kaizen-Bibel, ebd., S. 209.
31 Ebd., S. 130.
32 Zu den »Sieben Statistischen Werkzeugen« und den »Neuen Sieben« vgl. ebd., S. 281 ff.; Jochen P. Sondermann, »Instrumente des Total Quality Management«, in: Stauss, *Qualitätsmanagement*, S. 223-253, hier: 227 ff.
33 Oess, »Total Quality Management«, S. 208.

(der allzu oft die Erfahrung intensivierter, entgrenzter Arbeitsbelastung gegenübersteht) korrespondieren die Anstrengungen, es im Wortsinn berechenbar zu machen. Zum nahezu universell einsetzbaren Dispositiv wird TQM erst durch die Kopplung mit standardisierten Verfahren zur Qualitätsplanung, -lenkung und -kontrolle, wie sie beispielsweise in der Normenreihe DIN EN ISO 9000 bis 9004 festgelegt sind.[34] Dieses Regelwerk, das inzwischen in produzierenden Betrieben und in Dienstleistungsunternehmen, in öffentlichen Verwaltungen und in Nichtregierungsorganisationen Anwendung findet, schreibt ein einheitliches Aufbau- und Ablaufmodell für die Durchführung von Qualitätssicherungsmaßnahmen vor. Dessen Implementierung wird in regelmäßigen Abständen durch externe Auditoren überprüft und bildet die Voraussetzung für die Erteilung eines Zertifikats, das der entsprechenden Organisation bescheinigt, Vorkehrungen zur Sicherstellung gleich bleibender Qualität getroffen zu haben. Das wichtigste Instrument dazu stellt ein Handbuch dar, das die Qualitätsgrundsätze und -ziele festhält, die Organisationsstruktur und Zuständigkeiten regelt sowie für alle Abläufe spezifische Verfahren aufführt, welche die Einhaltung der aufgestellten Qualitätsstandards garantieren sollen. Für den Aufbau des Handbuchs gibt DIN EN ISO 9001 eine Abfolge von zwanzig branchen- und betriebsgrößenunabhängigen Qualitätselementen vor, die mit »(1) Verantwortung der obersten Leitung« beginnt und mit »(20) Statistische Methoden« schließt und der Qualitätssicherung ein verbindliches Ordnungsschema unterlegt. Grundgedanke des Systems ist das Prinzip der Rückverfolgbarkeit: Um Mängel und Abweichungen entdecken und sie künftig vermeiden zu können, müssen alle Prozesse lückenlos dokumentiert werden. Fester Bestandteil des Handbuchs sind deshalb eine je nach Komplexität der Organisation mehr oder minder große Zahl von Formblättern, wobei wiederum detailliert festgelegt ist, wer welche Dokumente auszufüllen, wer sie auszuwerten hat und wie sie zusammengetragen und verwaltet werden sollen. Vorgeschrieben sind außerdem periodische, den externen vorgeschaltete interne Audits.

34 Vgl. dazu aus der Fülle einschlägiger Handbücher Winfried Glaap, *ISO 9000 leichtgemacht*, München 1993; Jörg-Peter Brauner/Ernst Ulrich Kühme, *DIN EN ISO 9000-9004 umsetzen*, München/Wien 1996; Peter Jackson/David Ashton, *ISO 9000. Der Weg zur Zertifizierung*, Landsberg/Lech 1993.

Die Zertifikate – in manchem Betrieb haben sie bereits den Meisterbrief als Wandschmuck abgelöst – lassen sich nicht nur als zusätzliches Marketinginstrument nutzen, sondern sind in vielen Bereichen inzwischen obligatorisch: Zahlreiche Unternehmen arbeiten schon aus produkthaftungsrechtlichen Gründen nur noch mit Zulieferern zusammen, die das Gütesiegel vorweisen können, und zulassungspflichtige Produkte, etwa medizintechnische Geräte, dürfen nur dann in den Verkauf gelangen, wenn ihre Hersteller ein zertifiziertes Qualitätsmanagementsystem eingeführt haben. Doch auch in ganz anderen Feldern hat die normierte Qualitätspolitik inzwischen Einzug gehalten: So können Krankenhäuser, Rehabilitationszentren oder ambulante Pflegedienste nur dann mit den Krankenversicherungen beziehungsweise der Pflegeversicherung abrechnen, erhalten soziale Einrichtungen nur dann Mittel der öffentlichen Hand, wenn sie standardisierte »Produktbeschreibungen« vorlegen und ihre Maßnahmen zur Qualitätssicherung dokumentieren. Von der Zertifizierung lebt inzwischen eine ganze Industrie, und die Qualitätsexperten sind längst zur übergeordneten gesellschaftlichen Kontrollinstanz avanciert.[35] Ihren Inspektionen kann sich kaum ein Unternehmen, kaum eine Behörde oder nicht-staatliche Institution mehr entziehen. Mit ihrer umfassenden Dokumentationspflicht und ihren Prüfritualen etabliert die Normenreihe DIN EN ISO 9000 ff. ein geradezu panoptisches Modell der Kontrolle, das selbst hochkomplexe, unter Umständen zeitlich und räumlich weit auseinander liegende Betriebsprozesse einer Ordnung der Sichtbarkeit zu unterwerfen vermag, weil der kontrollierende Blick sich auf Beobachtungen zweiter Ordnung konzentriert. Die Qualitätssicherung bezieht sich nur noch mittelbar auf Tätigkeiten und Produkte, vielmehr werden Prüfverfahren geprüft und die Maßnahmen zur Einhaltung von Standards standardisiert. Als Labor für diese gleichermaßen normenden, normierenden und normalisierenden Praktiken fungierte eine Institution, die schon bei den »klassischen« Disziplinartechnologien eine Vorreiterrolle eingenommen hatte: das Militär. Die ersten Qualitätssicherungsnormen finden sich in den Anforderungskatalogen, welche die

---

35 Michael Power, *The Audit Explosion*, London 1994; ders., »The audit society«, in: Anthony G. Hopwood/Peter Miller (Hg.), *Accounting as Social and Institutional Practice*, Cambridge 1994, S. 299-316; ders., *The Audit Society. Rituals of Verification*, Oxford 1997.

amerikanischen und britischen Streitkräfte für Lieferanten von Rüstungsgütern aufstellten.[36]

Das militärisch-technische Vereinheitlichungs- und Kontrollstreben lässt sich jedoch nicht bruchlos mit den Postulaten einer umfassenden Qualitätspolitik zur Deckung bringen. Wenn DIN EN ISO 9000 ff. auch vielfach als Bestandteil von TQM angesehen wird, folgt die Normenreihe in wesentlichen Punkten doch einer disparaten Logik.[37] Schon der erhebliche Verwaltungsaufwand, der mit einer Zertifizierung verbunden ist, steht im Widerspruch zur antibürokratischen Stoßrichtung des TQM, das Reglementierungen durch die Selbstregulationsmechanismen des Marktes ersetzen will. Wichtiger ist noch, dass ein bestandenes Audit nicht die Gebrauchseignung und Kundenfreundlichkeit der Produkte oder Dienstleistungen garantiert, sondern lediglich die korrekte Anwendung von Verfahren zur Sicherung selbstgesetzter Standards, die sich mit den Bedürfnissen der Abnehmer decken können, aber nicht müssen. Eine Bildungsstätte beispielsweise »erhält auch dann das ersehnte Zertifikat, wenn sie nur regelmäßig und zuverlässig kontrolliert, ob ihr schlechter Service noch immer so schlecht ist wie einmal festgelegt«.[38] Aus der Perspektive des TQM reicht eine Qualitätssicherung nach DIN EN ISO 9000 ff. daher keinesfalls aus; aber eingebettet in eine Kultur der Kundenorientierung kann die defensive Sicherung des Status quo ein Fundament legen, auf das die offensiven Strategien der Qualitätsverbesserung aufbauen können. Beide treffen sich zudem in ihrer präventiven Ausrichtung und bedienen sich teilweise der gleichen Instrumente: So gehört, unabhängig von der Frage der Zertifizierung, die Fehlermöglichkeits- und Einfluss-Analyse, eine formalisierte »Methode zur systematischen und umfassenden Erfassung und Darstellung möglicher Risiken, Probleme und Fehler bei Produkten, Fertigungs- und Geschäftsprozessen«,[39] zu den Basiswerkzeugen eines jeden Qualitätsmanagements.

36 Peter Dilg, *Praktisches Qualitätsmanagement in der Informationstechnologie*, München/Wien 1995, S. 65 ff.
37 Für eine Gegenüberstellung vgl. Alexander Verbeck, *TQM versus QM. Wie Unternehmen sich richtig entscheiden*, Zürich 1998.
38 Maja Heiner, »Evaluation zwischen Qualifizierung, Qualitätsentwicklung und Qualitätssicherung«, in: dies. (Hg.), *Qualitätsentwicklung durch Evaluation*, Freiburg 1996, S. 20-47, hier: S. 26.
39 Sondermann, »Instrumente«, S. 244.

Obwohl sich die Prüfung auf die Ebene der Verfahren verlagert, bleibt das Norm(alitäts)verständnis des Regelwerks der DIN EN ISO 9000 ff. statisch und reduziert auf die Unterscheidung »bestanden – nicht bestanden«. Das Zertifikat wird erteilt oder eben nicht. Eine flexiblere und zugleich dynamische Form der Qualitätsmessung bildet der Leistungsvergleich mit anderen Unternehmen oder zwischen verschiedenen Abteilungen und Mitarbeitern des gleichen Unternehmens, wie er im Rahmen des TQM als Benchmarking[40] oder Ausschreibung von Qualitätspreisen stattfindet. Als Maßstab dienen hier nicht feste Standards (und erst recht nicht der statistische Durchschnitt), sondern die jeweils Besten, was der Prüfung den Charakter eines sportlichen Wettkampfs verleiht und eine Jagd nach immer neuen Rekorden auslöst.[41] So ist es das Ziel des Benchmarking, »in jeder Disziplin die jeweils beste Leistung eines der Konkurrenten zu ermitteln, sie zu beschreiben, zu quantifizieren und festzustellen, wodurch sich diese Bestleistung auszeichnet. [...] Dieses Best-Profil ist die Vorgabe für das eigene Unternehmen, die zu erreichen und möglichst zu übertreffen ist. Das Übertreffen ist notwendig, da auch die Mitbewerber ständig an der Verbesserung ihrer Stärken und an der Beseitigung ihrer Schwächen arbeiten.«[42] Der Vergleich mit den »Besten der Besten« anhand festgelegter Leistungsindikatoren operationalisiert die Ursachen ihres Erfolgs und soll auf diese Weise nicht nur den Ehrgeiz wecken, sondern auch konkrete Verbesserungsschritte aufzeigen, um selbst Spitzenleistungen zu erbringen und letztlich zum Marktführer aufzusteigen. Nicht jede Provinzmannschaft kann freilich in der Champions League spielen, und so ist es schon um der Vergleichbarkeit willen sinnvoll, sich zunächst mit den Tabellenführern der eigenen Klasse zu messen. Allerdings ist beim Benchmarking Bescheidenheit keine Zier, sondern Kapitulation vor der Konkurrenz. Die globalisierte *The-Winner-takes-it-all*-Ökonomie lässt keinen Platz für ein selbstgenügsames Nischendasein oder eine lediglich lokale Vormachtstel-

---

40 Vgl. einführend Bengt Karlöf/Svante Östblom, *Das Benchmarking Konzept. Wegweiser zur Spitzenleistung in Qualität und Produktivität*, München 1994; sowie zur Implementierung des Konzepts Kai Mertins/Gunnar Siebert/Stefan Kempf (Hg.), *Benchmarking. Praxis in deutschen Unternehmen*, Berlin u. a. 1995.

41 Diese gegenläufigen Strategien entsprechen Jürgen Links Unterscheidung zwischen »Protonormalismus« und »flexiblem Normalismus«, vgl. Link, *Versuch über den Normalismus*.

42 Frehr, *Total Quality Management*, S. 205.

lung: »Kurzfristig mag es für ein Unternehmen ausreichen, besser als seine Wettbewerber zu sein. Mittel- bis langfristig können jedoch nur Weltklasseunternehmen der Maßstab sein.«[43] Weil die eigene Position im Qualitätsranking immer nur relational zu jener der Mitbewerber bestimmt wird, hört der Zwang zur Leistungssteigerung niemals auf. Wer nicht Erster ist, muss alles daransetzen, um nach oben zu kommen; wer an der Spitze steht, muss alles tun, um dort zu bleiben.

Benchmarking beruht auf der Imitation erfolgreicher Verhaltensmuster. Individuen wie Organisationen sollen, so das Prinzip, den Erfolgreichsten die Rezepte abschauen, denen diese ihren Erfolg verdanken. Doch wenn alle den gleichen Rezepten folgen, verschwindet der Abstand und damit der Erfolg. Das Paradox des Benchmarking liegt darin, dass seine Wirkung in dem Maße abnimmt, in dem die Zahl der Nutzer des Konzepts steigt. Die Nachahmer lernen immer das Falsche, weil das optimale Verfahren von heute schon morgen zur Standardlösung geworden ist und eben keinen Wettbewerbsvorteil mehr garantiert. Für die Protagonisten des Benchmarking spricht das nicht gegen das Konzept, sondern nur dafür, den Leistungsvergleich auf Dauer zu stellen: »Ein erfolgreiches Benchmarking darf keine einmalige Angelegenheit sein. Benchmarking kann seine volle Wirkungskraft nur durch wiederholte Anwendung erzielen.«[44]

Verlangt schon das Benchmarking olympische Tugenden, so werden bei dem von der European Foundation for Quality Management vergebenen European Quality Award oder seinem amerikanischen Pendant, dem Malcolm Baldridge National Quality Award, tatsächlich Medaillen verliehen. Firmen, die sich auf diese Preise bewerben, werden von einer unabhängigen Jury nach Kriterien beurteilt, deren Zusammenstellung und relative Gewichtung die Prioritätensetzung der Qualitätsspezialisten deutlich macht. So schlagen beim europäischen Qualitätspreis die Unternehmensführung mit 10 Prozent, Politik und Strategie mit 8 Prozent, die Mitarbeiterführung mit 9 Prozent, Ressourcen mit 9 Prozent, Prozesse mit 14 Prozent, die Kundenzufriedenheit mit 20 Prozent, die

43 Werner Kreuz, »Benchmarking: Voraussetzung für den Erfolg von TQM«, in: Achim Töpfer/Armin Mehdorn (Hg.), *Besser – Schneller – Schlanker. TQM-Konzepte in der Unternehmenspraxis*, Neuwied u. a. 1994, S. 83-108, hier: S. 86.
44 Karlöf/Östblom, *Das Benchmarking-Konzept*, S. 192.

Mitarbeiterzufriedenheit mit 9 Prozent, die Auswirkungen auf die Gesellschaft mit 6 Prozent und die Geschäftsergebnisse mit 15 Prozent zu Buche. Die Finalisten der jährlichen Ausscheidungen haben ihre Leistungen dann noch bei einer Betriebsbesichtigung unter Beweis zu stellen, bevor die Juroren die Gewinner der Qualitätsmedaillen bestimmen. Der Beste aus ihrem Kreis erhält schließlich als »erfolgreichster Repräsentant des Total Quality Management in Westeuropa« den European Quality Award. Die Nachahmung von Ritualen des Leistungssports – »Die Trophäe, in die der Name des Gewinners eingraviert wird, darf von ihm für ein Jahr behalten werden«[45] – mag genauso infantil erscheinen wie die Einrichtung eines betriebsinternen Guinnessbuchs der Rekorde oder die Wahl zum »Mitarbeiter des Monats«,[46] und es entbehrt auch nicht der Ironie, wenn ausgerechnet entschiedene Verfechter der Marktwirtschaft Musterbetriebe küren, wie es weiland die Planbehörden im »realexistierenden Sozialismus« vorgemacht haben. Die Prämierungen zeigen jedoch, dass es offensichtlich auch symbolischer Anreize bedarf, um dem Dauerdruck des Wettbewerbs standzuhalten. Vor allem stellen die Initiatoren der Qualitätspreise aber einen Kriterienkatalog bereit, der »als Grundlage für die Analyse des Istzustandes und die Entwicklung zielorientierter Maßnahmen dienen kann«[47] und in diesem Sinne auch von Unternehmen genutzt wird, die TQM implementieren beziehungsweise ihr TQM-Programm verbessern wollen, ohne sich am Kampf um Medaillen zu beteiligen.

Benchmarking und Qualitätswettbewerbe treiben nur auf die Spitze, was als Axiom aller TQM-Praktiken gelten kann: Kontinuierliche Qualitätsverbesserung verlangt kontinuierliche Leistungsmessung. Unternehmen (oder von diesen beauftragte Beratungsfirmen) sind beständig damit beschäftigt, Fehlerquoten, Umlaufzeiten, Stückzahlen, Umsatzraten usw., aber auch Kunden- und Mitarbeiterzufriedenheit sowie individuelle Leistungsprofile zu erheben, die erhobenen Daten zu quantifizieren und in eine Rangliste mit Vergleichswerten zu bringen, um daraus differenzierte Op-

---

45 Vincent Ellis, »Der European Quality Award«, in: Stauss (Hg.), *Qualitätsmanagement und Zertifizierung*, S. 277-296, hier: 281.

46 Vgl. Imai, *Kaizen*, S. 212.

47 Bernd Stauss/Eberhard E. Scheuing, »Der Malcolm Baldridge National Quality Award und seine Bedeutung als Managementkonzept«, in: Stauss (Hg.), *Qualitätsmanagement und Zertifizierung*, S. 303-332, hier: S. 306.

timierungsschritte abzuleiten. Dem liegt die Überzeugung zugrunde, dass alle Aktivitäten als Prozesse aufgefasst und ihre Inputs wie Outputs, sofern nur präzise definiert und regelmäßig überprüft, kalkulierbar gemacht werden können.[48] Statistische Kontrollen der Arbeitsabläufe, Kunden- und Mitarbeiterbefragungen sowie andere Monitoring- und Messinstrumente fungieren dabei als Rückkopplungsschleifen und liefern die für eine flexible Prozesssteuerung benötigten Informationen. Weil diese rasch veralten, muss das Feedback selbst als kontinuierlicher Prozess organisiert werden. Besonders bei Kundenbefragungen ist dabei ein Kompromiss zwischen der Aussagekraft der Daten und dem Erhebungsaufwand zu suchen, schließlich sollen die Geschäftspartner nicht durch seitenlange Fragebögen oder zeitraubende Telefoninterviews verärgert werden. Anstelle von Totalerhebungen empfehlen sich deshalb randomisierte Stichproben; bei der Erstellung der Fragebögen ist Selbstbeschränkung geboten: »Mit 10 bis 17 Fragen und skalierten Antwortmöglichkeiten lassen sich die wesentlichen Aspekte der Kundenbeziehung fast immer vollständig ausleuchten.«[49]

Der unermüdliche Wille zum Wissen schlägt bisweilen seltsame Kapriolen: So loben die Autoren eines amerikanischen Bestsellers mit dem Titel *Der innovative Staat* – Untertitel: *Mit Unternehmergeist zur Verwaltung der Zukunft* – die Polizeibehörde von Madison für ihre vorbildliche Umsetzung der »Total-Quality-Methode«, weil diese seit 1987 Fragebögen an jede fünfzigste Person verschickt, die mit ihr in Berührung kam: »Verbrechensopfer, Zeugen, Beschwerdeführer oder Kriminelle. […] Jeden Monat erhalten mehr als 200 Leute den Fragebogen, dem ein frankierter Rückumschlag beiliegt. Sie sollen die Beamten, mit denen sie Kontakt hatten, in sieben Punkten beurteilen: Anteilnahme; Hilfsbereitschaft; Wissen; Qualität der Dienstleistung; professionelles Verhalten; wie gut sie das Problem gelöst haben; und ob sie die Spannung aus der Situation genommen haben. Sie können den Beamten als ›hervorragend‹, ›gut‹, ›passabel‹, ›schlecht‹ oder ›sehr schlecht‹ bewerten. Zuletzt wird gefragt: ›Wie können wir die Qualität unseres Dienstes in

---

48 Vgl. Townley, »Between Good and Evil«, S. 196 ff.
49 Fritz Brandes, »Profitabler werden mit zufriedenen Kunden«, in: *Frankfurter Allgemeine Zeitung*, Blick durch die Wirtschaft, 06.05.1998, vgl. auch Armin Töpfer (Hg.), *Kundenzufriedenheit – Messen und Steigern*, Neuwied u. a. 1999.

Zukunft verbessern?«"[50] – Die Kundenorientierung erhält einen ganz eigenen Sinn, wenn man sich einen Drogendealer oder Einbrecher vorstellt, der darüber sinniert, ob die Polizisten bei seiner Festnahme eher »passabel« oder »schlecht« vorgegangen sind, und anschließend notiert, beim nächsten Mal hätte er gern Kaffee und Zigaretten zum Verhör.

Das Beispiel, so skurril es ist, macht deutlich, dass mit der »Kundenzufriedenheit« zugleich die »Servicequalität« der Mitarbeiter gemessen wird. Umgekehrt gilt als ausgemacht, dass nur zufriedene Mitarbeiter für zufriedene Kunden sorgen, was es sinnvoll erscheinen lässt, neben dem externen auch ein internes Zufriedenheitsbarometer aufzustellen. Und weil im Rahmen durchgängiger Kunden-Lieferanten-Beziehungen die Bedürfnisbefriedigung des einen stets den Maßstab für die Leistung des anderen abgibt, fallen dabei wiederum Zufriedenheitsmessung und Leistungsbeurteilung zusammen. So zielen Mitarbeiterbefragungen nicht nur auf das Betriebsklima und die Arbeitszufriedenheit, sondern damit zugleich auch auf die Führungsqualität des Managements. Letzteres hat sich zudem häufig noch einem gesonderten Vorgesetztenaudit zu unterziehen, das Fremd- und Selbstbeurteilung integriert: »Zunächst werden Vorgesetzte und Mitarbeiter informiert; anschließend erhalten alle Beteiligten einen Fragebogen zum Führungsverhalten ausgehändigt, den die Chefs – für sich selbst – ebenso ausfüllen wie die Mitarbeiter.« Auf die Auswertung folgen ein gemeinsames Feedbackgespräch und gegebenenfalls eine professionelle Supervision für die Führungskraft. »In einigen Unternehmen liegt die Entscheidung beim jeweiligen Vorgesetzten, und die Teilnahme an der Aktion bleibt ihm völlig freigestellt. In anderen Fällen wird die Teilnahme für verbindlich erklärt, und die Ergebnisse werden sowohl dem nächsthöheren Vorgesetzten unterbreitet als auch in der Personalakte des ›Beurteilten‹ festgehalten.«[51]

---

50 David Osborne/Ted Gaebler, *Der innovative Staat. Mit Unternehmergeist zur Verwaltung der Zukunft*, Wiesbaden 1997, S. 146.
51 Johannes Thönneßen, »Mitarbeiter beurteilen ihre Chefs – das Beispiel Bayer«, in: *Harvard Businessmanager*, 5/1999, S. 99-106, hier: S. 100 f.

360°-Feedback: Das demokratisierte Panopticon

Auf die Spitze getrieben wird das System allseitiger Beurteilungen durch die so genannten 360°-Feedbacks. Dabei handelt es sich um ein Instrument aus dem Bereich des Personalmanagement, das in den letzten Jahren auch im deutschsprachigen Raum zunehmend Verbreitung findet.[52] Das 360°-Feedback verbindet und standardisiert herkömmliche Verfahren der Mitarbeiter- und Kundenbefragung, des Führungsaudits sowie der Selbsteinschätzung zu einem umfassenden System allseitiger Beurteilungen. In der Praxis meist eingesetzt zur Leistungsermittlung und -optimierung von Führungskräften, lässt es sich prinzipiell auf Mitglieder aller Organisationsebenen ausweiten. Auf dem Markt konkurrieren mittlerweile eine Vielzahl von Anbietern und Varianten des Verfahrens, die Grundkomponenten sind jedoch identisch: Mithilfe eines Fragebogens wird die berufliche »Performance« von Mitarbeiterinnen und Mitarbeitern parallel durch Kollegen, Vorgesetzte, Untergebene sowie durch Selbsteinschätzung bewertet; als weitere mögliche Feedbackgeber kommen Kunden, Lieferanten und externe Supervisoren in Frage. Erfasst werden unter anderem die »Vision« (»Denkt nach vorn, erweitert Horizonte, fördert Vorstellungsvermögen«), die Kundenorientierung (»Lebt für den Dienst am Kunden und schafft in der gesamten Organisation eine positive Kundendienst-Einstellung«), die persönliche Integrität (»Handelt und denkt, wie er spricht; genießt volles Vertrauen der anderen«), die Teamfähigkeit (»Behandelt andere fair«; »Stellt Interessen des Teams über die eigenen«), die Innovationsfähigkeit (»Erkennt Probleme im Voraus und leitet neue, bessere Vorgehensweisen ein«), der Umgang mit Ressourcen (»Geht überlegte Risiken ein«; »Führt Dinge zu Ende«) sowie die fachliche Kompetenz (»Besitzt und vermittelt bereitwillig funktionales/technisches Wissen und Fachkenntnisse, ist an kontinuierlicher Weiterbildung interessiert«).[53]

52 Vgl. die anschwellende – sich überwiegend aus Praxisberichten zusammensetzende – Literatur, die Oswald Neuberger in seiner kritischen organisationspsychologischen Studie (*Das 360°-Feedback. Alle fragen? Alles sehen? Alles sagen?*, München/Mering 2000) aufführt; eine systematische Einführung in das Verfahren geben Mark R. Edwards/Ann J. Ewen, *360°-Beurteilung. Klares Feedback, höhere Motivation und mehr Erfolg für alle Mitarbeiter*, München 2000.

53 Zit. n. Neuberger, *Das 360°-Feedback*, S. 90 ff.; Edwards/Ewen, *360°-Beurteilung*, S. 106.

Zu jedem dieser und weiterer Items sollen die Befragten auf einer in der Regel fünf- bis zehnstufigen Skala den Grad ihrer Zustimmung oder Ablehnung ankreuzen. Häufig werden sie darüber hinaus angehalten, neben den Ist-Werten auch Soll-Werte anzugeben oder die Wichtigkeit der einzelnen Aussagen einzustufen. Um die Anonymität zu gewährleisten, erfolgt die Auswertung extern; oftmals wird das gesamte Verfahren über elektronische Datennetze abgewickelt. Die Beurteilten erhalten das Ergebnis in Form eines individuellen Leistungsprofils. Allein oder in Kooperation mit professionellen Beratern entwerfen sie auf dieser Grundlage einen Aktionsplan, dessen Umsetzung in Folgebefragungen überprüft wird. Umstritten ist in der einschlägigen Literatur wie auch in jenen Institutionen, die 360°-Feedbacks nutzen, ob außer den Beurteilten selbst noch andere, etwa Vorgesetzte, Einsicht in die Ergebnisse erhalten und ob diese ausschließlich für ein individuelles Leistungscoaching oder auch als Entscheidungsgrundlage für Gehaltseinstufungen oder Entlassungen verwendet werden sollen.

Eine Genealogie des Verfahrens verweist auf seine Wurzeln in der humanistischen Psychologie, insbesondere in der Gruppendynamik.[54] So virtualisiert und anonymisiert das 360°-Feedback die aus Sensitivity- und Kommunikationstrainings bekannte Übung des »heißen Stuhls«. Der auf die eigene Person wie auch auf die übrigen Mitglieder bezogene Bekenntniszwang fungierte in diesen Gruppen als Selbsterfahrungskatalysator und sollte zugleich die soziale Kompetenz der Teilnehmerinnen und Teilnehmer erweitern. Von den Trainingsgruppen führen wiederum Linien zurück zu den protestantischen Sekten, deren Mitglieder in regelmäßigen Gemeindeversammlungen voreinander ihre Verfehlungen, aber auch ihre gläubigen »Werke« zu bekennen und einander zu »vermahnen« hatten. Max Webers soziologische Funktionsbestimmung dieser Zusammenkünfte klingt jedenfalls höchst aktuell: Die Gemeinschaft diente hier als »der Ausleseapparat, der den Qualifizierten vom Nichtqualifizierten unterscheidet«.[55] Offenkundig sind auch die Berührungspunkte zwischen der Rundumbeurteilung und den Kritik-und-Selbstkritik-Ritualen parteikommunistischer Kaderor-

---

54 Vgl. dazu meine Rekonstruktion der Verbindungslinien zwischen Kybernetik und Gruppendynamik: »Und … wie war ich? Über Feedback«, in: *Mittelweg 36*, 15 (2006), H. 2 (Apr./Mai), S. 27-44.
55 Weber, *Wirtschaft und Gesellschaft*, S. 722.

ganisationen, die ihrem Anspruch nach ein Labor egalitärer und sich selbst perfektionierender »Neuer Menschen« bildeten. Maßstab der wechselseitigen Beurteilung war hier allerdings eine von der Partei autoritär dekretierte Wahrheit, an der sich der Einzelne ohne Rücksicht auf individuelle Autonomiewünsche auszurichten hatte. Schließlich greift das Verfahren auch Elemente der Meinungsforschung auf, bei der Unternehmen, politische Parteien oder andere Auftraggeber Daten erheben lassen, auf denen sie dann ihre Marketingstrategien, Wahlprogramme oder politischen Maßnahmen aufbauen. Was in den Meinungsumfragen nur Präsidentschaftskandidaten oder Waschmitteln zuteil wird, erreicht mit dem 360°-Feedback auch die Sachbearbeiterin oder den Verkäufer – die sich entsprechend als politische Führer ihrer selbst und Markenprodukte begreifen dürfen und sollen.

Dass die 360°-Feedbacks ein Kontrollinstrument darstellen, steht außer Frage. Konditionierend wirkt allein schon das Wissen, dass Bewertungen durchgeführt werden. Die Beurteilten stehen unter multiperspektivischer Aufsicht, wobei die Kontrollierten zugleich die Kontrolleure derjenigen sind, von denen sie kontrolliert werden. Das Ganze läuft auf einen demokratisierten Panoptismus hinaus: An die Stelle eines allsehenden Beobachters auf der einen und den in ihren eigenen Beobachtungsmöglichkeiten aufs Äußerste eingeschränkten Beobachtungsobjekten auf der anderen Seite tritt ein nicht-hierarchisches Modell reziproker Sichtbarkeit. Jeder ist Beobachter aller anderen und der von allen anderen Beobachtete. Selbstverständlich werden Machtasymmetrien nicht schon dadurch außer Kraft gesetzt, dass auch »von unten nach oben« beurteilt wird, aber Autorität hat sich in anderer Weise zu legitimieren, wenn sie denselben Bewertungskriterien unterliegt wie jene, über die sie ausgeübt wird. Alle gleichen sich zumindest darin, dass sie mit identischem Maß gemessen werden.

Die Kontrollfunktion wird jedoch nicht nur paritätisch auf alle verteilt, sondern auch der Sache nach verallgemeinert. Im Unterschied zu herkömmlichen Prüfungen oder Tests werden beim 360°-Feedback nicht eigens zu diesem Zweck erbrachte Leistungen bewertet, sondern das gesamte Verhalten. Was auch immer jemand gerade tut oder unterlässt, es kann in die Beurteilung eingehen. Dem verallgemeinerten Voyeurismus entspricht deshalb ein ebenso verallgemeinerter Exhibitionismus: »Weil man stets und von allen gesehen wird, muß man sich günstig präsentieren; die Folgen: *impression management*, Ästhetisierung, Identitätsarbeit.«[56]

Die Funktion der Fremdbeobachtungen liegt in der Nötigung zur Selbstreflexion, die wiederum zu verbesserter Selbststeuerung führen soll. Dazu müssen die Beobachtungen nicht nur gemacht, sondern auch festgehalten und kommuniziert werden. Die Ordnung des Sehens und Gesehenwerdens ist ergänzt durch die des Aufschreibens und Lesens. Erst die Mitteilung der Beurteilungen erlaubt es den Beurteilten, ihr Verhalten so zu modifizieren, dass Schwachstellen beseitigt und Stärken gestärkt werden. Anders als in den Institutionen der Disziplinarmacht, wo die Zurichtung des Menschen im Wesentlichen nur in eine Richtung erfolgte, beruht die post-disziplinäre Kontrolle – der Begriff Feedback deutet schon darauf hin – auf einem kybernetischen Modell: Der Einzelne erscheint als informationsverarbeitendes System, das sich selbst flexibel an die Erwartungen seiner Umwelt anpasst, wenn es nur regelmäßig mit differenzierten Rückmeldungen gefüttert wird. Statt sein Verhalten unmittelbar zu reglementieren, was einen enormen Kontrollaufwand nach sich zöge und den ökonomischen Imperativen der Flexibilität, Eigeninitiative und Aufwandsersparnis zuwiderliefe, werden Rückkopplungsschleifen installiert, die dem Einzelnen Normabweichungen signalisieren, die erforderlichen Adaptionsleistungen jedoch in seine eigene Verantwortung stellen. Das »Führen der Führungen«, das Foucault als elementare Formel der Machtausübung identifizierte,[57] erhält hier die Gestalt der Steuerung durch feedbackgeleitete Selbststeuerung.

Die Norm ist ihrerseits, auch das ein Unterschied zu den traditionellen Disziplinarapparaten, allein relational bestimmt und nach oben hin offen. Kontrolle bedeutet nicht länger, die Kontrollierten auf einen festen Sollwert zu eichen, sondern eine unabschließbare Dynamik der Selbstoptimierung in Gang zu setzen. In diesem Regime eines »flexiblen Normalismus«[58] kommt der Quantifizierung der Beurteilungsergebnisse die Funktion eines Wahrheitsgenerators zu. Die statistisch gemittelten, meist in Balkendiagrammen visualisierten Fremdbeobachtungen sollen das Wissen über sich selbst von subjektiven Verzerrungen und Blindstellen befreien. Der Spiegel,

---

56 Neuberger, *Das 360°-Feedback*, S. 73.
57 Foucault, »Das Subjekt und die Macht«, S. 255.
58 Vgl. Link, *Versuch über den Normalismus*.

der dem Einzelnen vorgehalten wird, soll an Objektivität dadurch gewinnen, dass er verschiedene Spiegelbilder durch Übereinanderprojizieren zu einem Durchschnittsbild synthetisiert.

In seinen Analysen der Disziplinarinstitutionen hatte Foucault stets darauf insistiert, über den repressiven nicht die produktiven, d. h. Neues hervorbringenden Machteffekte aus dem Blick zu verlieren. Als besonders perfides, weil auf freiwilliger Selbstkontrolle beruhendes Unterwerfungsinstrument wäre auch die 360°-Beurteilung gründlich missverstanden. Ihre Attraktivität beruht vielmehr auf der Verbindung einer Verheißung mit einer Drohung: Einerseits verspricht das Verfahren dem Einzelnen, seine persönlichen Potenziale entfalten und zugleich zum Unternehmenserfolg beitragen zu können, wenn er die gesammelten Rückmeldungen zum Ausgangspunkt einer methodischen Arbeit an sich selbst macht. Andererseits hat jeder zu gewärtigen, bei der nächsten Feedbackrunde in den »roten Bereich« abzurutschen und im innerbetrieblichen Konkurrenzkampf zu unterliegen.

Wie Benthams Kontrollarchitektur zielt auch das 360°-Feedback auf eine Verkettung von »gesteigerter Tauglichkeit« und »vertiefter Unterwerfung«,[59] doch anders als in den Disziplinaranstalten werden hier die Autonomie des Individuums und die Spielräume seines Handelns nicht systematisch beschnitten, sondern erweitert und als Ressource nutzbar gemacht. Kontingenz*management* tritt an die Stelle bloßer Kontingenz*bewältigung*.[60] Ebenso wichtig wie die (Selbst-)Kontrolle des Einzelnen durch das System allseitiger Beobachtung und Bewertung ist ein anderer Machteffekt des 360°-Feedbacks: Noch bevor die Individuen ihre Leistungen aufgrund der gesammelten Rückmeldungen verbessern können, werden sie in ein analytisches Raster gezwängt, das definiert, welche Verhaltensbereiche für die Beurteilung relevant sind, und das damit ihren Blick auf die anderen wie auf sich selbst präformiert. Wie auch immer die Antworten ausfallen, die Fragen stehen fest. Das Verfahren macht alle Beteiligten vergleichbar, indem es Feedbackgeber wie Feedbackempfänger mit demselben Instrument traktiert. Die Befragungen verleihen den Beurteilten im Wortsinn ein Profil, das sie von allen anderen unterscheidet – jedes Balkendiagramm

---

59 Foucault, *Überwachen und Strafen*, S. 177.
60 Vgl. Michael Makropoulos, »Möglichkeitsbändigungen«, in: *Soziale Welt*, 41 (1990), S. 407-423; ders., *Modernität und Kontingenz*, München 1997.

zeigt ein anderes Treppenmuster –, das sie aber gerade in ihrer Unverwechselbarkeit auch mit allen anderen verbindet – sämtlichen Diagrammen liegen die gleichen Parameter zugrunde. Leistung ist eine Definitions- und damit eine Machtfrage. Wer die Indikatoren festlegt, entscheidet, wenn auch indirekt, über die Ergebnisse. Maßstab der Vergleichbarkeit ist bei der Rundumbeurteilung das Interesse der Organisation, das wiederum mit dessen Markterfolg gleichgesetzt wird. Folgt man einem einschlägigen Praxisleitfaden, so hat bei der Auswahl der Items die aus Vertretern aller Ebenen des Unternehmens unter Einbeziehung »wenigstens eine[s] betriebsbekannten Skeptiker[s]« zusammengesetzte Planungsgruppe sich nur eine Frage zu stellen: »Welches sind die entscheidenden Kompetenzen, die unser Unternehmen in der Zukunft braucht, um unseren Marktvorteil zu erhalten?«[61] Was nicht diesem Ziel dient, wird gar nicht erst erfasst. Die Menschen evaluierbar und sie verwertbar zu machen, ist ein und derselbe Vorgang.

Ihre Legitimität bezieht die Evaluationsmacht aus ihrer Objektivität: Sie weist nicht willkürlich Ränge zu, sondern gibt einheitliche Maßstäbe vor, nach denen alle beurteilt werden. Das zeitigt paradoxe Effekte: Weil die Position im Ranking weit reichende Folgen hat, richten die Beurteilten ihr Verhalten prospektiv auf die zugrunde gelegten Kriterien hin aus. Man tut, was gemessen, und unterlässt, was vom Bewertungsraster nicht erfasst wird. Die Feedbacks schaffen so erst die Wirklichkeit, die sie zu bewerten vorgeben, und erzeugen statt der allseits beschworenen Innovationsfähigkeit »einen Aggregatszustand betriebsamer Konformität«.[62] Weil die 360°-Beurteilung (wie jede Evaluation) ihre Maßstäbe festlegen muss, bevor es ans Messen geht, bleibt sie blind für das Neue. Das Exzellenzsiegel erhalten jene, die dem Mainstream folgen. Wer gegen den Strom schwimmt, landet auf den hinteren Rängen. Der Leistungsvergleich stärkt gerade nicht die innovativen Kräfte, nach denen man angeblich doch händeringend sucht. Kreativität ist nicht evaluierbar.

Das Gebot »Erkenne dich selbst!« (im Blick der anderen) wie

61 Edwards/Ewen, *360°-Beurteilung*, S. 100.
62 Albrecht Koschorke, »Wissenschaftsbetrieb als Wissenschaftsvernichtung. Einführung in die Paradoxologie des deutschen Hochschulwesens«, in: Dorothee Kimmich/Alexander Thumfart (Hg.), *Universität ohne Zukunft?*, Frankfurt/M. 2004, S. 142-157, hier: S. 151.

auch die Nötigung, sich selbst zu optimieren (auf der Grundlage aggregierter Fremdwahrnehmungen), weisen auf die subjektivierende Seite der Rundumbeurteilungen. Aus der verordneten Selbsterkundung und der darauf aufbauenden Perfektionierungsarbeit an der eigenen Person entspringt eine Form von Subjektivität, welche die Autonomie des Einzelnen im gleichen Maße befördert, wie sie ihn an das Urteil der anderen bindet: Ich bin, was über mich erhoben wird und was ich, ausgehend davon, aus mir mache.

In seiner Einleitung zum zweiten Band von *Sexualität und Wahrheit* unterscheidet Michel Foucault vier Dimensionen der Selbstkonstitution, die er seiner Untersuchung antiker Klugheitslehren für den »Gebrauch der Lüste« zugrunde legt, die sich aber auch auf ein aktuelles Subjektivierungsprogramm wie das 360°-Feedback beziehen lassen. Das, was Foucault Ethik nennt, »die Art der Beziehung, die man zu sich selbst haben sollte«, lässt sich demnach differenzieren hinsichtlich erstens des Aspekts der Person, der Gegenstand der Arbeit an sich selbst ist – der *ethischen Substanz*; zweitens der Art und Weise, in der das Individuum dazu angehalten wird, die Verpflichtung zur Selbstführung anzuerkennen – des *Unterwerfungsmodus* oder der *Deontologie*; drittens der Techniken, deren es sich dabei bedient – der *Selbstformungstätigkeit* oder *Askese*; und viertens der Ziele, die es damit zu erreichen hofft – der *Teleologie*.[63] Auf welche Weise kommen diese Ebenen des Selbstbezugs im 360°-Feedback zur Geltung?

Ethische Substanz: Ein Blick auf die Fragebögen macht deutlich, was in den Feedbacks bewertet und auf welche Teile ihrer selbst die Beurteilten folglich ihre Optimierungsanstrengungen zu richten haben. Erfasst wird in unterschiedlichen Kombinationen der Katalog von Schlüsselqualifikationen, wie er auch in Assessment Centers getestet und in zahllosen Persönlichkeitsseminaren trainiert wird. Die abgefragten *hard* und *soft skills* beziehen sich auf beobachtbares Verhalten, nicht auf verborgene Wünsche und Hemmungen. Auch Überzeugungen und Wertvorstellungen spielen nur insofern eine Rolle, als sie sich in Handlungen niederschlagen.

---

63 Michel Foucault, *Der Gebrauch der Lüste. Sexualität und Wahrheit, Bd. 2*, Frankfurt/M. 1986, S. 37 ff.; vgl. auch ders., »Zur Genealogie der Ethik: Ein Überblick über laufende Arbeiten«, in: Dreyfus/Rabinow, *Michel Foucault*, S. 265-292, hier: S 275 ff.; Ian Hacking, »Self-Improvement«, in: David Couzens Hoy (Hg.), *Foucault. A Critical Reader*, Oxford/New York 1986, S. 235-240.

Der behavioristische Grundzug der impliziten Psychologie operationalisiert das Individuum als ein Kompetenzbündel von nahezu unbegrenzter Lernfähigkeit. Bewertet werden zwar bisher gezeigte Verhaltensweisen, doch dient der Blick zurück allein dazu, morgen die Fehler von gestern zu unterlassen. Lebensgeschichte reduziert sich auf das, was man besser machen kann. Subjektivierung ist hier Oberflächenbearbeitung,[64] die auf hermeneutische Tiefbohrungen schon deshalb verzichten kann, weil sie das Sichverstehen vollständig dem Sichverändern unterordnet.

Unterwerfungsmodus: Der Appell zur kontinuierlichen Selbstverbesserung ergeht weder im Namen einer säkularisierten protestantischen Ethik, die den Einzelnen zum Streben nach wirtschaftlichem Erfolg verpflichtet, noch spornt er diesen mit der Hoffnung auf Glück und ein gutes Leben zu immer neuen Höchstleistungen an. Die individuelle Mobilmachung erfolgt vielmehr im Zeichen einer umfassenden Ökonomisierung aller sozialen Beziehungen – einschließlich der zu sich selbst. Der allgegenwärtige Wettbewerb, so die gleichermaßen deskriptive wie präskriptive Botschaft des 360°-Feedbacks, zwingt unerbittlich dazu, sich den Wünschen der Kunden anzupassen und Leistungen besser, schneller und preiswerter zu erbringen als die Konkurrenz. Diesem Steigerungszwang hat sich der Einzelne ebenso zu unterwerfen wie jedes Unternehmen, was nichts anderes bedeutet, als dass er sich konsequent als Unternehmer in eigener Sache zu verhalten hat. Die Rundumbeurteilung liefert ihm dazu individuelle Marktforschungsdaten, die ihm zeigen, wo er im Vergleich zu seinen Konkurrenten steht und was er tun muss, um sich gegen sie zu behaupten. Welche Konsequenzen er aus dem persönlichen Ranking zieht, bleibt ihm selbst überlassen, allerdings hat er die Konsequenzen seines Tuns und Lassens auch selbst zu tragen. Gegen das permanente Tribunal des Marktes gibt es keine Berufungsmöglichkeit an eine andere Instanz.

Selbstformungstätigkeit: Ein Subjektivierungsprogramm, das als Substanz der Arbeit an sich die Oberfläche des sichtbaren Verhaltens bestimmt und dessen Unterwerfungsmodus in der Nötigung besteht, die gesamte Lebensführung zu ökonomisieren, ein

---

64 Vgl. zu dieser Engführung der Selbststeuerung auf sichtbares Verhalten Susanne Krasmann, »Gouvernementalität der Oberfläche. Aggressivität (ab-)trainieren beispielsweise«, in: Bröckling/Krasmann/Lemke (Hg.), Gouvernementalität der Gegenwart, S. 227-264.

solches Subjektivierungsprogramm erfordert Techniken der Selbstformung, die den Einzelnen nicht in ein Korsett genormter Pflichten einschnüren, sondern seine Kräfte entfesseln und ihn zugleich so flexibel machen, dass er der Konkurrenz stets einen Schritt voraus ist. Dazu dienen die Rückkopplungsschleifen der wechselseitigen Beurteilungen, die vermeintlich realistische, weil aus einer Vielzahl von Beobachterperspektiven zusammengesetzte Leistungsbilanzen erstellen und konkrete Verbesserungspotenziale aufzeigen; dazu dient die Übersetzung der Beurteilungsergebnisse in ein individuelles Trainingsprogramm mit oder ohne professionellen Coach; dazu dient schließlich die Zusammenstellung der in den Fragebögen bewerteten Qualifikationen, die selbst den ehrgeizigsten Selbstoptimierer vor uneinlösbare Anforderungen stellen. Wer etwa beim Item »Entwickelt und verwirklicht aggressive Vorgehensweisen zur Erreichung von Unternehmenszielen« hohe Wertungen erzielt, wird schwerlich auch beim Kriterium »Erwägt bei jeder Entscheidung die globalen Konsequenzen, ist von sich aus um globales Wissen bemüht; bringt allen Leuten Würde, Vertrauen und Achtung entgegen«[65] gut abschneiden können. Die Fragebögen entwerfen ein paradoxes Leitbild zeitgenössischer Subjektivität. Gesucht wird – in einer schönen Formulierung von Manfred Moldaschl und Dieter Sauer – »der durchsetzungsstarke Teamplayer bzw. der teamfähige Einzelkämpfer; der kundenorientierte Glattling mit Ecken und Kanten [...]; der begnadete Selbstvermarkter, der die Sache in den Vordergrund stellt; der einfühlsame Moderator mit dem feinen Gespür für Situationen, aus denen sich Kapital schlagen läßt; und der zweckrationale Nutzenmaximierer mit Einsicht in die Erfordernisse des Ganzen«.[66] Die Widersprüche sind Programm: Die strukturelle Überforderung hält den Einzelnen in einem Zustand fortwährender Kritisierbarkeit und erzeugt eine Daueranspannung, die ihn niemals zur Ruhe kommen lässt, weil er jeden Fortschritt in der einen Richtung durch entsprechende Anstrengungen in der Gegenrichtung ausgleichen muss. Subjektivierung erweist sich hier als Kunst des Balancehaltens, einer Balance allerdings, die nicht

---

65 Zit. n. Neuberger, *Das 360°-Feedback*, S. 91 f.
66 Manfred Moldaschl/Dieter Sauer, »Internalisierung des Marktes – Zur neuen Dialektik von Kooperation und Herrschaft«, in: Heiner Minssen (Hg.), *Begrenzte Entgrenzungen – Wandlungen von Organisation und Arbeit*, Berlin 2000, S. 205-224, hier: S. 221.

nach einer imaginären Mitte sucht, sondern nach der Kopräsenz der Extreme.

Teleologie: Telos der Selbstmodellierung schließlich ist kein stabiler Zustand persönlicher Zufriedenheit oder des geschäftlichen Erfolgs, ebenso wenig haben transzendentale Fluchtpunkte, etwa ein gottgefälliges Dasein oder die Übereinstimmung mit dem moralischen Gesetz, für das zeitgenössische unternehmerische Selbst noch irgendeine Bedeutung. Das Projekt der Subjektivierung verbleibt in der Immanenz ganz und gar weltlicher Leistungsbilanzen und ist so unabschließbar wie der Kampf um die Marktführerschaft. Die Entfaltung des individuellen Humankapitals folgt dem Gesetz der erweiterten Akkumulation. Das Wachstum der Firma Ich & Co. hat kein Ziel, Wachstum *ist* das Ziel. Wer diesem Ziel folgt, wird nie ankommen, aber bleibt immer in Bewegung.

Schon Foucaults Beschreibung von Benthams Überwachungsmaschine besagt keineswegs, dass die Menschen des 19. Jahrhunderts immer und überall durch Strafapparate regiert worden wären. Das Panopticon war vielmehr »ein Ereignis des Denkens [...], das im Bereich des Regierens etwas Neues möglich machte«.[67] Eine solche Innovation stellt auch das 360°-Feedback dar. Nicht die wachsende Zahl seiner Anbieter und Anwender macht dieses Verfahren paradigmatisch für die Gouvernementalität der Gegenwart, sondern die Tatsache, dass in ihm wie schon in Benthams Gefängnisentwurf ein »auf seine ideale Form reduzierte[r] Machtmechanismus« sichtbar wird, »eine Gestalt politischer Technologie, die man von ihrer spezifischen Verwendung ablösen kann und muß«.[68]

Kaum eine Strafanstalt, Fabrik, Kaserne, Klinik oder Schule entsprach voll und ganz dem Modell des Panopticons, und auch nicht alle Feedbackverfahren erreichen die totale Reziprozität der Rückmeldungen. Nicht immer sind die Beurteilten zugleich auch die Beurteiler, aber kaum jemand entgeht den inflationären Evaluationen, Qualitätsaudits, Bürger-, Mitarbeiter- und Kundenbefragungen, die inzwischen sämtliche Bereiche des sozialen Lebens überziehen. Im panoptischen Schema verdichteten sich die Funktionsprinzipien der Disziplinargesellschaft. Vieles spricht dafür, dass der Rundumbeurteilung in der heraufziehenden postdisziplinären Ordnung eine vergleichbare Bedeutung zukommt. Sie steigert und

---

67 Osborne, »Techniken und Subjekte«, S. 14.
68 Foucault, *Überwachen und Strafen*, S. 264.

konzentriert zu einer einzigen Prozedur, was in mehr oder minder großen Bruchstücken allgegenwärtig ist. Wie die Regime des Überwachens und Strafens hat auch die »Mikropolitik des Vergleichens«[69] kein einheitliches Zentrum. Die Technologien der Evaluation, die im 360°-Feedback kulminieren, werden vielmehr in unterschiedlichen Institutionen, teils unabhängig voneinander, teils sich wechselseitig kopierend, entworfen und verfeinert und breiten sich in dem Maße aus, in dem die Marktbeziehungen zum allgemeinen Modell sozialer Interaktion avancieren. Was Bentham über seine Apparatur schrieb, gilt auch für das System der wechselseitigen Beurteilungen: »[S]eine Außerordentlichkeit besteht in der großen Kraft, die es jeder Institution, auf die man es anwendet, zu geben imstande ist.«[70]

Diese Kraft besteht darin, dass die Rundumbeurteilung die Leistungen der beteiligten Individuen gleichermaßen zu entgrenzen und am Markt auszurichten verspricht. Mit der Optimierung des Einzelnen ist es freilich nicht getan; das Verfahren offeriert eine weit darüber hinaus gehende Rationalität des Regierens, die widerstreitende Interessen in die Verpflichtung auf gemeinsame Ziele überführt. Mit der Generalisierung des Wettbewerbs verbindet sich zugleich eine Utopie der Versöhnung. So soll das 360°-Feedback nach dem Willen seiner Protagonisten nicht nur hierarchische Formen der Leistungskontrolle ersetzen, sondern auch die Organe betrieblicher Mitbestimmung überflüssig machen: »Nein«, antwortete der Geschäftsführer der Internetfirma Cisco Systems auf die Interviewfrage, ob es in seinem Unternehmen einen Betriebsrat gebe. »Wir sehen bei Cisco keinen Unterschied zwischen den Mitarbeiter- und den Unternehmerinteressen. Bei der Auswahl unserer Mitarbeiter, egal für welche Aufgabe, ist uns sehr wichtig, daß sie das besitzen, was wir als ›Entrepreneurship‹ bezeichnen: Unternehmergeist. Wir haben bei uns das System der 360-Grad-Beurteilung eingeführt, das heißt, es gibt keine an der Hierarchie ausgerichtete Beurteilungskaskade von oben nach unten.«[71] Wo alle zu Unternehmern promoviert sind, existieren weder Herren noch Knechte, weder Ar-

---

69 Neuberger, *Das 360°-Feedback*, S. 56.
70 Zit. n. Foucault, *Überwachen und Strafen*, S. 265.
71 »Fünf Fragen an Josef Rentmeister, Mitglied der Geschäftsführung, Cisco Systems Deutschland GmbH«, in: *ULA Nachrichten. Zeitschrift für Führungskräfte der Deutschen Wirtschaft*, 2000, Nr. 5/6, Juni, S. 2.

beitgeber noch Arbeitnehmer. Herrschaft verschwindet im Postulat der Selbstbeherrschung, Ausbeutung in der Beschwörung allfälliger *Win-win*-Situationen und Synergieeffekte. Glaubt man den Kündern des Unternehmergeists, ist das demokratisierte Panopticon in der Tat, was schon sein Vorgänger war – »ein Ei des Kolumbus im Bereich der Politik«.[72]

---

72 Foucault, *Überwachen und Strafen*, S. 265.

4.4 Projekte

> Der Sinn für Projekte, die man Fragmente aus der Zukunft nennen könnte, ist von dem Sinn für Fragmente aus der Vergangenheit nur durch die Richtung verschieden, die bei ihm progressiv, bei jenem aber regressiv ist. Das Wesentliche ist die Fähigkeit, Gegenstände unmittelbar zugleich zu idealisieren, und zu realisieren, zu ergänzen, und teilweise in sich auszuführen.[1]

»Projekt« kann vieles meinen. Selbst das Deutsche Institut für Normung e. V., von Amts wegen zuständig für präzise Festlegungen, bleibt in diesem Fall recht vage: Die DIN-Norm 69901 definiert Projekt als »Vorhaben, das im wesentlichen durch Einmaligkeit der Bedingungen in ihrer Gesamtheit gekennzeichnet ist, wie z. B. Zielvorgabe, zeitliche, personelle oder andere Begrenzungen, Abgrenzung gegenüber anderen Vorhaben und eine projektspezifische Organisation«.[2] In der Alltagssprache verschwimmen die Konturen noch weiter: Hier bezeichnet der Begriff neben dem Vorhaben auch die Gruppe der Menschen, die es verfolgt, den Entwurf ebenso wie die Schritte zu seiner Umsetzung, einen Modus sozialer Kooperation, aber auch eine individuelle Zielmarke. Zum Projekt gehört die Bestimmung der Mittel und Wege, die es zu einem erfolgreichen Abschluss führen sollen. Projekte sind aber auch unhintergehbar behaftet mit der Möglichkeit ihres Scheiterns. Sie sind situiert in einer Mittellage zwischen singulärer Aufgabe und dauerhafter Beschäftigung, punktueller Zusammenarbeit und komplexer Organisation, Idee und Verwirklichung und befinden sich stets im Zustand des Werdens: Sie drängen auf Realisierung, aber sie bleiben nur so lange Projekte, wie sie noch nicht realisiert sind.

Es sind nicht zuletzt diese Unschärfen, die es erlauben, nahezu alles in den Status eines Projekts zu erheben – von der Liebesbeziehung bis zum Feldzug, von der Forschungsarbeit bis zur Ferien-

---

1 Friedrich Schlegel, »Fragmente« (1798), in: *Kritische Friedrich-Schlegel-Ausgabe*, Bd. 2: *Charakteristiken und Kritiken I*, hg. v. Hans Eichner, München u. a. 1967, S. 165-255, hier 168 f.
2 Zit. n. Pitter A. Steinbuch, *Projektorganisation und Projektmanagement*, Ludwigshafen/Rh. 1998, S. 24.

freizeit, von der Markteinführung eines neuen Waschmittels bis zur Inszenierung eines Theaterstücks, vom Bau eines Kraftwerks bis zu den Aktivitäten der Bürgerinitiative, die diesen verhindern will. Projekte, wohin man schaut, auch in den Höhenlagen zeitgenössischen Denkens: Folgt man dem postmodernen Medienphilosophen Vilém Flusser, der wiederum den Spuren Heideggers folgt, so mutiert der Mensch, der seine Geworfenheit in die Welt umkehrt und sich selbst »ent-wirft«, »vom Subjekt zum Projekt« und wird auf diese Weise erst wahrhaft Mensch.³ Jürgen Habermas wiederum attackiert die Postmodernen gerade dafür, das unvollendete Projekt der Moderne verabschieden zu wollen.⁴ Niklas Luhmann hingegen bleibt in Sachen Projekt widersprüchlich: »Gesellschaftstheorie ist nun beim besten Willen kein Projekt«, stellte er 1990 etwas entnervt fest, um einige Jahre später ebendiese nicht ohne Ironie als sein eigenes zu bestimmen: »Bei meiner Aufnahme in die 1969 gegründete Fakultät für Soziologie der Universität Bielefeld fand ich mich konfrontiert mit der Aufforderung, Forschungsprojekte zu benennen, an denen ich arbeite. Mein Projekt lautete damals und seitdem: Theorie der Gesellschaft.«⁵

Der Wissenschaftsbetrieb liefert für das Studium der Projektwelten überhaupt reichlich Anschauungsmaterial. Schon 1988 beklagte Joachim Matthes die daraus folgende »Frühverkrüppelung von Forschungsideen«: »Nicht daß Forschung projektförmig betrieben werden *kann*, unter bestimmten Umständen auch so betrieben werden *sollte*, ja *muß*, scheint es zu sein, was irritiert, – sondern vielmehr der Umstand, daß sich das Prinzip der projektförmigen Verfaßtheit des Forschungshandelns auf der Lebensbahn eines Forschungsprojekts so weit vorgeschoben hat, daß eine eben geborene Forschungsidee sofort in seinen Bannkreis gerät, kaum mehr eine andere Lebensperspektive für sich sieht als die an diesem Prinzip ausgerichtete, und sich schon in ihren ersten

---

3 Vilém Flusser, *Schriften, Bd. 3: Vom Subjekt zum Projekt. Menschwerdung*, Bensheim 1994.
4 Jürgen Habermas, »Die Moderne – ein unvollendetes Projekt«, in: ders., *Kleinere politische Schriften (I-IV)*, Frankfurt/M. 1981, S. 444-466.
5 Niklas Luhmann, *Die Wissenschaft der Gesellschaft*, Frankfurt/M. 1990, S. 339; ders., *Die Gesellschaft der Gesellschaft*, Bd. 1, Frankfurt/M. 1997, S. 11. Vgl. auch Maren Lehmann, »Karriere als Projekt«, in: Markus Krajewski (Hg.), *Projektemacher. Zur Produktion von Wissen in der Vorform des Scheiterns*, Berlin 2004, S. 49-63, hier: S. 59.

Entwicklungsstadien nicht mehr anders denken kann als in Projektförmigkeit mündend.«[6] Die Notwendigkeit, seine Forschungen als Projekt auszuweisen und immer neue Projekte zu akquirieren, treibt eigene Semantiken, Sozialcharaktere und Ereignistypen hervor, die einer sozialwissenschaftlichen Beschreibung noch harren. Forschungsprojekte zeitigen hochartifizielle Textgattungen wie die »Antragsprosa«, die Kunst, gleich welche Fragestellungen auf die Passform eines DFG-Merkblatts zuzuschneiden und dabei zunächst jene Lücken zu konstruieren, die man dann zu schließen verspricht. Sie produzieren jene in Graduiertenkollegs, Sonderforschungsbereichen und Nachwuchsgruppen erprobten, sich von Zeitvertrag zu Zeitvertrag hangelnden Forschungsveteranen, ohne deren Routinen und Tricks kaum ein Projekt eine Begutachtung überstehen und einen Abschlussbericht fertig bekommen würde, auf deren prekäre Existenz aber die universitäre Planstellenaristokratie meist mit einer Mischung aus Mitleid und Verachtung herabschaut. »Für den zur Projektnahme berechtigten Hochschullehrer«, so noch einmal Joachim Matthes, »verwandelt sich diese [projektförmige, UB] Möglichkeit des Forschungshandelns unterderhand oder offen in eine fürsorgliche Pflichtleistung. Es entstehen ›Schnelle Brüter‹ von Projekten für Versorgungszwecke, nicht selten unterstützt durch eingetragene Forschungsvereine aus dem Kreis der zu Versorgenden, – und in der beruflichen Prozession von Projekt zu Projekt verkümmert manche frische akademische Karriere und manche junge wissenschaftliche Potenz.«[7] Forschungsprojekte tragen schließlich auch die Hauptverantwortung für das grassierende akademische Tagungswesen. Weil die Budgets Mittel dafür vorsehen, weil man für den nächsten Verlängerungsantrag ja irgendwelche Aktivitäten nachweisen muss und nicht zuletzt weil wissenschaftliche Communities schon um des Networking willen geradezu süchtig nach Vergemeinschaftungsgelegenheiten sind, tourt das wissenschaftliche Personal von Konferenz zu Workshop zu Symposium und produziert dabei Sammelband auf Sammelband. Mit effizienter Forschungskommunikation, geschweige denn Erkenntnis hat all das wenig zu tun, umso mehr aber mit den Präsentationszwängen projektförmig organisierter Wissenschaft.

6 Joachim Matthes, »Projekte – nein, danke? Eine (un)zeitgemäße Betrachtung«, in: *Zeitschrift für Soziologie*, 17 (1988), S. 465-473, hier: S. 467 f.
7 Ebd., S. 471.

Wenn auch fast alles zum Projekt werden kann, so doch nicht alles zugleich. Die Festlegung auf ein Projekt schließt viele andere aus, und wo verschiedene Projekte parallel laufen, müssen sie als voneinander unterschiedene kenntlich bleiben. Projekte zeichnen sich geradezu über ihre Begrenzungen aus, insbesondere hinsichtlich ihrer Dauer. Sie konstituieren »zeitlimitierte Ordnungen«,[8] haben einen Anfang und ein Ende und strukturieren individuelles Handeln wie soziale Prozesse als Abfolge in sich geschlossener Einheiten. Dazu sind sie angewiesen auf nicht projektförmige Instanzen, die ex ante die Aussichten eines Projekts und ex post seinen Erfolg oder Misserfolg bewerten und den Übergang von einem Projekt zum nächsten regeln, kurz: die Kontinuität in der Diskontinuität gewährleisten. Projekte sind daher stets eingebettet in andere Ordnungen: So bleibt bei Umstellung auf Projektorganisation im Betrieb die rechtliche und ökonomische Form des Unternehmens unangetastet; so findet Projektunterricht im Rahmen der Institution Schule statt und orientiert sich an einem Curriculum; und selbst das Mantra »Ich bin meine Projekte«, das Managementguru Tom Peters den Leserinnen und Lesern seines Ratgebers *TOP 50 Selbstmanagement. Machen Sie aus sich die Ich AG* nicht müde wird vorzubeten,[9] kommt ohne die einheitsstiftende Instanz des Ichs nicht aus.

Der Name, den man einer Sache gibt, lässt diese nicht unberührt. Etwas als Projekt zu deklarieren heißt, ihm den Charakter eines Entwurfs oder Vorhabens zuzusprechen und in der Folge so auf es einzuwirken, dass es den Kriterien der Projektförmigkeit entspricht. Dazu muss nicht zuletzt all das aussortiert werden, »was nicht (oder nur mit Kunstgriffen) zwischen Anfang und Ende eingerichtet werden kann.«[10] »Projekt« ist eine spezifische Form, die Wirklichkeit zu organisieren – ein Rationalitätsschema, ein Bündel von Technologien, schließlich ein Modus des Verhältnisses zu sich selbst. Nichts ist per se ein Projekt, aber es gibt kaum etwas, das nicht in diese Form gebracht werden könnte. Umgekehrt gilt: Die Tatsache, dass die Rede von Projekten ubiquitär geworden ist, gibt Aufschluss darüber, wie Menschen heute sich selbst, ihr Handeln und ihre Beziehungen zu anderen Menschen verstehen und organisieren. »Projekt« erweist sich damit als ein Basiselement zeitge-

---

8 Luhmann, *Die Wissenschaft der Gesellschaft*, S. 338.
9 Peters, *TOP 50 Selbstmanagement*, S. 58.
10 Luhmann, *Die Wissenschaft der Gesellschaft*, S. 338.

nössischer Gouvernementalität, Regieren als Projektmanagement im doppelten Sinn: *governing projects* und *governing by projects* zugleich.

Vom Projektemacher zum Alternativprojekt

Auch wenn längst nicht mehr nur wirtschaftliche Unternehmungen als Projekte firmieren, ist in der historischen Semantik des Begriffs der Bezug zur Ökonomie unübersehbar.[11] Spätestens seit Daniel Defoes *Essay upon Projects* von 1697 gilt der Projektemacher als Inbegriff des Abenteuerkapitalisten – und entsprechend als eine moralisch höchst zweifelhafte Gestalt. »Ein bloßer Projektenmacher ist demnach etwas Verächtliches«, schreibt Defoe. »Durch seine verzweifelte Vermögenslage so in die Enge getrieben, daß er nur durch ein Wunder befreit werden oder umkommen muß, zermartert er sein Gehirn nach solch einem Wunder vergebens und findet kein anderes Rettungsmittel als, indem er, einem Puppenspieler gleich, der Puppen hochtrabende Worte reden läßt, dieses oder jenes Nichts als etwas noch nie Dagewesenes hinstellt und als neue Erfindung ausposaunt, sich ein Patent darauf verschafft, es in Aktien theilt und diese verkauft. An Mitteln und Wegen, die neue Idee zu ungeheurer Größe anzuschwellen, fehlt es ihm nicht; Tausende und Hunderttausende sind das Geringste, wovon er spricht; manchmal sind es sogar Millionen, bis schließlich der Ehrgeiz eines ehrlichen Dummkopfs sich dazu verlocken läßt, sein Geld dafür hinzugeben. Und dann – *nascitur ridiculus mus*! Dem armen Wagehals bleibt's überlassen, das Projekt fortzuführen, und der Projektenmacher lacht sich ins Fäustchen.«[12] Die Masse der Betrüger und Hochstapler dürfe allerdings, so der Autor des *Robinson Crusoe* und selbst ein umtriebiger, aber wenig erfolgreicher Projektemacher weiter, nicht

---

11 Zur historischen Semantik des Projekte-, Projekt- oder Projektenmachers – die Schreibweisen variieren – vgl. Georg Stanitzek, »Der Projektmacher. Projektionen auf eine ›unmögliche‹ moderne Kategorie«, in: Ästhetik & Kommunikation 17 (1987), H. 65/66, S. 135-146 (auch in: Krajewski [Hg.], *Projektemacher*, S. 29-48), Felix Klopotek, »Projekt«, in: Bröckling/Krasmann/Lemke (Hg.), *Glossar der Gegenwart*, S. 216-221, sowie Markus Krajewski, »Über Projektemacher. Eine Einleitung«, in: ders. (Hg.), *Projektemacher*, S. 7-25.

12 Daniel Defoe, *Über Projektemacherei* (1697), Wiesbaden 1975, S. 21 (Neudruck der dt. Übersetzung des *Essay upon Projects*, Leipzig 1890).

darüber hinwegtäuschen, dass es auch rechtschaffene Exemplare dieser Spezies gibt: »Ein ehrenhafter Projektenmacher jedoch ist der, welcher seine Idee nach klaren und deutlichen Grundsätzen des gesunden Menschenverstandes und der Ehrlichkeit in angemessener Weise ins Werk setzt, darthut, worauf er hinaus will, nicht Griffe in fremde Taschen macht, selbst sein Projekt ausführt und sich mit dem wirklichen Erzeugniß als Gewinn von seiner Erfindung begnügt.«[13]

Als »eine Frühform des Entrepreneurs«[14] vereint Defoes Projektemacher Züge des Erfinders, des schumpeterschen Innovators, des Spekulanten und des Unternehmensberaters. Er verkauft Ideen, nicht fertige Produkte, bietet seine mehr oder minder windigen Vorhaben einem Regenten oder privaten Investoren feil und »sucht seinen Vorteil darin, anderen einen Vorteil anzudienen«.[15] Man findet ihn vor allem in Krisen- und Übergangszeiten, sein Auftreten ist gekoppelt »an politische und ökonomische Erschütterungsmomente«; »er ist das prototypische Symptom einer zunächst herannahenden *new economy*, dann ihr Sachwalter ebenso wir ihr symbolträchtiges Aushängeschild und schließlich auch ihr Verweser«.[16] Wenn der einzelne Projektemacher auch große Gefahr läuft, ökonomisch Schiffbruch zu erleiden – Defoe definiert »Projekt« geradezu als »ein großartiges Unternehmen, das zu breit angelegt ist, als daß aus ihm etwas werden könnte«[17] –, so ist die Projektemacherei als Ganze doch von großem gesellschaftlichen Nutzen: Sie »befeuert die Risikofreude und Innovationsbereitschaft, verbindet Erfindung und Geschäft immer neu und immer besser miteinander und fungiert so als Motor der Kapitalakkumulation«.[18]

Zeichnet Defoe den Projektemacher noch als einen klar konturierten Akteurstypus, dessen Modell der Autor selbst abgibt, so verallgemeinert Johann Heinrich Gottlob von Justi gut sechzig Jahre später das Projektemachen zum Anthropologicum: »Alle Menschen sind Projectmacher«, beginnt der ebenfalls zeitlebens in zahllose Unternehmungen involvierte Polizeywissenschaftler seine 1761

---

13 Ebd., S. 22.
14 Klopotek, »Projekt«, S. 218.
15 Stanitzek, »Der Projektmacher«, S. 136.
16 Krajewski, »Über Projektemacher«, S. 19 f.
17 Defoe, *Über Projektemacherei*, S. 15.
18 Klopotek, »Projekt«, S. 219.

veröffentlichten »Gedanken von Projecten und Projectmachern«, um dann zu erläutern: »Meines Erachtens versteht man unter einem Project, einen ausführlichen Entwurf eines gewissen Unternehmens, wodurch unsere eigene oder anderer Menschen zeitliche Glückseligkeit befördert werden soll; zu welchem Ende alle zu ergreifende Mittel und Maaßregeln, benebst den zu befürchtenden Schwierigkeiten und Hindernissen und die Art und Weise dieselben aus dem Wege zu räumen, in einem solchen Entwurfe deutlich vorgestellet werden.«[19] Menschen müssen, so der Ausgangspunkt seiner Überlegungen, sich um ihr Wohlergehen selbst kümmern und deshalb Pläne schmieden, sich Ziele setzen und Strategien entwickeln, wie sie diese erreichen können – mit anderen Worten: Sie müssen ihr eigenes Leben als Projekt führen.

Justi entwirft nicht weniger als die Gestalt des Lebensunternehmers, wie sie zwei Jahrhunderte später gleichermaßen in den nobelpreiswürdigen Höhen der Humankapitaltheorie wie auch in den Niederungen populärer Erfolgsratgeber wiederkehren sollte. Im Unterschied zum unternehmerischen Selbst der Gegenwart, dem vor allem die Fähigkeit abverlangt wird, sich flexibel in immer neuen Projekten von immer kürzerer Laufzeit zu engagieren, setzt der Polizeywissenschaftler allerdings noch auf langfristige Lebensplanung: »Besonders ist es nöthig, daß wir über die Lebensart, oder Handthierung, die wir erwählen wollen, gleich Anfangs ein ausführlich Project machen. In demselben müssen wir zuförderst unsere Geschicklichkeiten oder bereits besitzendes Vermögen, die allemal der Grund und Anfang unsers Erwerbes und unserer grössern zeitlichen Glückseligkeit seyn müssen, in einen genauen und richtigen Anschlag bringen, wobey wir die schmeichlerische Einbildung unserer Eigenliebe so viel möglich im Zaume zu halten haben, daß sie sich der Feder bey Entwerfung dieses Anschlages nicht bemächtiget. Aus diesem Anschlage muß nun der Endzweck und das Vorhaben unserer künftigen Lebensart, welches zu erreichen wir uns gegründete Hoffnungen machen können, festgesetzet werden.«[20]

---

19 Johann Heinrich Gottlob von Justi, »Gedanken von Projecten und Projectmachern«, in: ders., *Politische und Finanzschriften über wichtige Gegenstände der Staatskunst, der Kriegswissenschaften und des Cameral- und Finanzwesens*, Bd. 1, Kopenhagen/Leipzig 1761 (Neudruck: Aalen 1970), S. 256-281, hier: S. 256f.
20 Ebd., S. 258f.

War es Defoe darum zu tun, den Nutzen des Projektemachens (und nicht zuletzt der eigenen Projekte) gegen die Scharlatane zu verteidigen, die es in Verruf gebracht hatten, so klingt in Justis Apologie das Anrüchige des Gewerbes zwar noch nach, seine Überlegungen zielen jedoch darüber hinaus ins Grundsätzliche. Nicht der Hochstapelei und dem Investitionsschwindel einiger »Avanturiers«, sondern der Sprunghaftigkeit und Unüberlegtheit aller gilt sein Einsatz. Für den Polizeywissenschaftler ist das Projektemachen vor allem eine Frage von Planungskompetenz und -kontinuität, und beides lassen, so Justi, die meisten seiner Zeitgenossen vermissen: »Allein die wenigsten Menschen machen ein solches wohl überlegtes Project ihres Lebens: und die wenigen, so es etwan machen, erschrecken sogleich vor denen Schwierigkeiten, die sie auf ihrem Wege vorfinden, daß sie die betretene Bahn sofort verlaßen, und einen andern Weg erwählen.«[21]

Der Planungsappell (und der Planbarkeitsoptimismus) richten sich freilich nicht nur an die »Privatpersonen«, sondern auch auf die »Regierung der Staaten«. Justi parallelisiert die Selbstführung des Einzelnen mit der Lenkung des Gemeinwesens, die Vorstellung des Lebensentrepreneurs mit der des Staates als Unternehmen. Wie die Beförderung der individuellen »Glückseligkeit«, so verlangt auch die öffentliche Wohlfahrt gründlichste Überlegungen, und in »diesem Verstande sollte nicht allein der Regent, sondern auch vornehmlich die obersten Staatsbedienten Projectmacher seyn«.[22] Das Anforderungsprofil, das Justi für diese aufstellt, spiegelt das Selbstbild des Polizeywissenschaftlers und seinen Anspruch, ein abgesichertes Regierungswissen zu formulieren: Wer »ein nützlich Project zur Beförderung der wahren Wohlfahrt des Staates verfertigen will«, sollte demnach »vorzügliche Eigenschaften und Fähigkeiten besitzen«: So muss er erstens »die guten Regierungsgrundsätze«, d. h. die polizeywissenschaftlichen Lehren, »auf das vollkommenste innen haben«. Zweitens benötigt er praktische Erfahrungen »in den Regierungsangelegenheiten, und den dazu gehörigen Geschäften sowohl, als in den Welthändeln« und muss drittens über das Land, für das er sein Projekt entwirft, und »dessen Zustand und Beschaffenheit sowohl, als von den Gerechtsamen und Gesinnungen des Volkes eine Kenntniß besitzen«. Wissen und Erfahrung reichen

21 Ebd., S. 260.
22 Ebd., S. 261.

indes nicht aus, »um dienliche Vorschläge ausfündig zu machen«; hinzukommen müssen vielmehr persönliche Talente wie »gute Vernunft und Vorstellungskraft« sowie eine ausgeprägte »Einbildungs- und daraus entstehende Erfindungskraft«.[23]

Neben diesem Tugendkatalog führt Justi noch zwei weitere Sicherheitsmechanismen an, die ernsthafte Projektemacher von unseriösen »Staatsabentheurern« zu unterscheiden erlauben und auf diese Weise wirtschaftlichen wie politischen Schaden abwenden sollen: das Prinzip der Schriftlichkeit – »wenn der Herr Projectmacher kein schwärmender Narr ist, der in das Tollhaus gehöret; so muß er von seinem Projecte wenigstens so viel schriftlich äußern können, daß man den Endzweck und den Nutzen einsehen kann« – und das der personellen Einheit von Idee und Ausführung – »derjenige, so eine Sache erfunden und so vielfältig darüber nachgesonnen hat, ist am besten im Stande, Mittel und Maaßregeln, wider die sich ereignenden Schwierigkeiten an die Hand zu geben; und sein eigner Nutzen, welcher dabey vorwaltet, wird ihn auch ungleich mehr als andere zum Fleiß und Eifer bewegen«.[24] Hier klingen bereits Funktionsmechanismen an, die Projektarbeit und -organisation bis heute kennzeichnen: Projekte brauchen zum einen Projektanträge, -exposés und -präsentationen; die Entwürfe müssen ausformuliert werden, um ihre Realitätstauglichkeit beurteilen zu können. Zum anderen ersetzen Projekte das Prinzip der arbeitsteiligen Spezialisierung durch temporäre Teamkooperation. Projektarbeiter sind Spezialisten für ein bestimmtes Projekt, innerhalb ihres Projekts dagegen sind sie – zumindest bis zu einem gewissen Grade – Generalisten.

So selbstverständlich das projektförmige Arbeiten heute geworden ist, die Herren Projektemacher sind von der Bildfläche verschwunden. Schon im 19. Jahrhundert war an ihre Stelle eine andere Leitfigur getreten, die »für die Verschränkung von Fortschrittsarbeit mit wissenschaftlicher Methodik, ökonomischen Interessen und technologischer Entwicklung« einstand: der Ingenieur.[25] Mit der Krise dieses Leitbilds um 1900 tauchte die Gestalt des Projektemachers zwar kurzfristig wieder auf, und man mag auch den Start-up-Unternehmer der New Economy als einen späten Nachfahren

23 Ebd., S. 263 f.
24 Ebd., S. 271 f.
25 Krajewski, »Über Projektemacher«, S. 20.

betrachten, der Begriff Projekt hat allerdings inzwischen eine andere Färbung erhalten. Im Vordergrund steht, was sich bereits bei Justi abzeichnete, der Aspekt einer zeitlich befristeten, von einem Individuum oder einer überschaubaren Gruppe selbstverantwortlich zu bewältigenden Aufgabe. Projekte verlangen und gewähren ein großes Maß an Autonomie, sie stehen quer zu institutionellen Hierarchien und zeichnen sich aus durch hohe Kommunikationsdichte sowie ganzheitliche, den Einklang von Arbeit und Leben, von wirtschaftlichem Erfolg und persönlicher Entwicklung verheißende Rollenangebote.

Es war die Alternativbewegung der 70er-Jahre, die diese semantische Verschiebung einleitete. Sich in Projekten zu organisieren, bedeutete für die Alternativen ein Abrücken von den etablierten Institutionen der Gesellschaft und praktische Kritik der kapitalistischen »Megamaschine«. Die zahllosen Wohn-, Arbeits-, Kultur- und Sozialprojekte verstanden sich als Gegenentwürfe zu Fabrik, Kleinfamilie oder Universität und reagierten nicht zuletzt auf das Scheitern anderer Politikkonzepte (»Marsch durch die Institutionen«, »bewaffneter Kampf«, parteikommunistische Kaderorganisationen) nach dem Aufbruch von 1968: »Mit dem Aufbau alternativer Projektmodelle (Buchläden, Druckereien, Werkstätten, Landkommunen etc.), der Organisierung des eigenen Lebenszusammenhangs, der Entfaltung eines Systems von Gegenökonomie, letztendlich der ›Politik in erster Person‹«, heißt es in einer Zwischenbilanz aus dem Jahre 1978, »stellen sich für sie die Probleme von Widerstand, Kampf und Antizipation nicht länger mehr unter den jeweiligen Bedingungen der Klassengesellschaft, sondern vornehmlich im Medium subjektiver Erfahrung und konkreter Alltagspraxis. Anstelle eines gezielten Angriffs auf die Strukturen des kapitalistischen Systems tritt nun mit dem Aufbau eines alternativen ökonomischen Systems die Entfaltung der Subjekte, die schon heute qualitativ anders möglich sein soll, in den Mittelpunkt der Auseinandersetzungen. Erfolgskriterium ist nicht mehr die soziale Wirksamkeit eines Klassenkampfkonzeptes, sondern der Entwicklungsgrad positiver Lebensentwürfe und der darin eingeschriebenen Möglichkeiten zur Selbstbefreiung.«[26]

26 Wolfgang Kraushaar, »Thesen zum Verhältnis von Alternativ- und Fluchtbewegung«, in: ders., *Autonomie oder Getto? Kontroversen über die Alternativbewegung*, Frankfurt/M. 1978, S. 8-67, hier: S. 12 f.

Die Sammelbezeichnung Projekt betonte das experimentelle Moment der kommunitären und genossenschaftlichen Gründungen, wobei es sich anders als bei den Unternehmungen von Defoes oder Justis Projektemachern nicht um technische, sondern um soziale Experimente handelte, die zudem als kollektive Selbstversuche ohne die ordnende Hand eines Souveräns oder polizeywissenschaftlichen Sozialingenieurs auskamen.[27] Die Alternativprojekte verstanden sich als Laboratorien in Sachen Selbstorganisation, was basisdemokratische, konsensorientierte Entscheidungsverfahren ebenso einschloss wie einheitliche Entlohnung, Kollektiveigentum an den Produktionsmitteln und das Aufweichen der Trennungen zwischen Hand- und Kopfarbeit, Erwerbstätigkeit und Freizeit, Privatem und Politischem. Experimentierfelder waren sie nicht zuletzt in Sachen Selbstmotivierung. Weil Geld, Prestige und Befehlsgewalt als Antriebskräfte ausfielen beziehungsweise abgelehnt wurden und kein Vorgesetzter die Arbeitsdisziplin überwachte, mussten intrinsische Anreize an ihre Stelle treten. Das gemeinsame Ziel, im und durch das Projekt sowohl die Gesellschaft wie auch sich selbst zu ändern, die Identifikation mit der Gruppe und darüber hinaus mit der alternativen Gegenkultur und vor allem das Fehlen formaler Subordinationsverhältnisse sollten, so das Credo, jene Mischung aus Enthusiasmus und Realitätssinn freisetzen können, auf welche die Projekte angewiesen waren. »Wirklich voran geht nur dann etwas«, beschrieben zwei Mitglieder einer Landkommune die paradoxe Aufgabe, »wenn jemand sich richtig drum kümmert und andere anstiftet mitzumachen. Der allgemeine Plan wird von zwei Seiten her verwirklicht: der absoluten Notwendigkeit – z. B. Holz hacken, wenn es zur Neige geht und es sehr kalt ist – und der persönlichen Prioritätensetzung eines oder mehrerer Gruppenmitglieder. [...] alle in der Gruppe müssen lernen, Motivation zur Arbeit bei sich und anderen so zu schaffen, daß jeder Verantwortung übernimmt, ohne sich von den anderen verantwortlich gemacht zu fühlen. Wenn das gelingt, ist – anders als im kapitalistischen Verwertungsprozeß – der Arbeitsprozeß nicht weniger wichtig als

---

27 Vgl. für einen Überblick Walter Hollstein/Boris Penth, *Alternativprojekte. Beispiele gegen die Resignation*, Reinbek b. Hamburg 1980; Klaus Müschen, *»Lieber lebendig als normal!« Selbstorganisation, kollektive Lebensformen und alternative Ökonomie*, Bensheim 1982.

das Resultat. Und die Gruppe wird gute Voraussetzungen für ein friedliches Zusammenleben haben.«[28]

Gemessen an ihren sozialrevolutionären Hoffnungen und Aussteigerutopien sind die Alternativprojekte zweifellos gescheitert, und ihre Manifeste klingen für heutige Ohren antiquiert. Mit dem zeitlichen Abstand von einem Vierteljahrhundert wird jedoch auch deutlich, dass sie in anderer Hinsicht ihrer Zeit durchaus voraus waren. Indem die alternative Kunst der Selbstregierung eine Balance zwischen individuellen Bedürfnissen, politischen Zielen und ökonomischen Notwendigkeiten postulierte und reichlich Gelegenheit bot, diese Balance stets von Neuem auszutarieren, antizipierte sie die Autonomisierungs-, Responsibilisierungs- und Nachhaltigkeitsprogramme, die spätestens seit den 90er-Jahren in alle Poren der Gesellschaft vorgedrungen sind. Die erklärtermaßen antikapitalistischen Sozialexperimente erwiesen sich wider Willen als Schulen unternehmerischer Tugenden. Was in den endlosen Selbstverständigungsdebatten, den Versuchen mit rotierender Aufgabenverteilung und beim auf Dauer gestellten Lavieren hart an der Konkursgrenze gelernt werden konnte, stellt alle Existenzgründerseminare in den Schatten. Angesichts der prekären, von Unterkapitalisierung und Selbstausbeutung geprägten ökonomischen Situation hatten die alternativen Projekte nur die Wahl, sich entweder zu professionalisieren oder sich auf eine marginale Nischenexistenz zurückzuziehen oder aufzugeben. Nicht wenige selbstverwaltete Betriebe mauserten sich in der Folge zu innovativen Unternehmen, und dieser Schritt glückte ihnen umso leichter, desto mehr sie die Gemeinschaftsenergien, Kommunikationskompetenzen und Selbstverpflichtungsstrategien ihrer Projektvergangenheit nutzbar machen konnten. Joseph Huber, einer der Theoretiker der Alternativökonomie, brachte das Kunststück fertig, noch diese Anpassungsleistung mit dem politischen Anspruch auf Widerständigkeit zu versöhnen. Was er 1980 den Alternativprojekten ins Stammbuch schrieb, nahm den neoliberalen Imperativ verallgemeinerter Intrapreneurship vorweg: »Selbstverwaltung heißt u. a. auch Aufhebung des Widerspruchs von Unternehmer (Kapital) und Belegschaft (Arbeit). Ein selbst-

---

28 Bernd Leineweber/Karl-Ludwig Schibel, »›Die Alternativbewegung‹. Ein Beitrag zu ihrer gesellschaftlichen Bedeutung und politischen Tragweite, deren Möglichkeiten und Grenzen«, in: Kraushaar (Hg.), *Autonomie oder Getto?*, S. 95-128, hier: S. 100.

verwaltetes Kollektiv, dessen Mitglieder bloß ein Lohnarbeitsverhältnis haben, ist zum Scheitern verurteilt. Alle müssen, in kollektiver Weise zwar, aber eben doch auch *unternehmerisch* denken und handeln lernen. Unter vielem anderem bedeutet dies auch, daß Prinzipien eines *kollektiven* Managements bejaht werden, was eben mit förmlichen Regelungen zusammenhängt. [...] Jede Stelle im Betrieb ist gewissermaßen eine eigene und eigenverantwortliche Plan-, Kosten- und Kalkulationsstelle im Gesamtrahmen des Betriebs.«[29] – Die alternative Aufhebung des Kapitalismus mündete in die Forderung, jeder Einzelne und die Projektgruppen als Ganze müssten sich als Kapitalisten in eigener Sache verhalten. Wie bei Max Webers protestantischen Sekten verblassten die alternativen Ideale und Ideologien, während das alternative Arbeitsethos und die daraus abgeleiteten Organisationsmodelle fortwirkten und einen »neuen Geist des Kapitalismus« generierten.

Die »projektbasierte Polis« und
»der neue Geist des Kapitalismus«

Luc Boltanski und Ève Chiapello haben in ihrer großen Studie über ebendiesen »neuen Geist«[30] dem eine Schlüsselstellung zugewiesen, was sie »die projektbasierte Polis« nennen. Deren Architektur lässt erkennen, in welchem Maße die Menschen heute sich selbst, ihre sozialen Beziehungen und die Welt, in der sie leben, im Modus des Projektemachens begreifen. Der Kapitalismus benötigt, so Boltanskis und Chiapellos These, in all seinen historischen Ausprägungen Ideologien, die das Engagement für ihn rechtfertigen und die Kritik an ihm neutralisieren. Diese Legitimationsmuster beziehen sich auf allgemeine Vorstellungen von Gerechtigkeit und Allgemeinwohl und definieren Wertigkeitsordnungen sowie übergeordnete Äquivalenzprinzipien, auf deren Grundlage Handlungen, Gegenstände und Personen beurteilt werden können. Mit dem Begriff »Polis« bezeichnen die beiden diese sich wandelnden Rechtfertigungsordnungen, die sich aus Ressourcen speisen, welche der Kapitalismus selbst nicht erzeugen kann: »Aus den Glaubenssätzen, die zu einem

29 Joseph Huber, *Wer soll das alles ändern. Die Alternativen der Alternativbewegung*, Berlin 1980, S. 127 f.
30 Luc Boltanski/Ève Chiapello, *Der neue Geist des Kapitalismus*, Konstanz 2003.

gegebenen Zeitpunkt eine hohe Überzeugungskraft besitzen, und aus den prägenden, ja sogar aus kapitalismuskritischen Ideologien, die Teil seines kulturellen Kontextes sind. Der Geist, der den Akkumulationsprozess zu einem gegebenen Zeitpunkt begünstigt, ist demnach durchdrungen von zeitgleichen kulturellen Erzeugnissen, die zumeist zu ganz anderen Zwecken entwickelt wurden als zur Rechtfertigung des Kapitalismus.«[31]

Während in der »marktwirtschaftlichen Polis« derjenige als »groß« gilt, der auf einem Wettbewerbsmarkt begehrte Güter anbietet und sich als Kaufmann bewährt, und in der »industriellen Polis« die Wertigkeit der Menschen auf ihrer Effizienz gründet, fungiert in der »projektbasierten Polis«, deren Konturen Boltanski und Chiapello aus einem Vergleich der Managementliteratur der 60er- und 90er-Jahre erschließen, die Aktivität als generelles Äquivalenzmaß.[32] Im Gegensatz zur industriellen Polis, in der Aktivität gleichbedeutend mit Erwerbsarbeit war, bezieht sie sich in der projektbasierten Polis auf ein Portfolio von Tätigkeiten, das die Differenzen zwischen Arbeit und Freizeit, zwischen Erwerbstätigkeit, Hausarbeit und ehrenamtlichem Engagement verschwimmen lässt. Aktiv zu sein bedeutet demnach, »*Projekte* ins Leben zu rufen oder sich den von anderen initiierten Projekten anzuschließen«. Um welche Art von Unternehmungen es sich dabei im Einzelnen handelt, ist zweitrangig, entscheidend ist die Tatsache, »niemals um ein Projekt oder eine Idee verlegen zu sein, unablässig Pläne zu schmieden, gemeinsam mit anderen an einem Projekt zu sitzen«.[33] Je höher der Aktivitätspegel und je zahlreicher die Projekte, in die man eingebunden ist, desto höher die Stellung in der gesellschaftlichen Rangordnung. Bildet das einzelne Projekt die Basiseinheit

---

31 Ebd., S. 58 f.
32 Neben diesen unterscheiden Boltanski und Chiapello noch vier weitere Poleis: die *erleuchtete Polis*, in der sich Größe nach dem Grad der Inspiriertheit misst und der erleuchtete Heilige oder der kreative Künstler als Modell dienen; die *familienweltliche Polis*, in der die Wertigkeit von der Position in einer Kette persönlicher Abhängigkeitsverhältnisse abhängt; die *Reputationspolis*, in der sie von der Zahl der Menschen abhängt, die ihnen Glauben und Wertschätzung entgegenbringen; und die *bürgerweltliche Polis*, wo derjenige als »groß« gilt, der den Allgemeinwillen zum Ausdruck bringt (ebd., S. 63). Ausführlich entwickelt wird das Polis-Konzept in Luc Boltanski/Laurent Thévenot, *De la justification. Les économies de grandeur*, Paris 1991.
33 Boltanski/Chiapello, *Der neue Geist des Kapitalismus*, S. 156.

der nach ihm benannten Polis, so ergeben die wechselnden Projektkonfigurationen insgesamt ein sich fortwährend neu formierendes und erweiterndes Netzwerk. In einem Netz gibt es keine über- und untergeordneten Positionen, sondern lediglich Knotenpunkte mit unterschiedlich vielen Verbindungen. Deren Zahl und Qualität zu steigern, ist daher die wichtigste Aufgabe, Networking die »Außenpolitik« der Projektarbeit. Aktivität bedeutet dabei, »dass man sich in *Netze* eingliedert und sie erkundet, um so seine Isolation zu durchbrechen und Chancen zu haben, persönliche Kontakte zu knüpfen bzw. sich mit Gegenstandsbereichen zu befassen, durch deren Verbindung sich ein Projekt anregen lässt«.[34]

Grundlegend anders als die der industriellen Polis ist auch die Zeitstruktur der projektbasierten Polis. An die Stelle eines auf biografischer Kontinuität beruhenden Karrieremodells treten hier die diskontinuierlichen Rhythmen von Projektplanung, -durchführung, -abschluss und der Suche nach dem Anschlussprojekt. Das Leben erscheint als eine Abfolge befristeter Engagements: »Jeder ist sich im Moment der Teilnahme an einem Projekt bewusst, dass das Unternehmen, an dem er mitwirkt, nur von begrenzter Dauer sein wird. Man weiß nicht nur, dass es irgendwann zu Ende gehen kann, sondern dass es irgendwann zu Ende gehen muss. Die Perspektive eines unausweichlichen und erwünschten Abschlusses begleitet somit das Engagement, ohne allerdings die Begeisterung zu mindern. Deswegen wird die Beteiligung auch als freiwillig verstanden. Die Entscheidung, an einem bestimmten Projekt nicht teilzunehmen, und mithin die Möglichkeit, sich seine Projekte aussuchen zu können, ist eine Voraussetzung für das harmonische Funktionieren der Polis, wobei diese Bedingung von der Multiaktivität jedes Einzelnen garantiert wird.«[35] Der Freiwilligkeit des Einsatzes für dieses

34 Ebd.
35 Ebd. Offenkundig sind die Parallelen zwischen den Organisationsmodellen der projektbasierten Polis und anarchistischen Vorstellungen freier Assoziation, wie sie in der Folge der Revolte von 1968 wiederbelebt worden waren. Das bestätigt nicht zuletzt Boltanskis und Chiapellos These, der »neue Geist des Kapitalismus« habe die Kritik an der vorausgegangenen kapitalistischen Formation absorbiert. Die Grundprinzipien einer libertären Organisationstheorie, die der britische Anarchist Colin Ward in den 60er-Jahren formulierte, könnten jedenfalls auch aus einem Managementratgeber der 90er-Jahre stammen: Organisationen müssen danach »(1) freiwillig, (2) funktionsgerecht, (3) zeitlich begrenzt und (4) klein sein. Freiwillig sollen sie aus naheliegenden Gründen sein. Denn unser Eintreten

oder jenes Projekt steht indes der Druck entgegen, immer neue Projekte finden zu müssen und auf keinen Fall ohne eines dastehen zu dürfen, weil das einen Mangel an Aktivität anzeigen und längerfristig den sozialen Tod bedeuten würde.

Der »Wertigkeitsträger der projektbasierten Polis« und damit zugleich das dominante gesellschaftliche Leitbild ist ein Balancekünstler und Flexibilitätsvirtuose. Boltanski und Chiapello destillieren aus den Verhaltensregeln der Managementratgeber einen Tugendkatalog, der gegensätzliche Schlüsselqualifikationen vereint: Gefordert sind Enthusiasmus und rückhaltloser Einsatz bis zum Limit, zugleich aber die Fähigkeit, seine Begeisterung umzupolen und auf immer neue Objekte zu richten. Der Projektarbeiter »ist *polyvalent*, wechselt problemlos seinen Tätigkeitsbereich beziehungsweise seine Instrumente je nach Art der Beziehungen, die er mit anderen Personen oder mit Objekten unterhält«.[36] Nichts darf die Mobilität dieses »Nomaden«[37] einschränken. Allerdings ist er kein »heimatloser Geselle«, er »fühlt sich zwar überall zuhause, kann aber auch lokal-verbindlich auftreten«. In Leitungsfunktionen kehrt er nicht den Vorgesetzten heraus, sondern zeigt sich als »Integrationsfigur«, als ein »Impulsgeber, Lebens-, Sinn- und Autonomiestifter, jemand, der anderen die Arbeit erleichtert und die Energien bündelt«.[38] Der ideale Projektleiter ist Coach, Vermittler, Intuitivmanager und Ex-

---

für individuelle Freiheit und Verantwortlichkeit wäre zwecklos, wenn wir gleichzeitig Organisationen forderten, bei denen die Mitgliedschaft obligatorisch ist. Aus ähnlich naheliegenden, aber nicht immer beachteten Gründen sollen sie eine echte Funktion haben. Organisationen neigen dazu, auch dann weiterzubestehen, wenn sie gar keine Funktion mehr haben oder ihre früheren Funktionen überlebt haben. Zeitlich begrenzt sollen sie eben deshalb sein, weil die permanente Existenz einer der Faktoren ist, die die Arterien einer Organisation verkalken läßt, in dem sie das Interesse am eigenen Überleben und damit die Tendenz fest begründet, eher den Interessen der Funktionäre als der Ausübung der scheinbaren Funktionen zu dienen. Klein sollen sie sein, weil in kleinen Gruppen, in denen man sich untereinander kennt, die bürokratisierenden und hierarchischen Tendenzen, die jeder Organisation innewohnen, sich am wenigsten entfalten können« (Colin Ward, »Der Anarchismus als eine Organisationstheorie«, in: Erwin Oberländer (Hg.), *Der Anarchismus. Dokumente der Weltrevolution*, Bd. 4, Olten/Freiburg 1972, S. 403-422, hier: S. 408). – In den Jargon unserer Tage übersetzt, ist das nichts anderes als die Skizze eines Projektteams.

36 Boltanski/Chiapello, *Der neue Geist des Kapitalismus*, S. 158.
37 Ebd., S. 169.
38 Ebd., S. 158 ff.

perte zugleich. Dazu bedarf er vor allem kommunikativer Kompetenzen: Projektleiterqualitäten besitzt und damit hohe Wertigkeit genießt, wer anderen Vertrauen einflößen und entgegenbringen, wer begeistern und sich begeistern lassen kann, wer offen und verbindlich, weder schüchtern noch überheblich wirkt, wer Gegensätze ausgleicht und unterschiedliche Menschen zusammenbringt, wer schließlich ergiebige von unergiebigen Informationsquellen zu unterscheiden vermag, seine Umgebung unentwegt nach innovativen Signalen abtastet und frühzeitig aussichtsreiche Kontakte ausmacht. Sozialkapital und Informationskapital hängen zusammen: Nur wer viele Kontakte hat und stets bemüht ist, neue zu schließen, kann auch das erforderliche, d. h. permanent zu aktualisierende Wissen akkumulieren – und umgekehrt.

Gemeinsam ist den Rollenmodellen der projektbasierten Polis, dass sie die Menschen dazu anhalten, »Verbindungen aufzubauen, die größtmögliche Opportunitäten in sich bergen, das Netz am effizientesten ausdehnen und sich im Wesentlichen durch die überbrückte *Distanz* definieren lassen«.[39] Dem entsprechen als Negativbestimmungen Verschlossenheit, Intoleranz, autoritäres Auftreten, mangelnde Initiative und vor allem Immobilität, kurzum alles, was die Kontaktmöglichkeiten beschneidet. Als inkompetent gilt, »wer sich nicht *engagieren* kann, wer in einem Projekt nicht *einsetzbar* oder zu einem Projekt-*Wechsel* unfähig ist«.[40] Das Leben im Rhythmus der Projektzyklen verlangt und befördert einen Persönlichkeitstypus, der sich unabhängig macht von langfristigen Bindungen an andere. Nur in sich selbst – »der einzigen Instanz, die in einer komplexen, unsicheren und veränderbaren Welt über eine gewisse Dauerhaftigkeit verfügt« – kann der ungebundene Mensch noch Wurzeln schlagen. »Allerdings ist ihm die Selbstbezüglichkeit, die er sich zugesteht, weder als etwas Präexistierendes mitgegeben noch ist sie eine Folge eines Lebenswegs oder einer Lebenserfahrung. Sie ergibt sich vielmehr aus der Konstellation der hergestellten Verbindungen. Jeder ist nur deswegen er selbst, weil er das Beziehungsgeflecht bündelt, das ihn darstellt.«[41]

Obwohl sie die projektbasierte Polis als zeitgenössische Rechtfertigungsordnung des Kapitalismus analysieren, zeigen sich Boltanski

39 Ebd., S. 163.
40 Ebd., S. 166.
41 Ebd., S. 172.

und Chiapello skeptisch gegenüber Interpretationen, welche die gegenwärtigen gesellschaftlichen Transformationen ausschließlich als Expansion marktwirtschaftlicher Mechanismen beschreiben. Projekte und ihre Verknüpfung zu Netzwerken sollen zwar jene Form sozialer Kooperation darstellen, die heute am ehesten geeignet ist, das Bestehen auf den Märkten zu gewährleisten, in einigen Punkten widerspricht die Projektwelt aber auch dem Idealbild einer reinen Wettbewerbsordnung. So erfolgt der Theorie nach die marktwirtschaftliche Transaktion punktuell und berücksichtigt den Aspekt der Zeit nicht weiter, während Projektorganisation auf einer wenn auch begrenzten Zeitbindung beruht. Die klassische ökonomische Lehre unterstellt dem Markt ferner Transparenz bei der Preisbildung, die Regulierung erfolgt, so die axiomatische Unterstellung, durch das Prinzip allgemeiner Äquivalenz. Projekte sind dagegen immer lokaler Natur. »Die Information steht nicht allen zum selben Zeitpunkt in Gänze zur Verfügung, wie es für das Ideal einer reinen und vollkommenen Information gilt, durch die alle Marktteilnehmer die gleichen Voraussetzungen haben.«[42] Drittens spielen persönliche Bindungen in Marktbeziehungen idealiter keine Rolle, während Projektorganisation gerade die Kohäsionskräfte von Primärgruppenbeziehungen nutzbar zu machen verspricht. Weil schließlich in der projektbasierten Polis Informationen und Kontakte das wichtigste Kapital darstellen, sind die getauschten Produkte nicht mehr eindeutig von den Tauschenden zu trennen. Das gilt insbesondere für die Arbeit, die sich unter Projektbedingungen nicht länger als eine von der Erwerbsperson losgelöste Ware betrachten und in genormten Berufsqualifikationen und Arbeitsplatzbeschreibungen vorab fassen lässt. Der »neue Kapitalismus«, so ließe sich Boltanskis und Chiapellos Diagnose zusammenfassen, mag zwar die Marktkräfte entfesseln, aber er stärkt auch Formen der Zusammenarbeit und des Austauschs, die zwar die Wettbewerbsposition der Beteiligten verbessern sollen, selbst aber nicht der Logik des Marktes folgen. Kooperation und Konkurrenz schließen in der projektbasierten Polis einander nicht aus, sondern verhalten sich komplementär zueinander. Wer in dieser Welt erfolgreich sein will, muss vor allem das jeweils richtige Mischungsverhältnis finden.

Bei allen methodischen wie terminologischen Differenzen zwischen einer an Max Weber und Albert O. Hirschman geschulten

42 Ebd., S. 177.

Untersuchung der Legitimationsgrundlagen des Gegenwartskapitalismus und einer an Foucault anschließenden Analyse neoliberaler Gouvernementalität – die Nähe zwischen Boltanskis und Chiapellos Idealtypus des Projektarbeiters und der Anrufungsfigur des unternehmerischen Selbst ist groß: Beide beschreiben nicht einen gesellschaftlich dominanten Sozialcharakter, sondern normative Fluchtpunkte zeitgenössischer Fremd- und Selbstmodellierung. Diese sind bei beiden geeicht auf die Postulate der Aktivierung und Flexibilisierung, deren Unabschließbarkeit eine Dynamik permanenter Mobilmachung in Gang setzen soll. Beide führen die Transformationen des Kapitalismus mit denen der Subjektivierung parallel, ohne Letztere aus den Zwängen ökonomischer (Selbst-)Verwertung abzuleiten. Beide arbeiten schließlich auch die spezifischen Zumutungen und Formen des Scheiterns heraus, die den Menschen heute abverlangt werden beziehungsweise ihnen drohen.

Unübersehbar sind jedoch auch die Differenzen: Boltanski und Chiapello konzentrieren sich darauf, den neuen »Geist« des Kapitalismus herauszupräparieren, sie interessieren sich aber nicht für jene Strategien und Taktiken, die diesem zu praktischer Geltung verhelfen sollen. Luzide zeichnen sie die Ratio der projektbasierten Polis nach, verzichten jedoch darauf, auch die Sozial- und Selbsttechnologien zu analysieren, in denen diese Ratio ihren Niederschlag findet und deren Effekt sie ist. Wie die Praxis der Projektarbeit und -existenz das Aktivitätsethos der Projektwelt generiert und wie umgekehrt dieses Ethos in konkrete Handlungsanweisungen übersetzt wird, das entzieht sich dem Blick der Legitimationstheoretiker. Dabei liefert nicht zuletzt der Literaturkorpus, auf den sie ihre Untersuchung stützen, neben ideologischen Rechtfertigungen der Projektwelt einen reichen Fundus an Werkzeugen für ein effizientes Projektmanagement. Der Kapitalismus braucht in all seinen Ausprägungen nicht nur Ideologien, die das Engagement für ihn rechtfertigen, sondern auch Mechanismen der Zurichtung und Selbstzurichtung, die dafür sorgen, dass die Menschen sich in ausreichendem Maße und angemessener Form tatsächlich engagieren. Ohne ein projektbasiertes Regime der Subjektivierung und sozialen Kooperation hätte die projektbasierte Polis keinen Bestand. Als legitim erfahren wird eine Ordnung nur dann, wenn sie sowohl überzeugende Maßstäbe des Guten und Richtigen aufstellt, als auch zeigt und einübt, wie man sein Handeln an diesen ausrichten kann.

Projektmanagement

Ein Projekt zu verfolgen, verlangt planvolles Vorgehen: Ziele sind zu definieren und die Schritte festzulegen, um es zu erreichen; der Zeitrahmen ist zu bestimmen, die Kosten sind zu kalkulieren und die erforderlichen Mittel bereitzustellen; die am Projekt Beteiligten müssen ausgewählt, motiviert und ihr Zusammenwirken organisiert werden; gegebenenfalls müssen unvorhergesehene Hindernisse aus dem Weg geräumt oder Projektziele und -ablauf modifiziert werden; am Ende sind die Ergebnisse zu kontrollieren usw. Bei all dem kann man sich auf Intuition oder Erfahrung verlassen, und wo immer Menschen Projekte verfolgt haben, haben sie das mehr oder minder geschickt getan. Projektmanagement ist nichts anderes als der Versuch, Intuition und Erfahrung zu systematisieren, aus der Vielfalt der Projektverläufe allgemeine Prinzipien abzuleiten, grundlegende Erfolgsfaktoren und Problemmuster zu identifizieren und geeignete Instrumente zu entwickeln, um Projekte unterschiedlichen Umfangs und Typs möglichst effizient zu steuern. Dazu greift es auf Forschungsergebnisse insbesondere der Kybernetik und Systemtheorie, der Mikroökonomie, der Gruppenpsychologie und Organisationssoziologie zurück, lässt seine Konzepte in Begleit- und Evaluationsstudien empirisch überprüfen und verfügt neben einem ausdifferenzierten Methodenkanon über eigene Experten, Ausbildungsprogramme und professionelle Standards.

Als Startpunkt des Projektmanagements gilt gemeinhin ein monströses militärtechnisches Vorhaben, das die Annihilation der Gattung Mensch zu einem technisch realisierbaren Projekt machen sollte: das Manhattan Engineering District Project von 1941, das die erste Atombombe entwickelte. Einen weiteren Meilenstein bildete zwanzig Jahre später das Apollo-Programm, das die NASA 1961 mit dem Ziel bemannter Mondlandungen startete. Aufgrund des enormen Zeitdrucks, der wissenschaftlichen Herausforderungen und der Vielzahl der beteiligten Institutionen, Forscher und Ingenieure waren diese Unternehmungen mit den herkömmlichen Organisationsstrukturen nicht zu bewältigen.[43] Die hier erprobten Kooperationsformen, Planungs- und Controllingverfahren wurden in der Folge von Privatunternehmen übernommen und weiterentwi-

---

43 Hans-D. Litke, *Projektmanagement. Methoden, Techniken, Verhaltensweisen*, München 2004, S. 23.

ckelt, die vor allem ihre Forschungs- und Entwicklungsabteilungen auf Projektorganisation umstellten. »Aufgabe des Projektmanagers ist es, ein Produkt zu entwickeln – ein Stück hochtechnologischer Hardware«, heißt es in einem frühen Artikel aus dem *Harvard Business Review*, der dieses neue Berufsbild vorstellt: »Das wichtigste Werkzeug, auf das er sich dabei stützt, sind die Intelligenz und das Wissen von Experten in verschiedenen Bereichen.«[44] Die einseitige Ausrichtung auf extrem komplexe Vorhaben führte dazu, dass die Methoden zunächst ausgesprochen technisch orientiert waren. Erst seit den 80er-Jahren setzte sich die Erkenntnis durch, dass nicht nur wissenschaftlich-technische Großprojekte, sondern auch kleinere Vorhaben von einem systematischen Projektmanagement profitieren können. In der Folge weiteten sich die Anwendungsbereiche aus: Neben Unternehmen installieren inzwischen auch öffentliche Verwaltungen, Bildungseinrichtungen und Nichtregierungsorganisationen Projektteams und adaptieren die entsprechenden Instrumente. Projektmanagement soll nicht nur die vielbeschworene »Hierarchiekrise«,[45] die Delegitimierung vertikaler Strukturen und autoritärer Führungsmodelle, überwinden und so die Mitarbeiterinnen und Mitarbeiter motivieren, sondern gilt generell als Königsweg zu mehr Innovationsfähigkeit und Flexibilität.

Parallel zu dieser Expansion der Projektarbeit ist die Bedeutung sozialer Kompetenzen gewachsen. Zu den Schlüsselqualifikationen eines Projektmanagers gehören heute nicht mehr nur der versierte Umgang mit Strukturplänen, Kostenrechnungsverfahren und Dokumentationssystemen, sondern auch partnerschaftliche Gesprächsführung, Konfliktmediation und die Fähigkeit, ein Projekt überzeugend zu präsentieren. Die einschlägigen Lehrbücher vermitteln neben Netzplantechnik und Budgetierungsprogrammen auch Kreativitätsübungen und die Grundlagen »Themenzentrierter Interaktion«. Gemeinsam ist sowohl den auf *hard skills* wie den auf *soft skills* abzielenden Verfahren das Prinzip der indirekten Steuerung: Sie geben nicht vor, was im Einzelnen zu tun ist, um ein bestimmtes Projekt zum Erfolg zu führen, sondern zeigen auf, welche Faktoren dafür förderlich und welche hinderlich sind. Statt Hand-

---

44 Paul O. Gaddis, »The Project Manager«, in: *Harvard Business Review*, 32 (1959), May/June, S. 89-97, hier: S. 89.
45 Vgl. Peter Heintel/Ewald E. Krainz, *Projektmanagement. Eine Antwort auf die Hierarchiekrise?*, Wiesbaden 2000, S. 9 ff.

lungsanweisungen liefern sie Strukturierungs- und Motivierungshilfen, mit denen Projektteams ihre Aufgaben präziser bestimmen, sie operationalisieren und im vorgegebenen Zeit- und Kostenrahmen eigenständig lösen können und die Beteiligten dabei obendrein ihre Zusammenarbeit als befriedigend und fruchtbar erleben. Projekte zu managen heißt, Selbstorganisationsprozesse anzuregen und anzuleiten.

Dazu bedarf es zunächst einer Abstraktionsleistung: Obwohl kein Projekt hinsichtlich Art, Umfang, Verlauf und Dauer dem anderen gleicht, stellen die Projektmanagementprogramme Phasenmodelle, Ablaufschemata, aber auch Moderationstechniken oder gruppenpsychologische Typologien bereit, die sich auf (nahezu) alle Projekte anwenden lassen sollen. So werden Projekte grundsätzlich als »eine auf ›Lernen‹ ausgerichtete sequentielle Entscheidungsprozedur« beziehungsweise als »Problemlösungszyklus« aufgefasst, bei dem Situationsanalyse (Was ist los?), Zieldefinition (Was soll erreicht werden?), Lösungssuche (Welche Lösungen sind möglich?), Lösungsbewertung (Welche Lösungen sind sinnvoll?), Realisierung (Wie soll die gewählte Lösung durchgesetzt werden?) und Ergebniskontrolle (Welche Ergebnisse wurden erzielt?) aufeinander folgen. Oder man unterscheidet verschiedene »Lebensphasen« (Projektdefinition, Projektplanung, Projektdurchführung, Projektevaluation), die jedes Projekt auf seinem Weg von der Idee zum Produkt beziehungsweise vom Problem zu seiner Lösung zu durchlaufen hat.[46]

Management erfordert zunächst Strukturierung, und das »bedeutet bekanntlich, ein System in seine Elemente zu zerlegen und die Beziehungen zwischen den Elementen festzuhalten«.[47] So ist die diffuse Einheit »Projekt« funktional in Aufgaben und temporal in Sequenzen zu gliedern, für deren produktive Kopplung und korrekte Abfolge zu sorgen, und es sind Feedbackschleifen zu installieren, um so die einzelnen Prozesselemente zu einem Regel-

---

46 Vgl. Litke, *Projektmanagement*, S. 26 ff.; Manfred Burghardt, *Einführung in Projektmanagement*, München/Erlangen 1995, S. 11 ff.; Steinbuch, *Projektorganisation*, S. 28 ff. Für sozialwissenschaftliche Forschungsprojekte hat Anselm Strauss ein vergleichbares Schema entworfen: »The Articulation of Project Work: An Organizational Process«, in: ders., *Creating Sociological Awareness. Collective Images and Symbolic Representations*, New Brunswick/London 1991, S. 99-119.

47 Litke, *Projektmanagement*, S. 90.

kreis zu verbinden. Dabei »gibt die Projektplanung auf der Basis der Projektdefinition die Planwerte als Soll (Führungsgröße) für die Projektdurchführung vor. Durch die Projektkontrolle wird – möglichst häufig – das Ist (Meßgröße) abgefragt und mit dem Soll verglichen. Bei Abweichungen sind im Rahmen der Projektsteuerung entweder geeignete Maßnahmen vorzunehmen oder Planvorgaben zu ändern. Entsprechend den Gesetzmäßigkeiten der Regelungstechnik gilt auch hier, daß der Regelabweichung um so früher entgegengewirkt werden kann, je genauer (feiner gestuft) die Regelgrößen zu messen sind.«[48] »Meilensteine« markieren den Abschluss der einzelnen Abschnitte und eignen sich besonders »zur Standortbestimmung und eventuellen Kurskorrektur«.[49]

Das Prinzip des Zerlegens und Neuzusammensetzens wiederholt sich auf einer zweiten und möglicherweise auch auf einer dritten, vierten usw. Planungsebene. Entsprechend der Regel »vom Groben zum Detail«[50] gelangt man so Schritt für Schritt zu einer immer feineren Projektsteuerung: »Die Aufgaben auf der jeweils untersten Hierarchie-Ebene […] werden als Arbeitspaket bezeichnet. Es stellt die kleinste Planungseinheit dar und soll für sich disponiert und kontrolliert werden können, aufgabenmäßig sauber abgegrenzt sein, [und] jeweils bestimmten Stellen oder Personen zugeordnet werden können.«[51] Dem »Pflichtenheft«, das die Anforderungen an das zu erzielende Ergebnis des Gesamtprojekts festhält, entsprechen auf der Ebene der einzelnen Arbeitsschritte »Aufgabenpaket-Beschreibungen« mit detaillierten »Tätigkeitsbeschreibungen, Lösungswegen, Hilfsmitteln, Voraussetzungen, eventuell auch Problemen und Risiken etc.« Am Ende steht ein Projektstrukturplan, der »dem Projektmanager bereits im frühen Stadium einen Überblick über das ›Skelett‹ des Projekts [gibt], das dann in späteren Planungsschritten vervollständigt, sozusagen ›mit Fleisch versehen‹ werden kann«.[52]

Mithilfe der Netzplantechnik lassen sich die im Projektstrukturplan aufgeschlüsselten Beziehungen grafisch formalisieren und in eine logisch-zeitliche Abfolge bringen. Dieses auf der mathematischen Graphentheorie aufbauende Verfahren, von dem mehrere,

---

48 Burghardt, *Einführung in Projektmanagement*, S. 17.
49 Klaus Birker, *Projektmanagement*, Berlin 1999, S. 36.
50 Litke, *Projektmanagement*, S. 26.
51 Birker, *Projektmanagement*, S. 41.
52 Ebd., S. 43.

in der Regel computergestützte Varianten existieren, wurde in den 50er-Jahren unter anderem im Rahmen des Polaris-Programms der US-Navy entwickelt. Es verspricht »Zeitersparnisse in der Größenordnung von 25 % und Kostenersparnisse um 15 % [...], allerdings bei extremen Streuungen«.[53] Ein Netzplan zerlegt ein Projekt in drei Bestandteile: in *Vorgänge*, d. h. Zeit erfordernde Geschehen, *Ereignisse*, d. h. das Eintreten definierter Zustände, und *Anordnungsbeziehungen*, d. h. die personellen, fachlichen und terminlichen Abhängigkeiten zwischen den einzelnen Vorgängen. Dargestellt werden diese drei Elemente in Form von Knoten und Pfeilen, wobei je nach Variante die Vorgänge oder die Ereignisse als Pfeile beziehungsweise Knoten erscheinen. Beim »Vorgangsknotennetzplan« etwa enthält »der als Kästchen ausgebildete Knoten zunächst die Vorgangsnummer und Vorgangsbezeichnung. Zusätzlich können aufgenommen werden Kurztexte, Nummer oder Bezeichnung des Arbeitspaketes, die ausführende Stelle sowie eventuelle Durchführungshinweise. Im Bezug auf die Terminplanung sind neben der Dauer des Vorgangs die Pufferzeit sowie die frühesten und spätesten Anfangs- bzw. Endtermine (in der endgültigen Fassung meist umgerechnet in Kalenderdaten) angegeben. Ferner können Hinweise auf Einsatzmittel und auf Kosten vorgenommen werden.«[54] Ein Netzplan dient nicht nur der detaillierten Terminplanung und -kontrolle, sondern macht auch Entscheidungsweichen für alternative Abläufe sowie Schleifenbildung von Vorgängen sichtbar und erlaubt es, Wahrscheinlichkeitswerte und Zufallsvariablen im Ablauf zu berücksichtigen.

Vorgehensmodelle, von denen die Netzplantechnik nur eines der am weitesten verbreiteten darstellt, standardisieren die Ablauforganisation, indem sie ein allgemeines Raster unterlegen, in das dann die Spezifika des jeweiligen Projekts eingetragen werden können. Anders gesagt, sie schreiben keinen Weg vor, sondern kartografieren das Terrain: »Man kann ein Projekt mit einem Territorium vergleichen, in dem man sich zurechtfinden muß und die Karte dabei die verschiedenen Aspekte des ›unbekannten Geländes‹ verdeutlicht. Die Landkarte ist nicht das Territorium selbst, sie gliedert bzw. ordnet es nur. Denn ein Projekt besteht nicht aus Phasen, eine

---

53 Günter Altrogge, *Netzplantechnik*, München/Wien 1994, S. 7.
54 Ebd., S. 69 ff.

Einteilung in Phasen dient vielmehr zur Orientierung.«[55] Aber wie eine Landkarte die Wahrnehmung des geografischen Raums präformiert, so präformieren Projektstruktur- und Netzpläne auch die Vorstellungen davon, was ein Projekt ausmacht. Ein Projekt ist das, so ließe sich sagen, was sich mithilfe der Methoden des Projektmanagements lenken lässt. Und wenn die Steuerungsinstrumente auch ihre Herkunft aus technologischen Großprojekten nicht verleugnen und oftmals nur von Spezialisten angewendet werden können, so lassen sie sich doch problemlos auf kleinere Vorhaben herunterbrechen. Ein Projektmanagementlehrbuch erläutert die Netzplantechnik gar am Beispiel einer Partyvorbereitung.[56] Wie simpel ein Projekt auch sein mag, es erfordert planvolles Vorgehen und in diesem Sinne ein zumindest rudimentäres Management.

Dieses erschöpft sich indes keineswegs in den Tätigkeiten des Strukturierens, Kalkulierens und Kontrollierens. Um zum Ziel zu gelangen, brauchen Projekte nicht nur eine Form, sondern auch Energie. Es reicht nicht, die zu bewältigenden Aufgaben in eine sinnvolle Ordnung zu bringen und aufeinander abzustimmen, vielmehr müssen auch jene, die sie erledigen sollen, angespornt, müssen ihre Potenziale freigesetzt und Reibungsverluste bei ihrer Zusammenarbeit vermindert werden. Mobilisierung ohne Strukturierung ließe ein Projekt ins Leere laufen, Strukturierung ohne Mobilisierung ließe es erstarren. Die in hohem Maße formalisierten Techniken der Planung und operativen Steuerung werden deshalb flankiert von eher »weichen« Methoden der Personalführung und Gruppenarbeit. Im Zentrum steht dabei das Projektteam, jener soziale Nukleus, auf den die Projektorganisation aufbaut.

Projektteams radikalisieren das Konzept teilautonomer Gruppenarbeit, das verschiedene Industrieunternehmen seit den 70er Jahren eingeführt hatten, um den hohen Fluktuations- und Abwesenheitsraten bei den Mitarbeitern sowie den gravierenden Qualitätsdefiziten bei den Produkten zu begegnen. Während die Gruppenfertigung etwa von Automobilen jedoch zumindest mittelbar an den Takt des Fließbands gekoppelt blieb und die Arbeitsgruppen vor allem nicht nur für eine Aufgabe von begrenzter Laufzeit zusammengestellt wurden, bilden Projektteams so etwas wie »Unternehmen auf Zeit«. Sie organisieren ihre Arbeitsabläufe eigenver-

55 Ebd., S. 262.
56 Steinbuch, *Projektorganisation*, S. 153 ff.

antwortlich, bilden in wirtschaftlicher Hinsicht Profit-Center und fungieren so als Schulen »zur Förderung des unternehmerischen Denkens«.[57] Zur Definition eines Projektteams gehört es, dass es aus einer überschaubaren Anzahl von Personen mit einander ergänzenden Fähigkeiten besteht, sich im Hinblick auf eine bestimmte Aufgabe bildet und danach wieder auflöst. Seine Zusammensetzung wie seine Lebensdauer hängen ausschließlich an seiner Funktion, seine Daseinsberechtigung findet es im gemeinsam erstellten und verantworteten Produkt. Die Projektarbeit endet, anders als die Gruppenfertigung, denn auch nicht bei Schichtwechsel, sondern erst, wenn das Projektziel erreicht ist. Mit ihrer Selbständigkeit wächst allerdings auch der Druck auf die Teammitglieder, die ihren Alltag – weit über Regelarbeitszeiten hinaus – im Rhythmus der Projektzyklen takten müssen und zumindest für die Laufzeit eines Projekts auf Gedeih und Verderb aneinandergekettet sind: »Projektarbeit setzt einerseits eine gewisse Autonomie der Projektgruppe voraus – Abschaffung von Stechuhren, eigenverantwortliche Einteilung der Arbeitszeit, flache Gruppenhierarchien, Selbstorganisation der Arbeitsabläufe, Ermöglichung von Spontaneität usw. –, steigert andererseits über diese Freiheiten die Intensität der Belastung potenziell ins Unendliche. Eine Belastung freilich, die bei den Projektarbeitern nicht selten als ›hausgemachte‹, als ›eigene Schuld‹, als Resultat der ›gesteigerten Verantwortung‹ oder auch als ›anstrengendes, aber cooles Gemeinschaftserlebnis‹ akzeptiert und verstanden wird.«[58]

Weil Projektarbeit dem Einzelnen nicht nur »Ordnung, Fleiß und Sauberkeit« im Allgemeinen und korrekte Erfüllung der aufgetragenen Pflichten im Besonderen abverlangt, reicht es nicht aus, ihn in ein System disziplinärer Kontrolle einzufügen und im Übrigen mittels Geld und Aufstiegsmöglichkeiten bei der Stange zu halten. Wenn der »ganze Mensch« gefordert ist, wenn er sich für die Sache begeistern, eigenverantwortlich handeln und kreative Problemlösungen erbringen soll, dann muss sich auch seine (Selbst-)Zurichtung auf die gesamte Persönlichkeit erstrecken. Damit trotz Dauerstress das positive Wir-Gefühl überwiegt und ein Team weder ausbrennt noch sich ausbremst, bedarf es daher sorgfältiger Vorkehrungen bei der Mitgliederauswahl, der Projekt-

---

57 Gerold Patzak/Günter Rattay, *Projektmanagement*, Wien 1995, S. 470.
58 Vgl. Klopotek, »Projekt«, S. 217.

leitung und der Moderation von Gruppenprozessen. Während die ausgefeilten Planungs- und Controllingverfahren Berechenbarkeit suggerieren und Rechenhaftigkeit fordern, proklamieren die einschlägigen Handreichungen hier vor allem ein Ethos partnerschaftlicher Kooperation. Auffällig ist dabei wiederum die Dominanz von Balancemodellen: So sollten Teams »die richtige Mischung aus fachlicher oder funktionaler Sachkenntnis, problemlösenden und entscheidungsfindenden Fähigkeiten und zwischenmenschlichen Fähigkeiten ihrer Mitglieder besitzen«. Bei der Auswahl sollte zudem »nicht nur auf die Fähigkeiten, sondern, sofern die Situation es ermöglicht, auch auf die persönlichen Eigenheiten der Mitarbeiter geachtet« werden.[59] Anleitungen dazu liefern psychologische Raster wie der Myers-Briggs Typenindikator, der Verhaltenspräferenzen und kognitive Stile in »Polaritätsprofilen« (extrovertiert – introvertiert; sensorisch – intuitiv; denkend – fühlend; bestimmt – abwägend) ordnet und zu Persönlichkeitstypen kombiniert. Die unterschiedlichen Ausprägungen sollen allerdings »nicht als Werturteile aufgefasst werden«; jede einzelne hat ihre Funktion in einem Projektteam.[60] Es sei deshalb vorteilhaft, so die Empfehlung, eine möglichst »bunte« Gruppe zusammenzustellen. »Dadurch werden zwar die Moderation und die Führung eines Teams schwieriger, aber die qualitative Leistung eines ›bunten‹ Teams liegt in der Regel höher als bei ›einfarbigen‹ Teams.«[61]

Der Projektleiter wiederum sollte Fach-, Methoden- und Sozialkompetenz miteinander verbinden: »Zur *sozialen Kompetenz* gehört einerseits die Fähigkeit und Bereitschaft, auf den einzelnen Mitarbeiter zuzugehen, ihm zuzuhören und ihn als Person zu akzeptieren sowie ihn zu begeistern und ihn zu motivieren. Daneben stehen Fähigkeiten, Gruppenprozesse in einer Weise zu erkennen und zu steuern, die Gruppensynergien ermöglicht, also Voraussetzungen dafür zu schaffen, dass das Ergebnis einer Gruppe besser ist als die jeweils individuelle Leistungsfähigkeit seiner besten Einzelmitglieder.« Die *Methodenkompetenz* umfasst Problemlösungsmethoden sowie Methoden zur Projektführung; die *Fachkompetenz* bezieht sich auf die themen- und aufgabenbezogenen Kenntnisse. Entscheidend für die

---

59 Litke, *Projektmanagement*, S. 182.
60 Patzak/Rattay, *Projektmanagement*, S. 60 ff.; vgl. Katharine C. Briggs/Isabel Briggs Myers, *Myers-Briggs Typenindikator (MBTI)*, Weinheim 1995.
61 Litke, *Projektmanagement*, S. 182.

Integration der verschiedenen Kompetenzbereiche sind »die Persönlichkeit und die Fähigkeit zur Selbstführung«: »Als überzeugend wird eine Person angesehen, wenn Verhalten und innere Einstellung als im Einklang befindlich, als authentisch empfunden werden. Es erweckt Vertrauen und schafft persönliche Autorität. Wer andere führen will, muss zunächst sich selbst führen können. Hierzu gehört u. a., in stressbeladenen Situationen, wie sie in schwierigen Phasen eines Projekts immer wieder auftreten können, ziel- und lösungsorientiert zu bleiben.«[62]

Ein Balancemodell liegt schließlich auch jenem Konzept zugrunde, das zahlreiche Projektmanagementmanuale als besonders hilfreich für eine konstruktive Teamkooperation empfehlen: der themenzentrierten Interaktion (TZI). Diese von der US-amerikanischen Psychotherapeutin Ruth C. Cohn in den 60er- und 70er-Jahren entwickelte Methode »lebendigen Lernens«[63] geht davon aus, dass jede Gruppeninteraktion drei Faktoren enthält, »die man sich bildlich als Eckpunkte eines Dreiecks vorstellen könnte: 1. *das Ich*, die Persönlichkeit; 2. *das Wir*, die Gruppe; 3. *das Es*, das Thema. Dieses Dreieck ist eingebettet in eine Kugel, die die Umgebung darstellt.«[64] Eine Gruppe wird dann fruchtbar und befriedigend zusammenarbeiten, so die Basisannahme der TZI, wenn zwischen Ich-, Wir- und Sachebene »eine relative, dynamische Ausgeglichenheit« besteht. Das erfordert ein permanentes Austarieren, und genau darin sieht Cohn die Aufgabe der Gruppenleitung. Was sie über ihre Interventionen in den Gesprächsverlauf einer Trainingsgruppe schreibt, lässt sich ohne Mühe auf die Sitzung eines Projektteams übertragen: »Wenn die Gruppe sich mit dem Thema akademisch beschäftigt, erachte ich diese nur für so lange als konstruktiv, als ich keine Zeichen von Interesselosigkeit in der Gruppe entdecke, nicht einzelne Teilnehmer als unbeteiligt oder gestört empfinde, und auch keine anderen generellen Gruppenzerfallsymptome auftauchen. Sonst lenke ich die Aufmerksamkeit vom Thema fort zur Person (Ich) oder zu Personen (Wir). Wenn die Gruppe sich umgekehrt nur für eine Person oder für ein Aufwallen von verschiedenen Gefühlen in der Gruppe zu interessieren

---

62 Birker, *Projektmanagement*, S. 158 f.
63 Vgl. dazu grundlegend Ruth C. Cohn, *Von der Psychoanalyse zur themenzentrierten Interaktion*, Stuttgart 1975.
64 Ebd., S. 113.

scheint und sich damit in eine Therapie- oder Sensitivitätsgruppe zu verwandeln droht, schlage ich die Brücke zum Thema. In einer gut funktionierenden, erfahrenen Gruppe sind solche Direktiven weniger oft notwendig, da die Gruppe selbst sich zum Wächter der Methode fortentwickelt hat.«[65] Der Balance im Dreieck von Individuum, Gruppe und Thema dienen auch die beiden Grundpostulate (»Sei dein eigener Chairman«; »Störungen haben Vorrang«) sowie die daraus abgeleiteten Kommunikationsregeln der TZI.[66] Leitsätze wie »Sprich nicht per ›man‹ oder ›wir‹, sondern per ›ich‹«, »Wenn du eine Frage stellst, sage, warum du fragst und was deine Frage für dich bedeutet« oder »Sei zurückhaltend mit Verallgemeinerungen« sollen einem Projektteam (wie jeder Arbeitsgruppe) dazu verhelfen, sich auf die gemeinsame Aufgabe zu konzentrieren und dabei Kohäsionskräfte wie Perspektivenvielfalt der Gruppe zu nutzen, ohne die Wünsche und Befindlichkeiten der beteiligten Individuen aus den Augen zu verlieren.

Die Affinität des Projektmanagements zur TZI rührt nicht zuletzt daher, dass die von Cohn propagierte, dem Persönlichkeitsbild der humanistischen Psychologie verpflichtete Grundhaltung und ihre ebenso einfach zu begreifenden wie zu handhabenden Regeln Selbstorganisation und Sachorientierung aneinanderkoppeln. Um der gemeinsamen Sache willen wird der einzelnen Person wie den gruppendynamischen Prozessen ein solches Gewicht beigemessen; umgekehrt sollen individuelles Wachstum und produktives Miteinander erst dann möglich sein, wenn die Gruppe ein gemeinsames Interesse verfolgt. Funktioniert die Kopplung, so das Versprechen der TZI wie auch des Projektmanagements, entstehen Synergieeffekte. Hapert es auf einer der drei Ebenen, nehmen auch die beiden anderen Schaden.

So gegensätzlich die Ablaufschemata und Kostenkurven auf der einen und die ethischen Postulate der humanistischen Psychologie auf der anderen Seite sich zunächst ausnehmen, nicht anders als die Netzplantechnik und vergleichbare Verfahren folgen auch die »weichen« Methoden der Gruppenmoderation letztlich einem

---

65 Ebd., S. 115.
66 Ebd., S. 120 ff., für die Adaption in der Projektmanagementliteratur vgl. Birker, *Projektmanagement*, S. 164 f.; Jürgen Hansel/Gero Lomnitz, *Projektleiter-Praxis*, Berlin u. a. 2000, S. 57 ff.

kybernetischen Modell:[67] Der Projektleiter oder das Team als Ganzes fungieren als Homöostaseregler, welche die geforderte »relative, dynamische Ausgeglichenheit« von Ich, Wir und Thema herstellen. Die Gesprächsregeln wiederum sorgen für regelmäßige Feedbacks, die der Gruppe frühzeitig Störungen signalisieren. Diese »haben Vorrang«, um sie ausräumen oder fruchtbar machen zu können, bevor sie den Fortgang der Arbeit ernstlich behindern. In beiden Varianten des Projektmanagements geht es darum, die Dinge in Bewegung zu halten, Stockungen ebenso wie Leerlauf oder Überhitzung zu vermeiden und so die Produktivität eines Teams zu steigern.

Um Beweglichkeit geht es auch einer ganz anderen Form des Projektmanagements, die quer steht zu den Konzepten rationaler Planung und den Gleichgewichtsmodellen der Gruppenpsychologen. Am prominentesten vertritt sie der Bestsellerautor Tom Peters. Seine (Des-)Organisationslehre zielt nicht auf Balance, sondern auf Irritation; er vermittelt keine Methoden, sondern mobilisiert Leidenschaften. »In seinen Seminaren (die eher Wahlkundgebungen gleichen) rasselt er keine Theorien oder Zahlen herunter, sondern erzählt Geschichten – meist Gleichnisse über Unternehmen wie die der Zuhörer, denen die Augen geöffnet wurden, so daß sie Erlösung fanden.«[68] Doch nicht allein seine Performanz als säkularisierter Baptistenprediger, sondern auch sein Evangelium folgt dem Prinzip der Führung durch Charisma. Auf die Frage, wie ein Projekt zum Erfolg geführt werden kann, weiß er nur eine Antwort: durch Begeisterung. »Seien Sie virtuos!«, fordert er sein Publikum auf: »Ist ein Tag in Ihrem Projekt .... eine wirkliche Darbietung? Wenn nicht, gibt es etwas, das Sie tun können, j-e-t-z-t, um die Spannung/den darstellenden Effekt des aktuellen Projekts zu erhöhen, ... um es zu etwas zu machen, das Ihren uneingeschränkten Einsatz verdient?«[69]

Ordnung muss nicht geschaffen werden, so Peters' Grund-

---

[67] Zur Kybernetik als grundlegender (sozial-)technologischer Wissensform im 20. Jahrhundert vgl. Stefan Rieger, *Kybernetische Anthropologie*, Frankfurt/M. 2003.

[68] »A mess of parables«, in: *The Economist*, 05.12.1992, zit. n. Stuart Crainer, *Das Tom Peters Phänomen. Der Aufstieg eines Management-Gurus*, Frankfurt/M./New York 1998, S. 220. Vgl. auch Ulrich Bröckling, »Der anarchistische Manager«, in: Richard Weiskopf (Hg.), *Menschenregierungskünste. Anwendungen poststrukturalistischer Analyse auf Management und Organisation*, Wiesbaden 2003, S. 319-333.

[69] Peters, *TOP 50 Selbstmanagement*, S. 139.

überzeugung, sie entsteht und verfestigt sich von allein, und zwar in weit höherem Maße, als es Unternehmen in einer chaotischen Umwelt nützt. Nicht sie zu erhalten und zu optimieren, tut deshalb not. Nur Mimesis kann Rettung bringen: *Kreatives Chaos* beschwört er schon im Titel eines seiner Bücher.[70] Wer erfolgreich sein will, muss die Ordnung immer wieder zerschlagen und den schöpferischen Kräften der Unordnung Raum schaffen. Auf den höchst fluiden Märkten können nur jene Unternehmen überleben, verkündet Peters mit drohendem Unterton, die ihre internen Abläufe ebenso radikal verflüssigen. Projektteams und ihre rhizomatische Verknüpfung zu Netzwerken sollen jene Diskontinuierungs- und Beschleunigungseffekte produzieren, auf die Unternehmen angewiesen sind, um die diskontinuierlichen und immer schnelleren Marktturbulenzen bewältigen zu können. Vor der Gefahr, in Kooperationsroutinen zu erstarren und dem Tempo des Wandels nicht gewachsen zu sein, sind aber auch Projektgruppen nicht gefeit. Dagegen helfen soll ihre temporäre Begrenzung. So prophezeit Peters: »Dynamische, kurzlebige Projektkonfigurationen werden an der Tagesordnung sein. Es wird nicht außergewöhnlich sein, im Laufe eines Jahres in vier oder fünf Projektteams oder in mehreren Teams gleichzeitig mitzuwirken – aber man wird niemals in genau derselben Kollegengruppe ein zweites Mal tätig sein, nicht einmal in einer zwanzigjährigen ›Karriere‹.«[71]

Projekt Ich

Das unternehmerische Selbst bewegt sich schon deshalb in einem Projektekosmos, weil Entrepreneurship weder ein fixes Persönlichkeitsmerkmal noch einen erworbenen sozialen Status darstellt, sondern sich nur in actu als eine diskontinuierliche Folge unternehmerischer Handlungen, d. h. als Serie zeitlich limitierter Projekte vollzieht, die wiederum das Ergebnis sozialer Interaktionen in wechselnden Akteursnetzwerken bilden.[72] Um den ständigen Wechsel

---

70 Ders., *Kreatives Chaos. Die neue Management-Praxis*, Hamburg 1988.
71 Ders., *Jenseits der Hierarchien. Liberation Management*, Düsseldorf 1993, S. 224.
72 Monica Lundgren/Johann Packendorff, »A project-based view of entrepreneurship: towards action-orientation, seriality and collectivity«, in: Chris Steyaert/Da-

der Aufgaben und sozialen Beziehungen auszuhalten, benötigen deshalb nicht nur Projektteams, sondern auch die Individuen ein Höchstmaß an Selbstrationalisierung, Gleichgewichtssinn und Irritationsbereitschaft. Und wenn als ausgemacht gilt, dass Projektorganisation der Königsweg zu mehr Flexibilität und Selbstverantwortung ist, dann liegt es nahe, auch die Verwaltung des eigenen Lebens auf Projektmanagement umzustellen. »Die Individuen«, schreibt der britische Soziologe Nikolas Rose, »werden heute dazu angehalten zu leben, als ob sie ein Projekt aus sich selbst machten: Sie sollen an ihrer Emotionenwelt arbeiten, an ihren häuslichen und ehelichen Abmachungen, ihren Beziehungen mit der Arbeit und ihren sexuellen Lusttechniken, sie sollen einen Lebens›stil‹ entwickeln, der ihren Existenzwert ihnen selbst gegenüber maximiert.«[73] Bezogen auf das Verhältnis des Einzelnen zu sich selbst ergibt sich so das Bild eines nicht nur pluralen, sondern auch höchst fluiden Ego, das sich in immer neuen Zusammensetzungen rekombiniert. Das in den Subjektivitätstheorien der 80er- und 90er-Jahre verbreitete Schlagwort von der Patchworkidentität[74] wäre noch zu radikalisieren: Nicht einem Flickenteppich, der, einmal genäht, sein Muster nicht mehr ändert, gleicht das sich als »Projekt Ich« konstituierende Selbst, sondern einem Kaleidoskop, das bei jedem Schütteln ein neues Muster zeigt. Da dieses Projekt Ich sich selbst wiederum aus vielfältigen Arbeits-, Beziehungs-, Freizeit-, Gesundheitsprojekten usw. zusammensetzt, avanciert seine Selbstführung zum Management des individuellen »Projektportfolios«.

Bei so viel Improvisation und Selbstschöpfung nimmt es nicht wunder, dass als Modell des Projekts Ich die zum Kreativhelden aufgeladene Gestalt des Künstlers dient: »Projekte sind Heimstätten der Kunst«, heißt es in einem Selbstmanagement-Bestseller über *Die Macht des Glaubens an sich selbst*: »Man betritt sie und wird von ihnen vereinnahmt. Man wird experimentierfreudig, chaotisch. Man beginnt, ohne genau zu wissen, wonach man sucht, nur im Bewusstsein der Chance, Großes zu leisten. [...] ›Warum

niel Hjorth (Hg.), *New Movements in Entrepreneurship*, Cheltenham/Northampton 2003, S. 86-102.

73 Nikolas Rose, »Das Regieren unternehmerischer Individuen«, in: *Kurswechsel*, H. 2/2000 (Leitbild Unternehmer), S. 8-27, hier: S. 14.

74 Vgl. zum Überblick Heiner Keupp u. a., *Identitätskonstruktionen. Das Patchwork der Identitäten in der Spätmoderne*, Reinbek 1999.

soll sich ein Maler an die Arbeit machen, wenn er nicht durch seine Arbeit verändert wird?‹, lautete die Frage des französischen Philosophen Michel Foucault. So ergeht es uns allen, die wir in unseren Projekten aufgehen.«[75]

Die Technologien, mithilfe derer sich die Individuen für solche Herausforderungen rüsten sollen, gleichen jenen, die in Unternehmen für effiziente Abwicklung und befriedigendes Teamwork sorgen sollen: Erstens konsequente Planung und kontinuierliches Controlling, zweitens Moderation der disparaten Wünsche und Bedürfnisse, drittens (Selbst-)Enthusiasmierung. Hilfreich ist in jedem Fall, so ein Leitfaden für Ich-AGs, »die Orientierung an klassischen Methoden des Projektmanagements, wie sie in der Wirtschaft alltäglich eingesetzt werden«. Auch das eigene Leben lässt sich als Problemlösungszyklus mit festgelegten Schritten begreifen. Konkret sieht die »dauerhafte Erfolgskontrolle per Projektmanagement« dann beispielsweise so aus: »Definieren Sie Ihr Ziel.« »Stellen Sie einen Aktivitätenplan auf und legen Sie so genannte ›Milestones‹ fest.« »Lassen Sie sich freiwillig auf die Finger schauen.« »Seien Sie gnädig mit sich. Wenn trotz aller Bemühungen die Marktanalyse bis Ende Dezember nicht fertig ist, dann werfen Sie nicht gleich die Flinte ins Korn. Nun heißt es, den Projektplan zügig anzupassen, damit sich die einmal aufgetretene Verzögerung nicht fortpflanzt. Das kann vorübergehend ein wenig Mehrarbeit bedeuten. Umso schöner ist es, wenn Sie die Verspätung bis zum nächsten ›Milestone‹ wieder aufgeholt haben. Dann ist auf jeden Fall eine Belohnung fällig (zum Beispiel ein Saunabesuch mit anschließender Rückenmassage, ein neuer Pullover oder ein Picknick mit der Familie).«[76] Checklisten, Selbstverpflichtungen und persönliche »Jahres-Klausuren« sollen dem Einzelnen helfen, den Überblick über die Vielzahl individueller Projekte zu behalten.

Glaubt man einem anderen, *Coach yourself* betitelten Ratgeber, so beruht zeitgemäßes Selbstmanagement ebenso wie kompetente Projektleitung nicht auf Kampf und Unterwerfung, sondern auf Verhandlungsgeschick sowie der Fähigkeit, alle Beteiligten – Teammitglieder dort, Persönlichkeitsanteile hier – zu koordinieren und

---

75 Harriet Rubin, *Soloing. Die Macht des Glaubens an sich selbst*, Frankfurt/M. 2001, S. 123, 125.
76 Nicolette Strauss, *Die andere Ich AG. Führen Sie sich selbst wie ein erfolgreiches Unternehmen*, Frankfurt/New York 2003, S. 192 ff.

auf ein gemeinsames Ziel auszurichten. Nicht Selektion, sondern »ökologische Integration«[77] ist gefordert, kein autoritäres Regime des »Kopfs« über den »Bauch«, sondern Mitbestimmung und partnerschaftliche Kooperation. »Ziele werden nicht aufgrund innerer Kraftproben oder durch Selbstüberwindung erreicht, sondern durch die Dynamik eines in sich stimmigen, reibungslos aufeinander abgestimmten Persönlichkeitssystems.«[78] Weil das Projekt Ich sich seine Mitarbeiter weder aussuchen noch sie bei unbefriedigender Leistung kurzerhand entlassen kann, bleibt ihm nichts anderes übrig, als die heterogenen, möglicherweise widerstreitenden Elemente miteinander zu versöhnen. Moralisierung ist dabei kontraproduktiv: Es gibt keine guten und schlechten Persönlichkeitsanteile, sondern nur ein gut oder schlecht kooperierendes Team.

Für die charismatische Variante des Projektmanagements der eigenen Person steht einmal mehr Tom Peters. Der Erweckungsprediger des unternehmerischen Selbst setzt vor allem auf die suggestive Macht des Glaubens an sich selbst (und des Glaubens an seine Parolen). »Die Währung – die einzige Währung – meines Universums sind Projekte«, psalmodiert er und fordert »vollen Einsatz für das Projekt ›Leben‹«: »Ich arbeite an einem einmaligen (Wow!-)Projekt. (Falls es nicht Wow! ist, ... mache ich es dazu. ... Alles oder nichts!) [...] Ich habe begriffen: Projekte = Ich. Punkt. (Dies ist kein Scherz: Ich bin mein ›Projektportfolio‹.)«[79]

Im beschwörenden Stakkato, das die grammatische Ordnung in hektische Kürzestbekenntnisse zerhackt, deutet sich etwas an, von dem weder Peters noch andere Ratgeberautoren offen sprechen – die Angst vor dem Scheitern. Sie ist den Projektmanagementlehren gleich welcher Provenienz eingeschrieben wie allen Wegweisern zu Glück und Erfolg. Welche Vorhaben auch immer das unternehmerische Selbst in sein »Projektportfolio« aufnimmt, wie besonnen und leidenschaftlich auch immer es sie verfolgt, das Gelingen bleibt kontingent und hängt nicht zuletzt an den Anstrengungen der Konkurrenz. Und die nutzt dieselben Programme und Werkzeuge. (Weil auch der Einsatz von Sozial- und Selbsttechnologien zum tendenziellen Fall der Profitrate führt, muss man sich immer mehr anstrengen, um immer geringere Wettbewerbsvorteile zu er-

---

77 Besser-Siegmund/Siegmund, *Coach Yourself*, S. 164.
78 Ebd., S. 16.
79 Peters, *TOP 50 Selbstmanagement*, S. 57 f., 20.

zielen.) Es wäre kein Projekt und es brauchte kein Management, wäre von Beginn an klar, was am Ende herauskommen wird. Man kann versuchen, die Risiken zu kalkulieren, völlig ausräumen kann man sie nicht. Alles Planen und Kontrollieren, Ausbalancieren und Sichbegeistern bewahrt deshalb auch das Projekt Ich nicht vor der Gefahr zu enden wie ehedem Defoes Projektemacher: als »Bankerottirer«.[80]

Der Logik des Projektemachens entgeht der Einzelne freilich selbst damit nicht: Die – finanzielle und psychosoziale – Bewältigung einer Pleite ist eine Herausforderung, die zu meistern allemal Projektleiterqualitäten verlangt. Schuldnerberater, Familientherapeuten und Arbeitsvermittler stehen bereit, um dem Gescheiterten wieder auf die Sprünge zu helfen, und dienen ihm zu diesem Zweck nichts anderes an als die Tugenden und Techniken professionellen Projektmanagements.[81] Dass diese ihn beim letzten Mal nicht vor dem Fehlschlag bewahrt haben, spricht nicht gegen sie, sondern nur für ihre noch konsequentere Anwendung – *more of the same*. Vielleicht zeigt sich darin am deutlichsten die Macht dieses Rationalitätsschemas: Die Form »Projekt« ist ein historisches Apriori unseres Selbstverhältnisses, eine Folie, auf der wir uns – im Guten wie im Schlechten – selbst begreifen und modellieren.

Die Rede von der »Lebensdauer« eines Projekts erhält so einen geradezu existentialistischen Beiklang. Das definitive Projektende kommt irgendwann für alle, das »Projekt ›Leben‹«, das Tom Peters so pathetisch beschwört, endet in jedem Fall letal. Vorher kann es ein endgültiges Misslingen so wenig geben wie einen endgültigen Triumph. Auf jeden Erfolg wie auf jedes Scheitern folgt nur das nächste Projekt. So ungleich die Chancen dabei verteilt sind, die Maximen sind für alle gleich: Sei aktiv! Nimm dein Leben in die Hand! Sei dein eigener Chairman!

80 Defoe, *Über Projektemacherei*, S. 91 ff.; vgl. Klopotek, »Projekt«, S. 221.
81 Auch die Ratgeberindustrie hat diesen Markt längst erschlossen und liefert neben den einschlägigen Wegweisern zum Erfolg auch Anleitungen zum gekonnten Schiffbruch: Vgl. z. B. Christiane Zschirnt, *Keine Sorge, wird schon schief gehen. Von der Erfahrung des Scheiterns – und der Kunst, damit umzugehen*, München 2005. Richard Sennetts Bemerkung, das Scheitern sei »das große moderne Tabu«, es gebe zwar »jede Menge populärer Sachbücher über den Weg zum Erfolg, aber kaum eines über den Umgang mit dem Scheitern« (*Der flexible Mensch. Die Kultur des neuen Kapitalismus*, Berlin 1998, S. 159) muss jedenfalls inzwischen als überholt gelten.

5. Schluss: Fluchtlinien oder die Kunst, anders anders zu sein

> Die Negation der Negation macht diese nicht rückgängig, sondern erweist, daß sie nicht negativ genug war.[1]

Die Anrufungen des unternehmerischen Selbst sind totalitär. Ökonomischer Imperativ und ökonomischer Imperialismus fallen darin zusammen. Nichts soll dem Gebot der permanenten Selbstverbesserung im Zeichen des Marktes entgehen. Keine Lebensäußerung, deren Nutzen nicht maximiert, keine Entscheidung, die nicht optimiert, kein Begehren, das nicht kommodifiziert werden könnte. Selbst der Einspruch, die Verweigerung, die Regelverletzung lassen sich in Programme gießen, die Wettbewerbsvorteile versprechen; und jeder Misserfolg belegt nur, dass man sich cleverer hätte anstellen können. Das macht die Beschäftigung mit dem unternehmerischen Selbst zu einem paranoiden Unterfangen: Wohin man auch kommt, von überall schallt es zurück wie dem mit dem Igel um die Wette laufenden Hasen im Märchen: »Ick bün all hier.«

Doch der Status dieser Figur ist zugleich prekär: Ein unternehmerisches Selbst gibt es so wenig wie einen reinen Markt. Beide zehren von Voraussetzungen, die sie selbst nicht schaffen; beiden eignet ein unabweisbarer Expansionsdrang, der ihr Bestehen untergräbt. Das unternehmerische Selbst existiert nur als Realfiktion im Modus des Als-ob – als kontrafaktische Unterstellung mit normativem Anspruch, als Adressierung, als Fluchtpunkt von Selbst- und Sozialtechnologien, als Kraftfeld, als Sog. So kohärent das Rationalitätsmodell, so ausgefeilt die Strategien der Zurichtung und Selbstzurichtung auch sein mögen, sie übersetzen sich niemals bruchlos in Selbstdeutungen und individuelles Verhalten. Gemessen an ihrem Anspruch ist die Produktion unternehmerischer Individuen wie andere Subjektivierungsprogramme auch zum Scheitern verurteilt. Weil die Anforderungen unabschließbar sind, bleibt alles Bemühen ungenügend; weil sie unvollständig und widersprüchlich sind, zeitigen sie nichtintendierte Effekte.

Diese Unschärfen, Fehlschläge und Widerstände setzen der Regierung des unternehmerischen Selbst Grenzen, sie zeigen ihr im

---

[1] Theodor W. Adorno, *Negative Dialektik* (1966), Frankfurt/M. 1975, S. 161 f.

gleichen Zuge jedoch auch, wie sie ihre Instrumente verfeinern und geschickter ansetzen kann. Nur in der Konfrontation mit seinen Gegenkräften nimmt das Kraftfeld der unternehmerischen Anrufung Form an. Deshalb ist das Zurückbleiben der Programme hinter den selbst gesetzten Zielen nicht unbedingt Zeichen ihrer Schwäche, sondern konstitutives Moment ihres Funktionierens. Was Peter Miller und Nikolas Rose im Hinblick auf volkswirtschaftliche Steuerungskonzepte schreiben, gilt auch für die Strategien einer Ökonomisierung des Selbst: »Regieren ist nicht die ›Realisierung‹ eines Programmierertraums. Das ›Reale‹ persistiert stets in Gestalt des Widerstands gegen das Programmieren. Die Welt des Programmierers ist eine des fortwährenden Experimentierens, Erfindens, Scheiterns, Kritisierens und Korrigierens.«[2] Die Programme der unternehmerischen Menschen- und Selbstführung gehorchen nicht dem Prinzip von Regel und Anwendung, sondern dem kybernetischen Modell des Prozessmonitorings und nutzen Störungen als Signale, um ihre Interventionen zu regulieren.[3] Nur permanentes Abgleichen von Ist- und Sollzuständen vermag die Risiken des Komplexitätszuwachses und der Fehlsteuerung zu bewältigen. Die Optimierung des Regierens folgt den Verwerfungen des Regiertwerdens.

Auf der Differenz zwischen totalitärem Anspruch und seiner stets nur partiellen Einlösung beruht die Wirksamkeit der unternehmerischen Anrufung – sie erzeugt den Sog. Dieselbe Lücke birgt jedoch auch ein kritisches Potenzial – sie schafft Raum, um auf Distanz zu dieser Anrufung zu gehen, sie umzudeuten, ins Leere laufen zu lassen, zu verschieben oder zurückzuweisen. Eine solche Haltung der Kritik, die um die Frage kreist, »[w]ie ist es möglich, daß man nicht derartig, im Namen dieser Prinzipien da, zu solchen Zwecken und mit solchen Verfahren regiert wird – daß man nicht so und nicht dafür und nicht von denen da regiert wird?«,[4] ist gleichermaßen Komplement und Widerpart der Künste des Re-

---

2 Miller/Rose, »Governing economic life«, S. 14.
3 Vgl. zu diesem Steuerungsmodus Susanne Krasmann, »Monitoring«, in: Bröckling/Krasmann/Lemke (Hg.), *Glossar der Gegenwart*, S. 167-173.
4 Foucault, *Was ist Kritik?*, S. 11 f. Vgl. zu den Aufgaben (und den Aporien) von Kritik in der Gegenwart auch meinen Versuch: »Kritik oder die Umkehrung des Genitivs. Eine Bricolage«, in: *Mittelweg 36*, 15 (2006), H. 4 (Aug./Sep.), S. 93-100.

gierens und Sich-selbst-Regierens. Kein unternehmerisches Selbst ohne Entscheidungsfreiheit, aber die Nötigung, zwischen Alternativen zu wählen, bietet immer auch die Möglichkeit, sich anders zu entscheiden, als es das Regime der unternehmerischen Selbstoptimierung nahe legt.

Dieses Regime ist jedoch, wie die (neo-)liberale Gouvernementalität überhaupt, in ihrem Kern selbst ein kritisches Unterfangen: Autonomie, Selbstverantwortung und Eigeninitiative usw. zu postulieren heißt, die Instanzen in Frage zu stellen, die über das Subjekt verfügen wollen. Wie aber eine Praxis des Regierens und Sich-selbst-Regierens kritisieren, die ihrerseits vom Grundverdacht angetrieben wird, es werde zuviel regiert? Wovon sich befreien, wenn »ein grundlegendes Verlangen nach Freiheit«[5] die Triebkraft unternehmerischen Handelns darstellt? Wie dem Paradox einer Anrufung entgehen, die vereinheitlicht, indem sie Unterschiede stark macht?

Die Programme fordern Distinktion statt Konformität, Überschreitung statt Regelbefolgung, kurzum: sie fordern, anders zu sein. Kritik steht damit vor der nicht minder paradoxen Aufgabe, anders anders zu sein. Auf einen festen Standpunkt, von dem aus sie ihr Nein formulieren könnte, muss sie verzichten. Dem Widerspruch einer zur Norm erhobenen Abweichung entkommt man auch nicht mit dem Gestus der Überbietung. Ein vom unternehmerischen Subjektivierungsregime unberührtes Außen oder einen ihm entzogenen Innenraum des Selbst gibt es nicht oder wenn, dann nur als Zone künftiger Eroberungen, wo ungenutzte Ressourcen ihrer Erschließung harren. Doch auch die Verflüssigung von Positionen und ein Hinundherspringen zwischen pluralen Identitäten führen nicht aus dem Bann dieser Anrufung heraus: Die nomadischen, »queeren« oder hybriden Subjekte, die als emphatisch aufgeladene Gegenanrufungen poststrukturalistische Theorien – von Gilles Deleuze über Judith Butler bis Homi Bhabha – bevölkern, mögen zwar den auch in einer nachdisziplinären Gesellschaft noch wirksamen Homogenisierungsdruck mit einem Vexierspiel unscharfer oder wechselnder Identitätskonstruktionen unterlaufen, dem Flexibilisierungsimperativ einer radikalisierten Marktökonomie haben sie wenig entgegenzusetzen.

5 Tara J. Fenwick, »Transgressive desires: new enterprising selves in the new capitalism« in *Work, employment and society*, 16 (2002), S. 703-723, hier S. 711 f.

Der Markt »verarbeitet« unentwegt Alteritäten, indem er sie entweder als Alleinstellungsmerkmale privilegiert oder sie als unverwertbar aus dem gesellschaftlichen Verkehr ausschließt. Die Kunst, anders anders zu sein, ist der Versuch, immer wieder die Unausweichlichkeit dieser Alternative in Frage zu stellen und Wege jenseits von Einverleibung und Aussonderung aufzutun. Sie verlangt deshalb immer neue Absetzbewegungen, ein geschicktes Ausnutzen von Chancen, den Mut zur Zerstörung, Beweglichkeit, Eigensinn – und damit selbst durchaus unternehmerische Tugenden. Gleichwohl erschöpft sie sich nicht in Mimesis. Die Künstler des Andersanders-Seins beschleunigen nicht einfach nur den Wettbewerb der Alteritäten und präsentieren sich keineswegs bloß als geschicktere Unternehmer in eigener Sache. Beharrlich setzen sie vielmehr dem Distinktionszwang ihre Indifferenz entgegen, dem Imperativ der Nutzenmaximierung die Spiele der Nutzlosigkeit und bestehen darauf, dass es jenseits der Nötigung zu wählen und der Unfreiheit, nicht wählen zu dürfen, noch etwas Drittes gibt: die Freiheit, nicht wählen zu müssen. Doch auch das Nichtentscheiden und Nichttun erheben sie keineswegs zur alleinigen Maxime, des traurigen Schicksals Bartlebys eingedenk, jener literarischen Ikone intensivierter Passivität, der mit seinem konsequenten »I prefer not to« schlussendlich im Gefängnis verhungert.[6] Anders anders zu sein, schließt Verweigerung ebenso ein wie Verweigerung der Verweigerung.

Kritik, so verstanden, ist kein bloßes Spiegelbild ihres Gegenstands. Sie ist kein Gegenprogramm zur unternehmerischen Selbstoptimierung, sondern die kontinuierliche Anstrengung, sich dem Zugriff gleich welcher Programme wenigstens zeitweise zu entziehen. Nicht Gegenkraft, sondern ein Außerkraftsetzen; Unterbrechung statt Umpolen des Energieflusses; permanente Absetzbewegung statt Suche nach dem einen *point de résistance*. Ratgeber, Coachings und andere Bauanleitungen kann es deshalb für diese Kritik nicht geben. Sie etabliert kein oppositionelles Subjektivierungsregime, sondern zielt auf eine Praxis der »Ent-Subjektivierung«.[7] Während Subjektivierung sich auf edukative (von *educare*, erziehen) Verfah-

---

6 Vgl. Herman Melville, *Bartleby, the Scrivener. A Story of Wall-street* (1853), München 1980.
7 Michel Foucault, *Der Mensch ist ein Erfahrungstier. Gespräch mit Ducio Trombadori*, Frankfurt/M. 1996, S. 27.

ren des Zu-, Ab- oder Aufrichtens stützt, ist Ent-Subjektivierung eine e-dukative (von *educere*, herausführen) Aktivität, welche die Zwänge des Selbst-sein-Müssens zu überwinden versucht, ohne sich in Selbstauflösung oder -auslöschung zu verlieren.[8]

Dabei operiert sie taktisch, und nicht strategisch, um eine Unterscheidung Michel de Certeaus aufzunehmen. Während Strategien Aktionen sind, »die aufgrund der Voraussetzung eines Macht-Ortes (der Besitz von etwas Eigenem) theoretische Orte (totalisierende Systeme und Diskurse) schaffen«, ist taktisches Handeln gerade »durch das Fehlen von etwas Eigenem bestimmt«. Der Taktiker hat keinen Feldherrnhügel, von dem er herabblicken könnte, sondern steht mitten im Getümmel; er folgt keinem Schlachtplan, sondern vertraut auf den Kairos. Selbst wenn er die Initiative ergreift, sind seine Aktionen Reaktionen: »Die Taktik hat nur den Ort des Anderen. Sie muß mit dem Terrain fertigwerden, das ihr so vorgegeben wird, wie es das Gesetz einer fremden Gewalt organisiert. Sie ist nicht in der Lage, sich bei sich selbst aufzuhalten, also auf Distanz, in einer Rückzugsposition, wo sie Vorausschau üben und sich sammeln kann. [...] Dieser Nicht-Ort ermöglicht ihr zweifellos die Mobilität – aber immer in Abhängigkeit von den Zeitumständen –, um im Fluge die Möglichkeiten zu ergreifen, die der Augenblick bietet. Sie muß wachsam die Lücken nutzen, die sich in besonderen Situationen der Überwachung durch die Eigentümer auftun. Sie wildert darin und sorgt für Überraschungen.«[9] Gelingen kann das Außerkraftsetzen des unternehmerischen Kraftfelds stets nur für den Moment, aber es sind diese Momente, die schlagartig erkennen lassen, dass der Sog nicht unausweichlich ist.

Programme und Widerstände, Strategien und Taktiken gehören unterschiedlichen Wissens- und Handlungsordnungen an: Der Sog der unternehmerischen (Selbst-)Mobilisierung lässt sich planvoll erzeugen, die Widerstände dagegen nicht. Man muss mit ihnen rechnen, und die gouvernementalen Programme rechnen mit ihnen, doch sie sind nicht berechenbar. Es gibt eine Wissenschaft des Regierens, aber keine des Nicht-regiert-werden-Wollens. Das nötigt

---

8 Vgl. Jan Masschelein »›Je viens de voir, je viens d'entendre‹. Erfahrungen im Niemandsland«, in: Norbert Ricken/Markus Rieger-Ladich (Hg.), *Michel Foucault: Pädagogische Lektüren*, Wiesbaden 2004, S. 95-115.

9 Michel de Certeau, *Kunst des Handelns*, Berlin 1988, S. 91, 89. Den Hinweis auf de Certeau entnehme ich Opitz, *Gouvernementalität im Postfordismus*, S. 164 ff.

zu gegensätzlichen Formen der Darstellung und Reflexion: Während die Sozial- und Selbsttechnologien des unternehmerischen Selbst einen theoriegeleiteten und empirischer Überprüfung zugänglichen Methodenkanon versammeln und sich folglich systematisch rekonstruieren lassen, bleiben Beschreibungen der Kunst, anders anders zu sein, stets anekdotisch. Man kann Geschichten des Nichtfunktionierens oder des Umfunktionierens erzählen, Theorien daraus ableiten kann man nicht. Theorien verallgemeinern, sie fallen in die Sphäre der Strategie; Taktiken sind singulär, sie setzen sich aus Ereignissen zusammen.

Die vorliegende Arbeit hat sich darauf konzentriert, die Ratio und einige Schlüsseltechnologien des unternehmerischen Selbst herauszupräparieren. Sie hat Strategien analysiert, ohne selbst eine strategische Gegenposition zu beziehen. Insofern ist ihr Einsatz taktisch. Das hat seinen Grund nicht zuletzt in der Sache selbst: Weil die unternehmerische Anrufung einer Logik der Entgrenzung folgt, gibt es kein Jenseits der Grenzen, sondern allenfalls Räume, in denen der Sog stärker oder schwächer wirkt, der Imperativ, unternehmerisch zu handeln, mehr oder weniger von anderen Anrufungen überlagert wird. Einer kritischen Analytik des unternehmerischen Selbst bleibt deshalb nichts anderes übrig, als dieses Kraftfeld aus der Immanenz heraus zu vermessen, seinen Linien nachzugehen und seine Energiequellen freizulegen. Sie kann die Zumutungen sichtbar machen, die dieses Subjektivierungsregime den Menschen abverlangt, sie kann aufzeigen, wo es seine eigenen Verheißungen dementiert; Handreichungen zu geben, wie ihm zu entkommen wäre, vermag sie nicht. Die Untersuchung bliebe freilich lückenhaft, verzichtete sie darauf, auch die Trägheitsmomente, Turbulenzen und Widerstandskräfte sichtbar zu machen, die das unternehmerische Kraftfeld irritieren, seine Energien schwächen, ablenken oder neutralisieren – und so indirekt wiederum zu seiner Formierung beitragen. In welche Richtung und wie stark der Sog zieht, hängt nicht zuletzt davon ab, auf welche Hindernisse er stößt.

Ein Ausblick auf drei solcher Unter- und Gegenströmungen, zugleich drei exemplarische Haltungen des Sichabsetzens von den Zumutungen verallgemeinerter Entrepreneurship beschließt die hier vorgelegte Analyse des unternehmerischen Selbst: Depression, Ironisierung und passive Resistenz sind gewiss nicht die einzigen Friktionen dieses Subjektivierungsregimes, die präsentierten Fundstücke anekdotisch im angeführten Sinne und zudem von höchst unterschiedlichem Gewicht. Keines von ihnen taugt als Modell für jene taktische Praxis der Kritik, die nach einer anderen Freiheit sucht als der des Marktplatzes. Sie dokumentieren nicht mehr, aber auch nicht weniger als eine doppelte Unmöglichkeit: diejenige, ein unternehmerisches Selbst zu werden, wie jene, der Forderung zu entgehen, eines werden zu sollen.

Gebremst wird die Kraft der unternehmerischen Anrufung zunächst durch die von ihm ausgehende konstitutive Überforderung: Das unternehmerische Selbst ist ein »erschöpftes Selbst«. Weil die Anforderungen unabschließbar sind, bleibt der Einzelne stets hinter ihnen zurück, weil der kategorische Komparativ des Marktes einen permanenten Ausscheidungswettkampf in Gang setzt, läuft er fortwährend Gefahr, ausgesondert zu werden. Anerkennung ist gebunden an Erfolg, und jedes Scheitern weckt die Angst vor dem sozialen Tod. Fixpunkte und Ruhezonen fehlen: Wie der französische Soziologe Alain Ehrenberg schreibt, muss sich jeder »beständig an eine Welt anpassen, die eben ihre Beständigkeit verliert, an eine instabile, provisorische Welt mit hin und her verlaufenden Strömungen und Bahnen. Die Klarheit des sozialen und politischen Spiels hat sich verloren. Diese institutionellen Transformationen vermitteln den Eindruck, dass jeder, auch der Einfachste und Zerbrechlichste, die Aufgabe, *alles zu wählen* und *alles zu entscheiden*, auf sich nehmen muss.«[10] Nicht alle sind in der Lage, diesem Druck standzuhalten, und niemand ist es immer.

Das Regime des unternehmerischen Selbst produziert deshalb mit dem Typus des smarten Selbstoptimierers zugleich sein Gegenüber: das unzulängliche Individuum. Wo Aktivität gefordert ist, ist es antriebslos; wo Kreativität verlangt wird, fällt ihm nichts ein; den Flexibilisierungszwängen begegnet es mit mentaler wie emotionaler Erstarrung; statt Projekte zu schmieden und sich zu vernetzen, zieht es sich zurück; die Strategien der Bemächtigung prallen an seinen Ohnmachtsgefühlen ab; sein Selbstbewusstsein besteht vor allem aus Selbstzweifeln; an Entscheidungskraft fehlt es ihm ebenso wie an Mut zum Risiko; statt notorisch gute Laune zu verbreiten, ist es unendlich traurig. – Es ist das klinische Bild der Depression, in dem das Anforderungsprofil des unternehmerischen Selbst als

---

10 Alain Ehrenberg, *Das erschöpfte Selbst. Depression und Gesellschaft in der Gegenwart*, Frankfurt/M. 2004, S. 222.

Negativfolie wiederkehrt; sie ist »die Pathologie eines Bewusstseins, *das nur es selbst ist* und nie genügend mit Identität angefüllt ist, nie genug in Aktion ist«.[11] Das hämische »Gibs auf, gibs auf« des kafkaschen Polizisten lässt sich selbst mit forciertem Empowerment nicht zum Verstummen bringen.

Ehrenberg, der Genealoge der Depression, arbeitet heraus, wie in der postdisziplinären Gegenwartsgesellschaft mit ihrem Ethos individueller Verantwortung und Autonomie die Kultur des Verbots und des Gehorsams gegenüber einer permanenten Mobilmachung in den Hintergrund tritt und nicht mehr die Neurose, sondern der Burnout den Normalfall der Abweichung von der Norm darstellt. Statt sich wie die Neurotiker im Konflikt zwischen Wollen und Sollen aufzureiben, kranken die Individuen daran, einfach nicht mehr zu können. Jener Befreiungsschub, der sich mit der Chiffre 1968 verbindet, erweist sich in dieser Perspektive vor allem als Übergang von einer Krankheit zur anderen. »Die Emanzipation hat uns vielleicht von den Dramen der Schuld und des Gehorsams befreit, sie hat uns aber ganz sicher diejenigen der Verantwortung und des Handelns gebracht. So hat die depressive Erschöpfung die neurotische Angst überflügelt.«[12]

Im Unglück der Depressiven wird die Kluft zwischen dem Anspruch an die Individuen und ihren stets unzureichenden Anstrengungen sichtbar. Man kann darin ein inverses Beharren auf jenen Glücksversprechen sehen, mit denen die Propheten des Unternehmergeists locken, um das sie ihre Adressaten zugleich aber betrügen. Indem die Individuen ihre Wut, nicht zu genügen, allerdings ausschließlich gegen sich selbst richten, bestätigen sie wider Willen noch einmal jene Tyrannei der Selbstverantwortung, gegen die ihre leidende Psyche rebelliert. Einen Ausdruck der Kunst, anders anders zu sein, wird man darin schwerlich erkennen können, umso mehr aber die Not, permanent anders sein zu müssen. Konflikte konnten dramatisch eskalieren, aber sie ließen sich auch im Sinne einer Kompromissbildung zwischen Lust- und Realitätsprinzip schlichten oder zumindest entschärfen. Das Gefühl der Unzulänglichkeit dagegen ist chronisch, die einschlägigen Therapien versprechen nicht Heilung, sondern Krisenabfederung durch gute Wartung. Nicht zuletzt deshalb haben medikamentöse Behandlungen den Verfahren

11 Ebd., S. 265.
12 Ebd., S. 273.

des Erinnerns, Wiederholens und Durcharbeitens längst den Rang abgelaufen. Im pharmakologischen Befindlichkeitstuning hält der Selbstoptimierungsimperativ noch jene in seinem Bann, die an ihm verzweifeln.¹³

Eng verwandt mit der Depression und wie diese ein Symptom konstitutiver Überforderung ist die Sucht, die in den heute einschlägigen Behandlungsverfahren denn auch weniger als individuelle Pathologie beziehungsweise psychophysischer Effekt einer Droge gefasst wird, denn als Beziehungsproblem – Abhängigkeit im Wortsinn: Süchtig verhält sich, wer von etwas oder von jemandem nicht loskommt. Nichts gegen Bindungen und kleine wie große Helfer, so die gesellschaftliche Überzeugung, aber nur wer frei bleibt, sich von ihnen jederzeit wieder zu lösen, ist selbständig genug, um sein Leben zu meistern. Der Abhängige perpetuiert das Autonomieideal des unternehmerischen Selbst, indem er daran scheitert.

Sind depressive Erschöpfung und Sucht die dunkle Seite der auf Dauer gestellten Hyperthymie des unternehmerischen Selbst, so ist die Ironie ihr kompensatorisches Komplement. In der zähen Schwere der Depression verliert der Sog an Kraft, weil das Selbst an Kraft verliert; die ironische Distanzierung dagegen erzeugt Wirbel. Der Ironiker kennt die Gesetze des Marktes und ihre paradoxen Anforderungen an die Individuen. Er weiß, was ihm zugemutet wird, und er spricht es auch aus. Er treibt die Dinge auf die Spitze, legt ihre Absurditäten frei – und zieht so ins Lächerliche, was er nicht ändern kann.

Der Zeichner Scott Adams, Erfinder der Dilbert-Cartoons, jener minimalistischen Ikonen der New Economy, hat diese Haltung und darin zugleich sein eigenes Programm prägnant zusammengefasst: »Die Welt ist so kompliziert geworden, daß wir uns alle mit Täuschungsmanövern durch den Arbeitstag mogeln, in der Hoffnung, nicht als die Idioten demaskiert zu werden, die wir in Wirklichkeit sind. Die Welt ist für mich ein einziges Irrenhaus, bevölkert von Menschen, die unablässig damit beschäftigt sind, die blödsinnigen Dinge, die sie tun, zu rationalisieren. [...] Unsere eigene Blödheit erkennen wir nur schwer, die Blödheit anderer dafür um so besser. Diese Spannung bestimmt die Wirtschaft: Wir erwarten, daß ande-

---

13 Vgl. dazu Peter D. Kramer, *Listening to Prozac*, London 1994; Carl Elliott, *Better than Well. American Medicine meets the American Dream*, New York/London 2003.

re rational handeln, auch wenn wir selbst uns irrational verhalten. Es ist zwecklos, von Leuten, mit denen man zusammenarbeitet, oder überhaupt von irgend jemandem rationales Verhalten zu erwarten. Wer sich mit der Tatsache abfindet, von Idioten umgeben zu sein, wird feststellen, daß Widerstand sowieso nichts bringt. Man wird dann ganz locker und kann sich auf Kosten anderer köstlich amüsieren.«[14]

Dass sich – zeitweise jedenfalls – kaum ein Büro finden ließ, in dem Dilbert-Cartoons *nicht* die Wände zierten und Adams' Bücher inzwischen zur Pflichtlektüre in MBA-Studiengängen avanciert sind, zeigt, wie viele Menschen in diesem mit allen Managementmethoden und -moden traktierten Antihelden des Arbeitsalltags ihr eigenes Spiegelbild wiedererkannten und über ihn auch über sich selbst lachen konnten. Seine massenkulturelle Präsenz bestätigt: Dilbert ist Jedermann. Die Comicstrips funktionieren nach dem Prinzip »Der Kaiser ist nackt«, und wie in Andersens Märchen lässt die ausgesprochene Wahrheit die Macht nicht zusammenbrechen. Bei Andersen sagt der bloßgestellte Kaiser, dem es schien »als ob das Volk recht hätte«, zu sich selbst: »Jetzt hilft nichts als standhaft auszuhalten!« – und »er nahm eine noch stolzere Haltung an, und die Kammerherren gingen und trugen die Schleppe, die gar nicht da war«.[15] Die Dilbert-Fans wiederum – wir leben in demokratischen Zeiten – agieren als Volk und Kaiser in einer Person: Augenzwinkernd versichern sie sich, ebenjene Rituale zu durchschauen, die sie im nächsten Moment wieder vollziehen. Ironie als Ventil: Das schmunzelnde »Genau so ist es!« beim Blick auf den über dem Schreibtisch angepinnten Cartoon hilft zu ertragen, dass es so bleibt.

Es mag ein Lachen, auch und gerade ein Lachen über sich selbst geben, das sich nicht in Kompensation erschöpft, für einen Augenblick wenigstens mögen die Ironisierungsangebote, für die Dilbert hier nur exemplarisch steht, den Wunsch aufblitzen lassen, das Re-

---

14 Scott Adams, *Das Dilbert Prinzip. Die endgültige Wahrheit über Chefs, Konferenzen, Manager und andere Martyrien*, Landsberg/L. 1997, S. 15.
15 Hans Christian Andersen, »Des Kaisers neue Kleider«, in: *Reclams Märchenbuch*, hg. von Lina Paulsen, Stuttgart 1990, S. 18-24, hier: S. 24. Für eine politische Lektüre des Märchens vgl. Thomas Frank/Albrecht Koschorke/Susanne Lüdemann, *Des Kaisers neue Kleider. Über das Imaginäre politischer Herrschaft. Texte Bilder Lektüren*, Frankfurt/M. 2002.

gime der unternehmerischen Anrufung hinter sich zu lassen. Und selbst wenn nicht, was spricht dagegen, in den Spiegel des Spotts zu schauen und sich so Entlastung zu schaffen? Wer freilich *überall* nur Irrsinn und Idioten entdeckt, der affirmiert – Tücke der abstrakten Negation – die Ratio, von der er sich absetzen will.

Sosehr die Anrufung des unternehmerischen Selbst die Kongruenz von individueller Selbstverwirklichung und ökonomischem Erfolg, von Wollen und Sollen beschwört, sosehr sie sich von herkömmlichen Strategien der Disziplinierung und Selbstdisziplinierung unterscheidet, wie diese ist sie im Kern ein Verfleißigungsprogramm.[16] Worauf der Eifer sich richten, in welcher Weise der Einzelne sein Arbeitsvermögen einsetzen, wie er sich selbst gegenüber seine Mühen rechtfertigen und auf wessen Kommando er hören soll, all das hat sich entschieden verändert. Geblieben ist das Ethos gesteigerter Produktivität. Nutzenmaximierung und Nichtstun vertragen sich schlecht. Müssten deshalb diejenigen, die es leid sind, als Unternehmer ihrer selbst regiert zu werden und sich selbst zu regieren, nicht das Lob der Faulheit anstimmen – und faul *sein*? Ist das »Ne travaillez jamais!«, das der Situationist Guy Debord ehedem an eine Pariser Mauer pinselte,[17] ein angemessener Wahlspruch für die Künstler des Anders-anders-Seins? Wäre der fröhliche Müßiggänger das Vorbild für jene Praxis der Ent-Subjektivierung, die sich dem Sog unternehmerischer (Selbst-)Mobilisierung zu entwinden sucht?

Dafür spricht die Provokation, die eine sich *Die Glücklichen Arbeitslosen* nennende Gruppe Ende der 90er-Jahre mit ihren »Faulheitspapieren« und Aktionen auslöste.[18] Die *Müßiggängster*, so der Titel ihres Zirkulars, kündigten den Common Sense auf, dass Arbeitslose mit ihrem Los haderten beziehungsweise zu hadern hätten. »Wenn der Arbeitslose unglücklich ist«, heißt es in einer ihrer Erklä-

---

16 Vgl. zu den historischen Politiken der Verfleißigung und den Kampf gegen die Faulheit Rudolf Helmstetter, »Austreibung der Faulheit, Regulierung des Müßiggangs. Arbeit und Freizeit seit der Industrialisierung«, in: Bröckling/Horn (Hg.), *Anthropologie der Arbeit*, S. 259-279.

17 Vgl. *Situationistische Internationale 1958-1969. Gesammelte Ausgabe des Organs der Situationistischen Internationale*, Bd. 2, Hamburg 1977, S. 51, 341.

18 Einige Texte der Gruppe sind versammelt in Guillaume Paoli (Hg.), *Mehr Zuckerbrot, weniger Peitsche. Aufrufe, Manifeste und Faulheitspapiere der Glücklichen Arbeitslosen*, Berlin 2002; weitere Texte finden sich unter 〈www.diegluecklichen-arbeitslosen.de〉.

rungen, »so liegt das nicht daran, daß er keine Arbeit hat, sondern daß er kein Geld hat. Also sollten wir nicht mehr von ›arbeitslos‹, sondern von ›geldlos‹, nicht mehr von ›Arbeitssuchenden‹, sondern von ›Geldsuchenden‹ reden, um die Dinge klarer zu stellen.«[19] Folglich forderten sie die unbefristete Entlohnung der Nichtarbeit ohne Kontrollen und so genannte »Wiedereingliederungsmaßnahmen«. Der gesellschaftliche Nutzen des Nichtstuns sei schließlich unbezweifelbar: »Was passiert, wenn ein Konzern ankündigt, daß er so und so viele Arbeitsplätze vernichtet? Alle Börsenspekulanten loben seine Sanierungsstrategie, die Aktien steigen, und bald darauf wird die Bilanz die entsprechenden Gewinne aufweisen. Auf diese Weise schaffen die Arbeitslosen mehr Profit als ihre Ex-Kollegen. Logischerweise müßte man dem Arbeitslosen dafür danken, daß er wie kein anderer das Wachstum fördert.«[20] An den Debatten um Existenzgeld und staatlich gesichertem Grundeinkommen mochten sie sich indes nicht beteiligen; »vorgefertigte Denkgebäude, in denen sich die Menschen erwartungsgemäß wohl oder übel niederlassen werden«,[21] lagen ihnen ebenso fern wie fundamentale »Systemkritik« oder die Rhetorik des Klassenkampfs. Stattdessen begaben sie sich auf die »Suche nach unklaren Ressourcen«, kreierten »Ohnemich-AGs«, »Bündnisse für Simulation« (»Ihr tut so, als ob ihr Arbeitsplätze schafft, wir tun so, als ob wir arbeiten.«), postulierten »kreative Passivität« und verlegten sich im Übrigen auf »Propaganda durch Tat, Untat und vor allem Nicht-Tat«.[22]

Sieht man davon ab, dass ihre Pamphlete und Flugblätter bisweilen in einem Anflug kommunitaristischer Sozialromantik das »von vorkapitalistischen Traditionen unterstützte, intensive soziale Leben« nichtwestlicher Kulturen und deren »Ökonomie der Gegenseitigkeit« verklären,[23] so praktizierten *Die Glücklichen Arbeitslosen* eine experimentelle Kritik im Handgemenge, die sich der

19 »Auf der Suche nach unklaren Ressourcen«, in: Paoli (Hg.), *Mehr Zuckerbrot, weniger Peitsche*, S. 30-45, hier: S. 35.
20 Ebd.
21 Guillaume Paoli, »Wer hat Angst vor der freien Zeit«, ebd., S. 172-182, hier: S. 173.
22 Vgl. »Auf der Suche nach unklaren Ressourcen«; »Ohnemich-AG«, ebd., S. 62-71; »Bündnis für Simulation«, ebd., S. 49 f.; »Für die Ausdehnung des Sommerlochs! Für die kreative Passivität!«, ebd., S. 83-85; Guillaume Paoli, »Aussteigen für Einsteiger. Eine Einführung«, ebd., S. 7-27, Zitat: S. 21.
23 »Auf der Suche nach unklaren Ressourcen«, S. 43 f.

unternehmerischen Ratio, insbesondere ihrem Arbeitsethos, widersetzte, ohne sich um großformatige Gegenmodelle und politische Realisierbarkeiten zu scheren oder utopische Entwürfe auszumalen: »Der Utopist entwirft die genauen Pläne einer angeblich idealen Konstruktion und erwartet, daß die Welt sich in diese Form gießt. Dagegen ist der Glückliche Arbeitslose eher ein Topist: er bastelt mit Orten und Sachen, die schon vorhanden sind. Er konstruiert kein System, sondern sucht nach allen Möglichkeiten, sein Umfeld zu verbessern.«[24] Kurzum, er war Taktiker, kein Stratege. Vorbilder – »und sei es nur metaphorisch« – fand er in fernöstlichen Kampfarten wie dem Neija, das »ausschließlich auf zwei Prinzipien ruht: dem Nicht-Tun und dem Ausnutzen der Fehler des Gegners«, oder dem Aikido mit seinem Prinzip »Ausweichen und ausweichen, bis der Angreifer in die Position gerät, in der sein Gleichgewicht mit minimalem Aufwand geschickt gebrochen wird«.[25] Oder er bekannte sich zum »gesunden Opportunismus« der »Segelflug-Taktik«: »Statt sich verkrampft auf einen Schwerpunkt zu fixieren, werden je nach Gelegenheit beliebige soziale Aufwinde gesucht. Entscheidend ist dabei nicht der Gegenstand der Aktivität (es können also gleichwohl Festessen, Tauschringe, Gruppensex, Gesprächssalons, Krawalle oder Gartenpflege sein), sondern ob dadurch ein Gewinn an Kommunikation ermöglicht wird oder nicht.«[26]

Ihr fröhlicher Hedonismus hob *Die Glücklichen Arbeitslosen* gleichermaßen ab von der spröden Langeweile sozialwissenschaftlicher Abhandlungen wie von der Mobilmachungsrhetorik neoliberaler Marktapologeten, vom sozialarbeiterischen Empowermentjargon ebenso wie von spätmarxistischen Welterklärungsformeln. Als skurrile Variante zeitgenössischer Spaßkultur wollten sie sich allerdings ebenfalls nicht verbuchen lassen und konterkarierten immer wieder entsprechende Avancen des Medienbetriebs. Am Ende dadurch, dass sie – auch darin ganz Taktiker – ihre öffentlichen Interventionen wieder einstellten.

Inzwischen ist auch der Müßiggang marktgängig geworden: Da immer mehr Menschen ohnehin keine Aussichten haben, dauerhaft einer Erwerbsarbeit nachzugehen, boomen Ratgeber, die nicht mehr Erfolg und Reichtum verheißen, sondern *Die Entdeckung*

---

24 Ebd., S. 40.
25 Paoli, »Aussteigen für Einsteiger«, S. 25 f.
26 Ebd., S. 25.

der Faulheit[27] predigen, *Von den Vorzügen, ohne feste Anstellung zu sein*[28] handeln oder gar *Die Kunst des stilvollen Verarmens* lehren.[29] Wenn das Arbeitsethos mangels Arbeit erodiert, verliert auch die Faulheit ihren Stachel. Das Regime der unternehmerischen Anrufung ist damit indes keineswegs obsolet, laufen die zynischen Empfehlungen doch auf nichts anderes hinaus, als das Unternehmen Ich & Co. durch rechtzeitiges Downsizing krisentauglich zu machen. Die »Überflüssigen« der Marktgesellschaft sollen Bescheidenheit üben, den Gürtel enger schnallen und die unfreiwillige Askese obendrein noch zum Ausdruck verfeinerter Lebenskunst umdeuten. Wer gezwungen ist, mit wenig auszukommen, soll das – *Simplify your Life*[30] – wenigstens als innere Bereicherung erfahren. Eine alte Melodie: Zufrieden ist, wer sich ins vermeintlich Unvermeidliche schickt. Neu ist die Botschaft: Auch das will gelernt sein und ist Arbeit genug.

Ein Widerstandsprogramm gegen die Ökonomisierung des Individuums lässt sich aus dem passiven Aktivismus der Müßiggängster

---

27 Corinne Maier, *Die Entdeckung der Faulheit. Von der Kunst, bei der Arbeit möglichst wenig zu tun*, München 2005. Adressaten dieses Bestsellers sind nicht Arbeitslose, sondern gestresste mittlere Angestellte, denen die Autorin eher biedere Tipps liefert, um es sich in den Nischen der Unternehmenswelt bequem zu machen: »Meiden Sie operative Posten (›vor Ort‹) wie die Pest. Ideal ist es, sich aufs Abstellgleis befördern zu lassen: Diese oft transversalen, unproduktiven Stellen sind ohne Einfluss, meist aber auch keinerlei hierarchischem Druck ausgesetzt, kurzum: geruhsame Pöstchen« (S. 151). Von Absentismus oder Aneignungsaktionen hält sie dagegen wenig: »Es ist nutzlos, das System verändern zu wollen; wenn man sich ihm widersetzt, stärkt man es; wenn man es bekämpft, geht es umso ungreifbarer daraus hervor. Natürlich kann man anarchistische Spielchen mit ihm treiben, etwa regelmäßig einen Tag mit der Devise festlegen: ›Ich rufe heute im Büro an und sage, dass ich krank bin‹ oder als Manifest verkünden: ›Klaut im Büro, denn die Arbeit beklaut euch auch.‹ Das ist immer ganz unterhaltsam, aber die Revolte war etwas für die Revoluzzer der Siebzigerjahre, und man sieht ja, was aus ihnen geworden ist (Unternehmer)« (S. 149 ff.).
28 Achim Schwarze, *Kleine Brötchen. Von den Vorzügen, ohne feste Anstellung zu sein*, München 2005.
29 Alexander von Schönburg, *Die Kunst stilvollen Verarmens. Wie man ohne Geld reich wird*, Berlin 2005. Vgl. zum Boom dieser Literatur auch die Sammelbesprechung von Georg Seeßlen, »Die Arbeit, ein Märchen. Einige Bemerkungen, angeregt durch die Lektüre meistenteils dummer Bücher über das Leben ohne Arbeit«, in: *literatur konkret*, Nr. 30, 2005/2006, S. 4-7.
30 Vgl. Werner Tiki Küstenmacher/Lothar J. Seiwert, *Simplify your Life. Einfacher und glücklicher leben*, 11. Aufl., Frankfurt/M. 2004.

schon deshalb nicht destillieren. Zum Gegenbild des unternehmerischen Selbst taugt der Glückliche Arbeitslose nicht. Den Protagonisten des geschäftigen Nichtstuns waren der historische Ort (»1995 ließ es sich in Berlin relativ einfach und gut ohne Arbeit leben«) und die begrenzte Lebensdauer dieser Gestalt, die ohnehin »eher als literarische Figur à la Candide gemeint [war], denn als reale Figur«, nur allzu bewusst: »Es ging darum, eine Abwesenheit sichtbar zu machen, ein Jenseits der Arbeitswelt flüchtig zu vergegenwärtigen«, heißt es in der Einleitung zu ihrer Textsammlung. »Da wird selbst Wiederholung zum Verhängnis. [...] So viel zum Thema glückliche Arbeitslosigkeit läßt sich auch nicht sagen, und wir wollen nicht langweilig werden.«[31]

Flüchtige Vergegenwärtigung des Abwesenden, das erscheint wenig, wenn es um Störung des Kraftfelds der unternehmerischen Anrufung geht, und ist doch schwierig genug. Vielleicht besteht ja die Kunst, anders anders zu sein, genau darin: rechtzeitig aufzuhören – und anderswo von Neuem zu beginnen.

---

31 Paoli, »Aussteigen für Einsteiger«, S. 8 f., 21 f.

Literatur

Adams, Robert, *Social Work and Empowerment*, London 1996.
–, *Protests by Pupils: Empowerment, Schooling and the State*, Hampshire 1991.
Adams, Scott, *Das Dilbert Prinzip. Die endgültige Wahrheit über Chefs, Konferenzen, Manager und andere Martyrien*, Landsberg/L. 1997.
Adorno, Theodor W., *Negative Dialektik* (1966), Frankfurt/M. 1975.
Agamben, Giorgio, *Homo sacer. Die souveräne Macht und das nackte Leben*, Frankfurt/M. 2002.
Albert, Robert S./Runko, Mark A., »A History of Research on Creativity«, in: Robert J. Steinberg (Hg.), *Handbook of Creativity*, Cambridge 1999, S. 16-31.
Alchian, Armen A./Demsetz, Harold, »Production, Information Cost, and Economic Organization«, in: *American Economic Review*, 62 (1972), S. 777-795.
Alinsky, Saul D., *Die Stunde der Radikalen*, Gelnhausen u. a. 1974.
Althusser, Louis, »Ideologie und ideologische Staatsapparate«, in: ders., *Ideologie und ideologische Staatsapparate. Aufsätze zur marxistischen Theorie*, Hamburg/Berlin 1977, S. 108-153.
Altrogge, Günter, *Netzplantechnik*, München/Wien 1994.
Amabile, Teresa, *The Social Psychology of Creativity*, New York u. a. 1981.
Andersen, Hans Christian, »Des Kaisers neue Kleider«, in: *Reclams Märchenbuch*, hg. von Lina Paulsen, Stuttgart 1990, S. 18-24.
Andorfer, Veronika, *Von der Integration zum Empowerment. Zur Frauenförderung in der Entwicklungspolitik*, Frankfurt/M. 1995.
Antonovsky, Aaron, *Salutogenese. Zur Entmystifizierung der Gesundheit*, Tübingen 1997.
–, »Gesundheitsforschung versus Krankheitsforschung«, in: Alexa Franke/Michael Broda (Hg.), *Psychosomatische Gesundheit. Versuch einer Abkehr vom Pathogenese-Konzept*, Tübingen 1993, S. 3-14.
–, »Die salutogenetische Perspektive. Zu einer neuen Sicht von Gesundheit und Krankheit«, in: *Meducs*, 2 (1989), S. 51-57.
Atkinson, Lynn, *Power and Empowerment. The Power Principle*, Las Vegas 1988.
Bachrach, Peter/Botwinick, Aryeh, *Power and Empowerment. A Radical Theory of Participatory Democracy*, Philadelphia 1992.
Baecker, Dirk, *Die Form des Unternehmens*, Frankfurt/M. 1999.
Baethge, Martin, »Arbeit, Vergesellschaftung, Identität – Zur zunehmenden normativen Subjektivierung der Arbeit«, in: *Soziale Welt*, 42 (1991), S. 6-19.

Baistow, Karen, »Liberation and regulation? Some paradoxes of empowerment«, in: *Critical Social Policy*, 15 (1995), Iss. 42, S. 34-46.

Bandler, Richard, *Veränderung des subjektiven Erlebens. Fortgeschrittene Methoden des NLP*, Paderborn 1987.

Bandura, Albert, *Self Efficacy. The Exercise of Control*, New York 1997.

–, »Self efficacy: Toward a unifying theory of behavioral change«, in: *Psychological Review*, 84 (1977), S. 191-215.

Batliwala, Srilatha, »The Meaning of Women's Empowerment: New Concepts from Action«, in: Gita Sen u. a. (Hg.), *Population Policies Reconsidered. Health, Empowerment, and Rights*, Boston 1994, S. 127-138.

Baumgartner, Peter, *Lebensunternehmer*, Zürich 1997.

Beck, Ulrich, *Die Erfindung des Politischen. Zu einer Theorie reflexiver Modernisierung*, Frankfurt/M. 1993.

–, *Risikogesellschaft. Auf dem Weg in eine andere Moderne*, Frankfurt/M. 1986.

Becker, Gary S., *Familie, Gesellschaft und Politik – die ökonomische Perspektive*, Tübingen 1996.

–, Economic Imperialism [Interview], in: *Religion & Liberty*, 3 (1993), Nr. 2, ⟨www.acton. org/publicat/randl/print_interview.php?id=76⟩ (18.03.2005).

–, *The Economic Approach to Human Behavior*, Chicago/London 1976, dt.: *Der ökonomische Ansatz zur Erklärung menschlichen Verhaltens*, Tübingen 1982.

Beckert, Jens, *Grenzen des Marktes. Die sozialen Grundlagen wirtschaftlicher Effizienz*, Frankfurt/M./New York 1997.

Bellah, Robert N. u. a., *The Good Society*, New York 1991.

Bendit, René/Heimbucher, Achim, *Von Paulo Freire lernen. Ein neuer Ansatz für Pädagogik und Sozialarbeit*, München 1977.

Bengel, Jürgen/Strittmatter, Regine/Willmann, Hildegard, *Was erhält Menschen gesund? Antonovskys Modell der Salutogenese – Diskussionsstand und Stellenwert*, Köln 1998 (Forschung und Praxis der Gesundheitsförderung, Bd. 6).

Berger, Peter L./Neuhaus, Richard John, *To Empower People. The Role of Mediating Structures in Public Policy*, Washington: American Enterprise Institute for Public Policy Research 1977.

Berger, Peter L./Luckmann, Thomas, *Die gesellschaftliche Konstruktion der Wirklichkeit. Eine Theorie der Wissenssoziologie*, Frankfurt/M. 1969.

Besser-Siegmund, Cora/Siegmund, Harry, *Coach Yourself. Persönlichkeitskultur für Führungskräfte*, Düsseldorf u. a. 1991.

Birker, Klaus, *Projektmanagement*, Berlin 1999.

Blanchard, Kenneth/Carlos, John P./Randolph, Alan, *Management durch Empowerment. Das neue Führungskonzept: Mitarbeiter bringen mehr, wenn sie mehr dürfen*, Reinbek b. Hamburg 1998.

Block, Peter, *Entfesselte Mitarbeiter. Demokratische Prinzipien für die radikale Neugestaltung der Unternehmensführung*, Stuttgart 1997.
–, *The Empowered Manager. Positive Political Skills at Work*, San Francisco/London 1987.
Bohlender, Matthias, »Die historische Wette des Liberalismus. Die Geburt der Sozialen Marktwirtschaft«, in: *Ästhetik & Kommunikation*, 36 (2005), Nr. 129/130 (»Mythos Bundesrepublik«), S. 121-129.
Bologna, Sergio, *Die Zerstörung der Mittelschichten. Thesen zur neuen Selbständigkeit* (1997), Graz/Wien 2006.
Boltanski, Luc/Chiapello, Ève, *Der neue Geist des Kapitalismus*, Konstanz 2003.
–/ Thévenot, Laurent, *De la justification. Les économies de grandeur*, Paris 1991.
Bono, Edward de, *Laterales Denken. Ein Kurs zur Erschließung Ihrer Kreativitätsreserven*, Reinbek b. Hamburg 1971.
Bonß, Wolfgang/Keupp, Heiner/Koenen, Elmar, »Das Ende des Belastungsdiskurses? Zur subjektiven und gesellschaftlichen Bedeutung von Arbeitslosigkeit«, in: Wolfgang Bonß/Rolf G. Heinze (Hg.), *Arbeitslosigkeit in der Arbeitsgesellschaft*, Frankfurt/M. 1984, S. 143-188.
Bookman, Ann/Morgan, Sandra (Hg.), *Women and the Politics of Empowerment*, Philadelphia 1988.
Boutillier, Sophie/Uzunidis, Dimitri, *La Légende de l'entrepreneur*, Paris 1999.
–, *L'aventure des entrepreneurs*, Paris 2006.
Brandes, Fritz, »Profitabler werden mit zufriedenen Kunden«, in: *Frankfurter Allgemeine Zeitung, Blick durch die Wirtschaft*, 06.05.1998.
Branz, Manuela, »Gelungenes Scheitern. Scheitern in der Postmoderne«, in: *Kunstforum International*, Bd. 174, Jan. – März 2005, S. 262-267.
Brauner, Jörg-Peter/Kühme, Ernst Ulrich, *DIN EN ISO 9000–9004 umsetzen*, München/Wien 1996.
Brentano, Lujo von, *Der Unternehmer. Vortrag gehalten am 3. Januar 1907 in der Volkswirtschaftlichen Gesellschaft in Berlin*, Berlin 1907.
Brickman, Philip u. a., »Models of Helping and Coping«, in: *American Psychologist*, 37 (1982), No. 4 (Apr.), S. 368-384.
Bridges, William, *Ich & Co. Wie man sich auf dem neuen Arbeitsmarkt behauptet*, Hamburg 1996.
Briggs, Katharine C./Briggs Myers, Isabel, *Myers-Briggs Typenindikator (MBTI)*, Weinheim 1995.
Bröckling, Ulrich, »Regime des Selbst. Ein Forschungsprogramm«, in: Thorsten Bonacker/Andreas Reckwitz (Hg.), *Kulturen der Moderne. Soziologische Perspektiven der Gegenwart*, Frankfurt/M./New York 2007 (Publikation in Vorbereitung).

–, »Kritik oder die Umkehrung des Genitivs. Eine Bricolage«, in: *Mittelweg 36*, 15 (2006), H. 4 (Aug./Sep.), S. 93-100.

–, »Und ... wie war ich? Über Feedback«, in: *Mittelweg 36*, 15 (2006), H. 2 (Apr./Mai), S. 27-44.

–, »Gendering the Enterprising Self. Subjectification Programs and Gender Differences in Guides to Success«, in: *Distinktion. Scandinavian Journal for Social Theory*, No. 11, Okt. 2005, S. 7-25.

–, »Projektwelten. Anatomie einer Vergesellschaftungsform«, in: *Leviathan*, 33 (2005), S. 364-383.

–, Artikel »Empowerment«, »Kontrakt«, »Kreativität«, »Mediation«, »Prävention«, »Unternehmer«, in: Bröckling/Krasmann/Lemke (Hg.), Glossar der Gegenwart, S. 55-62, 132-138, 139-144, 159-166, 210-215, 271-276.

–, »Über Kreativität. Ein Brainstorming«, in: Ulrich Bröckling/Axel T. Paul/Stefan Kaufmann (Hg.), *Vernunft – Entwicklung – Leben. Schlüsselbegriffe der Moderne*, München 2004, S. 235-243.

–, »Menschenökonomie, Humankapital. Eine Kritik der biopolitischen Ökonomie«, in: ders. u. a. (Hg.), *Disziplinen des Lebens*, S. 275-295 (gekürzt auch in: *Mittelweg 36*, 12 [2003], H. 1 [Feb./März], S. 3-22).

–, »Aus dem Leben einer Ich-AG«, in: *Badische Zeitung*, Magazin, 24.01.2004.

–, »Das demokratisierte Panopticon. Subjektivierung und Kontrolle im 360°-Feedback«, in: Axel Honneth/Martin Saar (Hg.), *Michel Foucault. Zwischenbilanz einer Rezeption. Frankfurter Foucault-Konferenz 2001*, Frankfurt/M. 2003, S. 77-93.

–, »Der anarchistische Manager«, in: Richard Weiskopf (Hg.), *Menschenregierungskünste. Anwendungen poststrukturalisischer Analyse auf Management und Organisation*, Wiesbaden 2003, S. 319-333 (überarbeitet, unter dem Titel »Bakunin Consulting, Inc. Anarchismus, Management und die Kunst, nicht regiert zu werden« auch in: Marion von Osten [Hg.], *Norm der Abweichung*, Zürich 2003 [Reihe Theorie: Gestaltung\ 03], S. 19-38).

–, »You are not responsible for being down, but you are responsible for getting up. Über Empowerment«, in: *Leviathan*, 31 (2003), S. 323-344.

–, »Diktat des Komparativs. Zur Anthropologie des ›unternehmerischen Selbst‹«, in: Bröckling/Horn (Hg.), *Anthropologie der Arbeit*, Tübingen 2002, S. 157-173.

–, »Das unternehmerische Selbst und seine Geschlechter. Gender-Konstruktionen in Erfolgsratgebern«, in: *Leviathan*, 30 (2002), S. 175-194.

–, »Die Macht der Vorbeugung. 16 Thesen zur Prävention«, in: *Widersprüche*, 22 (2002), H. 86, Dez., S. 39-52.

–, »Jeder könnte, aber nicht alle können. Konturen des unternehmerischen Selbst«, in: *Mittelweg 36*, 11 (2002), H. 4, Aug./Sep., S. 6-26.

–, »Totale Mobilmachung. Menschenführung im Qualitäts- und Selbstmanagement«, in: Bröckling/Krasmann/Lemke (Hg.), *Gouvernementalität der Gegenwart*, S. 131-167.

–/ Bühler, Benjamin/Hahn, Marcus/Schöning, Matthias/Weinberg, Manfred (Hg.), *Disziplinen des Lebens. Zwischen Anthropologie, Literatur und Politik*, Tübingen 2004.

–/ Horn, Eva (Hg.), Anthropologie der Arbeit, Tübingen 2002.

–/ Krasmann, Susanne/Lemke, Thomas (Hg.), *Glossar der Gegenwart*, Frankfurt/M. 2004.

–/ Krasmann, Susanne/Lemke, Thomas (Hg.), *Gouvernementalität der Gegenwart*, Frankfurt/M. 2000.

Brodbeck, Karl-Heinz, »Die fragwürdigen Grundlagen des Neoliberalismus«, in: *Zeitschrift für Politik*, 48 (2001), S. 49-71.

Buchanan, James M./Tullock, Gordon, *The Calculus of Consent. Logical Foundations of Constitutional Democracy*, Ann Arbor 1962.

Buchanan, James M., *Die Grenzen der Freiheit. Zwischen Anarchie und Leviathan*, Tübingen 1984.

–, »A Contractarian Paradigm for Applying Economic Theory«, in: *The American Economic Review*, LXV (1975), S. 225-230.

–, »What should Economists do?«, in: *The Southern Economic Journal*, XXX (1963/4), Nr. 3, S. 213-222.

Bude, Heinz, »Was kommt nach der Arbeitnehmergesellschaft?«, in: Ulrich Beck (Hg.), *Die Zukunft von Arbeit und Demokratie*, Frankfurt/M. 2000, S. 121-134.

–, »Der Unternehmer als Revolutionär der Wirtschaft«, in: *Merkur*, 51 (1997), Nr. 582/583, Sonderheft »Kapitalismus als Schicksal? Zur Politik der Entgrenzung«, S. 866-876.

Bühner, Rolf, *Der Mitarbeiter im Total Quality Management*, Stuttgart 1993.

Bührmann, Andrea D., »Das Auftauchen des unternehmerischen Selbst und seine gegenwärtige Hegemonialität. Einige grundlegende Anmerkungen zur Analyse des (Trans)Formationsgeschehens moderner Subjektivierungsweisen«, in: *Forum Qualitative Sozialforschung*, 6 (2005), Nr. 1, Art. 16, Jan., ⟨www.qualitative-research.net/fqs-texte/1-05/05-1-16-d.htm⟩ (13. 07.2005).

Burchell, Graham, »Liberal Government and techniques of the self«, in: Andrew Barry/Thomas Osborne/Nikolas Rose (Hg.), *Foucault and Political Reason. Liberalism, Neo-liberalism and Rationalities of Government*, London 1996, S. 19-36.

Burghardt, Manfred, *Einführung in Projektmanagement*, München/Erlangen 1995.

Burnham, James, *The Managerial Revolution*, New York 1941, dt.: *Das Regime der Manager*, Stuttgart 1948.

Burrows, Roger (Hg.), *Deciphering the Enterprise Culture*, London 1991.

Butler, Judith, »Noch einmal: Körper und Macht«, in: Axel Honneth/Martin Saar (Hg.), *Michel Foucault. Zwischenbilanz einer Rezeption. Frankfurter Foucault-Konferenz 2001*, Frankfurt/M. 2003, S. 52-67.

–, *Psyche der Macht. Das Subjekt der Unterwerfung*, Frankfurt/M. 2001.

Buzan, Tony, *Kopftraining. Anleitung zum kreativen Denken, Tests und Übungen*, München 1984.

Casson, Mark, *Enterprise and Leadership*, Cheltenham 2000.

–, *The Entrepreneur. An Economic Theory*, Oxford 1982.

Certeau, Michel de, *Kunst des Handelns*, Berlin 1988.

Chell, Elizabeth/Haworth, Jean/Brearly, Sally, *The entrepreneurial personality. Concepts, cases and categories*, London/New York 1991.

Cleaver, Frances, »Paradoxes of Participation: Questioning Participatory Approaches to Development«, in: *Journal of International Development*, 11 (1999), S. 597-612.

Coase, Ronald H., »The Nature of the Firm«, in: *Economica*, 4 (1937), S. 386-405.

Cohn, Ruth C., *Von der Psychoanalyse zur themenzentrierten Interaktion*, Stuttgart 1975.

Conger, Jay A./Kanungo, Rabindrah N., »The Empowerment Process: Integrating Theory and Practice«, in: *Academy of Management Review*, 13 (1988), S. 471-482.

Cooke, Bill/Kothari, Uma (Hg.), *Participation: the New Tyranny?*, London/New York 2001.

Crainer, Stuart, *Das Tom Peters Phänomen. Der Aufstieg eines Management-Gurus*, Frankfurt/M./New York 1998.

Cross, Malcolm/Payne, Geoff, *Work and the Enterprise Culture*, London 1991.

Cruikshank, Barbara, *The Will to Empower. Democratic Citizens and Other Subjects*, Ithaca/London 1999.

Crutchfield, Richard S., »Schädliche Auswirkungen von Konformitätsdruck auf kreatives Denken« (1962), in: Ulmann (Hg.), *Kreativitätsforschung*, S. 155-163.

Csikszentmihalyi, Mihaly, *Kreativität. Wie Sie das Unmögliche schaffen und Ihre Grenzen überwinden*, Stuttgart 1996.

Dean, Mitchell, *Governmentality. Power and Rule in Modern Society*, London u. a. 1999.

Defoe, Daniel, *Über Projektemacherei* (1697), Wiesbaden 1975, S. 21 (Neudruck der dt. Übersetzung des *Essay upon Projects*, Leipzig 1890).

Deleuze, Gilles, »Postskriptum über die Kontrollgesellschaften«, in: ders., *Unterhandlungen 1972-1900*, Frankfurt/M. 1993, S. 254-262.

–, *Foucault*, Frankfurt/M. 1987.

DeLillo, Don, *Cosmopolis*, Köln 2003

Deutschmann, Christoph, »Kapitalismus und Kreativität«, unveröffentl. Ms. 2005.

–, »Die Gesellschaftskritik der Industriesoziologie – ein Anachronismus«, in: *Leviathan*, 29 (2001), S. 58-69.

Diemer, Regina von, »Motivation«, in: Walter Masing (Hg.), *Handbuch Qualitätsmanagement*, München/Wien 1994, S. 1061-1074.

Dilg, Peter, *Praktisches Qualitätsmanagement in der Informationstechnologie*, München/Wien 1995.

Donabedian, Avedis, *The Definition of Quality and Approaches to its Assessment*, Ann Arbor, Mich. 1980.

du Gay, Paul, *Consumption and Identity at Work*, London 1996.

–, »Enterprise and its Futures: A Response to Fournier and Grey«, in: *Organization*, 7 (2000), S. 165-183.

–/ Salaman, Graeme, »The Cult(ure) of the Customer«, in: *Journal of Management Studies*, 29 (1992), S. 615-633.

Duesenberry, James, »Comment on ›An Economic Analysis of Fertility‹«, in: The Universities' National Bureau Commitee for Economic Research (Hg.), *Demographic and Economic Change in Developed Countries*, Princeton 1960.

Durkheim, Emile, *Über soziale Arbeitsteilung. Studie über die Organisation höherer Gesellschaften* (1893), Frankfurt/M. 1996.

Dzierzbicka, Agnieszka, *Vereinbaren statt Anordnen. Neoliberale Gouvernementalität macht Schule*, Wien 2006.

Edwards, Mark R./Ewen, Ann J., *360°-Beurteilung. Klares Feedback, höhere Motivation und mehr Erfolg für alle Mitarbeiter*, München 2000.

Ehrenberg, Alain, *Das erschöpfte Selbst. Depression und Gesellschaft in der Gegenwart*, Frankfurt/M. 2004.

Elliott, Carl, *Better than Well. American Medicine meets the American Dream*, New York/London 2003.

Ellis, Vincent, »Der European Quality Award«, in: Stauss (Hg.), *Qualitätsmanagement und Zertifizierung*, S. 277-296.

Elster, Jon, »Introduction«, in: ders. (Hg.), *The Multiple Self*, Cambridge u. a. 1986, S. 1-34.

Emerson, Ralph Waldo, »Selbstvertrauen« (1841), in: ders., *Die Natur. Ausgewählte Essays*, Stuttgart 1982, S. 143-178.

Erikson, Erik H., *Identität und Lebenszyklus*, Frankfurt/M. 1973.

Eucken, Walter, *Grundsätze der Wirtschaftspolitik*, Reinbek b. Hamburg 1959.

Ewald, François, *Der Vorsorgestaat*, Frankfurt/M. 1986.

Fach, Wolfgang, *Die Regierung der Freiheit*, Frankfurt/M. 2003.

–, »Staatskörperkultur. Ein Traktat über den ›schlanken Staat‹«, in: Bröckling/Krasmann/Lemke (Hg.), *Gouvernementalität der Gegenwart*, S. 110-130.

Fawcett, Stephen B. u. a., »Creating and Using Social Technologies for Community Empowerment«, in: *Prevention in Human Services*, 3 (1984), No. 2/3, Special Issue: Studies in Empowerment, S. 145-171.

Fenwick, Tara J., »Transgressive desires: new enterprising selves in the new capitalism«, in: *Work, employment and society*, 16 (2002), S. 703-723.

Florida, Richard, *The Rise of the Creative Class*, New York 2002, Paperback Edition 2004.

–, *Cities and the Creative Class*, New York 2005

–, *The Flight of the Creative Class. The New Global Competition for Talent*, New York 2005

Flusser, Vilém, *Schriften*, Bd. 3: *Vom Subjekt zum Projekt. Menschwerdung*, Bensheim 1994.

Foucault, Michel, *Geschichte der Gouvernementalität I. Sicherheit, Territorium, Bevölkerung. Vorlesung am Collège de France 1977-1978*, Frankfurt/M. 2004.

–, *Geschichte der Gouvernementalität II. Die Geburt der Biopolitik. Vorlesungen am Collège de France 1978-1979*, Frankfurt/M. 2004.

–, *In Verteidigung der Gesellschaft. Vorlesungen am Collège de France (1975-76)*, Frankfurt/M. 1999.

–, *Der Mensch ist ein Erfahrungstier. Gespräch mit Ducio Trombadori*, Frankfurt/M. 1996.

–, »Omnes et singulatim. Zu einer Kritik der politischen Vernunft«, in: Joseph Vogl (Hg.), *Gemeinschaften. Positionen zu einer Philosophie des Politischen*, Frankfurt/M. 1994, S. 65-93.

–, »Autobiographie«, in: *Deutsche Zeitschrift für Philosophie*, 42 (1994), S. 699-702.

–, »Technologien des Selbst«, in: Martin/Gutman/Hutton (Hg.), *Technologien des Selbst*, S. 24-62.

–, *Was ist Kritik?*, Berlin 1992.

–, »Was ist Aufklärung?«, in: Eva Erdmann/Rainer Forst/Axel Honneth (Hg.), *Ethos der Moderne. Foucaults Kritik der Aufklärung*, Frankfurt/M./New York 1990, S. 35-53.

–, »Zur Genealogie der Ethik: Ein Überblick über laufende Arbeiten«, in: Hubert. L. Dreyfus/Paul Rabinow, *Michel Foucault. Jenseits von Strukturalismus und Hermeneutik*, Frankfurt/M. 1987, S. 265-292.

–, »Das Subjekt und die Macht«, in: Hubert. L. Dreyfus/Paul Rabinow, *Michel Foucault. Jenseits von Strukturalismus und Hermeneutik*, Frankfurt/M. 1987, S. 241-261.

–, *Der Gebrauch der Lüste. Sexualität und Wahrheit*, Bd. 2, Frankfurt/M. 1986.

–, »Freiheit und Selbstsorge. Gespräch mit Helmut Becker und Alfred Gomez-Müller«, in: Helmut Becker u. a. (Hg.), *Freiheit und Selbstsorge*, Frankfurt/M. 1985, S. 7-28.

–, *Über die Freundschaft*, Berlin 1984.

–, *Dispositive der Macht*, Berlin 1978.

–, *Überwachen und Strafen. Die Geburt des Gefängnisses*, Frankfurt/M. 1976.

–, »Nietzsche, die Genealogie, die Historie«, in: ders., *Von der Subversion des Wissens*, München 1974, S. 83-109.

Fournier, Valérie/Grey, Christopher, »Too Much, Too Little and Too Often: A Critique of du Gay's Analysis of Enterprise«, in: *Organization*, 6 (1999), S. 107-128.

Frank, Thomas/Koschorke, Albrecht/Lüdemann, Susanne, *Des Kaisers neue Kleider. Über das Imaginäre politischer Herrschaft. Texte Bilder Lektüren*, Frankfurt/M. 2002.

Frank, Thomas/Weiland, Matt (Hg.), *Commodify Your Dissent: Salvos from the Baffler*, New York 1997.

Frehr, Hans-Ulrich, *Total Quality Management*, München/Wien 1993.

Freire, Paulo, *Erziehung als Praxis der Freiheit. Beispiele zur Pädagogik der Unterdrückten*, Reinbek b. Hamburg 1977.

–, *Pädagogik der Unterdrückten. Bildung als Praxis der Freiheit*, Reinbek b. Hamburg 1973.

Freud, Sigmund, *Gesammelte Werke, XVIII Bde. u. ein Nachtragsband*, Frankfurt/M. 1999.

Friedman, David, *Der ökonomische Code. Wie wirtschaftliches Denken unser Handeln bestimmt*, München 2001.

–, *The Machinery of Freedom. Guide to a Radical Capitalism*, La Salle, Ill. 1989, dt.: *Das Räderwerk der Freiheit. Für einen radikalen Kapitalismus*, Grevenbroich 2003.

Friedman, Milton, *Kapitalismus und Freiheit*, Frankfurt/M. u. a. 1984.

Friedmann, John, *Empowerment. The Politics of Alternative Development*, Cambridge, Ms. 1992.

Fuchs, Peter, »Adressabilität als Grundbegriff der soziologischen Systemtheorie«, in: *Soziale Systeme*, 3 (1997), S. 57-79.

Gaddis, Paul O., »The Project Manager«, in: *Harvard Business Review*, 32 (1959), May/June, S. 89-97.

Galton, Francis, *Hereditary Genius*, New York 1869.

Garvin, David A., »What does ›Product Quality‹ Really Mean?«, in: *Sloan Management Review*, 26 (1984), S. 25-43.

Giddens, Anthony, *Modernity and Self-Identity. Self and Society in the Late Modern Age*, Stanford 1991.

Glaap, Winfried, *ISO 90000 leichtgemacht*, München 1993.
Goffman, Erving, *Rahmen-Analyse. Ein Versuch über die Organisation von Alltagserfahrungen*, Frankfurt/M. 1977.
–, *Das Individuum im öffentlichen Austausch. Mikrostudien zur öffentlichen Ordnung*, Frankfurt/M. 1974.
–, *Interaktionsrituale. Über Verhalten in direkter Kommunikation*, Frankfurt/M. 1971.
–, *Wir alle spielen Theater. Die Selbstdarstellung im Alltag*, München 1969.
Gordon, Colin, »Governmental rationality: an introduction«, in: Graham Burchell/Colin Gordon/Peter Miller (Hg.), *The Foucault Effect. Studies in Governmentality*, Chicago 1991, S. 1-51.
Gordon, Thomas, *Familienkonferenz. Die Lösung von Konflikten zwischen Eltern und Kind*, Hamburg 1972.
Gordon, William J. J., *Synectics. The Development of Creative Capacity*, New York 1961.
Granovetter, Mark; »Entrepreneurship, Development and the Emergence of Firms«, *Wissenschaftszentrum für Sozialforschung Berlin, Forschungsschwerpunkt Arbeitsmarkt und Beschäftigung, discussion paper FS I 90-2*, April 1990.
–, »Economic Action and Social Structure: The Problem of Embeddedness«, in: *American Journal of Sociology*, 91 (1985), S. 481-510.
Gray, Colin, *Enterprise and Culture*, London/New York 1998.
Gray, John N., *Freiheit im Denken Hayeks*, Tübingen 1995.
Groys, Boris, *Über das Neue. Versuch einer Kulturökonomie*, München/Wien 1992.
Gruber Judith/Trickett, Edison J., »Can We Empower Others? The Paradox of Empowerment in the Govering of an Alternative Public School«, in: *American Journal of Community Psychology*, 15 (1987), S. 353-371.
Guht, Christian, »Genie dank Wahnsinn«, in: *Süddeutsche Zeitung*, 25.04.2004.
Guilford, Joy Paul, »Creativity: Yesterday, Today, and Tomorrow«, in: *The Journal of Creative Behavior*, 1 (1967), S. 3-14.
–, »Kreativität«, in: Ulmann (Hg.), *Kreativitätsforschung*, S. 25-43 (zuerst in: *American Psychologist*, 5 [1950], S. 444-454).
Güntner, Joachim, »Die verkannten Bestseller. Ratgeberliteratur – als Phänomen betrachtet«, in: *Neue Zürcher Zeitung*, 02.05.2001.
Habermas, Jürgen, »Die Moderne – ein unvollendetes Projekt«, in: ders., *Kleinere politische Schriften (I-IV)*, Frankfurt/M. 1981, S. 444-466.
Hacking, Ian, »Between Michel Foucault and Erving Goffman: between discourse in the abstract and face-to-face interaction«, in: *Economy and Society*, 33 (2004), S. 277-302.
–, *Multiple Persönlichkeit. Zur Geschichte der Seele in der Moderne*, Frankfurt/M. 2001.

–, »Making up people«, in: Thomas C. Heller/Morton Sosna/David E. Wellbery (Hg.), *Reconstructing Individualism. Autonomy, Individuality, and the Self in Western Thought*, Stanford, Cal. 1986, S. 222-236.

–, »Self-Improvement«, in: David Couzens Hoy (Hg.), *Foucault. A Critical Reader*, Oxford/New York 1986, S. 235-240.

Händler, Ernst-Wilhelm, *Wenn wir sterben*, Frankfurt/M. 2002.

Hannah-Moffat, Kelly, »Prisons that Empower. Neo-liberal Governance in Canadian Women's Prisons«, in: *British Journal of Criminology*, 40 (2000), S. 510-531.

Hansel, Jürgen/Lomnitz, Gero, *Projektleiter-Praxis*, Berlin u. a. 2000.

Hartmann, Martin, »Widersprüche, Ambivalenzen, Paradoxien – Begriffliche Wandlungen in neueren Gesellschaftstheorien«, in: Axel Honneth (Hg.), *Befreiung aus der Mündigkeit. Paradoxien des gegenwärtigen Kapitalismus*, Frankfurt/M./New York 2002, S. 221-251.

Hauskeller, Christine, *Das paradoxe Subjekt. Unterwerfung und Widerstand bei Judith Butler und Michel Foucault*, Tübingen 2000.

Hayek, Friedrich August von, »Der Sinn des Wettbewerbs«, in: ders., *Rechtsordnung und Handelnsordnung. Aufsätze zur Ordnungsökonomik* (*Gesammelte Schriften in deutscher Sprache*, Abt. A: Aufsätze, Bd. 4), Tübingen 2003, S. 107-120.

–, *Recht, Gesetz und Freiheit. Eine Neufassung der liberalen Grundsätze der Gerechtigkeit und der politischen Ökonomie* (*Gesammelte Schriften in deutscher Sprache*, Abt. B: Bücher, Bd. 4), Tübingen 2003.

–, *Wirtschaft, Wissenschaft und Politik. Aufsätze zur Wirtschaftspolitik* (*Gesammelte Schriften in deutscher Sprache*, Abt. A: Aufsätze, Bd. 6), Tübingen 2001.

–, »Strukturpolitik und Wettbewerbswirtschaft«, in: ders., *Wirtschaft, Wissenschaft und Politik*, S. 15-29.

–, »Marktwirtschaft und Wirtschaftspolitik«, in: ders., *Wirtschaft, Wissenschaft und Politik*, S. 3-14.

–, *Die Anmaßung von Wissen. Neue Freiburger Studien*, Tübingen 1996.

–, »Die überschätzte Vernunft«, in: ders., *Die Anmaßung von Wissen*, S. 76-101.

–, »Sozialismus und Wissenschaft«, in: ders., *Die Anmaßung von Wissen*, S. 151-165.

–, *Die Verfassung der Freiheit*, 2. Aufl., Tübingen 1984.

–, *The Road to Serfdom* (1944), London 1971.

–, *Freiburger Studien*, Tübingen 1969.

–, »Der Wettbewerb als Entdeckungsverfahren«, in: ders., *Freiburger Studien*, S. 249-265.

–, »Grundsätze einer liberalen Wirtschaftsordnung«, in: ders., *Freiburger Studien*, S. 108-125.

–, »Wirtschaft, Wissenschaft und Politik«, in: ders., *Freiburger Studien*, S. 1-17.
–, »Freedom and the Economic System«, *Public Policy Pamphlet*, No. 29, hg. von Harry D. Gideonse, Chicago 1939.
Hébert, Robert F./Link, Albert N., *The Entrepreneur. Mainstream Views & Radical Critiques*, 2. Aufl., New York 1988
Heelas, Paul/Morris, Paul (Hg.), *The Values of the Enterprise Culture. The Moral Debate*, London/New York 1992.
Heider, Ulrike, *Die Narren der Freiheit. Anarchisten in den USA heute*, Berlin 1992.
Heiner, Maja, »Evaluation zwischen Qualifizierung, Qualitätsentwicklung und Qualitätssicherung«, in: dies. (Hg.), *Qualitätsentwicklung durch Evaluation*, Freiburg 1996, S. 20-47.
Heintel, Peter/Krainz, Ewald E., *Projektmanagement. Eine Antwort auf die Hierarchiekrise?*, Wiesbaden 2000.
Helmstetter, Rudolf, »Austreibung der Faulheit, Regulierung des Müßiggangs. Arbeit und Freizeit seit der Industrialisierung«, in: Bröckling/Horn (Hg.), *Anthropologie der Arbeit*, S. 259-279.
Henkel, Heiko/Stirrat, Roderick (Hg.), »Participation as Spiritual Duty; Empowerment as Secular Subjection«, in: Bill Cooke/Uma Kothari, *Participation: The New Tyranny*, London/New York 2001, S. 168-184.
Hentig, Hartmut von, *Kreativität. Hohe Erwartungen an einen schwachen Begriff*, Weinheim/Basel 2000.
Herriger, Norbert, *Empowerment in der Sozialen Arbeit. Eine Einführung*, Stuttgart 1997.
Hesse, Jan-Otmar, »›Der Mensch des Unternehmens und der Produktion‹. Foucaults Sicht auf den Ordoliberalismus und die ›Soziale Marktwirtschaft‹«, in: *Zeithistorische Forschungen/Studies in Contemporary History*, Online-Ausgabe, 3 (2006), H. 2, ⟨http://www.zeithistorische-forschungen.de/16126041-Hesse-2-2006⟩ (21.12.2006).
Heward, Christine/Bunwaree, Sheila (Hg.), *Gender, Education, and Development. Beyond Access to Empowerment*, London/New Jersey 1998.
Hill Collins, Patricia, *Black Feminist Thought. Knowledge, Consciousness, and the Politics of Empowerment*, New York 2000.
Hindess, Barry, »A Society Governed by Contract«, in: Glyn Davis/Barbara Sullivan/Anna Yeatman (Hg.), *The New Contractualism*, Melbourne 1997, S. 14-26.
Hjorth, Daniel, *Rewriting Entrepreneurship – for a new perspective on organisational creativity*, Kopenhagen 2003.
Hoffmann, Heinz, *Kreativitätstechniken für Manager*, München 1980.
Hofmann, Michael, *Das unternehmerische Element in der Betriebswirtschaft*, Berlin 1968.

Hollstein, Walter/Penth, Boris, *Alternativprojekte. Beispiele gegen die Resignation*, Reinbek b. Hamburg 1980.

Holmer Nadesan, Majia, »Engineering the entrepreneurial infant: brain science, infant development toys, and governmentality«, in: *Cultural Studies*, 16 (2003), S. 401-432.

Holtgrewe, Ursula/Voswinkel, Stephan/Wagner, Gabriele (Hg.), *Anerkennung und Arbeit*, Konstanz 2000.

Honneth, Axel, »Anerkennung als Ideologie«, in: *WestEnd. Neue Zeitschrift für Sozialforschung*, 1 (2004), S. 51-70

–, *Kampf um Anerkennung. Zur moralischen Grammatik sozialer Konflikte*, Frankfurt/M. 1994.

Howkins, John, *The Creative Economy. How People Make Money from Ideas*, New York 2001.

Huber, Joseph, *Wer soll das alles ändern. Die Alternativen der Alternativbewegung*, Berlin 1980.

Huizinga, Johan, *Homo Ludens. Versuch einer Bestimmung des Spielelements der Kultur*, Amsterdam 1939.

Hutter, Michael/Teubner, Gunther, »Der Gesellschaft fette Beute. *Homo juridicus* und *homo oeconomicus* als kommunikationserhaltende Fiktionen«, in: Peter Fuchs/Andreas Göbel (Hg.), *Der Mensch – das Medium der Gesellschaft*, Frankfurt/M, S. 110-145.

Imai, Masaaki, *Kaizen*, München 1992.

Jackson, Peter/Ashton, David, *ISO 9000. Der Weg zur Zertifizierung*, Landsberg/Lech 1993.

Jaeger, Hans, Artikel »Unternehmer«, in: Otto Brunner/Werner Conze/Reinhart Koselleck (Hg.), *Geschichtliche Grundbegriffe. Historisches Lexikon zur politisch-sozialen Sprache in Deutschland*, Bd. 6, Stuttgart 1990, S. 707-732.

Joas, Hans, *Die Kreativität des Handelns*, Frankfurt/M. 1996.

Jurczyk, Karin/Rerrich, Maria S. (Hg.), *Die Arbeit des Alltags. Beiträge zu einer Soziologie der alltäglichen Lebensführung*, Freiburg 1993.

Jurczyk, Karin/Voß, Günter, *Entgrenzte Arbeitszeit – reflexive Alltagszeit. Die Zeiten des Arbeitskraftunternehmers*, in: Eckart Hildebrandt/Gudrun Linne (Hg.), *Reflexive Lebensführung. Zu den sozialökologischen Folgen flexibler Arbeit*, Berlin 2000 (Forschung aus der Hans-Böckler-Stiftung, Bd. 24), S. 151-205.

Justi, Johann Heinrich Gottlob von, »Gedanken von Projecten und Projectmachern«, in: ders., *Politische und Finanzschriften über wichtige Gegenstände der Staatskunst, der Kriegswissenschaften und des Cameral- und Finanzwesens*, Bd. 1, Kopenhagen/Leipzig 1761 (Neudruck: Aalen 1970), S. 256-281.

Kafka, Franz, *Das Ehepaar und andere Schriften aus dem Nachlaß – in der Fassung der Handschrift*, Frankfurt/M. 1994.

Kahn, Si, *Organizing: A Guide to Grassroots Leaders*, New York 1982.

Kantsperger, Roland, *Empowerment. Theoretische Grundlagen, kritische Analyse, Handlungsperspektiven*, München 2001.

Karlöf, Bengt/Östblom, Svante, *Das Benchmarking Konzept. Wegweiser zur Spitzenleistung in Qualität und Produktivität*, München 1994.

Kastner, Michael, *Syn-Egoismus. Nachhaltiger Erfolg durch soziale Kompetenz*, Freiburg/Basel/Wien 1999.

Katz, Richard, »Empowerment and Synergy, ›Expanding the Community's Healing Resources‹«, in: *Prevention in Human Services*, 3 (1984), No. 2/3, Special Issue: Studies in Empowerment, S. 201-226.

Kersting, Wolfgang, *Die politische Philosophie des Gesellschaftsvertrags*, Darmstadt 1994.

Kessl, Fabian, *Der Gebrauch der eigenen Kräfte. Eine Gouvernementalität Sozialer Arbeit*, Weinheim/München 2005.

Kets de Vries, Manfred F. R., »The entrepreneurial personality: a person at the crossroads«, in: *The Journal of Management Studies*, 14 (1977), S. 34-57.

Keupp, Heiner u. a., *Identitätskonstruktionen. Das Patchwork der Identitäten in der Spätmoderne*, Reinbek b. Hamburg 1999.

Keynes, John Maynard, *Allgemeine Theorie der Beschäftigung, des Zinses und des Geldes* (1936), Berlin 1994.

Kible, Brigitte u. a., Artikel »Subjekt«, in: *Historisches Wörterbuch der Philosophie*, Bd. 10, Basel 1998, Sp. 373-399.

Kieffer, Charles H., »Citizen Empowerment: A Developmental Perspective«, in: *Prevention in Human Services*, 3 (1984), No. 2/3, Special Issue: Studies in Empowerment, S. 9-36.

Kierkegaard, Søren, *Die Krankheit zum Tode* (1849), Frankfurt/M. 1984.

Kirchgässner, Gebhard, *Homo oeconomicus. Das ökonomische Modell individuellen Verhaltens und seine Anwendung in den Wirtschafts- und Sozialwissenschaften*, 2. Aufl., Tübingen 2000.

Kirzner, Israel M., *Unternehmer und Marktdynamik*, München/Wien 1988.

–, *Wettbewerb und Unternehmertum*, Tübingen 1978.

Klopotek, Felix, »Projekt«, in: Bröckling/Krasmann/Lemke (Hg.), *Glossar der Gegenwart*, S. 216-221.

Knapp, Alexander/Herriger, Norbert, »Empowerment in der pädagogischen Arbeit mit Straßenkindern«, in: *Soziale Arbeit*, 48 (1999), H. 5, S. 157-163.

Knight, Frank H., *Risk, Uncertainty, and Profit* (1921), New York 1964.

–, »Profit and Entrepreneurial Functions«, in: *The Journal of Economic History*, 2 (1942), S. 126-132.

Knuf, Andreas/Seibert, Ulrich, *Selbstbefähigung fördern. Empowerment und psychiatrische Arbeit*, Bonn 2001.

Kobasa, Suzanne C., »The hardy personality: Toward a social psychology of stress and health«, in: Glenn S. Sanders/Jerry Suls (Hg.), *Social Psychology of Health and Illness*, Hillsdale, NJ 1982, S. 3-32.
–, »Stressful life events, personality and health: An inquiry into hardiness«, in: *Journal of Personality and Social Psychology*, 37 (1979), S. 1-11.
Kocyba, Hermann, »Das aktivierte Subjekt. Mit post-tayloristischen Formen der Arbeit ändert sich auch die moderne Berufsidee«, in: *Frankfurter Rundschau*, 28.09.1999.
Köhler, Horst, *Die Ordnung der Freiheit*, Rede beim Arbeitgeberforum »Wirtschaft und Gesellschaft« in Berlin, 15.03.2005, ⟨http://www.bundespraesident.de/-,2.622835/Rede-von-Bundespraesident-Hors.htm⟩ (01.08.2006).
Kommission für Zukunftsfragen Bayern – Sachsen (Hg.), *Erwerbstätigkeit und Arbeitslosigkeit in Deutschland. Entwicklung, Ursachen und Maßnahmen, Teil III: Maßnahmen zur Verbesserung der Beschäftigungslage*, Bonn 1997, ⟨www.bayern.de/wirtschaftsstandort/Zukunftsfragen/⟩ (13.10.2005).
Koppermann, Heiner, »Empowerment: Schlummernde Potentiale wecken«, in: Buchner, Dietrich/Lasko, Wolf W., *Vorsprung im Wettbewerb. Ganzheitliche Veränderungen, Netzwerke, Synergie, Empowerment, Coaching. Das Veränderungshandbuch von Winner's Edge*, Wiesbaden 1996, S. 291-306.
Koschorke, Albrecht, »Wissenschaftsbetrieb als Wissenschaftsvernichtung. Einführung in die Paradoxologie des deutschen Hochschulwesens«, in: Dorothee Kimmich/Alexander Thumfart (Hg.), *Universität ohne Zukunft?*, Frankfurt/M. 2004, S. 142-157.
Kraft, Julia/Speck, Andreas, »Gewaltfreiheit und gesellschaftliches Empowerment«, in: *antimilitarismus information*, 30 (2000), H. 11, S. 31-36.
Krajewski, Markus, *Projektemacher. Zur Produktion von Wissen in der Vorform des Scheiterns*, Berlin 2004.
–, »Über Projektemacher. Eine Einleitung«, in: ders. (Hg.), *Projektemacher*, S. 7-25.
Kramer, Peter D., *Listening to Prozac*, London 1994.
Krasmann, Susanne: »Monitoring«, in: Bröckling/Krasmann/Lemke (Hg.), *Glossar der Gegenwart*, S. 167-173.
–, *Die Kriminalität der Gesellschaft. Zur Gouvernementalität der Gegenwart*, Konstanz 2003.
–, »Gouvernementalität der Oberfläche. Aggressivität (ab-)trainieren beispielsweise«, in: Bröckling/Krasmann/Lemke (Hg.), *Gouvernementalität der Gegenwart*, S. 227-264.
Kraushaar, Wolfgang, »Thesen zum Verhältnis von Alternativ- und Flucht-

bewegung«, in: ders., *Autonomie oder Getto? Kontroversen über die Alternativbewegung*, Frankfurt/M. 1978, S. 8-67.

Kretschmer, Ernst, *Geniale Menschen*, Berlin 1929.

Kreuz, Werner, »Benchmarking: Voraussetzung für den Erfolg von TQM«, in: Achim Töpfer/Armin Mehdorn (Hg.), *Besser–Schneller–Schlanker. TQM-Konzepte in der Unternehmenspraxis*, Neuwied u. a. 1994, S. 83-108.

Kris, Ernst, *Psychoanalytical Explorations in Art*, New York 1952.

Kropotkin, Peter, *Gegenseitige Hilfe in der Tier und Menschenwelt* (1902), Frankfurt/M. 1976.

Kropotkin, Petr, »Die Eroberung des Brotes« (1892), in: ders., *Die Eroberung des Brotes und andere Schriften*, hg. von Hans G. Helms, München 1973.

Kühl, Stefan, »Paradoxe Effekte und ungewollte Nebenfolgen des Qualitätsmanagements«, in: Hartmut Wächter/Günther Vedder (Hg.), *Qualitätsmanagement in Organisationen. DIN ISO 9000 und TQM auf dem Prüfstand*, Wiesbaden 2001, S. 75-113.

–, »Grenzen der Vermarktlichung. Die Mythen um unternehmerisch handelnde Mitarbeiter«, in: *WSI-Mitteilungen*, 53 (2000), S. 818-828.

Küstenmacher, Werner Tiki/Seiwert, Lothar J., *Simplify your Life. Einfacher und glücklicher leben*, 11. Aufl., Frankfurt/M. 2004.

Lange-Eichbaum, Wilhelm/Kurth, Wolfram, *Genie, Irrsinn und Ruhm. Genie-Mythus und Pathographie des Genies*, 6. Aufl., München/Basel 1967.

Lavoie, Don, »The Discovery and Interpretation of Profit Opportunities: Culture and the Kirznerian Entrepreneur«, in: Brigitte Berger (Hg.), *The Culture of Entrepreneurship*, San Francisco 1991, S. 33-51.

Lazear, Edward P., »Economic Imperialism«, in: *Quarterly Journal of Economics*, 115 (2000), Nr. 1, S. 99-146.

Lazzarato, Maurizio, »Immaterielle Arbeit«, in: Toni Negri/Maurizio Lazzarato/Paolo Virno, *Umherschweifende Produzenten. Immaterielle Arbeit und Subversion*, Berlin 1993, S. 39-52.

Lehmann, Maren, »Karriere als Projekt«, in: Krajewski (Hg.), *Projektemacher*, S. 49-63.

Leineweber, Bernd/Schibel, Karl-Ludwig, »›Die Alternativbewegung‹. Ein Beitrag zu ihrer gesellschaftlichen Bedeutung und politischen Tragweite, deren Möglichkeiten und Grenzen«, in: Wolfgang Kraushaar (Hg.), *Autonomie oder Getto? Kontroversen über die Alternativbewegung*, Frankfurt/M. 1978, S. 95-128.

Lemke, Thomas, *Eine Kritik der politischen Vernunft. Foucaults Analyse der modernen Gouvernementalität*, Berlin/Hamburg 1997.

–/Krasmann, Susanne/Bröckling, Ulrich, »Gouvernementalität, Neoliberalismus, Selbsttechnologien. Eine Einleitung«, in: Bröckling/Krasmann/Lemke (Hg.), *Gouvernementalität der Gegenwart*, S. 7-40.

Lepage, Henri, *Der Kapitalismus von morgen*, Frankfurt/M./New York 1979.
Leschke, Martin/Erlei, Mathias/Sauerland, Dirk, *Neue Institutionenökonomik*, Stuttgart 1999.
Lichterman, Paul, »Self-help reading as a thin culture«, in: *Media, Culture and Society*, 14 (1992), S. 421-447.
Link, Jürgen, *Versuch über den Normalismus. Wie Normalität produziert wird*, Opladen 1997.
Link-Heer, Ursula, »›Multiple Persönlichkeit‹ als psychotherapeutischer Biographiegenerator«, in: Herbert Willems/Alois Hahn (Hg.), *Identität und Moderne*, Frankfurt/M. 1999, S. 180-210.
Litke, Hans-D., *Projektmanagement. Methoden, Techniken, Verhaltensweisen*, München 2004.
Lombroso, Cesare, *Genie und Irrsinn in ihren Beziehungen zum Gesetz, zur Kritik und zur Geschichte*, Leipzig 1887.
Luhmann, Niklas, *Die Gesellschaft der Gesellschaft*, 2 Bde., Frankf./M. 1997.
–, *Soziologie des Risikos*, Berlin/New York 1991.
–, *Die Wissenschaft der Gesellschaft*, Frankfurt/M. 1990.
–, »Individuum, Individualität, Individualismus«, in: ders., *Gesellschaftsstruktur und Semantik*, Bd. 3, Frankfurt/M. 1989, S. 149-258.
Lundgren, Monica/Packendorff, Johann, »A project-based view of entrepreneurship: towards action-orientation, seriality and collectivity«, in: Chris Steyaert/Daniel Hjorth (Hg.), *New Movements in Entrepreneurship*, Cheltenham/Northampton 2003, S. 86-102.
Lutz, Christian, *Leben und arbeiten in der Zukunft*, München 1995.
MacKinnon, Donald W., »Persönlichkeit und Realisierung kreativen Potentials«, in: Ulmann (Hg.), *Kreativitätsforschung*, S. 164-179 (zuerst in: *American Psychologist*, 20 [1965], S. 273-281).
Maier, Corinne, *Die Entdeckung der Faulheit. Von der Kunst, bei der Arbeit möglichst wenig zu tun*, München 2005.
Maine, Henry Sumner, *Ancient Law. Its Connection with the Early History and its Relations to Modern Ideas*, London 1861.
Makropoulos, Michael, *Modernität und Kontingenz*, München 1997.
–, »Möglichkeitsbändigungen«, in: *Soziale Welt*, 41 (1990), S. 407-423.
Malpass, Jeff/Wickham, Gary, »Governance and failure: on the limits of sociology«, in: *Australian and New Zealand Journal of Sociology*, 31 (1995), No. 3, S. 37-50.
Marris, Peter/Rein, Martin, *Dilemmas of Social Reform. Poverty and Community Action in the United States*, Chicago 1967.
Martin, Luther H./Gutman, Huck/Hutton, Patrick H. (Hg.), *Technologien des Selbst*, Frankfurt/M. 1993.
Martinelli, Alberto, »Entrepreneurship and Management«, in: Neil J.

Smelser/Richard Swedberg (Hg.), *The Handbook of Economic Sociology*, Princeton, NJ 1994, S. 476-503.

Marx, Karl, *Das Kapital* (1890), Bd. 1, Berlin 1962 (*Marx Engels Werke*, Bd. 23).

Maslow, Abraham H., *Motivation und Persönlichkeit*, Reinbek b. Hamburg 1981.

Masschelein, Jan: »Je viens de voir, je viens d'entendre‹. Erfahrungen im Niemandsland«, in: Norbert Ricken/Markus Rieger-Ladich (Hg.), *Michel Foucault: Pädagogische Lektüren*, Wiesbaden 2004, S. 95-115.

Masschelein, Jan/Simons, Maarten, *Globale Immunität oder Eine kleine Kartographie des europäischen Bildungsraums*, Zürich/Berlin 2005.

Matthes, Joachim, »Projekte – nein, danke? Eine (un)zeitgemäße Betrachtung«, in: *Zeitschrift für Soziologie*, 17 (1988), S. 465-473.

McArdle, Louise u. a., »Total Quality Management and Participation: Employee Empowerment, or the Enhancement of Exploitation«, in: Adrian Wilkinson/Hugh Willmott (Hg.), *Making Quality Critical. New Perspectives on Organizational Change*, London/New York 1995, S. 156-172.

McClelland, David C., »Characteristics of Successful Entrepreneurs«, in: *Journal of Creative Behavior*, 21 (1987), S. 219-233.

–, *The Achievement Motive*, New York 1972.

–, *Die Leistungsgesellschaft. Psychologische Analyse der Voraussetzungen wirtschaftlicher Entwicklung*, Stuttgart 1966.

McKenzie, Richard B./Tullock, Gordon, *Homo Oeconomicus. Ökonomische Dimensionen des Alltags*, Frankfurt/M. 1984.

McRobbie, Angela, »›Jeder ist kreativ‹. Künstler als Pioniere der New Economy?«, in: Jörg Huber (Hg.), *Singularitäten – Allianzen. Interventionen* 11, Zürich u. a. 2002, S. 37-59.

–, *British Fashion Design: Rag Trade or Image Industry?*, London/New York 1998.

Mead, George H., *Geist, Identität und Gesellschaft aus der Sicht des Sozialbehaviorismus* (1934), Frankfurt/M. 1968.

Melville, Herman, *Bartleby, the Scrivener. A Story of Wall-street* (1853), München 1980.

Ménard, Claude, »Enforcement procedures and governance structures: what relationship?«, in: ders. (Hg.), *Institutions, Contracts and Organizations. Perspectives from New Institutional Economics*, Cheltenham/Northampton 2000, S. 234-253.

Mertins, Kai/Siebert, Gunnar/Kempf, Stefan (Hg.), *Benchmarking. Praxis in deutschen Unternehmen*, Berlin u. a. 1995.

Miller, Peter/Rose, Nikolas, »Production, identity, and democracy«, in: *Theory and Society*, 25 (1995), S. 427-467.

–, »Governing economic life«, in: *Economy and Society*, 19 (1990), S. 1-31, dt.: »Das ökonomische Leben regieren«, in: Richard Schwarz (Hg.), *Zur Genealogie der Regulation*, Mainz 1994, S. 54-108.

Mises, Ludwig von, *Nationalökonomie. Theorie des Handelns und Wirtschaftens* (1940), München 1980.

Moldaschl, Manfred F., »Ökonomien des Selbst. Subjektivität in der Unternehmergesellschaft«, in: Johanna Klages/Siegfried Timpf (Hg.), *New Economy als diskursive Konstruktion*, Hamburg 2002, S. 29-62.

–, »Qualitätsmanagement als Spielfeld und Arena: Das mikropolitische Verständnis von Qualitätsmanagement – und seine Grenzen«, in: Hartmut Wächter/Günther Vedder (Hg.), *Qualitätsmanagement in Organisationen. DIN ISO 9000 und TQM auf dem Prüfstand*, Wiesbaden 2001, S. 115-138.

–/ Sauer, Dieter, »Internalisierung des Marktes – Zur neuen Dialektik von Kooperation und Herrschaft«, in: Heiner Minssen (Hg.), *Begrenzte Entgrenzungen – Wandlungen von Organisation und Arbeit*, Berlin 2000, S. 205-224.

–/ Voß, G. Günter (Hg.), *Subjektivierung von Arbeit*, München/Mering 2002.

Morris, Paul, »Freeing the spirit of enterprise. The genesis and development of the concept of enterprise culture«, in: Russell Keat/Nicholas Abercrombie (Hg.), *Enterprise Culture*, London/New York 1991, S. 21-37.

Müschen, Klaus, »*Lieber lebendig als normal!« Selbstorganisation, kollektive Lebensformen und alternative Ökonomie*, Bensheim 1982.

Narayan, Deepa (Hg.), *Empowerment and Poverty Reduction: A Sourcebook*, New York: World Bank 2002.

Neubeiser, Marie-Louise, *Management-Coaching*, Düsseldorf/Wien 1992.

Neuberger, Oswald, *Das 360°-Feedback. Alle fragen? Alles sehen? Alles sagen?*, München/Mering 2000.

Neumeier, Rudolf, *Qualitätsmanagement für Dienstleister*, unveröffentl. Seminarunterlagen der TÜV Akademie Hessen, 1997.

Nietzsche, Friedrich, *Werke*, hg. von Karl Schlechta, 3 Bde., 6. Aufl., München 1969.

Nonhoff, Martin, *Politischer Diskurs und Hegemonie. Das Projekt »Soziale Martkwirtschaft«*, Bielefeld 2006.

O'Malley, Pat, *Risk, Uncertainty and Government*, London u. a. 2004.

–, »Uncertain subjects: risks, liberalism and contract«, in: *Economy and Society*, 29 (2000), S. 460-484.

Oess, Attila, »Total Quality Management (TQM): Eine ganzheitliche Unternehmensphilosophie«, in: Stauss (Hg.), *Qualitätsmanagement und Zertifizierung*, S. 199-222.

Opitz, Sven, *Gouvernementalität im Postfordismus. Macht, Wissen und Techniken des Selbst im Feld unternehmerischer Rationalität*, Hamburg 2004.

Osborn, Alex F., *Applied Imagination. Principles and Procedures of Creative Thinking*, New York 1953.

Osborne, David/Gaebler, Ted, *Der innovative Staat. Mit Unternehmergeist zur Verwaltung der Zukunft*, Wiesbaden 1997.

Osborne, Thomas: »Against ›creativity‹: a philistine rant«, in: *Economy and Society*, 32 (2003), S. 507-525.

–, »Techniken und Subjekte: Von den ›Governmentality Studies‹ zu den ›Studies of Governmentality‹«, in: *Demokratie. Arbeit. Selbst. Analysen liberal-demokratischer Gesellschaften im Anschluss an Michel Foucault, Mitteilungen des Instituts für Wissenschaft und Kunst Wien*, 56 (2001), Nr. 2/3, S. 12-16.

Pankofer, Sabine, »Empowerment – eine Einführung«, in: Tilly Miller/Sabine Pankofer (Hg.), *Empowerment konkret! Handlungsentwürfe und Reflexionen aus der psychosozialen Praxis*, Stuttgart 2000, S. 7-22.

Paoli, Guillaume (Hg.), *Mehr Zuckerbrot, weniger Peitsche. Aufrufe, Manifeste und Faulheitspapiere der Glücklichen Arbeitslosen*, Berlin 2002.

Parsons, Ruth J., »Empowerment: Purpose and Practice Principle in Social Work«, in: *Social Work with Groups*, 14 (1991), No. 2, S. 7-21.

Parsons, Talcott/Smelser, Neil J., *Economy and Society*, London 1956.

Pateman, Carol, »Feminismus und Ehevertrag«, in: Herta Nagl-Dogecal/Herlinde Pauer-Studer (Hg.), *Politische Theorie. Differenz und Lebensqualität*, Frankfurt/M. 1996, S. 174-219.

–, *The Sexual Contract*, Cambridge/Oxford 1988.

Patzak, Gerold/Rattay, Günter, *Projektmanagement*, Wien 1995.

Peters, Thomas J./Waterman, Robert H., *In Search of Excellence – Lessons from America's Best-Run Companies*, New York 1982, dt.: *Auf der Suche nach Spitzenleistungen. Was man von den bestgeführten US-Unternehmen lernen kann*, 15. Aufl., Landsberg/Lech 1993.

Peters, Tom: »›Brand You Survival Kit‹«, in: *Fast Company*, Iss. 83, June 2004, S. 95, ⟨http://pf.fastcompany.com/magazine/83/playbook.html⟩ (12.05.2005).

–, *TOP 50 Selbstmanagement. Machen Sie aus sich die ICH AG*, München 2001.

–, *Jenseits der Hierarchien. Liberation Management*, Düsseldorf 1993.

–, *Kreatives Chaos. Die neue Management-Praxis*, Hamburg 1988.

Pflaumer, Elke, »Der Widersprüchlichkeit Aufmerksamkeit schenken – Empowerment als Denk- und Handlungsansatz in der Gesundheitsförderung«, in: Miller/Pankofer (Hg.), *Empowerment konkret!*, S. 63-77.

Pies, Ingo (Hg.), *Milton Friedmans ökonomischer Liberalismus*, Tübingen 2004.

–, *Eucken und von Hayek im Vergleich. Zur Aktualisierung der ordnungspolitischen Konzeption*, Tübingen 2001.

–, »Theoretische Grundlagen demokratischer Wirtschafts- und Gesellschaftspolitik – Der Beitrag Gary Beckers«, in: ders./Leschke (Hg.), *Gary Beckers ökonomischer Imperialismus*, S. 1-29.

–, »Theoretische Grundlagen demokratischer Wirtschafts- und Gesellschaftspolitik – Der Beitrag James Buchanans«, in: ders./Leschke (Hg.), *James Buchanans konstitutionelle Ökonomik*, S. 1-18.

–/ Leschke, Martin (Hg.), *Gary Beckers ökonomischer Imperialismus*, Tübingen 1998.

–/ –, *James Buchanans konstitutionelle Ökonomik*, Tübingen 1996.

Pinchot, Gifford III, *Intrapreneuring. Why you Don't Have to Leave the Corporation to Become an Entrepreneur*, New York 1985, dt.: *Intrapreneuring. Mitarbeiter als Unternehmer*, Wiesbaden 1988.

Platon, *Die Gesetze*, in: ders., *Gesammelte Werke*, Bd. 3, Berlin o. J., S. 215-663.

Plehwe, Dieter/Walpen, Bernhard, »Gedanken zu einer Soziologie der Intellektuellen des Neoliberalismus«, in: Hans-Jürgen Bieling u. a. (Hg.), *Flexibler Kapitalismus. Analyse, Kritik und politische Praxis. Frank Deppe zum 60. Geburtstag*, Hamburg 2001, S. 225-239.

–, »Wissenschaftliche und wissenschaftspolitische Produktionsweisen im Neoliberalismus. Beiträge der Mont Pèlerin Society und marktradikaler Think Tanks zur Hegemoniegewinnung und -erhaltung«, in: *Prokla*, 29 (1999), S. 203-235.

Plessner, Helmuth, *Die Stufen des Organischen und der Mensch*, 3. Aufl., Berlin/New York 1985.

Pongratz, Hans J./Voß, G. Günter, *Arbeitskraftunternehmer. Erwerbsorientierungen in entgrenzten Arbeitsformen*, Berlin 2003 (Forschung aus der Hans-Böckler-Stiftung, Bd. 47).

–, »Fremdorganisierte Selbstorganisation«, in: *Zeitschrift für Personalforschung*, 7 (1997), S. 30-53.

Popitz, Heinrich, *Wege der Kreativität*, Tübingen 1997.

Poulsen, Margo Hildreth, »Anarchy is a Learning Environment«, in: *Journal of Creative Behavior*, 9 (1975), S. 131-136.

Power, Michael, *The Audit Society. Rituals of Verification*, Oxford 1997.

–, *The Audit Explosion*, London 1994.

–, »The audit society«, in: Anthony G. Hopwood/Peter Miller (Hg.), *Accounting as Social and Institutional Practice*, Cambridge 1994, S. 299-316.

Praag, C. Mirjam van, »Some classic views on entrepreneurship«, in: *De Economist*, 147 (1999), S. 311-335.

Preiser, Siegfried, *Kreativitätsforschung*, Darmstadt 1976.

Prilleltensky, Isaac, »Empowerment in Mainstream Psychology: Legitimacy, Obstacles, and Possibilities«, in: *Canadian Psychology/Psychologie canadienne*, 35 (1994), No. 4, S. 358-375.

Pühl, Katharina, »Der Bericht der Hartz-Kommission und die ›Unternehmerin ihrer selbst‹: Geschlechterverhältnisse, Gouvernementalität und Neoliberalismus«, in: Marianne Pieper/Encarnación Gutiérrez Rodríguez (Hg.), *Gouvernementalität. Ein sozialwissenschaftliches Konzept im Anschluss an Foucault*, Frankfurt/M. 2003, S. 111-135.

Putnam, Robert, *Bowling Alone. The Collapse and Revival of American Community*, New York 2000.

Quaghebeur, Kerlijn, *Pathways of Participation. A critical exploration of participation as a dominant learning perspective in the world of development cooperation*, Diss. Katholieke Universiteit Leuven 2006.

Quindel, Ralf/Pankofer, Sabine, »Chancen, Risiken und Nebenwirkungen von Empowerment – Die Frage nach der Macht«, in: Miller/Pankofer (Hg.), *Empowerment konkret!*, S. 33-44.

Radnitzky, Gerard/Bernholz, Peter (Hg.), *Economic Imperialism. The Economic Approach Applied Outside the Field of Economics*, New York 1987.

Randolph, W. Alan, »Navigating the Journey to Empowerment«, in: *Organizational Dynamics*, 23 (1994/5), Nr. 4 (Spring 1995), S. 19-31.

Raphael, Lutz, »Die Verwissenschaftlichung des Sozialen als methodische und konzeptionelle Herausforderung für eine Sozialgeschichte des 20. Jahrhunderts«, in: *Geschichte und Gesellschaft*, 22 (1996), S. 165-193.

Rappaport, Julian, »Terms of Empowerment/Exemplars of Prevention: Toward a Theory for Community Psychology«, in: *American Journal of Community Psychology*, 15 (1987), S. 121-148.

–, »The Power of Empowerment Language«, in: *Social Policy*, 16 (1985/86), No. 2 (Fall), S. 15-21.

–, »Ein Plädoyer für die Widersprüchlichkeit: Ein sozialpolitisches Konzept des ›empowerment‹ anstelle präventiver Ansätze«, in: *Verhaltenstherapie und psychosoziale Praxis*, 2 (1985), S. 257-278 (Übersetzung von: »In Praise of Paradox: A Social Policy of Empowerment over Prevention«, in: *American Journal of Community Psychology*, 9 (1981), S. 1-25).

Reagan, Ronald, »Why this is an Entrepreneurial Age«, in: *Journal of Business Venturing*, 1 (1985), S. 1-4.

Reckwitz, Andreas, *Das hybride Subjekt. Eine Theorie der Subjektkulturen von der bürgerlichen Moderne zur Postmoderne*, Weilerswist 2006.

Redlich, Fritz, *Der Unternehmer. Wirtschafts- und Sozialgeschichtliche Studien*, Göttingen 1964.

Reijen, Willem van, »Das authentische Selbst – eine Aufgabe«, in: *Jahrbuch der Psychoanalyse*, 43 (2001), S. 187-206.

Rentmeister, Josef, »Fünf Fragen an Josef Rentmeister, Mitglied der Geschäftsführung, Cisco Systems Deutschland GmbH«, in: *ULA Nachrichten. Zeitschrift für Führungskräfte der Deutschen Wirtschaft*, 2000, Nr. 5/6, Juni, S. 2.

Richter, Rudolf/Furobotn, Eirik, *Neue Institutionenökonomik. Eine Einführung und kritische Würdigung*, Tübingen 1996.

Ricken, Norbert: »›Menschen‹. Zur Struktur anthropologischer Reflexionen als einer unverzichtbaren kulturwissenschaftlichen Dimension«, in: Friedrich Jäger u. a. (Hg.), *Sinn – Kultur – Wissenschaft,. Eine interdisziplinäre Bestandsaufnahme, Bd. 1: Die Kultur in der Lebenspraxis. Zur Idee kulturwissenschaftlicher Grundbegriffe*, Stuttgart 2004, S. 152-172.

–, »Die Macht der Macht – Rückfragen an Michel Foucault«, in: ders./Markus Rieger-Ladich (Hg.), *Michel Foucault: Pädagogische Lektüren*, Wiesbaden 2004, S. 119-143.

–, »Identitätsspiele und die Intransparenz der Macht. Anmerkungen zu Struktur menschlicher Selbstverhältnisse«, in: Jürgen Straub/Joachim Renn (Hg.), *Transitorische Identität. Der Prozesscharakter des modernen Selbst*, Frankfurt/M./New York 2002, S. 318-358.

Rico, Gabriele L., *Garantiert schreiben lernen*, Reinbek b. Hamburg 1984.

Rieger, Stefan, »Arbeit an sich. Dispositive der Selbstsorge in der Moderne«, in: Bröckling/Horn (Hg.), *Anthropologie der Arbeit*, S. 79-96.

–, »Die Suggestionen des Selbst. Zur Emergenz rekursiver Individualisierung«, in: Thomas Wägenbaur (Hg.), *Blinde Emergenz? Interdisziplinäre Beiträge zu Fragen kultureller Evolution*, Heidelberg 2000, S. 191-209.

Riger, Stephanie, »What's wrong with Empowerment?«, in: *American Journal of Community Psychology*, 21 (1993), S. 279-292.

Rimke, Heidi Marie, »Governing Citizens through Self-help Literature«, in: *Cultural Studies*, 14 (2000), S. 61-78.

Ripsas, Sven, *Entrepreneurship als ökonomischer Prozess. Perspektiven zur Förderung unternehmerischen Handelns*, Wiesbaden 1997.

Rocker, Rudolf, »Anarchismus und Organisation«, in: F. Amilié u. a., *Anarchismus und Marxismus*, Bd. 1, Berlin 1973, S. 25-66.

Rogers, Carl R., »Toward a Theory of Creativity«, in: Harold A. Anderson (Hg.), *Creativity and its Cultivation*, New York/Evanston 1959, S. 69-82.

Röhl, Klaus R., »Über außervertragliche Voraussetzungen des Vertrages«, in: Friedrich Kaulbach/Werner Krawietz (Hg.), *Recht und Gesellschaft. Festschrift für Helmut Schelsky*, Berlin 1978, S. 435-480.

Röpke, Wilhelm, *Ist die deutsche Wirtschaftspolitik richtig? Analyse und Kritik*, Stuttgart 1950, wiederabgedruckt in: Wolfgang Stützel u. a. (Hg.), *Grundtexte zur Sozialen Marktwirtschaft. Zeugnisse aus zweihundert Jahren ordnungspolitischer Diskussion*, Stuttgart/New York 1981, S. 49-62.

Rose, Nikolas, »Tod des Sozialen? Eine Neubestimmung der Grenzen des Regierens«, in: Bröckling/Krasmann/Lemke, *Gouvernementalität der Gegenwart*, S. 72-109.

–, *Powers of Freedom. Reframing Political Thought*, Cambridge 1999.

–, *Inventing Our Selves. Psychology, Power, and Personhood*, Cambridge u. a. 1996.

–, »Governing the Enterprising Self«, in: Heelas/Morris (Hg.), *The Values of the Enterprise Cultur*, S. 141-164, dt.: »Das Regieren unternehmerischer Individuen«, in: *Kurswechsel*, H. 2/2000 (Leitbild Unternehmer), S. 8-27.

Rothbard, Murray N., *Die Ethik der Freiheit*, Sankt Augustin 1999.

–, *Eine neue Freiheit. Das libertäre Manifest*, Berlin 1999.

–, »Power and Market« [1970], in: ders., *Man, Economy, and the State with Power and Market*, Auburn, Al. 2004, S. 1047-1369.

–, *Man, Economy, and State*, 2 Bde., Princeton 1962.

Rotter, Julian B., »General expectancies for internal versus external control of reinforcement«, in: *Psychological Monographs*, 80 (1966), No. 609.

Rubenson, Daniel L./Runco, Mark A., »The Psychoeconomic Approach to Creativity«, in: *New Ideas in Psychology*, 10 (1992), S. 131-147.

Rubin, Harriet, *Soloing. Die Macht des Glaubens an sich selbst*, Frankfurt/M. 2001.

–, *Machiavelli für Frauen. Strategie und Taktik im Kampf der Geschlechter*, Frankfurt/M. 2000.

Rüstow, Alexander von, *Das Versagen des Wirtschaftsliberalismus* (1945), Marburg 2001.

Schildknecht, Rolf, *Total Quality Management*, Frankfurt/M./New York 1992.

Schiller, Friedrich, »Über die ästhetische Erziehung des Menschen in einer Reihe von Briefen« (1795), in: ders., *Werke*, Bd. 2, München 1954, S. 563-641.

Schlegel, Friedrich, »Fragmente« (1798), in: *Kritische Friedrich-Schlegel-Ausgabe*, Bd. 2: *Charakteristiken und Kritiken I*, hg. v. Hans Eichner, München u. a. 1967, S. 165-255.

Schneider, Dieter, »Unternehmer und Unternehmung in der heutigen Wirtschaftstheorie und der deutschsprachigen Nationalökonomie der Spätklassik«, in: Harald Scherf (Hg.), *Studien zur Entwicklung der ökonomischen Theorie V*, Berlin 1986, S. 29-79.

Schönburg, Alexander von, *Die Kunst stilvollen Verarmens. Wie man ohne Geld reich wird*, Berlin 2005.

Schönhuth, Michael/Kievelitz, Uwe, *Participatory Learning Approaches. Rapid Rural Appraisal. Participatory Appraisal. An introductory guide*, Rossdorf 1994.

Schöning, Matthias, »Zwischen Technokratie und Biopolitik. Zur Rekonstruktion des Begriffs Sozialtechnologie«, in: *Ethica*, 14 (2006), S. 303-323.

Schroer, Markus, *Das Individuum der Gesellschaft*, Frankfurt/M. 2001.

Schultz, Theodore W., *In Menschen investieren. Die Ökonomik der Bevölkerungsqualität*, Tübingen 1986.

–, »Investment in Entrepreneurial Ability«, in: *Scandinavian Journal of Economics*, 82 (1980), S. 437-448.

–, »The Value of the Ability to Deal with Disequilibria«, in: *The Journal of Economic Literature*, XIII (1975), S. 827-846.

Schumann, Michael, »Das Lohnarbeiterbewußtsein des ›Arbeitskraftunternehmers‹«, in: Wolfgang Lenk/Mechthild Rumpf/Lutz Hieber (Hg.), *Kritische Theorie und politischer Eingriff. Oskar Negt zum 65. Geburtstag*, Hannover 1999, S. 406-413.

Schumpeter, Joseph A., »Economic Theory and Entrepreneurial History« (1949), in: ders., *Essays on Entrepreneurs, Innovations, Business Cycles, and the Evolution of Capitalism*, hg. v. Richard V. Clemence, New Brunswick/London 1991, S. 253-271.

–, *Kapitalismus, Sozialismus und Demokratie* (1942), Tübingen 1987.

–, Artikel »Unternehmer«, in: *Handwörterbuch der Staatswissenschaften*, hg. von Ludwig Elster, Adolf Webern, Friedrich Wieser, 8. Bd., 4. Aufl., Jena 1928, S. 476-487.

–, *Theorie der wirtschaftlichen Entwicklung*, 2. Aufl., München/Leipzig 1926.

Schwarze, Achim, *Kleine Brötchen. Von den Vorzügen, ohne feste Anstellung zu sein*, München 2005.

Scott, Cynthia D./Jaffe, Dennis T., *Empowerment – mehr Kompetenzen den Mitarbeitern. So steigern Sie Motivation, Effizienz und Ergebnisse*, Wien 1995.

Seeßlen, Georg, »Die Arbeit, ein Märchen. Einige Bemerkungen, angeregt durch die Lektüre meistenteils dummer Bücher über das Leben ohne Arbeit«, in: *literatur konkret*, Nr. 30, 2005/2006, S. 4-7.

Seidl, Conrad/Beutelmeyer, Werner, *Die Marke Ich®. So entwickeln Sie Ihre persönliche Erfolgsstrategie*, Wien/München 1999.

Seiffge-Krenke, Inge, *Probleme und Ergebnisse der Kreativitätsforschung*, Bern 1974.

Seligman, Martin E. P., *Erlernte Hilflosigkeit*, München 1979.

Sennett, Richard, *Der flexible Mensch. Die Kultur des neuen Kapitalismus*, Berlin 1998.

Simmel, Georg, *Grundfragen der Soziologie* (1917), 4. Aufl., Berlin/New York 1984.

Simon Herbert A., »Theories of bounded rationality«, in: Charles B. McGuire/Roy Radner (Hg.), *Decision and organization: A volume in honor of Jacob Marschak*, Amsterdam 1972, S. 161-176.

Simon, Barbara Levy, *The Empowerment Tradition in American Social Work. A History*, New York 1994.

Situationistische Internationale 1958-1969. Gesammelte Ausgaben des Organs der Situationistischen Internationale, 2 Bde., Hamburg 1976/77.

Smith, John F./Fawcett, Stephen B./Balcazar, Fabricio E., »Behaviour Analysis of Social Action Constructs: The Case of Empowerment«, in: *Behaviour Change*, 8 (1991), S. 4-9.

Soeffner, Hans-Georg, *Auslegung des Alltags – Der Alltag der Auslegung. Zur wissenssoziologischen Konzeption einer sozialwissenschaftlichen Hermeneutik*, Frankfurt/M. 1989.

Solomon, Barbara Bryant, *Black Empowerment. Social Work in Oppressed Communities*, New York 1976.

Sombart, Werner, *Der Bourgeois. Zur Geistesgeschichte des modernen Wirtschaftsmenschen*, München/Leipzig 1913.

–, »Der kapitalistische Unternehmer«, in: *Archiv für Sozialwissenschaft und Sozialpolitik*, 29 (1909), S. 689-758.

Sondermann, Jochen P., »Instrumente des Total Quality Management«, in: Stauss (Hg.), *Qualitätsmanagement und Zertifizierung*, S. 223-253.

Spencer, Herbert, *Die Principien der Sociologie*, IV Bde., Stuttgart 1886 ff.

Stäheli, Urs, »Semantik und/oder Diskurs: ›Updating‹ Luhmann mit Foucault?«, in: *kultuRRevolution*, Nr. 47, Juni 2004, S. 14-19.

Stanitzek, Georg, »Der Projektmacher. Projektionen auf eine ›unmögliche‹ moderne Kategorie«, in: *Ästhetik & Kommunikation*, 17 (1987), H. 65/66, S. 135-146.

Stark, Wolfgang, *Empowerment. Neue Handlungskompetenzen in der psychosozialen Praxis*, Freiburg 1996.

Stauss, Bernd (Hg.), *Qualitätsmanagement und Zertifizierung*, Wiesbaden 1994.

–/ Scheuing, Eberhard E., »Der Malcolm Baldridge National Quality Award und seine Bedeutung als Managementkonzept«, in: Stauss (Hg.), *Qualitätsmanagement und Zertifizierung*, S. 303-332.

Steinbuch, Pitter A., *Projektorganisation und Projektmanagement*, Ludwigshafen/Rh. 1998.

Sternberg, Robert J./Lubart, Todd L., »Investing in Creativity«, in: *American Psychologist*, 51 (1996), S. 677-688.

–, *Defying the Crowd. Cultivating Creativity in a Culture of Conformity*, New York u. a. 1995.

–, »Buy low and sell high: An Investment Approach to Creativity«, in: *Current Directions in Psychological Science*, 1 (1992), 1-5.

–, »An Investment Theory of Creativity and Its Development«, in: *Human Development*, 34 (1991), S. 1-31.

Strauss, Anselm, »The Articulation of Project Work: An Organizational Process«, in: ders., *Creating Sociological Awareness. Collective Images and Symbolic Representations*, New Brunswick/London 1991, S. 99-119.

Strauss, Nicolette, *Die andere Ich AG. Führen Sie sich selbst wie ein erfolgreiches Unternehmen*, Frankfurt/New York 2003.

Swift, Carolyn/Levin, Gloria, »Empowerment: An Emerging Mental Health Technology«, in: *Journal of Primary Prevention*, 8 (1987), No. 1/2 (Fall/Winter), S. 71-94.

Taylor, Irving A., »A Retrospective View of Creativity Investigation«, in: ders./Jacob W. Getzels (Hg.), *Perspectives in Creativity*, Chicago 1975, S. 1-36.

Tellmann, Ute, »The Truth of the Market«, in: *Distinktion. Scandinavian Journal for Social Theory*, Nr. 7, 2003, S. 49-63.

Temin, Peter, »Entrepreneurs and Managers«, in: Patrice Higonnet/David S. Landes/Henry Rosovsky (Hg.), *Favorites of Fortune. Technology, Growth, and Economic Development since the Industrial Revolution*, Cambridge 1991, S. 339-355.

Teubner, Gunther, »Vertragswelten: Das Recht in der Fragmentierung von Private Governance Regimes«, in: *Rechtshistorisches Journal*, 17 (1998), S. 234-265.

–, »Im blinden Fleck der Systeme. Die Hybridisierung des Vertrages«, in: *Soziale Systeme*, 3 (1997), S. 313-326.

–, »Die vielköpfige Hydra. Netzwerke als kollektive Akteure höherer Ordnung«, in: Wolfgang Krohn/Günter Küppers (Hg.), *Emergenz: Die Entstehung von Ordnung, Organisation und Bedeutung*, Frankfurt/M. 1992, S. 189-216.

Theunissen, Georg, »Schulische Reformen im Lichte von Empowerment. Impulse für die Arbeit mit lernbehinderten und benachteiligten Schülern«, in: *Die neue Sonderschule*, 45 (2000), Nr. 6, S. 406-420.

Theunissen, Georg/Plaute, Wolfgang, *Empowerment und Heilpädagogik*, Freiburg 1995.

Thibaud, Paul, »Le triomphe de l'entrepreneur«, in: *Esprit*, Dez. 1984, S. 101-110, engl.: »The Triumph of the Entrepreneur«, in: *Telos*, Nr. 64, Summer 1985, S. 134-140.

Thomas, Kenneth W./Velthouse, Betty A., »Cognitive Elements of Empowerment: An ›Interpretative‹ Model of Intrinsic Task Motivation«, in: *Academy of Management Review*, 15 (1990), S. 666-681.

Thönneßen, Johannes, »Mitarbeiter beurteilen ihre Chefs – das Beispiel Bayer«, in: *Harvard Businessmanager*, 5/1999, S. 99-106.

Tomasic, Roman/Feeley, Malcolm M. (Hg.), *Neighborhood Justice. Assessment of an Emerging Idea*, New York 1982.

Tönnies, Ferdinand, *Gemeinschaft und Gesellschaft. Grundbegriffe der reinen Soziologie* (1887), Darmstadt 1979.

Töpfer, Armin (Hg.), *Kundenzufriedenheit – Messen und Steigern*, Neuwied u. a. 1999.

–/ Mehdorn, Achim, *Total Quality Management*, Neuwied u. a. 1995.

Townley, Barbara, »Beyond Good and Evil: Depth and Division in the Management of Human Resources«, in: Alan McKinlay/Ken Starkey (Hg.), *Foucault, Management and Organization Theory*, London 1998, S. 191-210.

–, »›Know thyself‹: Self-awareness, Self-formation and Managing«, in: *Organization*, 2 (1995), S. 271-289.

Townsend, Elizabeth, *Good Intentions Overruled. A Critique of Empowerment in the Routine Organization of Mental Health Services*, Toronto/Buffalo/London 1998.

Trendbüro (Hg.), *Duden Wörterbuch der New Economy*, Mannheim 2001.

Trojan, Alf, »Ohnmacht kränkt. Empowerment wirkt gesundheitsfördernd – Zur Stärkung der Selbsthilfe- und Durchsetzungsfähigkeit von einzelnen und Gruppen«, in: *Blätter der Wohlfahrtspflege*, 140 (1993), Nr. 2, S. 58-68.

Tuckman, Alan, »Ideology, Quality and TQM«, in: Wilkinson/Wilmott (Hg.), *Making Quality Critical*, S. 54-81.

Ulmann, Gisela (Hg.), *Kreativitätsforschung*, Köln 1973.

–, »Einleitung. Psychologische Kreativitätsforschung«, in: dies. (Hg.), *Kreativitätsforschung*, S. 11-22.

United Nations Development Programme, Civil Society Organizations Participation Programme, *Empowering People. A Guide to Participation*, 1998, ⟨www.undp.org/sl/Documents Manuals/Empowering/toc.htm⟩ (17.10.2005).

Urban, Hans-Jürgen, »Der Arbeitskraftunternehmer – ein neues Produkt der Spektakelsoziologie«, in: Hans-Jürgen Bieling u. a. (Hg.), *Flexibler Kapitalismus. Analysen – Kritik – Politische Praxis. Frank Deppe zum 60. Geburtstag*, Hamburg 2001, S. 99-119.

Valverde, Mariana, »›Despotism‹ and ethical liberal governance«, in: *Economy and Society*, 25 (1996), S. 357-372.

Vanberg, Viktor, »James M. Buchanan: eine Einführung in Person und Werk«, in: James M. Buchanan, *Politische Ökonomie als Verfassungstheorie*, Zürich 1990, S. 9-22.

Verbeck, Alexander, *TQM versus QM. Wie Unternehmen sich richtig entscheiden*, Zürich 1998.

Vonderach, Gerd, »Die ›neuen Selbständigen‹. 10 Thesen zur Soziologie eines unvermuteten Phänomens«, in: *Mitteilungen aus der Arbeitsmarkt- und Berufsforschung*, 13 (1980), S. 153-169.

Voswinkel, Stephan, *Anerkennung und Reputation. Die Dramaturgie industrieller Beziehungen. Mit einer Fallstudie zum »Bündnis für Arbeit«*, Konstanz 2001.

–/ Kocyba, Hermann, »Entgrenzung der Arbeit. Von der Entpersönli-

chung zum permanenten Selbstmanagement«, in: *WestEnd*, 2 (2005), S. 73-83.
Voß, G. Günter, *Lebensführung als Arbeit. Über die Autonomie der Person im Alltag der Gesellschaft*, Stuttgart 1991.
Voß, G. Günter/Pongratz, Hans J., »Der Arbeitskraftunternehmer. Eine neue Grundform der Ware Arbeitskraft?«, in: *Kölner Zeitschrift für Soziologie und Sozialpsychologie*, 50 (1998), S. 131-158.
Wabner, Rolf, *Selbstmanagement. Werden Sie zum Unternehmer Ihres Lebens*, Niedernhausen/Ts. 1997.
Walgenbach, Peter/Beck, Nikolaus, »Von statistischer Qualitätskontrolle über Qualitätssicherungssysteme hin zum Total Quality Management – Die Institutionalisierung eines neuen Managementkonzepts«, in: *Soziale Welt*, 51 (2000), S. 325-353.
Walgenbach, Peter, *Die normgerechte Organisation*, Stuttgart 2000.
Walker, Jamie, *Gewaltfreier Umgang mit Konflikten in der Grundschule*, Frankfurt/M. 1995.
Wallas, Graham, *The Art of Thought*, New York 1926.
Walpen, Bernhard, *Die offenen Feinde und ihre Gesellschaft. Eine hegemonietheoretische Studie zur Mont Pèlerin Society*, Hamburg 2004.
–, »›Armee ist bloß ein Plural von Soldat‹ oder: Methodologische Robinsonaden«, in: *Peripherie*, 23 (2003), Nr. 90/91, S. 263-292.
Ward, Colin, »Der Anarchismus als eine Organisationstheorie«, in: Erwin Oberländer (Hg.), *Der Anarchismus. Dokumente der Weltrevolution*, Bd. 4, Olten/Freiburg 1972, S. 403-422.
Weber, Max, »Wissenschaft als Beruf« (1919), in: ders., *Gesammelte Aufsätze zur Wissenschaftslehre*, 7. Aufl., Tübingen 1988, S. 582-613.
–, »Die ›Objektivität‹ sozialwissenschaftlicher und sozialpolitischer Erkenntnis« (1904), in: ders., *Gesammelte Aufsätze zur Wissenschaftslehre*, S. 146-214.
–, *Wirtschaft und Gesellschaft. Grundriss der verstehenden Soziologie*, 5. Aufl., Tübingen 1972.
Weick, Ann, »Building a Strengths Perspective for Social Work«, in: Dennis Saleebey (Hg.), *The Strengths Perspective in Social Work*, White Plains, NY 1992, S. 18-26.
Welzel, Burkhard, *Der Unternehmer in der Nationalökonomie*, Köln 1995.
Wertheimer, Max, *Productive Thinking*, New York/London 1945, dt.: *Produktives Denken*, Frankfurt/M. 1957.
Whyte, William H., *The Organization Man*, New York 1956, dt.: *Herr und Opfer der Organisation*, Düsseldorf 1958.
Wildenmann, Bernd, *Professionell führen. Empowerment für Manager, die mit weniger Mitarbeitern mehr leisten müssen*, 5. Aufl., Neuwied/Kriftel 2000.

Wilkinson, Adrian/Wilmott, Hugh (Hg.), *Making Quality Critical. New Perspectives on Organizational Change*, London/New York 1995.
– / –, »Introduction«, in: dies. (Hg.), *Making Quality Critical*, S. 1-32.
Williamson, Oliver E., *Die ökonomischen Institutionen des Kapitalismus*, Tübingen 1990.
Wirtschaftspsychologie, 7 (2005), H. 2, Themenheft: Psychologie des Unternehmertums, hg. von Peter G. Richter.
Wolf, Harald (1999), *Arbeit und Autonomie. Ein Versuch über Widersprüche und Metamorphosen kapitalistischer Produktion*, Münster 1999.
Worell, Judith/Remer, Pam, *Feminist Perspectives in Therapy. An Empowerment Model for Women*, Chichester 1992.
Wörnle, Kirsten, »Unterricht mit Schulvertrag«, in: *Badische Zeitung*, 02.10.2002, S. 19.
Yeatman, Anna, »Contract, Status and Personhood«, in: Glyn Davis/Barbara Sullivan/Anna Yeatman (Hg.), *The New Contractualism*, Melbourne 1997, S. 39-56.
–, »Interpreting Contemporary Contractualism«, in: Jonathan Boston (Hg.), *The State under Contract*, Wellington 1995, S. 124-139.
Zielcke, Andreas, »Der neue Doppelgänger. Die Wandlung des Arbeitnehmers zum Unternehmer – Eine zeitgemäße Physiognomie«, in: *Frankfurter Allgemeine Zeitung*, Beilage »Bilder und Zeiten«, 20.07.1996.
Zilsel, Edgar, *Die Entstehung des Geniebegriffs*, Tübingen 1926.
–, *Die Geniereligion. Ein kritischer Versuch über das moderne Persönlichkeitsideal*, Wien 1918.
Zimmerman, Marc A., »Empowerment Theory. Psychological, Organizational and Community Levels of Analysis«, in: Julian Rappaport/Edward Seidman (Hg.), *Handbook of Community Psychology*, New York 2000, S. 43-63.
–, »Toward a Theory of Learned Hopefulness: A Structural Model Analysis of Participation and Empowerment«, in: *Journal of Research in Personality*, 24 (1990), S. 71-86.
Zschirnt, Christiane, *Keine Sorge, wird schon schief gehen. Von der Erfahrung des Scheiterns – und der Kunst, damit umzugehen*, München 2005.

Soziologie und Ökonomie
im Suhrkamp Verlag
Eine Auswahl

Dirk Baecker
- Organisation und Management. Aufsätze. stw 1614. 352 Seiten
- Die Form des Unternehmens. stw 1453. 288 Seiten
- Organisation als System. Aufsätze. stw 1434. 377 Seiten

Ulrich Bröckling. Das unternehmerische Selbst. Soziologie einer Subjektivierungsform. stw 1832. 327 Seiten

Exklusion. Die Debatte über die »Überflüssigen«. Herausgegeben von Heinz Bude und Andreas Willisch.
stw 1819. 335 Seiten

Paschen von Flotow. Geld, Wirtschaft und Gesellschaft.
Georg Simmels Philosophie des Geldes. stw 1144. 168 Seiten

Eva Illouz
- Gefühle in Zeiten des Kapitalismus. Adorno-Vorlesungen 2004. Aus dem Englischen von Michael Hartmann. stw 1857. 170 Seiten
- Der Konsum der Romantik. Liebe und die kulturellen Widersprüche des Kapitalismus. Aus dem Englischen von Andreas Wirthensohn. Mit einem Vorwort von Axel Honneth. stw 1858. 352 Seiten

Georg Simmel. Philosophie des Geldes. stw 806. 787 Seiten

Urs Stäheli. Spektakuläre Spekulation. Das Populäre der Ökonomie. stw 1810. 401 Seiten

Nico Stehr
- Die Moralisierung der Märkte. Eine Gesellschaftstheorie. stw 1831. 379 Seiten
- Wissen und Wirtschaften. Die gesellschaftlichen Grundlagen der modernen Ökonomie. stw 1507. 451 Seiten

Hartmut Winkler. Diskursökonomie. Versuch über die innere Ökonomie der Medien. stw 1683. 258 Seiten

Michel Foucault
im Suhrkamp Verlag
Eine Auswahl

Ästhetik der Existenz. Schriften zur Lebenskunst. Mit einem Nachwort von Martin Saar. stw 1814. 346 Seiten

Analytik der Macht. Ausgewählt und mit einem Nachwort von Thomas Lemke. stw 1759. 349 Seiten

Archäologie des Wissens. Übersetzt von Ulrich Köppen. stw 356. 312 Seiten

Der Mensch ist ein Erfahrungstier. Gespräch mit Ducio Trombadori. Aus dem Französischen von Horst Brühmann. Vorwort von Wilhelm Schmid. stw 1274. 144 Seiten

Die Hauptwerke. Mit einem Nachwort von Axel Honneth und Martin Saar. Quarto. Broschur. 1686 Seiten

Die Heterotopien. Der utopische Körper. Zwei Radiovorträge. Zweisprachige Ausgabe. Aus dem Französischen von Michael Bischoff. stw 2071. 103 Seiten

Die Ordnung der Dinge. Eine Archäologie der Humanwissenschaften. Aus dem Französischen von Ulrich Köppen. stw 96. 480 Seiten

Die Wahrheit und die juristischen Formen. Aus dem Französischen von Michael Bischoff. Mit einem Nachwort von Martin Saar. stw 1645. 192 Seiten

Einführung in Kants Anthropologie. Aus dem Französischen von Ute Frietsch. Mit einem Nachwort von Andrea Hemminger. Broschur. 140 Seiten

Geometrie des Verfahrens. Schriften zur Methode. Herausgegeben von Daniel Defert und François Ewald unter Mitarbeit von Jacques Lagrange. Ausgewählt und mit einem Nachwort von Petra Gehring. Aus dem Französischen von Michael Bischoff, Horst Brühmann, Hans-Dieter Gondek u. a. stw 1934. 396 Seiten

Kritik des Regierens. Schriften zur Politik. Herausgegeben von Ulrich Bröckling. stw 1933. 441 Seiten

Psychologie und Geisteskrankheit. Aus dem Französischen von Anneliese Botond. es 272. 132 Seiten

Schriften zur Literatur. Aus dem Französischen von Michael Bischoff, Hans-Dieter Gondek und Hermann Kocyba. Auswahl und Nachwort von Martin Stingelin. stw 1675. 402 Seiten

Schriften. Dits et Ecrits. Herausgegeben von Daniel Defert und François Ewald unter Mitarbeit von Jacques Lagrange. Aus dem Französischen von Michael Bischoff, Hans-Dieter Gondek, Hermann Kocyba, Reiner Ansén und Jürgen Schröder.
Einzeln und im Schuber.
- Band 1. 1954-1969. Gebunden und kartoniert. 1088 Seiten
- Band 2. 1970-1975. Gebunden und kartoniert. 1031 Seiten
- Band 3. 1976-1979. Gebunden und kartoniert. 1028 Seiten
- Band 4. 1980-1988. Mit Gesamtregister. Gebunden und kartoniert. 1129 Seiten

Sexualität und Wahrheit
- Band 1. Der Wille zum Wissen. Aus dem Französischen von Ulrich Raulff und Walter Seitter. stw 716. 190 Seiten
- Band 2. Der Gebrauch der Lüste. Aus dem Französischen von Ulrich Raulff und Walter Seitter. stw 717. 327 Seiten
- Band 3. Die Sorge um sich. Aus dem Französischen von Ulrich Raulff und Walter Seitter. stw 718. 316 Seiten

Überwachen und Strafen. Die Geburt des Gefängnisses. Aus dem Französischen von Walter Seitter. Mit Abbildungen. stw 184 und st 2271. 408 Seiten

Vorlesungen am Collège de France
- Über den Willen zum Wissen. (1970-1971). Aus dem Französischen von Michael Bischoff. Gebunden. 394 Seiten
- Die Macht der Psychiatrie. (1973-1974). Aus dem Französischen von Claudia Brede-Konersmann und Jürgen Schröder. Gebunden. 595 Seiten
- Die Anormalen. (1974-1975). Aus dem Französischen von Michaela Ott und Konrad Honsel. Gebunden. stw 1853. 476 Seiten
- In Verteidigung der Gesellschaft. (1975-1976). Aus dem Französischen von Michaela Ott. Gebunden. 313 Seiten. stw 1585. 341 Seiten
- Geschichte der Gouvernementalität I. Sicherheit, Territorium, Bevölkerung. (1977-1978). Aus dem Französischen von Claudia Brede-Konersmann und Jürgen Schröder. stw 1808. 600 Seiten
- Geschichte der Gouvernementalität II. Die Geburt der Biopolitik. (1978-1979). Aus dem Französischen von Jürgen Schröder. stw 1809. 517 Seiten
- Geschichte der Gouvernementalität I und II. (1977-1979). Aus dem Französischen von Jürgen Schröder. stw 1808. 1136 Seiten

- Die Regierung der Lebenden. (1979-1980). Aus dem Französischen von Andrea Hemminger. Gebunden. 400 Seiten
- Hermeneutik des Subjekts. (1981-1982). Aus dem Französischen von Ulrike Bokelmann. Gebunden. stw 1935. 694 Seiten
- Die Regierung des Selbst und der anderen. (1982–1983). Aus dem Französischen von Jürgen Schröder. Gebunden. stw 2019. 505 Seiten
- Die Regierung des Selbst und der anderen II. Der Mut zur Wahrheit. (1983-1984). Aus dem Französischen von Jürgen Schröder. Gebunden. stw 2020. 478 Seiten
- Die Regierung des Selbst und der anderen I und II. (1982-1984). Aus dem Französischen von Jürgen Schröder. Broschur. 983 Seiten

Wahnsinn und Gesellschaft. Eine Geschichte des Wahns im Zeitalter der Vernunft. Aus dem Französischen von Ulrich Köppen. stw 39. 576 Seiten

Herculine Barbin/Michel Foucault. Über Hermaphrodismus. Herausgegeben von Wolfgang Schäffner und Joseph Vogl. Aus dem Französischen von Annette Wunschel. es 1733. 247 Seiten

Zu Michel Foucault

Gilles Deleuze. Foucault. Aus dem Französischen von Hermann Kocyba. Kartoniert und stw 1023. 192 Seiten

Wolfgang Detel. Foucault und die klassische Antike. Macht, Moral, Wissen. stw 1362. 359 Seiten

Didier Eribon. Michel Foucault. Eine Biographie. Aus dem Französischen von Hans-Horst Henschen. st 3086. 528 Seiten

Foucault und die Künste. Herausgegeben im Auftrag des Zentrums für Kunst- und Medientechnologie von Peter Gente. stw 1667. 338 Seiten

Gouvernementalität der Gegenwart. Studien zur Ökonomisierung des Sozialen. Herausgegeben von Ulrich Bröckling, Susanne Krasmann und Thomas Lemke. stw 1490. 320 Seiten

Thomas Schäfer. Reflektierte Vernunft. Michel Foucaults philosophisches Projekt einer antitotalitären Macht- und Wahrheitskritik. stw 1219. 215 Seiten

Wilhelm Schmid
- Auf der Suche nach einer neuen Lebenskunst. Die Frage nach dem Grund und die Neubegründung der Ethik bei Foucault. stw 1487. 466 Seiten
- Die Geburt der Philosophie im Garten der Lüste. Michel Foucaults Archäologie des platonischen Eros. st 3215. 224 Seiten

Zwischenbilanz einer Rezeption. Frankfurter Foucault-Konferenz 2001. Herausgegeben von Axel Honneth und Martin Saar. stw 1617. 400 Seiten